中国休闲产业研究

李丽梅 著

上海交通大学出版社
SHANGHAI JIAO TONG UNIVERSITY PRESS

内容提要

本书将我国 15 年间休闲产业从单一的旅游业主体范畴转变为文化业、旅游业、体育业、娱乐业、餐饮业等多种产业融合发展的综合性产业体系的这一历程进行了梳理，并对我国居民消费。产业政策、资本市场等因素对休闲产业的影响做了较为细致的分析。

本书适合从事休闲研究领域的相关院校或机构作为参考用书。

图书在版编目(CIP)数据

中国休闲产业研究/ 李丽梅著.—上海：上海交
通大学出版社,2021
ISBN 978－7－313－24741－4

Ⅰ.①中… Ⅱ.①李… Ⅲ.①旅游业发展－研究－中
国 Ⅳ.①F592.3

中国版本图书馆 CIP 数据核字(2021)第 013464 号

中国休闲产业研究
ZHONGGUO XIUXIAN CHANYE YANJIU

著　　者：李丽梅
出版发行：上海交通大学出版社　　　　　　地　　址：上海市番禺路 951 号
邮政编码：200030　　　　　　　　　　　　电　　话：021－64071208
印　　制：上海景条印刷有限公司　　　　　经　　销：全国新华书店
开　　本：710 mm×1000 mm　1/ 16　　　　印　　张：20
字　　数：344 千字
版　　次：2021 年 4 月第 1 版　　　　　　　印　　次：2021 年 4 月第 1 次印刷
书　　号：ISBN 978－7－313－24741－4
定　　价：68.00 元

丛书编委会

学术顾问

吴必虎（北京大学）

潘立勇（浙江大学）

张捷（南京大学）

王琪延（中国人民大学）

冯学钢（华东师范大学）

主　编

楼嘉军

编　委

沈祖祥（复旦大学）

吴承照（同济大学）

吴邦涛（上海交通大学）

张文建（上海师范大学）

陈建勤（上海大学）

姚昆遗（上海对外贸易大学）

序　言

一般认为,有关休闲的理论自古希腊时起就已初步成型,至今已逾数千年。然而,作为一门相对独立的学科,休闲学科的发展历史并不很长,至今也就百余年的时间。由于休闲现象的复杂性,致使百余年来研究休闲的理论和方法总是处于不断的探索与完善之中,但从其演变的基本轨迹可以看出,休闲学科的发展勾勒了如下的发展和演变轨迹:由依附到独立,由单一学科到多学科,乃至由多学科到跨学科的发展过程。

休闲学科作为一个以跨学科为基础和特色的学科体系,一方面,在它发展的过程中,不间断地对相关的学科进行整合,并聚集于休闲学科的周围;另一方面,在休闲学科的发展过程中,在休闲学科与其他相关学科之间形成了围绕休闲学的多个分支学科,诸如休闲社会学、休闲心理学和休闲经济学等。此外,还需指出的是,由于休闲活动的常态性和广泛性,导致以休闲为研究对象的休闲学科除了以其他学科为依托之外,还与社会经济领域的相关产业,如与交通、商业、餐饮、会展等行业也都发生紧密联系,进而成为推动休闲学科发展的外部产业支撑因素。

根据国际经验,一个国家或地区在人均 GDP(国内生产总值)达到 3 000～5 000 美元发展阶段以后,就将步入这样一个时期,即在居民生活方式、城市功能和产业结构等方面相继形成休闲化特点的一个发展时期,或谓之休闲时代。正是基于这样的大背景,近年来我国社会经济持续健康发展和人们生活水平不断提高,极大地促进了居民休闲活动的蓬勃发展、休闲服务产业的兴旺发达与休闲理论研究的不断深入。与此相适应,国内一些研究机构、高校和出版社适时推出了多种形式的休闲研究丛书。这些丛书的出版已经产生广泛的学术影响,并将在推动我国休闲研究理论深化和休闲实践发展方面继续发挥比较重要的作用。"他山之石,可以攻玉。"于是,在上海交通大学出版社的协助下,结合我们自身特点,拟定了"休闲研究系列"的出版计划。

整个"休闲研究系列"包括休闲学教材系列、休闲研究著作系列与休闲研究报告(年度)三部分内容。根据计划,研究系列的相关内容自2012年起陆续编辑出版。

我国正在迈向休闲时代,我国的休闲学科体系也处于不断完善之中。希望"休闲研究系列"的出版能够为我国休闲时代建设与休闲学科体系的完善尽微薄之力。

楼嘉军

目　录

图目录

表目录

第一章　绪　论

第一节　研究背景和意义

一、研究背景

（一）选题背景

1. 休闲产业已成为西方发达国家社会经济发展的关键力量

自有人类以来的社会发展过程中，休闲始终存在，并在很大程度上影响着人们的生活和社会的发展。从西方发达国家社会经济发展历程看，休闲在其中扮演的角色，已经从一种生活方式过渡成为推动社会经济发展的重要力量。20世纪初期，西方一些发达国家完成工业革命后，生产力得到显著提高，人们开始拥有更多的自由时间，休闲机会不断增多，这一背景推动着休闲大众化序幕开启。进入20世纪60年代后，一些发达国家人均GDP步入3 000～5 000美元阶段，人们的可自由支配收入和休闲时间显著增加，相应的休闲消费需求日益增长，这些因素的共同作用促使休闲逐渐成为一种普遍的社会经济现象，在这一过程中，商业性的休闲产业也开始发展兴旺起来。必须指出的是，这一时期良好的经济发展态势以及技术革新与发明给休闲产业的发展注入了巨大活力，使其不断发展壮大。以当时在发达国家中发展势头较好的美国为例，20世纪90年代该国休闲产业就已形成"1/3的时间用于休闲娱乐，2/3的收入用于休闲娱乐，1/3的土地面积用于休闲娱乐"[1]的产业格局，发展至今，休闲产业已成为美国的一个新经济增长点。据资料显示，与休闲产业密切相关的户外休闲产业每年能为美国创造上十亿的消费和成千上万的工作岗位[2]。再以英国为例，休闲产业在创造就业机会和促进经济增长方面同样扮演着重要角色，1998—2007年间，休闲

---

① 楼嘉军,徐爱萍.试论休闲时代发展阶段及特点[J].旅游科学,2009,23(2)：61-66.
② 品橙旅游.美国：每年经济收入有8 870亿美元指望户外休闲[EB/OL].http://www.pinchain.com/article/119615,2017-05-04.

1

产业每年创造 41 000 个新工作机会，预计到 2020 年，这一数字将达到 44 000；休闲产业税收占总税收收入的 7% 左右，成为英国税收增长亮点①。可见，在欧美发达国家，休闲的影响力已经渗透到经济增长、文化演进以及人们社会生活中的方方面面，休闲产业已然成为推动社会经济发展的重要动力。

从以上的历史发展轨迹不难看出，休闲产业经济价值的体现与一国社会经济发展水平密切相关，欧美发达国家早在 20 世纪 60 年代左右，就已进入人均 GDP 3 000 美元发展阶段，从那时起，休闲产业便开始逐渐形成、发展和完善，对经济的影响力逐渐增强。对标国际，我国在改革开放的进程中，休闲日渐在国民生活中广泛渗透，相应的休闲消费支出逐渐成为居民的重要消费支出形式，在这种消费经济模式中，休闲产业的社会经济影响力也开始显现。

2. 休闲产业正在成为我国国民经济增长的重要组成部分

国际经验已经表明，休闲产业发展与社会经济发展水平密切相关。2008 年我国人均 GDP 整体突破 3 000 美元，自那时起，休闲产业便开始形成与发展。在这个过程中，除了人均可支配收入和休闲时间增加的因素外，城镇率的提升和服务业比重的提高等因素也推动着休闲产业的快速发展。一方面，目前我国城镇化率已整体超过 50%，城市人口规模的快速增长，带来的是人们对城市的舒适偏好逐渐增强。这里的舒适可以理解为一座城市提供的休闲娱乐机会，比如滨水区、博物馆、剧院等，这些是推进休闲产业形成发展的重要元素。以我国著名的休闲城市杭州为例，近年来，杭州城市知名度不断提升，大量外来人口涌入该城市生活发展，2017 年杭州城镇化率已达到 76.8%。为满足居民对美好生活的向往和追求，杭州大力发展涵盖美食、茶楼、疗休养、演艺、化妆、保健、女装、婴童运动休闲和工艺美术十大特色潜力行业，这些行业都与休闲产业发展密切相关。这一举措不仅能为市民和游客深入体验休闲活动提供了多样选择，更推动杭州以休闲产业为龙头的现代服务业发展。另一方面，我国服务业占 GDP 比重已经超过工业，这标志着我国经济迈入服务化时代，意味着我国经济由工业主导向服务业主导加快转变。服务业的快速发展，带来的结果主要体现在：第一，服务消费增长速度将远远超过物质消费，未来娱乐、体育、健康等产业投资机会逐渐增多；第二，休闲产业形态出现新的变化和特征，在互联网、电子商务等新兴服务业发展背景下，人们的休闲娱乐方式也开始改变，比如传统的 KTV 在互联网的拥抱下，演变出"KTV＋"模式，这种模式是从整个娱乐产业的角度去打造的，

---

① BISL. State of the UK leisure industry: a drive for growth [R]. Oliver Wyman, 2012.

因而最终提供给人们体验的产品不再是场所和设施,而是泛娱乐、云娱乐、消费娱乐形式的细分服务。

社会发展的现实已经表明,为休闲而进行的各类生产和服务活动正在成为经济繁荣的重要因素,尤其是在大城市,休闲产业已成为经济良好运行的基本条件。杭州西湖的还湖于民举措、上海黄浦江两岸45千米岸线改造行为等等,无一不在说明当今的中国社会,人们开始转向精神领域的消费追求,生活领域的休闲化特征正在成为时代趋势。

3. 居民旺盛的消费需求为我国休闲产业发展注入强劲活力

巨大的消费潜力是休闲产业发展的一个至关重要的因素。自2008年我国人均GDP整体进入3 000美元阶段后,休假制度开始调整,目前已经形成2个7天长假和5个3天小长假,这一经济环境和利好政策极大地推动了国民休闲相关消费的爆发式增长。从消费规模看,2008年我国社会消费品零售总额首次突破10万亿元,2016年这一数字达到33万亿元,消费已经成为我国经济增长的第一驱动力。从消费结构看,2008年我国城镇居民人均食品支出比重为37.89%,2016年下降为30.1%,人均交通通信、医疗保健消费支出分别从2008年的12.6%、12.08%上升到2016年的13.7%、7.6%。可见,居民消费结构正在由生存型消费向发展型消费升级,由物质型消费向服务型消费升级,精神性消费主题不断凸显。根据国际经验,当一个国家或地区的人均GDP进入3 000~5 000美元阶段以后,居民的生活方式会呈现休闲化的特征,其主要表现是消费脱物化[①],即人们对传统的以物质产品为主导的消费需求开始下降,而对以精神产品为主导的消费需求逐渐上升。中国银联的数据进一步印证了这一观点,第一,宠物行业成为消费增速最快的行业之一;第二,居民餐饮消费习惯由节假日的集中消费转变为外出就餐常态化;第三,居民的旅游需求旺盛,除了节假日密集出行,周末游、自驾游、亲子游成为"驴友"最爱[②]。麦肯锡的研究也发现,中国消费者更愿意休闲和外出就餐,喜欢娱乐刺激性的活动。随着服务业的崛起,旅游、体育休闲、康体娱乐等正成为中国消费者的主要消费方式[③]。

中国居民强劲的休闲娱乐消费需求,折射出未来我国休闲产业整体上将呈

---

① 李向民.精神经济[M].北京:新华出版社,1999:16.

② 新华网.消费马车成经济增长首要动力——从大数据看供给侧改革空间[EB/OL].http://news.xinhuanet.com/fortune/2016-01/01/c_1117646884.htm,2016-01-01.

③ 中国网.美媒:证明中国消费潜力的5个事实[EB/OL].http://news.china.com.cn/world/2016-03/19/content_38063676.htm,2016-03-19.

现出快速增长态势。休闲产业关联度高,产业带动能力强,它的大力发展必将推动我国产业结构升级换代,从而成为我国加快经济转型的一个重要出发点,供给侧改革的重要立足点。尽管整体上看,我国居民休闲相关消费支出在增长,但从地域结构看,休闲相关消费水平差异巨大。以2016年人均教育文化娱乐消费支出为例,上海高达4 533.5元,其次是北京4 054.7元,而河北、河南、江西、海南等地则处于2 000元左右水平,西藏最低(922.5元),远低于均值水平(2 513.8元)①。显然,居民强劲的休闲娱乐消费需求背后,隐含着各地休闲娱乐消费水平的非均衡性。

4. 资本的扎堆进入加剧我国各地休闲产业竞争态势

沃顿商学院教授阿尔伯特·塞兹和费城联邦储备银行的杰拉德A·卡利诺在一篇名为《美丽城市:休闲文化设施与城市的增长》的论文中指出,地方政府在娱乐项目和相关设施方面的投资与城市对游客的吸引力是息息相关的②。如此看来,各地对休闲相关产业的投资会影响到其吸引力,这必然会加剧各地休闲产业投资项目的竞争态势。从与休闲产业密切相关的综艺节目为例,2013年以来各省域的综艺节目呈现一片繁荣景象,明星真人秀节目更是受到观众的广泛关注。2015年共计出现215档综艺节目,2016年有400档真人秀节目出现,各省、自治区、直辖市[以下简称省(区、市)]卫视频道借助综艺节目也获得了极高的广告收入。综艺节目市场的繁荣,使得综艺节目成为最具投资价值的热门资源,红杉、华人文化基金等私募基金都是综艺节目制作的幕后推手。综艺节目的投资价值也必然导致省域娱乐业竞争激烈。从播出频道看,综艺节目主要集中在东部的北京、上海、山东、浙江、江苏、广东和中部的湖南、安徽等地③,这间接反映出娱乐业发展的地域不平衡问题。

进一步从文化产业看,目前我国各省(区、市)文化产业投融资竞争激烈状况明显。自2009年国务院发布《文化产业振兴规划》后,2010年中国人民银行、财政部、文化部等九部委出台《关于金融支持文化产业振兴和发展繁荣的指导意见》,此后文化金融工作实现了快速发展,但各地区在文化产业私募股权投融资方面差异较大。2013年文化产业私募股权投融资案例达143起,但地域主要集中在北京、上海和广州的广东三地,而文化企业融资债券工作也主要集中在北

---

① 中华人民共和国国家统计局编.中国统计年鉴2017[M].北京:中国统计出版社,2017.

② 沃顿知识在线.发展现代城市,莫忘运动场所和河畔步行街[EB/OL]. http://www. knowledgeatwharton.com.cn/article/1907/#comments,2009-01-09.

③ 中国产业信息网.2016年上半年卫视综艺节目收视情况[EB/OL]. http://www.chyxx.com/industry/201611/471918.html,2016-11-28.

京、上海、江苏、浙江和深圳等地①。随着各类社会资本继续投身文化产业,尤其是天使基金的蓬勃发展以及互联网三大巨头 BAT 紧密布局,我国各省(区、市)文化产业投融资竞争将越来越激烈。

娱乐、文化产业等均是休闲产业的主要构成,随着休闲相关产业地位的上升,资本对休闲产业的青睐会越来越强烈,这必将导致各地休闲产业竞争的加剧。如何增强休闲产业竞争力以便在休闲市场竞争中占据优势地位已成为各地休闲产业发展战略中需要重点解决的问题。

5. 供给侧改革意见的出台折射出我国休闲产业发展的不充分不平衡

中央经济工作会议提出推进供给侧改革,通过创造新供给提高供给体系质量和效率。从经济学视野来看,供给侧主要聚焦于生产要素的供给和有效利用,其出发点和落脚地始终是作为生产要素的产品本身。因此,推进产业结构性改革,不仅关乎我国经济发展的质量,更与我国居民的生活质量息息相关。在物质水平不断提升的今天,消费者对精神文化产品的需求日益凸显。然而,以主要满足居民精神生活需求的休闲产业在发展过程中则面临着资源使用效率不高、创新力不足、产品精品缺乏等问题,譬如与居民休闲生活息息相关的电影产业,影片质量良莠不齐广受诟病,且影片海外需求也较少,总体而言电影产业一直处于"粗放型"的生长方式②,类似的还有手游行业、文化艺术品交易行业等等。这些现象实质上反映了目前我国休闲产业整体发展的低质量状态、休闲产品供给的不充分态势,难以满足民众追求美好生活的需要。要提高休闲产业发展质量,产业结构的转型和效率的提升是关键。

除了休闲产业发展的规模、质量等不充分问题,休闲产业发展的区域不平衡、内部结构不平衡问题也依然比较严重。以休闲产业的主要部门旅游业为例,《中国国内旅游发展年度报告 2017》显示,我国东中西部旅游业综合发展水平呈现 5∶3∶2 的阶梯分布格局③,东部地区无论是在游客接待量、旅游总收入,还是旅游服务设施规模方面,都占据绝对优势,而广大的中西部地区竞争劣势明显。同样地,各地区文化产业发展水平也不平衡,由东南地区向西北地区呈减弱

---

① 和讯网.文化金融快速发展,投融资体系初步建立[EB/OL].http://news.hexun.com/2014-02-24/162443079.html,2014-02-24.

② 搜铺咨询.BAT、万达等加速跑马圈地,影业抢夺战白热化! [EB/OL].http://www.soupu.com/news/681269,2016-06-20.

③ 搜狐财经.中国国内旅游发展年度报告 2017[EB/OL].http://www.sohu.com/a/168902983_160257,2017-09-01.

趋势,且地区间差异很大①。可见,我国区域之间的休闲产业发展不平衡相当突出。从休闲产业内部结构看,就文化产业结构来说,我国文化产业的核心层、外围层和相关层的比例还不够合理,一些较好省(区、市)的休闲产业核心层和外围层的比例不足 50%,且文化制造业增加值占文化产业增加值的比重仍较大②。这一现象充分说明我国休闲产业存在的结构性问题还比较严重,需要依靠改革和创新手段优化休闲产业结构,从而推动休闲产业的可持续健康发展。

党的十九大报告指出,当前社会的主要矛盾已经转化为"人民日益增长的美好生活需要和不平衡不充分的发展之间的矛盾"。发展休闲产业正是让民众过上美好生活的有效途径,而推进这一发展进程,离不开休闲产业供给的质量和效率保障。我国的中央经济工作会议明确指出,经济发展的主要任务已经由经济规模扩张为主转向提高经济增长质量和效益为主,而要提高经济发展质量,首要的问题是提高经济投入产出率。因此,加快供给侧改革,推动休闲产业的结构转型、效率提升,已成为实现休闲产业充分与平衡发展的关键决策。

(二) 研究问题的提出

研究背景已经指出,休闲产业已成为国际发达国家经济增长的动力,在我国,休闲产业对社会经济发展的影响力正在显现,尤其是在居民强劲的消费能力、商业资本的纷纷介入等因素带动下,休闲产业发展迅速、规模不断扩大。在这个过程中,休闲产业的地位日益受到国家层面的重视,近年来中央和国务院发布的相关文件,以及重要会议内容,都纷纷出台并颁布了一系列有关休闲产业发展的政策与法规,来保障和推动休闲产业的持续、健康、快速发展。这一现实背景充分说明了休闲产业已经成为关乎国民经济发展的重要支撑,成为满足人民美好生活追求、促进社会生活和谐的重要途径。

在这一发展实践背后,也应看到休闲产业发展面临的严峻问题,一方面对标国际,我国休闲产业发展的影响力还比较弱,需要我们去把脉问诊、对症下药,有效提升其竞争力和吸引力;另一方面面对国内,在社会主要矛盾转化的背景下,我国休闲产业发展的不平衡不充分问题已经成为当前我国社会经济发展过程中具有强烈现实性和紧迫性的重要课题。要解决这一问题,需要客观认识、梳理解读我国休闲产业发展的整体状况、特征和规律。

进一步从研究层面看,学者的研究现状也为本书要关注的问题提供了研究

---

① 张亚丽.我国文化产业发展及其路径选择研究[D].长春:吉林大学,2014.
② 迟树功.调优文化产业结构研究[J].理论学刊,2012(1):50-53.

空间。目前的理论研究主要存在两方面特征：第一，对休闲产业概念、构成、功能、对策等角度展开阐述的文献较多，但研究质量和视角有待提升和拓宽，研究的深度和广度还需要进一步深化，这对于客观、系统地认识和理解休闲产业发展的规律性特征非常必要；第二，对休闲产业内部行业关注较多，比如旅游、文化、体育等，这方面的内容已经从概念、范围等基本问题延伸至评价、影响、机理等实证研究，虽然休闲产业分门别类的研究能够更加集中深入挖掘其内容和特征，为整体性的研究提供基础，但是部分不能代表整体，仅靠行业部门的研究是不能够准确把握休闲产业的内涵和特征的。当然，这可能与休闲产业范围边界的模糊性有关。可见，与如火如荼的发展实践相比，休闲产业理论体系尚未系统性形成，对实践的指导作用还较弱。因此，为了能够更好地解决休闲产业发展过程中存在的问题，促进休闲产业的健康良性发展，需要加强休闲产业理论体系研究。从理论上厘清休闲产业基本体系问题，然后按图索骥去认识我国休闲产业发展状况和特征，做到理论到实践的一脉相承。

二、研究意义

（一）完善理论体系，为休闲产业现有研究成果提供有益补充

现有文献虽然对休闲产业发展的实践经验和研究成果有了一定的积累，但研究视角比较分散，研究方法较为单一，研究基本问题如概念、范围等尚未达成一致，研究的系统性和完整性也未能形成。这一理论状况显然不利于休闲产业的健康发展，为此，本书在全面梳理相关研究基础上，对休闲产业的概念、类型进行阐述和分析，尝试构建"发展评价分析—结构和效率剖析—影响因素探索"的休闲产业分析框架，从休闲产业外部分析延伸到内部探讨，再综合探析影响休闲产业内外部发展的因素。通过这一完整的研究，一定程度上拓展了休闲产业现有成果内容，完善了休闲产业理论研究体系，补充了产业经济学理论研究内容。

（二）梳理现实状况，为休闲产业健康发展提供政策引导和制度保障

党的十九大报告提出我国社会矛盾已经转化为人民日益增长的美好生活需要和不平衡不充分的发展之间的矛盾。那么，如何满足人民日益增长的美好生活需要，休闲产业必然在其中扮演着重要角色。因为如今人民美好生活的重要体现就是精神需求的满足，休闲产业恰恰是满足人们享受和发展的部门集合，所以休闲产业发展已成为时代所需，趋势不可阻挡。在这一时代背景下，研究和关注休闲产业，对于民生发展、社会和谐、人民福祉等都具有重要的现实意义。

第一，有利于各地认清自身休闲产业发展态势。本书休闲产业研究聚焦于

我国 30 个省（区、市）①，评价研究这一部分从综合和分项指标视角，较为全面、客观地分析了各地区休闲产业发展的状况，指明了其优劣势。这一量化结果，对于各地的自我认识和相互比较提供了基础，从而有助于各地因地制宜制定有效决策。

第二，有利于把握我国休闲产业发展的规律性特征。国际休闲产业发展的历史脉络，为我国休闲产业发展实践提供了借鉴。但国内外现实有差异，因此，国内休闲产业发展必然存在自身的规律性特征。本书通过构建计量模型，从整体、分区域、分时间的角度挖掘休闲产业发展程度、结构演变、效率演进的影响因素，把握国内休闲产业发展规律。

第三，有利于提升我国休闲产业的发展质量。解读休闲产业，除了厘清概念、范围，评价发展程度，还需要深入产业内部，把脉休闲产业的结构优劣、效率高低。本书从产业结构、产业效率两个角度探索我国休闲产业的资源配置、生产效率等内在机理问题，旨在发现休闲产业发展演进中的问题、特性与表现形式，为我国休闲产业发展质量提供有效建议。

第二节　研究内容和方法

一、主要内容

本书通过梳理相关研究，界定休闲产业概念，划分休闲产业类型，进而建立休闲产业发展评价指标体系，对我国休闲产业发展程度进行定量评价，并进一步深入休闲产业内部，通过结构和效率两个视角剖析休闲产业发展特征，最后建立计量模型，探索影响我国休闲产业发展程度、结构演变、效率演进的因素，在此基础上，提出休闲产业优化发展建议。可以看出，本研究遵循的研究思路是"概念和类型（基本问题）—指标和评价（外显程度）—结构和效率（内在演化）—影响因素（原因揭示）"。根据这一研究思路，做到全面分析我国休闲产业发展的基本特点、演变轨迹、发展规律，勾勒刻画出休闲产业研究的基本框架。全书的内容分为四大部分共九章，具体如下。

（一）休闲产业发展的基本问题阐述

本书第一、二、三章，是研究的基础。首先，阐述休闲产业研究的背景、意义、思路、内容、方法等，构建起全书的总体研究框架，并说明研究的创新点；其次，梳理休闲产业相关概念，并对休闲产业概念进行界定；第三，总结国内外机构、学者对休闲产业类型划分内容，为我国休闲产业范围和类型划分提供借鉴；第四，综

---

① 西藏的相关数据不够完整和连续，故未纳入本研究范围。

述国内外有关休闲产业研究内容,探讨休闲产业研究的相关理论,形成研究的逻辑起点;第五,分析我国休闲产业发展现状、阶段与特征,反映休闲产业发展的整体轮廓和面貌,为后文休闲产业发展的量化研究提供基础。

(二) 休闲产业发展评价与结构、效率分析

本书的第四、五、六、七章,是第一项实证研究。首先,利用产业发展评价的竞争力理论和要素,结合休闲产业发展特性,构建休闲产业发展评价指标体系。其次,选取省域作为研究对象,采集各地区 2000—2014 年共计 15 年的数据,运用差异性和相似性方法,实证分析我国休闲产业发展的差异和类型。第三,发展评价只是衡量了各地休闲产业发展水平的高低,但无法明确休闲产业内部的演变特征,而这又关乎休闲产业的规模和质量。因此,深入产业内部剖析休闲产业结构和效率演变特征。第六章休闲产业结构分析运用偏离—份额分析法,探讨休闲产业内部的优势和劣势部门,以及自身竞争力的强弱,进而确定一个地区休闲产业结构调整的方向。第七章休闲产业效率分析是运用数据包络分析法(DEA),讨论休闲产业发展的综合效率、纯技术效率和规模效率状况,进而判断我国各地区休闲产业效率提升的方向和路径。

(三) 休闲产业发展影响因素分析

本书的第八章,是第二项实证研究。在第五、六、七章分析结果基础上,探讨了影响休闲产业发展水平、结构、效率的因素,这是休闲产业发展内外部差异的原因解释。首先,通过文献梳理,理论上总结影响休闲产业发展的因素,之后建立计量经济学模型开展实证检验。其次,从全国整体、分地区、分时间三个维度,探索影响我国休闲产业发展程度的因素及不同。第三,从全国整体和分地区两个视角,讨论影响我国休闲产业结构的因素。第四,根据效率值特征,建立面板Tobit 模型,实证研究影响休闲产业综合效率、纯技术效率、规模效率的因素。

(四) 主要结论与展望

本书的第九章,是全书研究的总结。总结"发展评价分析—结构和效率剖析—影响因素探索"的休闲产业分析框架下,我国休闲产业发展的现实状况、特征、规律以及存在的关键问题,并提出研究展望。

二、研究方法

(一) 技术路线

根据本书研究目标、主要内容及拟解决的问题,采用如下技术路线与方法(见图 1-1)。

研究主题　　　　　　研究内容　　　　　　研究方法

```
┌─────────┐      ┌──────────────┐      ┌──────────────┐
│  绪论   │──────│ 研究背景与意义 │──────│  文献分析法   │
└─────────┘      │ 内容与技术路线 │      │  归纳分析法   │
     │           │ 可能的创新之处 │      └──────────────┘
     │           └──────────────┘
     ▼
┌─────────┐      ┌──────────────┐      ┌──────────────┐
│  理论   │──────│  概念与类型   │──────│  文献分析法   │
└─────────┘      │  研究述评     │      │  归纳分析法   │
     │           │  理论基础     │      └──────────────┘
     │           └──────────────┘
     ▼
            ┌ ─ ─ ─ ─ ─ ─ ─ ─ ─ ─ ─ ─ ─ ┐
            │ ┌──────────────┐            ┌──────────────┐
            │ │ 休闲产业发展现状 │────────│  案例分析法   │
            │ └──────────────┘            └──────────────┘
            │ ┌──────────────┐            ┌──────────────┐
            │ │ 休闲产业发展评价 │────────│  理想解法     │
            │ └──────────────┘            │ 灰色关联分析法 │
┌─────────┐ │                             │ 关系种子扩展法 │
│  实证   │─┤ ┌──────────────┐            └──────────────┘
└─────────┘ │ │ 休闲产业结构分析 │────────┌──────────────┐
     │      │ └──────────────┘            │ 偏离—份额分析法│
     │      │ ┌──────────────┐            └──────────────┘
     │      │ │ 休闲产业效率分析 │────────┌──────────────┐
     │      │ └──────────────┘            │ 数据包络分析法 │
     │      │ ┌────────────────┐          └──────────────┘
     │      │ │休闲产业发展影响因素│──────┌──────────────┐
     │      │ └────────────────┘         │ 经济计量模型法 │
            └ ─ ─ ─ ─ ─ ─ ─ ─ ─ ─ ─ ─ ─ ┘ └──────────────┘
     ▼
┌─────────┐      ┌──────────────┐      ┌──────────────┐
│  结论   │──────│  主要结论     │──────│  归纳分析法   │
└─────────┘      │  对策建议     │      └──────────────┘
                 │  研究展望     │
                 └──────────────┘
```

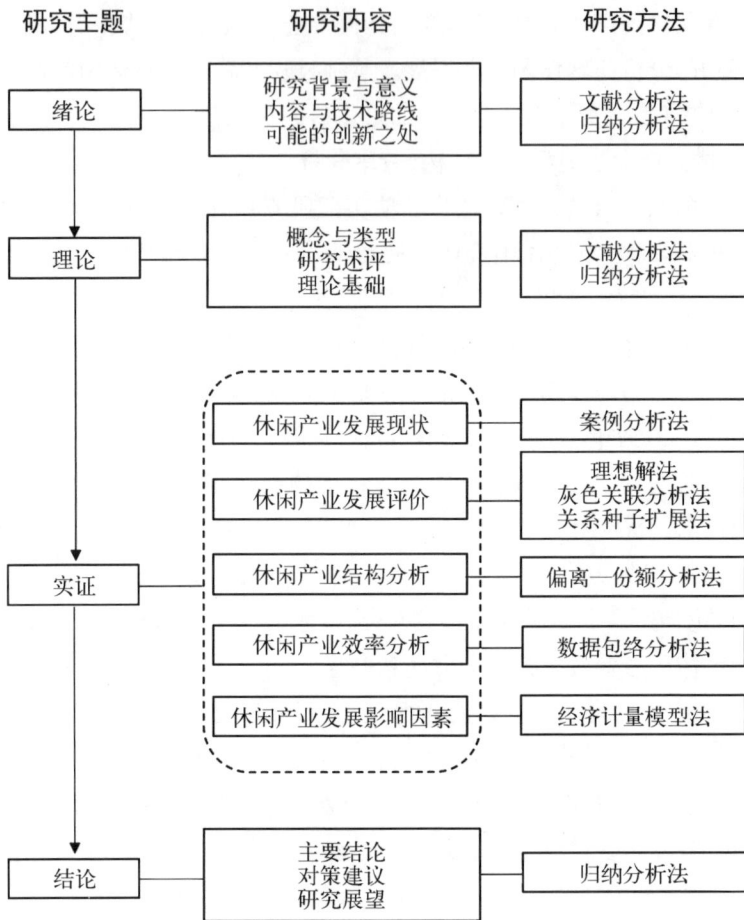

图 1-1　技术路线

根据各个部分研究对象、主题和内容的不同,在研究过程中将采取不同的研究方法,进行有针对性的分析。

(二) 研究方法

1. 文献分析法

通过文献检索平台,对休闲产业发展方面的文献进行梳理,为相应的研究内容提供理论支撑。在分析休闲产业概念、类型时,查阅国内外文献进行概念界定和类型划分。在建构休闲产业评价指标体系过程中,以及休闲产业发展影响因素梳理中,进一步采用了文献分析法来支撑观点,为研究提供理论基础。

2. 定量分析法

根据相应的研究内容,采用定量分析法开展实证研究。首先,休闲产业发展评价部分,分别运用理想解法、灰色关联度法来评价休闲产业发展的差异性和相似性,并进一步运用关系种子扩展聚类法来分析休闲产业的聚类状态。其次,休闲产业结构和效率分析部分,运用偏离—份额分析法来分析休闲产业内部结构优化和竞争地位的强弱态势,运用数据包络分析法来分析休闲产业的综合效率、纯技术效率和规模效率。最后,休闲产业发展影响因素剖析部分,主要是建立计量经济模型,实证检验影响休闲产业发展差异的因素。

3. 案例分析法

在对我国休闲产业发展现状进行分析时,选取国内典型城市上海,总结其从20世纪90年代至今休闲产业发展的阶段与特点,以期为国内其他地区休闲产业的优化发展提供经验借鉴。

三、可能的创新之处

本书可能的创新之处主要有以下几个方面。

第一,从理论研究角度讲,一方面吸取过往学者有关休闲产业概念研究的内容,立足产业经济学学科视角,提出了休闲产业的概念并进行解读。另一方面,综合国内外学者和政府机构观点,并结合休闲产业发展的现实状况,系统性地梳理了休闲产业的范围和类型。尽管有学者对休闲产业范围做过一定的研究,而且这些研究为本书提供了一定的基础,但过往研究仅停留在描述性分析,并不能延续至实证研究部分。本书的休闲产业类型划分是系统性研究休闲产业的前提和基础,它是构建休闲产业评价指标体系的依据,更是休闲产业内在结构和效率研究的基础,做到了从理论探讨到实证研究的一脉相承。

第二,从实证研究角度讲,本书采集我国 30 个省(区、市)2000—2015 年的数据,一方面评价休闲产业的发展程度、剖析休闲产业内在结构与效率特征;另一方面量化分析影响我国休闲产业内外部差异的因素。这一系统性的研究,不仅是从产业外部、内部综合呈现了我国 15 年来休闲产业发展演变的规律性特征,而且从产业经济学角度系统剖析了休闲产业这一新兴产业的发展问题,是对产业经济学内容的补充和完善。

第二章　文献综述与
理论基础

　　研究休闲产业发展问题,首要的是回顾与总结相关研究内容,界定休闲产业概念和划分休闲产业类型,这是本研究的基础性内容。本章的主要内容是评述国内外休闲产业相关研究,梳理和阐述与休闲产业发展水平、结构等相关的理论,界定休闲产业概念,总结和分析休闲产业类型,为后文研究提供理论依据。

第一节　研究文献回顾

一、国外相关研究述评

(一)休闲产业发展中居民休闲行为研究

　　休闲产业的发展离不开居民可支配收入水平的提升和工作时间的缩减。伴随着科学技术的进步、生产力的提高,劳动者的工作时间缩短;加之劳动者维护自身权利意识的觉醒,劳动者的休闲时间得以延长。1935 年,国际劳动组织首次确认每天工作 8 小时、每周工作 40 小时的工作制;1936 年,法国众议院通过了"带薪假期"的社会法;1939 年,已有 10 余个欧洲国家先后制定了劳工带薪休假的法律。休闲时间的延长,引发了人们对如何利用休闲时间的讨论。Allen(1938)认为教育和社会环境给大众提供了利用休闲满足自我成就感的机会,休闲时间应当被最大化地利用[1],人们应该被培训如何去休闲,就像被培训去工作一样,工作和休闲是同等重要的(Lindsay,1938)[2]。因此,城市应当为居民提供户外娱乐设施和场所,比如游戏场、游泳池、公园等,使人们可以获得精神满足(John,1934)[3];政府应当了解居民的休闲活动类型,规划布局休闲设施(Emily,

---

　　[1]　Allen W. The use of leisure - II [N]. The Spectator,1938 - 05 - 20(909).

　　[2]　Lindsay D D. The use of leisure - III [N]. The Spectator,1938 - 05 - 27(958).

　　[3]　John W N. A survey of recreation in Glendale California [D]. Los Angeles:A Thesis Presented to the Faculty of the School of Education University of Southern California,1934.

1936)①。随后，在整个 20 世纪 40 年代，一系列围绕中学生、教师、儿童、青年男女、青少年、残疾人、社区居民等为对象的休闲活动研究开展起来（Maheras，1943②；Thornton，1941③；Wray，1940④；Hartman，1942⑤；White，1949⑥；Abell，1944⑦；Felshaw，1942⑧），这些研究主要关注休闲时间分配问题，与之相关的休闲活动选择的动机或休闲活动所带来的满意度并没有得到极大关注（Marjorie，Robert，1958⑨）。随着社会的发展，在休闲时间延长的条件下，人们又开始考虑如何在休闲时间内得到最大化的满足。显然，不同的休闲活动有不同的价值和意义，每个人从事休闲活动所感受到的意义也不同，这些意义与休闲的内容、个人特征、社会阶层等因素都有一定的关系。与此同时，20 世纪 50 年代后，学者关注的议题开始从居民休闲时间使用转移到休闲行为的研究。Leo（1956）发现，环境质量是影响纽约市 65 岁及以上的老人休闲活动选择最重要的因素⑩。教学、收入是影响高校教师选择不同类型休闲活动的显著影响因素（Standlee，Popham，1958）⑪，金钱是影响蓝领工人开展休闲度假活动的关键因素（Kienast，1969）⑫，跨文化背景会影响到青少年休闲活动的选择（Noe，1971）⑬。这一研究

①　Emily D C. A Survey of Public Recreation in Fresno [D]. Los Angeles：A Thesis Presented to the Faculty of the School of Education University of Southern California，1936.

②　Maheras C. Leisure Time Activities of Junior High School Students [D]. Los Angeles：A Thesis Presented to the Faculty of the School of Education University of Southern California，1943.

③　Thornton M E. An Investigation of Leisure-time Activities and Interests of Senior High School Students [D]. Los Angeles：A Thesis Presented to the Faculty of the School of Education University of Southern California，1941.

④　Wray R C. An Investigation of Leisure-time Practices of Teachers in Summer School at University of Southern California [D]. Los Angeles：A Thesis Presented to the Faculty of the School of Education University of Southern California，1940.

⑤　Hartman S E. A Study of Leisure-time Habits of Young Men and Young Women in Los Angeles [D]. Los Angeles：A Thesis Presented to the Faculty of the School of Education University of Southern California，1942.

⑥　White R A. An Index of the Leisure-time Activities and Interests of School Children [D]. Los Angeles：A Thesis Presented to the Faculty of the School of Education University of Southern California，1949.

⑦　Abell E L. Leisure-Time activities for teachers [J]. Teachers' College Journal，1944，16(1)：6 - 7.

⑧　Felshaw D D. Leisure Time Activities of Crippled Children [D]. Los Angeles：A Thesis Presented to the Faculty of the School of Education University of Southern California，1942.

⑨　Marjorie N D, Robert J H. The meaning of leisure [J]. Social Forces，1958，37(1)：335 - 360.

⑩　Leo C. Leisure-Time adjustment of the aged：II. activities and interests and some factors influencing choice [J]. The Journal of Genetic Psychology，1956，88(1)：261 - 276.

⑪　Standlee L S, Popham W J. Participation in leisure time activities as related to selected vocational and social variables [J]. The Journal of Psychology，1958，45(1)：149 - 154.

⑫　Kienast P. Extended leisure for blue collar workers：A look at the steelworker's extended vacation program [J]. Labor Law Journal，1969，20(10)：641 - 648.

⑬　Noe F P. A Pre-Industrial examination of adolescent in a cross-cultural setting [J]. Adolescence，1971，23(6)：349 - 368.

进一步引发了学者对休闲影响类型的探讨,McGuire(1984)列出了外部资源、时间、家人/朋友支持、社会交往、身体健康状况等30项休闲影响因素,但并未作出科学划分[①]。Francken,Van(1981)则明确指出休闲影响因素类型包括内在和外在因素,前者指个人能力、知识和兴趣等,后者指时间、金钱、地理距离、设施缺乏等[②]。显然,这样的划分并没有将因素之间的内在联系建立起来。在前人研究基础上,Crawford,Godbey(1987)正式提出个人内在(intrapersonal)、人际(interpersonal)和结构性(structural)三种休闲参与影响因素类型[③]。进一步,Crawford,Jackson,Godbey(1991)认为这三种类型是以阶层的方式来运作的,并提出了参与休闲活动整个过程的模式,清楚说明了个人内在、人际以及结构性影响因素是依序发生的[④]。这一研究成果为后来学者的研究提供了一种研究范式,并发展出认知、社会、能力、环境、机会等因素的探讨(Jackson,Crawford,1993[⑤];Hultsman,1995[⑥];Alexandris,Tsorbatzoudis,2002[⑦])。学者的研究从休闲时间利用到城市不同人群休闲参与与否因素的探讨,反映出大众居民休闲意识不断提高,对休闲利用的关注度也不断提升,而这也正是城市发展过程中,居民生活质量改善的重要体现。

(二)休闲产业发展基础环境研究

休闲产业的发展需要城市基础环境的支撑,尤其是随着城市化进程加快,城市中越来越多的土地被用于住房、工业、社区服务或其他经济功能,休闲产业空间规划似乎被忽略。但是,应当注意到休闲产业空间对居民生活质量的积极作用(Vandermeulen,Verspecht,Vermeire,2011)[⑧]。一项由伊利诺伊大学香槟分校人

① Mc Guire F A. A factor analytic study of leisure constraints in advanced adulthood [J]. Leisure Sciences,1984,6(3):313-326.

② Francken D, Van R M. Satisfaction with leisure time activities [J]. Journal of Leisure Research,1981,13(4):337-352.

③ Crawford D W, Godbey G. Reconceptualizing barriers to family leisure [J]. Leisure Sciences,1987,9(2):119-127.

④ Crawford D W, Jackson E L, Godbey, G. A hierarchical model of leisure constraints [J]. Leisure Sciences,1991,13(4):309-320.

⑤ Jackson E L, Crawford D W, Godbey G. Negotiation of leisure constraints [J]. Leisure Sciences,1993,15(1):1-111.

⑥ Hultsman W. Recognizing patterns of leisure constraints: An extension of the exploration [J]. Journal of Leisure Research, 1995, 27(3):228-244.

⑦ Alexandris K, Tsorbatzoudis C. Perceived constraints on recreational sport participation: Investigating their relationship with intrinsic motivation, extrinsic motivation and amotivation [J]. Journal of Leisure Research, 2002, 34(3):233-252.

⑧ Vandermeulen V, Verspecht A, Vermeire B, et al. The use of economic valuation to creation public support for green infrastructure investments in urban areas [J]. Landscape and Urban Planning, 2011, 103(2):198-206.

类环境研究实验室所做的研究发现,城市内部的绿色空间越多,就越有利于居民对公共空间的利用,而且邻里之间的关系会因为绿色植物的存在而更加紧密。具体来说,休闲环境的价值主要体现在:首先,它可以增加娱乐和休闲机会(Taylor,Kuo,Sullivan,2001[1];Tzoulas,James,2010[2]);其次,有益于亲近自然和提升健康水平(Hartig,Evans,Jamner,David,2003[3];St Leger,2003[4];Van den Berg,Maas,Verheij,Groenewegen,2010[5]);再次,能为社会互动和文化价值的分享提供机会(Coley,Sullivan,Kuo,1997[6];Lioyd Auld,2003[7];Seeland Dubendorfer,Hansmann,2009[8])。根据 Byers(1998)观点,一个城市的环境若有利于社会互动或交往,则这座城市是健康的[9],而这正是未来城市胜利的关键要素,要健康、安全,注重舒适性,具有吸引力(Snieska,Zykiene,2014)[10]。因此,城市要提高居民的整体生活质量,必须考虑当地居民对休闲环境和活动的偏好,从而做好休闲基础环境的规划和建设工作,正如 Lynch,Hack(1984)所说,城市规划者要思考城市休闲空间"是一个提升地方意义的地方,是供人们学习自我和自然的地方,是发展人类资本的地方"[11]。

此外,一些学者的研究指出,城市居民强烈支持建设有益身心健康、多样化的绿色设施,如散步、骑行设施、森林公园等(Gase,Barragan,Simon,et al.,2015)[12],这与城

① Taylor A F, Kuo F E, Sullivan W C. Coping with add-the surprising connection to green paly settings [J]. Environment and Behavior, 2001, 33(1): 54 - 77.

② Tzoulas K, James P. Peoples' use of, and concerns about, green space networks: A case study of Birchwood, Warrington New Town, UK [J]. Urban Forestry & Urban Greening, 2010, 9(2): 121 - 128.

③ Hartig T, Evans G W, Jamner L D, et al. Tracking restoration in nature and urban field settings [J]. Journal of Environmental Psychology, 2003, 23(2): 109 - 123.

④ St Leger L. Health and nature-new challenges for health promotion [J]. Health Promotion International, 2003, 18(10): 173 - 175.

⑤ Van den Berg A E, Maas J, Verheij R A, Groenewegen P P. Green space as a buffer between stressful life events and health [J]. Social Science and Medicine, 2010, 70(8): 1203 - 1210.

⑥ Coley R L, Sullivan W C, Kuo F E. Where does community grow? [J]. Environment and Behavior, 1997, 29(4): 468 - 494.

⑦ LIoyd K M, Auld C J. Leisure, public space and quality of life in the urban environment [J]. Urban Policy and Research, 2003, 21(4): 339 - 356.

⑧ Seeland K, Dubendorfer S, Hansmann R. Making friends in Zurich's urban forests and parks: the role of public green for social inclusion of youths from different cultures [J]. Forest Policy and Economics, 2009, 11(1): 10 - 17.

⑨ Byers J. The privatization of downtown public space: the emerging Grade-Separated city in North American [J]. Journal of Planning Education and Research, 1998, 17(3): 189 - 205.

⑩ Snieska V, Zykiene I. The role of infrastructure in the future city: Theoretical perspective [J]. Procedia-Social and Behavioral Sciences, 2014, 156(26): 247 - 251.

⑪ Lynch K, Hack G. Site Planning (3rd Edition) [M]. London: The MIT Press, 1984: 330.

⑫ Gase L N, Barragan N C, Simon P A, et al. Public awareness of and support for infrastructure changes designed to increase walking and biking in Los Angeles country [J]. Preventive Medicine, 2015, 72(3): 70 - 75.

市居民对绿色设施、空间的偏好不无关系。调查表明,在芬兰东部城市约恩苏,1/3 的居民每周 2～3 次游览城市近郊的森林用作娱乐,80% 的居民至少每周一次游览城市森林(Tyrvainen,Vaanancn,1998)[①]。城市居民对休闲环境的需求,实际上是居民地方依恋和地方归属感的表征,休闲基础环境的规划和建设应该融入居民的生活中,贯彻到经济发展过程中,最终使休闲成为增加人性化的一种诉求,成为城市的一种记忆。

(三) 休闲产业消费研究

消费者对休闲商品和服务的需求是强劲的,这一点可以从居民的休闲消费支出得以印证。最早对休闲消费进行阐述的是凡勃伦,他指出,炫耀消费是有闲阶级的行为模式,是其博取荣耀的一个手段。在工业化的继续推动下,休闲主体逐渐由有闲阶层转移到大众居民,由此带来的休闲消费也成为推动经济增长的重要推动力。以美国为例,20 世纪 30 年代,美国居民收入的 6%～8% 用于各类休闲娱乐、旅游活动,总的消费支出约为 40 亿美元。到了 60 年代,这一比例已经达到 10%～12%,全年消费支出已增加 10 倍,约 400 亿美元。90 年代初,美国居民休闲消费支出已是 30 年代的 100 倍,成为全世界休闲消费水平最高的国家,休闲的经济效益明显。

相对于现实中休闲消费的快速发展,国外学术界对休闲消费的研究则较晚,成果也相对较少。具体来说,有关居民休闲消费的研究主要分为两类:一是休闲消费价值研究。Lorenzen,Andersen(2009)认为城市可供居民进行休闲消费的机会或资源越多,往往越能够吸引拥有高人力资本或教育资本的人才[②]。DeLeire,Kalil(2010)通过多元线性回归分析表明,在所有的消费结构中,仅有休闲消费与幸福呈显著相关[③]。Lei Yu(2012)指出,居民开展体育休闲消费的动机主要是健身和社会交往[④]。Johnson(2013)通过深度访谈发现,城市居民休闲消费行为有发展成为居民共同的消费价值观的潜力。二是居民休闲消费行为影响因素研究[⑤]。Cotte(1998)探讨了影响个人休闲消费行为的社会、时间、计划方

① Tyrvainen L, Vaananen H. The economics value of urban forest Amenities: an application of the contingent valuation method [J]. Landscape and Urban Planning, 1998, 43(1): 105 - 118.

② Lorenzen M, Andersen K V. Centrality and creativity: Does Richard Florida's creative class offer new insights into urban hierarchy [J]. Economic Geography, 2009, 85(4): 363 - 390.

③ DeLeire T, Kalil A. Does consumption buy happiness? evidence from the United States [J]. International Review of Economics, 2010, 57(2): 163 - 176.

④ Lei Xianliang, Yu Hongying. The quantitative analysis on the individual characteristics of urban residents and their sport consumption motivation [J]. Physics Procedia, 2012, 33: 2055 - 2063.

⑤ Johnson A J. "It's more than a shopping trip": Leisure and consumption in a farmers' market [J]. Annals of Leisure Research, 2013, 16(4): 315 - 331.

式、行为方式等因素[①];Chiuru(2000)则从经典的家庭效用函数出发,研究发现,家庭休闲消费取决于家庭的可支配收入[②]。Victoria(2008)研究表明,闲暇时间是产生休闲消费行为的重要变量[③],社会变量比经济变量更能影响休闲消费行为,比如社会化结构更会影响儿童的休闲消费(Philippa,2010)[④],焦虑的有闲一族的休闲消费更易受到文化因素的影响(Glorieux,Laurijssen,Minnen,2010)[⑤]。显然,从休闲消费的终极意义上讲,人们进行休闲是为了满足自我发展和精神享受的需要。但事实上,不同人群进行休闲消费的动机由于受到具体的主观和客观两方面因素的影响,因而会有差别,由此也形成了休闲消费类型的多样性,这反而是不同群体追求休闲生活质量的一个重要表现,也是推进休闲产业发展的重要力量。

(四)休闲产业规模和效益研究

休闲产业发端于北美和西欧,19世纪末期初露端倪,进而在商业化力量的推动下,20世纪初期休闲产业的商业化过程加快,并于20世纪60年代后在西方国家得到大力发展,20世纪80年代迈入快速发展阶段,逐渐成为国民经济发展的增长力量。当然,在这个过程中,休闲产业的概念界定问题依然是个难点。Jones(1985)认为休闲产业是包括娱乐、体育以及具有业余时间特征的并由市场提供的商品和服务的总称[⑥],它具体包括艺术、娱乐、游憩,以及教育部分内容、信息部门、零售、制造业如乐器等,住宿、餐饮服务业等。Roberts(2004)指出休闲产业一般包括戏剧、流行小说、电影、电台、电视、视频游戏、体育、博彩、赌场、主题公园、旅游、玩具和成人游戏,甚至购物、餐饮等[⑦]。尽管存在产业边界模糊和数据缺失等难题,但并不妨碍学者对休闲产业发展规模和经济效益的探讨。

有关资料表明,20世纪90年代以来美国经济的持续发展,与休闲产业的蓬

① Cotte J S. Deciding What to Do: A Behavioral Framework for Leisure Consumption Decisions [D]. Storrs: A Thesis Presented to University of Connecticut, 1998.

② Chiuru M C. Individual decision and household demand for consumption and leisure [J]. Research in Economics, 2000, 54(1): 277 - 324.

③ Victoria A A, Rafael S, Esperanza V. The leisure experience [J]. The Journal of Socio-Economics, 2008, 37(1): 64 - 78.

④ Philippa H J. Changing family structures and childhood socialization: A study of leisure consumption [J]. Journal of Marketing Management, 2014, 30(15): 1533 - 1553.

⑤ Glorieux I, Laurijssen I, Minnen J, et al. In search of the harried leisure class in contemporary society: Time-use survey and patterns of leisure time consumption [J]. Consume Policy, 2010, 33(1): 163 - 181.

⑥ Jones S G. The leisure industry in Britain, 1918 - 1939 [J]. The Service Iindustries Journal, 1985, 5(1): 90 - 106.

⑦ Roberts K. The leisure industries [M]. London: Palgrave Macmillan, 2004.

勃发展密不可分,《商业周刊》把休闲产业排在美国 40 个行业综合排名中的第 17 位;在西班牙,休闲产业已成为该国第四大产业部门,相应的收入占 GDP 的 4.5%。休闲产业的发展,使得旅游、文化、体育、艺术等产业部门得到快速增长。

Roberts 在《当代社会和休闲的增长》一书中阐述了休闲产业在当代社会中发展的重要性。Jones(1986)的研究表明,休闲产业正在经历商业化过程,这是要素投入和生产率提高的结果,未来的休闲产业最重要的趋势是产业集聚水平的增长[①]。Gratton,Taylor(1985)分析了运动和娱乐休闲业的供给和需求状况[②]。伴随着社会的发展,休闲产业的经济价值不断凸显,Cooke(1994)利用经济学基本原理,分析得出休闲产业增长是 20 世纪 90 年代世界上大多数国家出现的普遍现象[③]。Wilson(2003)进一步详细探讨了休闲产业的特点、市场结构、未来趋势以及休闲产业发展对国家经济的影响[④]。值得注意的是,休闲产业不能仅仅被看作是一个生产性经济部门,而应当是能为经济的可持续发展创造有利环境的产业,更是为社会公众创造福利的产业[⑤]。

(五) 休闲产业对城市发展影响研究

早在古希腊时期,亚里士多德就曾系统表述过城市与休闲的关系,"在一个政治修明的城邦中,必须大家都有'闲暇',不要因为日常生活所需而终身忙碌不已,但要怎样安排才能使大众获得这样的闲暇,却是一个难题"[⑥]。亚里士多德的观点不仅表明,人们聚集城市必须有充分的休闲,也隐含着城市休闲的拓展同时受到人们休闲行为的影响。1939 年美国小组工作研究会就分析指出美国人民的休闲成了一个主要和关键的社会政策问题,当时的美国工人一年合计能获得 3 900 亿小时的休闲时间,如果不进行相应的休闲规划,休闲有可能就会变成绝对的灾难。同样,外来游客的大量涌入,也会让城市应接不暇。据资料显示,1955 年来英国旅游的游客数量是 100 万人,经过 20 年的发展,这一数字达到了 1 亿,增加了 100 倍,结果导致城市出现如道路变得拥挤、休闲设施变得不愉悦等问题,这实际上是城市忽视了有效规划和管理休闲要

---

① Jones S G. Trends in the leisure industry since the second World War [J]. The Service Industries Journal, 1986, 6(3): 330 - 348.

② Gratton C, Taylor P. Sport and Recreation: An Economic Analysis [M]. New York: E and FN Spon Publishers Ltd, 1985: 261.

③ Cooke A. The economics of leisure and sport [M]. Boston: International Thomson Business Press, 1994.

④ Wilson I. The economics of leisure [M]. Oxford: Heinemann Educational Publisher, 2003: 104.

⑤ Garcia M I, Fernandez Y, Zofio J L. The economic dimension of the culture and leisure industry in Spain: natonal, sectoral and regional analysis [J]. Journal of Cultural Economics, 2003, 27(1): 9 - 30.

⑥ 亚里士多德. 政治学[M]. 吴寿彭, 译. 北京: 商务印书馆, 1964: 53 - 58.

素的结果,也间接表明城市休闲规划要同时考虑到本地居民和外来游客双重需求。从实践层面看,20世纪五六十年代,美国联邦政府将财政预算的30%左右用于全国休闲游憩设施的改善和建设上,并积极推动公园和游憩专业组织机构设立,发展针对老弱病残群体的休闲项目、开设休闲游憩专业课程等,这一系列措施在改善城市居民生活质量、减少社会问题、提升城市的宜居宜游方面都起到了重要作用。

从理论层面讲,Williams(1995)认为城市休闲产业发展要经历创立、巩固与扩大三个阶段[①],在此过程中,城市化是推动城市休闲发展的主要力量(Olkusnik,2001)[②]。Dias,Victor,Andrade(2011)以巴西为例,探讨了城市休闲产业与城市化发展之间的关系,指出城市空间的再组织,加速了新的生活方式的形成,比如旅游、购物、体育活动等;反过来,城市居民的休闲时间使用,外来游客的旅游活动,也进一步促进了城市商业的发展和政府有关休闲政策的出台[③]。可见,城市休闲产业发展始终围绕着城市居民这一主体,并兼顾外来游客的旅游需求,其结果最终体现在居民生活质量提升方面。总而言之,休闲产业对城市发展的重要意义体现在,它是城市转型的关键力量,是解决城市拥挤、污染、不平等问题的重要手段(Roberto,Ortega,Cuenca,2013[④];Ribeiro,2006[⑤]),是提升城市居民生活质量的必要途径(Lloyd,Auld,2002)[⑥],是进一步推动城市化发展的重要因素(Dias et al.,2011),是城市发展的永久性核心要素(Jenkins,Young,2008)[⑦],是将成为影响世界和平与繁荣的一个关键因素(Godbey,1997)[⑧]。可见,休闲产业之于城市发展实际上是在解决城市居民的生存与发展质量问题,而一座城市是否懂得发展休闲产业则是对其文明程度的最终检验。

---

① Williams S. Recreation and the Urban Environment [M]. London：Routledge, 1995：53.

② Olkusnik. Countryside holiday as a cultural and social phenomenon in warsaw at the end of the nineteenth century [J]. Kwartalnik History Kultury Material, 2001, 49(5)：367 - 386.

③ Dias C, Victor de, Andrade Melo. Leisure and urbanisation in Brazil from the 1950s to the 1970s [J]. Leisure Studies, 2011, 30(3)：333 - 343.

④ Roberto San, Ortega C, Cuenca M. Leisure, making innovation a tradition — the role of leisure in a city's transformation：The case of Bilbao [J]. World Leisure Journal, 2014, 56(1)：6 - 26.

⑤ Ribeiro R M. Urban planning, leisure and tourism：The public parks of Curitiba-PR [J]. Turismo-Visao aAcao, 2006, 8(2)：309 - 321.

⑥ Lloyd K M, Auld C J. The role of leisure in determining quality of life：Issues of content and measurement [J]. Social Indicators Research, 2002, 57(1)：43 - 71.

⑦ Jenkins J M, Young T. Urban development and the leisure dilemma：A case study of leisure and recreation in urban residential estates in the Lower Hunter, New South Wales [J]. Annals of Leisure Research, 2008, 11(1)：77 - 100.

⑧ Godbey, G. Leisure and Leisure Services in the 21st Century：Toward midcentury [M]. Pennsylvania, State College：Venture Publishing, 1997：34 - 35.

二、国内相关研究综述

(一) 休闲产业的概念与构成

休闲产业的概念和构成始终是国内学者关注的话题。马惠娣(2001)认为休闲产业是与人的休闲生活、行为、需求密切相关的经济形态和产业系统[1]。许峰(2001)指出休闲产业的界定应以经济活动的主体特性为依据[2]，它是为人们提供产品和劳务的部门(楼嘉军,2003)[3]，是满足消费者的需要而提供商品和服务的综合性产业[4]。在此基础上,卿前龙(2007)从经济学学科背景,提出休闲产业是为国民经济中所有生产休闲物品和休闲服务的部门[5]。

从经济学角度理解休闲产业概念后,休闲产业的结构关系自然就成为又一关注的问题。唐湘辉(2006)指出休闲产业的结构类型为核心产业、支持产业和关联产业,其中核心产业是直接为休闲活动提供产品和服务的企业群;支持产业是为核心产业提供物质支持或休闲活动组织的企业群;关联产业是为核心产业和支持产业提供各项服务的企业群[6]。郑胜华(2001)的分类与此相似,只是将结构类型表述为主体休闲产业、辅助休闲产业和休闲相关产业[7]。魏小安(2006)进一步从产业层次角度将休闲产业分为休闲基础产业,延伸产业和支撑产业。基础产业是休闲经济的主要组成部分,包括旅游业、体育休闲业、文化休闲业;延伸产业包括休闲农业、休闲商业、休闲房地产业;支撑产业包括休闲工业、休闲信息业、休闲中介业[8]。

也有学者从其他角度进行分类的研究,如弓志刚,杨琛丽(2010)从空间地理角度将休闲产业划分为城市休闲产业、城郊休闲产业和乡村休闲产业[9]。张磊,吕润(2003)以市区、城郊和长途旅游地三大块为基础,将休闲产业划分为城市休闲产业、城郊休闲产业和旅游休闲产业三大类[10]。张顺,祁丽(2005)则从居民的休闲游憩活动涉及休闲空间、设施、服务等要素,从而将休闲产业界定为城市为

① 马惠娣.21世纪与休闲经济、休闲产业、休闲文化[J].自然辩证法,2001,17(1):48-52.
② 许峰.休闲产业发展初步探析[J].中国软科学,2001(6):112-115.
③ 楼嘉军.休闲产业初探[J].旅游科学,2003(2):13-16.
④ 卿前龙,胡跃红.休闲产业:国内研究述评[J].经济学家,2006(4):40-46.
⑤ 卿前龙,刘祚祥.国民经济"闲化"趋势与休闲产业"软化"趋势[J].哈尔滨工业大学学报(社会科学版),2007,9(5):81-86.
⑥ 唐湘辉.我国休闲产业结构特征及其影响因素分析[J].求索,2006(12):42-44.
⑦ 郑胜华.我国发展休闲产业的可行性研究[J].桂林旅游高等专科学校学报,2001,12(2):44-47.
⑧ 魏小安.发展休闲产业论纲[J].浙江大学学报(人文社会科学版),2006,36(5):107-113.
⑨ 弓志刚,杨琛丽.基于共生理论的休闲产业发展理论框架[J].商业时代,2010,(22):131-133.
⑩ 张磊,吕润.发展休闲产业带动中国城市化进程[J].商业研究,2003,(1):137-138.

休闲者进行各种不同类型的游憩活动(旅游度假、酒水美食、文化娱乐、体育健身和身心愉悦)开创的空间和建立的设施构成的产业系统①。

总的来看,一方面,国内学者对休闲产业的概念界定与划分主要有两种观点:一是认为休闲产业是涵盖在第三产业中;二是认为休闲产业是三大产业中与之相关的产业构成,实际上是从三类产业中剥离形成的产业。另一方面,休闲产业的主体或核心门类一般包括旅游业、文化业、娱乐业、体育业。

(二)休闲产业发展现状及对策

学者有关休闲产业发展状况的研究对象主要聚焦于整个国家、区域[省(区、市)]和城市三个层面。

休闲产业已经发展成为与人们生活质量密切相关的产业,但是现阶段我国休闲产业在发展规模、市场需求、支持系统、管理服务、制度安排、政府政策、理论研究等方面存在较大问题,为此发展金融业、加强理论研究、出台产业政策、加快教育科技发展、健全产业格局等不失为应对之策(徐峰,2002②;陶萍,黄清,2006③;刘红玉,2006④;黄志锋,2010⑤)。

区域(省会)层面的休闲产业研究,学者采用问卷调查法、定性分析法、比较分析法分别阐述了长株潭、台湾等地区休闲产业发展存在的问题以及促进策略(张春敏,王义高,2011⑥;陈美云,2005⑦)。城市层面,东部城市上海、深圳、中部城市长沙和西部城市成都是学者探讨其休闲产业发展的对象,其中学者对上海和深圳休闲产业的研究主要从产业结构、市场需求等角度论述其存在的问题(石强,2006⑧);学者对长沙的分析是通过问卷调查,了解居民的休闲需求特征,从而提出相应的建议(唐湘辉,2006⑨;吴章文,刁东良,凌访,2007⑩);成都与长沙

---

① 张顺,祁丽.城市休闲产业组成体系与休闲经济特征研究[J].聊城大学学报(社会科学版),2005(6):45-46.

② 徐峰.国外休闲产业的发展现状与加快我国休闲产业发展的对策[J].商业经济与管理,2002(9):56-58.

③ 陶萍,黄清.发展休闲产业与金融支持问题研究[J].哈尔滨商业大学学报(社会科学版),2006(3):44-46.

④ 刘红玉.我国休闲产业发展的制约因素及对策[J].泉州师范学院学报(社会科学),2006,24(5):74-77.

⑤ 黄志锋.我国休闲产业发展问题研究[J].经济地理,2010,30(9):1497-1501.

⑥ 张春敏,王义高.长株潭休闲产业发展的国际经验和对策[J].求索,2011(6):93-94.

⑦ 陈美云.台湾休闲产业的发展——试与西方发达国家相比较[J].山东农业大学学报(社会科学版),2005(3):71-74.

⑧ 石强.深圳休闲产业发展对策[J].经济地理,2006,26(2):349-352.

⑨ 唐湘辉.休闲产业特色与优势的实证分析——以长沙休闲产业的发展为例[J].企业家天地理论版,2006(12):30-31.

⑩ 吴章文,刁东良,凌访.湖南长沙休闲产业现状分析[J].旅游学刊,2007,22(7):82-86.

的研究相似,主要从城市休闲产业发展优势出发,提出必须要有政府的积极参与、规划和扶持,要拓展思路,跳出传统的休闲意识,从文化、旅游、体育、娱乐等多种活动的组合形成规模化的休闲产业(王健,2005)①。此外,还有学者基于产业整合视角,从分工合作、产业组织、产业集群、产业空间等方面提出城乡休闲产业协调发展路径(弓志刚,高川,2012)②。

(三) 休闲产业的功能与作用

国内学者对休闲产业功能与作用的分析主要从经济增长、城市发展、社会发展三个层面展开。

在家庭收入水平递增和休闲时间延长的共同作用下,休闲产业对经济增长的重要性日益增强,借鉴西方发达国家经验,休闲产业能够推进产业格局变化、促进消费结构调整、改善投资环境以及增加就业机会等,从而促使社会经济良性循环(蒋政音,2013③;孙晓霞,2007④;齐羽,徐进,胡卫中,2008⑤;黄文馨,2001⑥;郑胜华,2001⑦;孙妍,2010⑧)。当城市经济的良性循环在很大程度上越来越依赖于休闲产业发展时,它对整个城市乃至社会的意义就成为学者讨论的焦点。孙晓霞(2007)认为发展休闲产业能够缩小城市居民的收入差距⑨,甚至促进城乡协调发展(弓志刚,杨琛丽,罗亚运,2011)⑩,当然,于城市本身而言,休闲产业对于完善城市功能、丰富城市文化内涵、促进城市内涵式发展、增强可持续发展能力和核心竞争力具有综合性、整体性、长远性、全方位的战略意义(王景全,2012)⑪。当城市因休闲产业发展而吸引力增强时,中国的城市化进程会不断加快,相关的实证分析结果进一步印证了这一观点,即发展休闲产业对于城市化进程以及产业结构的改善具有显著且稳健的积极影响(王少瑾,孙志毅,2009)⑫。于

---

① 王健.论成都休闲产业的发展[J].中共成都市委党校学报,2005,13(5):64-66.
② 弓志刚,高川.基于产业整合的城乡休闲产业协调发展路径研究[J].城市发展研究,2012,19(12):118-122.
③ 蒋政音.休闲产业与转变经济发展方式[J].改革与开放,2013(4):5-6.
④ 孙晓霞.休闲产业:城市发展的新动力[J].华东经济管理,2007,21(3):48-50.
⑤ 齐羽,徐进,胡卫中.发展休闲产业的经济社会影响与若干政策建议[J].现代城市,2008,3(2):29-33.
⑥ 黄文馨.培育休闲产业推进经济增长[J].自然辩证法研究,2001,17(10):55-58.
⑦ 郑胜华.我国发展休闲产业的可行性研究[J].桂林旅游高等专科学校学报,2001,12(2):44-47.
⑧ 孙妍.浅析休闲产业对经济发展的影响[J].西北民族大学学报(哲学社会科学版),2010(5):107-113.
⑨ 孙晓霞.休闲产业发展与城市经济结构调整[J].理论探索,2007(5):95-97.
⑩ 弓志刚,杨琛丽,罗亚运.休闲产业促进城乡产业协调发展的路径研究[J].经济观察,2011(12):56-59.
⑪ 王景全.休闲产业:城市经济发展的文化路径[J].城市观察,2012(4):94-104.
⑫ 王少瑾,孙志毅.休闲产业对城市化建设的拉动作用[J].商业研究,2009(12):122-124.

城市生活的人而言,他们会因享受到的休闲机会而感到生活幸福,从而推动着城市在后工业时代走向新的繁荣(马小宁,2009)[1]。

(四) 休闲产业发展环境

休闲产业的发展离不开内部外环境的影响,并且内外部环境在休闲产业发展过程中起着重要的作用。PEST 是一种分析宏观环境的方法,刘邦凡等(2009)运用此分析框架,客观评价了我国休闲产业所处的政治法律环境、经济环境、社会文化环境和技术环境等[2],其中的经济环境为休闲产业打开了广阔的空间(陈美云,2005)[3],但这仅是了解产业发展面临的状况,进一步找出休闲产业发展所面临的优势、劣势以及核心竞争力等内容,从而做出正确决策,需要将 SWOT - PEST 分析框架整合起来进行系统的研究(施永福,曹婷婷,温广磊,2009)[4]。

随着社会经济的发展,信息技术使得人们的休闲内容和方式越来越多样化,从而推动了休闲产业的新发展,陈喜乐,高明亮(2005)认为推动休闲产业发展的根本原因是信息技术,这是休闲产业发展的新平台[5]。如今互联网时代的到来,必将促使休闲产业经营模式发生转变,相应的,产业投资模式会影响到休闲产品、项目开发与运营(唐湘辉,2006)[6]。

与如火如荼的休闲产业发展实践相比,我国休闲产业理论方面的研究则相对滞后,教育机构有关休闲专业的设置比较单薄,理论方面的研究则侧重于宏观叙事,休闲的社会问题如养老休闲产业、工作与休闲观念平衡问题等尚未成为学术界普遍讨论的议题(郑胜华,2001)[7],可见,教育科研环境亦是影响休闲产业发展的一个重要因素(王国新,2001)[8]。

(五) 休闲产业评价研究

休闲产业边界模糊的现象,导致定量方面的研究少于定性研究。诸多学者的定性阐述解释了休闲产业在国民经济发展中的重要作用,但是,它对经济结构

---

①　马小宁.休闲产业与现代城市发展——兼论中国城市休闲产业发展对策[J].经济研究导刊,2009(27):138-140.

②　刘邦凡,施永福,王宏禹.基于 PEST 框架的我国休闲产业发展研究[J].生产力研究,2009(3):123-126.

③　陈美云.台湾休闲产业的发展——试与西方发达国家相比较[J].山东农业大学学报(社会科学版),2005(3):71-74.

④　施永福,曹婷婷,温广磊.休闲产业的生成机理、影响因素及发展建议——以邢台市为例[J].衡水学院学报,2009,11(6):23-26.

⑤　陈喜乐,高明亮.信息化与休闲产业[J].未来与发展,2005(3):32-35.

⑥　唐湘辉.我国休闲产业结构特征及其影响因素分析[J].求索,2006(12):42-44.

⑦　郑胜华.我国发展休闲产业的可行性研究[J].桂林旅游高等专科学校学报,2001,12(2):44-47.

⑧　王国新.我国休闲产业与社会条件支持系统[J].自然辩证法研究,2001,17(12):59-61.

的影响力到底如何,卿前龙等(2007)的量化研究揭晓了这一问题①,随着一国经济发展水平的提高,休闲产业占国民经济的比重以及休闲服务业占休闲产业的比重是趋于上升的,这是国民经济"闲化"趋势和休闲产业"软化"趋势。虽然卿前龙指出了休闲产业在国民经济以及自身产业内部发展中的趋势特征,但并未说明它与国民经济的协调状况以及内部结构协调状况,而这关乎休闲产业的合理规模、健康发展问题。为此,陈世斌(2006)从理论层面设计了"总量适合度""内部协调度"和"高度化程度"三个评价数学模型,囿于休闲产业经济指标数据的缺失,并未对模型做进一步的实证检验②。何建民(2008)则利用日本和美国的数据来验证经济发展阶段与休闲需求结构关系,结果发现,随着收入水平提升,与居民休闲需求相关的健身护理产品、教育产品和娱乐产品的消费支出比例是不断增加的。作者提出城市休闲产业应该重点发展健身护理产业、教育产业与娱乐产业③。

从量化的角度看,休闲产业趋势可以进一步理解为休闲产业潜力,它是衡量休闲产业发展前景和后续能力的一种综合测度,强调了休闲产业在发展过程中所体现出的潜在的、在一定条件的刺激下能够发挥出来并能促进休闲产业持续发展的能力。陈超,周彬,陈楠(2016)从支撑条件、发展环境、市场潜力和发展效益四个方面构建了休闲产业发展潜力评价指标体系,实证分析了宁波休闲产业发展潜力④。休闲产业的潜力大小离不开现实表现的休闲产业竞争力强弱,后者直接决定着产业的成长能力和发展状态,也体现着产业的活力大小。孙西辉(2012)⑤和方远平,毛晔(2016)⑥均运用迈克尔·波特提出的"钻石模型"对休闲产业竞争力进行了分析,不同的是,前者是定性评价了山东休闲产业在生产要素、需求条件、相关和支持性产业、产业战略与企业发展情况、机遇与政府角色等方面发展的状况;后者则构建了包括生产要素、需求条件、相关和支持条件政府和机遇在内的休闲产业竞争力水平评价指标,并通过因子分析、探索性空间数据分析法研究我国省域休闲产业整体竞争力的空间分布及其关联特征。研究发

① 卿前龙,刘祚祥.国民经济"闲化"趋势与休闲产业"软化"趋势[J].哈尔滨工业大学学报(社会科学版),2007,9(5):81-86.
② 陈世斌.城市休闲产业合理规模评价研究[J].生产力研究,2006(7):206-208.
③ 何建民.城市休闲产业与产品的发展导向研究——基于休闲需求结构与行为的分析[J].旅游学刊,2008,23(7):13-17.
④ 陈超,周彬,陈楠.休闲产业发展潜力评价及实证研究[J].莆田学院学报,2016,23(1):49-62.
⑤ 孙西辉.基于"钻石理论"的山东省休闲产业竞争力分析[J].理论学刊,2012(10):114-117.
⑥ 方远平,毛晔.我国省域休闲产业竞争力时空动态演变研究——基于 ESDA-GWR[J].湖北大学学报(哲学社会科学版),2016,43(3):137-143.

现,我国省域休闲产业竞争力最高的区域集聚分布于东部沿海省市,中间层次分布于中西部地区,第三层次主要分布在西部。从省域空间关联性看,休闲产业竞争力水平呈明显的空间依赖性。进一步通过空间常系数模型和地理加权回归模型分析发现,居民消费能力、市场购买力、政府调控与休闲产业竞争力呈正相关关系,其中居民消费能力影响最显著;失业率、人力资本以及市场化程度与休闲产业竞争力有负相关关系,并且各因素的影响程度随着空间位置的移动而变化。

三、研究评价

通过国内外学者有关休闲产业研究的梳理,发现如下特点。

第一,国外学者的研究与休闲产业发展实践特征比较吻合。当社会生产力水平提升,居民休闲时间延长的条件下,国外学者主要关注产业发展过程中居民的休闲行为,而这一行为又会引起城市规划者思考如何改善城市的环境和完善城市的基础设施,以便更好地满足城市居民的休闲需求,这一背景引发了学者开始关注休闲产业设施和环境问题。当居民开展休闲活动的内外部条件都有一定的支撑后,休闲产业的经济价值就会凸显出来。于是,有关休闲产业消费、休闲产业规模和效益的研究自然就成为国外学者关注的内容。可见,国外休闲产业研究脉络与其发展实践大致吻合,这一研究体系为本书开展休闲产业研究提供了经验借鉴。但也应看到,虽然国外学者量化分析了休闲产业的影响力,但有关休闲产业水平、结构、效率等方面的实证研究还比较薄弱,这可能与学科属性有关。国外学者对休闲议题方面的研究多从社会学、心理学等学科角度展开,经济学学科背景下的休闲产业研究还有待加强。

第二,国内学者的研究滞后于现实发展状况。随着社会经济的发展,休闲产业在国内的地位和影响力日渐提升,但相关研究仍停留于概念、现状、功能、发展环境等方面的研究,未能从产业属性角度比较深入、系统性地剖析这一产业发展状况和规律性特征。同时,尽管一些学者开展了休闲产业评价方面的实证研究,但评价指标的科学性、评价结果的深度性等都还有待提升,当然,这可能与学者对休闲产业的概念、类型等基本问题尚未阐释清晰有关。要系统开展休闲产业的研究,首要的前提是厘清基本概念问题,为休闲产业实证研究提供理论依据。因此,为了能够比较完整、系统地呈现我国休闲产业发展的基本面貌与特征规律,我们尝试从产业经济学学科视角,阐释休闲产业的概念、类型等基本问题,进而全面解析休闲产业的发展水平、内部的结构与效率特征,从而完善我国休闲产业理论研究体系,提升休闲产业研究对实践的指导作用。

第二节　主要理论来源

一、经济发展阶段论

林毅夫在其《新结构经济学》中提出：经济发展是一个连续过程，是一个自低收入传统农业开始、历经各种中等收入的工业化过程、最终达到高收入的后工业化现代社会的发展过程(林毅夫,2014)[①]。后工业社会的概念最早由瑞斯曼于1958年在《后工业社会的娱乐和工作》中首次提出。贝尔于1959年首次公开使用，并进一步社会经济发展阶段划分为前工业社会、工业社会和后工业社会三个阶段[②]。

前工业社会的主要发展思路是依靠大自然的资源，它的主要工业是采掘业，但受到报酬递减规律制约，当时的生产力水平低下；工业社会是以人与机器之间的关系为中心，利用能源来把自然环境改变成技术环境；后工业社会是以信息为基础的智能技术。不同阶段的发展思路导致了经济部门的特点和职业取向巨大差异。在后工业社会，随着国民收入的增加，对服务行业的需求会增大，如贸易、金融、运输、保健、娱乐、研究、教育和管理等部门的出现与发展[③]。在这里，贝尔强调了工业社会和后工业社会不同的消费构成和生活方式，即工业社会是由标志着生活水平的商品数量来界定，而后工业社会就是由服务和舒适所计量的生活质量来界定的，比如健康、教育、娱乐和艺术[④](见表2-1)。

表2-1　社会变化的总图式

	前工业社会	工业社会	后工业社会
地　　区	亚洲、非洲、拉丁美洲	西欧、苏联、日本	美国
经济部门	第一产业：采掘业、农业、矿业、渔业、木材业	第二产业：商品生产、制造业、加工业	第三产业：交通运输、公用事业
			第四产业：商业、金融业、保险业、地产业
			第五产业：卫生保健、教育、研究、政府、娱乐

---

① 林毅夫.新结构经济学：反思经济发展与政策的理论框架[M].苏剑,译.北京：北京大学出版社,2014：10.

② 李勇坚.从产品经济到服务经济[M].北京：中国社会科学出版社,2016：33.

③ 丹尼尔·贝尔.后工业社会的来临——对社会预测的一项探索[M].高铦,王宏周,魏章玲,译.北京：新华出版社,1997：20.

④ 江小娟.服务经济——理论演进与产业分析[M].北京：人民出版社,2013：14.

续　表

	前工业社会	工业社会	后工业社会
职业高低	农民、矿工、渔民、非技术工人	半技术工人、工程师	专业人员与技术人员 科学家
技　术	原料	能源	信息
意　图	同自然界的竞争	同经过加工的自然界竞争	人与人之间的竞争
方法论	常识、经验	经验主义、实验	抽象理论：模式、模拟、决策论、系统分析
时间角度	面向过去、特定反映	特点适应、计划	面向未来、预测
中轴原理	传统主义：土地/资源的局限性	经济增长：国家或私人对投资决策的控制	理论知识的集中与具体化

资料来源：丹尼尔·贝尔.后工业社会的来临——对社会预测的一项探索[M].高铦,王宏周,魏章玲,译.北京：新华出版社,1997：130.

后工业社会是建立在知识、信息技术等要素基础上,这一阶段整个社会发展目的在于进行社会的革新。在知识经济背景下,智能技术将会大规模代替人类劳动,劳动生产率的提高,必然带来休闲时间的增加,从而加快休闲经济时代的到来。这一趋势将促使人们重新审视工作的含义,后工业社会为人类提供了一个机会,即摆脱机械式的生活,享受自由带来的休闲和游乐[①]。

目前,美国的休闲娱乐业已成为经济发展最快的产业之一,早在1993年美国人在这方面的支出是总消费增长率的两倍,娱乐支出的明细账户中,有580多亿美元花在录像机、录像带、移动电话和其他高技术通信装备上,80亿美元花在家庭个人电脑上,140亿美元花在娱乐公园和其他商业参与的娱乐上,650亿美元花在玩具、运动器材上等等。可以看出,在后工业社会,休闲娱乐业将会在国民经济增长份额中做出更大的贡献。

与后工业社会理论相似的是发展经济学先驱之一华尔特·惠特曼·罗斯托所提出的经济成长阶段理论。他从生产技术水平、主导产业、消费模式、经济发展战略等各个方面,对经济成长阶段进行了划分,提出了六阶段理论(见表2-2)。

---

①　杰里米·里夫金.第三次工业革命：新经济模式如何改变世界[M].张体伟,孙豫宁,译.北京：中信出版社,2012：283.

表 2-2 罗斯托经济成长六阶段

阶　　段	特　　征
传统社会阶段	大量资源配置在农业,生产力水平很低,增长速度很慢,人均收入仅够维持生存
为起飞创造前提阶段	农业生产率提高具有基础性作用,既要养活迅速增长的城市人口,又要为工业发展提供资金积累和销售市场
起飞阶段	农业劳动力进入城市劳动,人均收入大大提高
向成熟推进阶段	新的主导部门逐步建立,国民收入中有 10%～20% 稳定地用于投资,社会技术能力开始构建
高额群众消费阶段	经济的主导部门转向耐用消费品的生产,人们的生活方式发生了较大变化
追求生活质量阶段	以服务业为代表的提高居民生活质量的产业部门成为主导部门,居民追求时尚与个性,消费呈现多样性和多变性

资料来源:根据范桂汕.经济增长的阶段与固定资产投资规律研究[D].北京:中共中央党校,2008:11-14 整理而成。

罗斯托认为,"起飞"和"追求生活质量"是两个关键性阶段,他关于"追求生活质量"的表述,与贝尔的"后工业社会"理论,有很多相似和相互补充之处。这不仅为休闲产业的研究提供了重要了理论基础,而且对深入研究休闲产业具有重要的借鉴意义。

二、规模经济理论

规模经济即包括生产方面的利益(即生产规模经济),也包括消费方面的利益(即消费规模经济)。前者表现为,当生产的平均成本下降而产出上升时,规模经济(Economies of scale)便产生。用经济学的术语来说,当长期平均成本曲线的斜率为负时,生产才达到规模经济;后者则表现为单位消费品或消耗品的平均支出随着规模的扩大而下降。

规模经济产生的原因有很多方面,其中最主要的是投入要素的不可分割性和专业化因素,对第一种因素而言,由于较小的生产规模需要投入与较大生产规模同样多的生产要素,因而生产要素的成本平均分摊在增加的产出时,平均生产成本会随着产出的提高而降低。专业化因素指的是,工人的工作具有连续性和熟练性,因而大大提高了生产效率,规模经济效应产生。对休闲产业来说,发挥规模经济效应,有利于促进休闲产业的发展。一般地,经济发展水平越高的国家或地区,其服务业比重也越高。一个国家或地区规模大,依托本地休闲相关产业就能够获取足够多的消费群体。有大规模的需求为支撑,相关产业就有可能获取足够的收入来吸引优秀的人才,从而提升产业竞争力。以电影产业为例,电影的制作需要投入大量的财力、人力和物力,但如果有庞大的国内观影市场,那么实现电影的规模经济就有了可能性。这很好地解释了为什么美国电影高投入、高回收的特征。美国电影在国内市场回收成本后,制片商可以以较低的价格在国际市场上出售电影版权,从而以价格优势和高质量的制作水准占据国际市场。在我国,电影市场拥有良好的观影基础,1992—2016 年,我国观影人次从 1.05 亿人次增加到 13.72 亿人次,票房收入从 8.1 亿元上升到 457.12 亿元,电影市场保持平均 35％的增长率①。这些数据足以说明我国电影市场发展空间广阔,规模经济效应显著。

市场规模推动了众多企业的出现,这直接促进了城市的发展。Lucas(1988)认为,随着经济发展水平的提高,服务业在城市经济中的比重是逐步提高的②。相应地,城市的人力外部性会增强,因为服务业是劳动密集型产业,尤其需要人与人面对面交流产生人力资本外部性。服务业的外部性会随着城市规模的扩大而增强,这显然解释了年轻人为什么要选择北京、上海、广州等我国一线大城市定居、工作、生活、娱乐。个人选址反映的是对美好生活的向往,人口会向更高收入、更好就业和更优生活质量的地方迁移③,这是城市规模经济效应的体现。

规模经济的实现需要相应地市场需求,因为社会经济活动的空间集中,为企业合理规模的实现提供了充分的社会经济技术和市场条件。企业之间的合作与竞争,为企业规模化生产提供了可能,同时劳动力的集聚化,又为企业的规模生产提供了劳动力市场,即带来了各种偏好的消费者。可以说,正是大量的企业和消费者的集聚,带来了多样化的产品和服务的供给与需求④。消费需求与产品供给的多样性为分工和专业化的发展提供了社会基础,这是规模经济的外部经济效果体现。

---

① 赫杰梅.2016 年中国电影票房 457 亿元　观影人次超过 13 亿[EB/OL].新华网.http://news.xinhuanet.com/finance/2016－12/31/c_1120227058.htm,2016－12－31.

② Lucas R E. On the mechanics of economic development [J]. Journal of Monetary Economics,1988,22(1):3－42.

③ 陆铭.请用历史的长镜头看城市规模[EB/OL].财经网评论.http://comments.caijing.com.cn/20160316/4089843.shtml,2016－03－16.

④ 郝寿义.区域经济学原理[M].上海:格致出版社,上海三联书店,上海人民出版社,2016:229－231.

三、产业竞争力理论

竞争优势理论的核心体系是四大关键要素,该理论的提出者波特教授认为,生产要素是特定产业竞争中有关生产方面的表现,如劳动力的素质或基础设施;需求条件是本国市场对该项产业所提供产品或服务的需求表现;相关产业与支持性产业是这些产业的相关产业和上游产业是否具有竞争力;企业战略、企业结构和同业竞争是企业的组织和管理形态,以及竞争对手的表现。这些因素都关乎企业的生存与发展。

1. 生产要素

波特教授认为生产要素是产业互通有无的根本,这是任何一个产业最上游的竞争条件。生产要素对竞争力的影响在于这些要素所发挥的效率和效能。

要明确生产要素对竞争优势的重要性,就必须将生产要素进行分类。第一种分类方法是将生产要素分为初级和高级生产要素。初级生产要素包括天然资源、气候、地理、非技术人力、资本等;高级生产要素包括现代化的基础设施、高人力资本以及教育研究机构等。相对初级生产要素,高级生产要素对竞争优势的重要性要高,尤其是技术、创意、金融、医疗等产业领域。第二种分类方式是将生产要素划分为一般性生产要素和专业性生产要素,前者包括交通、资本、受过大学教育而且上进心强的员工;后者则主要是技术型人才、专业的知识等。

2. 需求条件

波特教授认为需求会刺激企业变革和创新,要充分发挥需求条件的作用,就必须具备三个特征。

第一是细分市场需求的结构,这是调整企业的战略方向的前提。第二是欢迎专业的有要求的客户,这类群体是企业追求高质量产品和服务的压力来源。如果企业与这些人群在文化特征上相近,这就会促使企业敏锐地觉察需求动向,从而创造出有新意的产品和服务。比如,二战前,日本人就以拍照记录旅游和家庭活动出名,这促使日本相机业拥有领先全球的实力;而美国人对体育、影视等娱乐方式尤为偏好,使得美国的休闲娱乐产业在全球都具有极强的竞争优势。第三是预期需求。掌握本地居民需求的特征和变化,能帮助企业获取新产品的未来走向,这样的持续观察与变化,将会促进企业的产品迭代升级,长期来看,会极大地增强企业的竞争能力。比如美国人喜欢便利性的生活设施,这一需求特征符合世界各国的趋势,这一现象促进了美国的快餐业、家居业等产业在国际上取得了巨大成功。

3. 相关产业与支持性产业

相关产业的发展同样会促进企业竞争优势的形成,因为相关产业的发展,会带来产业上下游的发展创新。同样,具有竞争优势的产业,也会促进相关产业的竞争水平,二者之间可以展开合作和分享信息,形成互补关系。

当一个国家的服务业进入国际市场竞争时,必然地会带来该国相关产品的销售。近年来,服务业的多元化趋势已逐渐展开。在美、英等国出现的大型国际服务性企业正开始在相关领域中取得优势。强势的服务企业进入新行业之后,也带来了它们在系统化方面的优势。当国内产业结合的脚步加快时,下一个会采取的步骤就是海外扩张。如酒店业的龙头万豪酒店同时也正在空中餐饮和其他食品与接待等相关事业中,获得全球领先地位。

4. 企业战略、企业结构和同业竞争

产业要获取竞争优势,还必须学会利用自身的条件、了解自身的管理模式和组织形态,更要掌握企业周围的竞争环境。

设定发展目标是企业维持竞争优势的条件之一,这包括企业相关利益者群体的目标,也包括企业员工自身的目标。除此之外,个人的民族感和使命感也会影响产业的经营绩效,进而影响相关产业的发展。当一个产业在一个国家或地区经济发展过程中占有重要地位时,必然会吸引优秀人才进入这一产业领域,并为之忠诚且努力工作。当员工对企业有极高的忠诚度后,产业的竞争优势就会越来越强,进而与其他关键要素形成良性互动关系。

从产业竞争优势的观点看,国内市场竞争水平能促进企业创新发展,从而带来企业降低成本、服务质量提高,并惠及其他相关产业的发展。这种情况下,城市和区域的特色会浮现,进而带动企业获利能力的提升。

四、产业结构理论

产业间的联系与联系方式,或者产业间的比例关系,都是产业结构的表现。这种结构状态,可以从产业分类角度来帮助观察产业内深层的联系和联系方式。从静态视角看,运用投入产出法可以反映产业间的最终需求与最终产品去向的多部门关系。从动态视角看,产业结构的主要表现是哪些部门会优先,哪些产业会逐步衰退。

三次产业间的联系和联系方式是一种重要的产业间关系。英国经济学家科林·克拉克深入分析了劳动力在三大产业间分布结构演变的规律。随着经济发展水平的提高,劳动力会由第一产业向第二产业转移,当国民经济水平进一步提高时,劳动力便转移到第三产业。劳动力在产业间移动的原因主要是,一是人们有向高收入产业移动的倾向;二是随着人们收入水平提高,个人收入中用于物质生活必需品的支出减少,用于服务或精神消费的支出不断增加,这就导致了第三产业的发展,从而引发劳动力的转移;三是随着技术的大规模应用,资源和劳动力在投入要素中的比重不断降低,从而带来劳动生产率的迅速提高,整个产业结构会向第三产业转移。

国际经验表明,第三产业的比重已经成为衡量一个国家富裕程度的重要标志。在经济发展到一定程度后,第三产业的国民收入相对比重要比第二产业的国民收入相对比重大,这是由于随着消费市场的扩大,需求收入弹性上升,不仅使第三产业吸纳大量的劳动力,而且由于信息、金融、文娱、教育等现代第三产业的产生,使其产品的附加价值随着价格的不断提高而提高,从而使其国民收入比重上升的速度要快,从而使第三产业在国民经济中的地位越来越重要。

产业结构的演变趋向,是需求结构和供给结构共同作用的结果。从社会需求结构看,我国人均 GDP 已经整体突破 5 000 美元,消费结构处于"追求时尚与个性的阶段"①。经过工业化阶段的高速发展,人们的物质需求已经得到了极大满足,精神性的消费欲望出现多样性。消费需求的这种特点,正是休闲产业高度发展的主要动因。同时,工业化初期的大批量生产方式已不再符合人们的要求,人们需要的是富含"小而美""品质""质量"等元素的多品种小批量的生产方式。产业内部结构的高级化、互联网技术的应用以及专业化分工程度的不断提高,使得服务业的组织行为日益复杂化,这对劳动力素质提出了更高要求。这种变化促使了社会经济发展对服务业的依赖性越来越强,从而推动了现代服务业的发展。从供给结构看,一定的供给结构反映了一国的工业化水平。在工业化初期,由于技术水平低下,产业结构受制于资源的供给状况;工业化后期,由于技术水平提高,使得一国工业结构对本国资源的依赖度下降,供给结构对产业结构的影响相对较小。

第三节 概念界定与类型划分

一、休闲产业概念界定

休闲相关产业概念是认识和把握休闲产业自身内涵的基石,通过相关概念

---

① 芮明杰.产业经济学[M].上海:上海财经大学出版社,2005:206.

的分析,从中提炼出值得参考的概念元素。

(一) 相关概念梳理

1. 文化产业

国外学者对文化产业概念的表述主要体现在内容、特征、属性等三个方面。Robert(1999)在阐述文化是否是一项产业观点时就提到文化产业的内容是文化产品和服务[①]。Deminic(2002)将文化产业理解为生产产品和提供服务的经济部门,产品和服务的价值主要由其美学、符号、感官或经验内容决定[②]。在这里,创意是文化产业的重要特征。Mirva(2015)指出文化产业是生产富有创意元素的体验产品,这些产品能够满足大规模的市场需求,并且创新对文化产业的发展尤为重要[③]。以上学者的解读指出了文化产业的主要内容,尚未涉及其属性。为此,Beyers(2008)提到文化产业是与文化消费有关的经济活动,它不等同于艺术、体育或娱乐,而是被认为是与这三类消费和相关活动有关的产业[④]。Kwan,Kin(2012)进一步指出文化产业是产生有形或无形的艺术和创造性产出的产业,通过开发文化资产和生产以知识为出的产品和服务,来获取财富和收入[⑤]。总之,文化产业可广泛地描述为生产财货及服务的一系列部门(Scott,2004b)[⑥]。

国内学者的理解更侧重其内容和属性。文化产业概念首次出现在我国的《"十五计划"建议》,2005 年、2006 年国家统计局相继颁发了《文化及相关产业分类》《文化及相关产业指标体系框架》,文件中提出了文化产业是为社会公众提供文化、娱乐产品和服务的活动,以及与这些活动有关联的活动的集合[⑦]。此外,一些学者也从不同角度提出了文化产业的概念。胡惠林(2001)认为文化产业是一个产业系统,精神产品的生产、交换和消费等要素贯穿其中[⑧]。这一概念指出

---

① Robert Protherough. Is Culture an Industry [J]. The Kenyon Review, 1999, 21(3/4): 135 – 146.

② Dominic Power. "Cultural Industries" in Sweden: An Assessment of Their Place in the Swedish Economy [J]. Economic Geography, 2002, 78(2): 103 – 127.

③ Mirva Peltoniemi. Cultural Industries: Product-Market Characteristics, Management Challenges and Industry Dynamics [J]. International Journal of Management Reviews, 2015, 17(1): 41 – 68.

④ William B. Beyers. Cultural and Recreational Industries in the United States [J]. The Service Industries Journal, 2008, 28(3): 375 – 391.

⑤ Kwan Wai Ko and Kin Wai Patrick Mok. Clustering of Cultural Industries in Chinese Cities: A Spatial Panel Approach [J]. Economics of Transition, 2014, 22(2): 365 – 395.

⑥ Scott A J. On Hollywood: the Place, the Industry [M]. New York: Princeton University Press, 2004b.

⑦ 范正宇.Culture Industry:从批判性术语到新经济符号的概念演变[J].湖北大学学报(哲学社会科学版),2010,37(6):98 – 103.

⑧ 胡惠林.文化产业发展与国家文化安全——全球化背景下中国文化产业发展问题思考[A].上海市哲学社会科学规划办公室编.文化产业的发展和管理[C].上海:学林出版社,2001.

了文化产品的精神属性。李江帆(2003)提出文化产业是生产具有文化特性的服务和实物产品的单位的集合体[①]，是以满足社会精神文化需要为目的的(孙安民,2005)[②]。该定义强调了文化产业的生产性,忽视了市场性或消费性。顾乃华(2007)进一步指出文化产业要以创造文化内容为核心,通过市场化和产业化的组织,提供规模化的文化产品和服务的经济形态[③],这与安宇(2004)表述的文化产业性质相似,即文化产业是提供创造性的文化产品和服务的生产、扩散、聚合体系[④]。

2. 娱乐产业

国内外学者对娱乐产业概念的解读较少,但无一例外均指出了娱乐产业的本质内涵。Vogel(2013)指出娱乐是令人欢愉、发笑、快乐或者惬意地占据了观众的时间或注意力的活动,这是娱乐产品和服务的需求或消费的基础;产业是从事生产活动的企业或组织要使用大量的人员和资本,有着类似的技术和组织结构,生产或者供应的产品和服务是可替换的[⑤]。如此可以看出,娱乐产业是生产或供应娱乐产品、服务的部门,在世界范围内,已经成为经济增长最快的部门,其内涵实际上正成为消费经济各方面的区分特征(米切尔·J.沃尔夫,2001)[⑥]。值得关注的是,以上两位作者均是从媒体的视角来解读休闲产业及其影响力,这或许是源于媒体与娱乐的相互重合有关。

江凌(2003)认为娱乐产业是供人消遣、使人有趣的精神产品和服务行业[⑦]。文硕(2007)把娱乐产业理解为制造快乐的经济领域[⑧]。可以看出,有趣、快乐是娱乐产业的本质内涵,但以上学者并未指出娱乐产业的生成过程。谢伦灿(2008)指出娱乐产业是具有经济和社会效益的行业,将图形、图像、文字、色彩、音符、旋律等具有娱乐性质的符号,通过高科技手段处理成娱乐信息,然后依托各种媒介等转变为相应的娱乐产品,最后在娱乐市场流通,满足大众的精神娱乐消费需求[⑨]。这一概念提炼出了娱乐产业的生产、消费过程,并强调了技术在娱

---

① 李江帆.文化产业:范围、前景与互动效应[J].经济理论与经济管理,2003(4):26-30.

② 孙安民.文化产业理论与实践[M].北京:北京出版社,2005:10.

③ 顾乃华,夏杰长.我国主要城市文化产业竞争力比较研究[J].商业经济与管理,2007,194(12):52-68.

④ 安宇,田广增,沈山.国外文化产业:概念界定与产业政策[J].世界经济与政治论坛,2004(6):6-9.

⑤ [美]哈罗德·L.沃格尔.娱乐产业经济学[M].支庭荣,陈致中,译.北京:中国人民大学出版社,2013:1-2.

⑥ [美]米切尔·J.沃尔夫.娱乐经济:传媒力量优化生活[M].黄光伟,邓盛华,译.北京:光明日报出版社,2001:14.

⑦ 江凌.文化娱乐产业的品牌战略[J].当代经理人,2003(5):74-75.

⑧ 文硕.首席娱乐官[M].大连:东北财经大学出版社,2005:167-191.

⑨ 谢伦灿.中国娱乐产业集群发展及竞争力评价研究[D].长沙:中南大学,2008.

乐产品效益实现方面的重要性。近年来,随着移动互联网浪潮的发展,泛娱乐概念在国内兴起,它指的是基于移动互联网的大背景,通过技术手段,实现多领域的跨界连接,IP是实现这一过程的核心元素①。可见,娱乐产业要创新发展,技术的应用十分关键。

3. 创意产业

国内外学者对创意产业概念的认识比较注重其特征和时代背景意义。John(2008)指出创意产业首次出现在英国政府的文化、媒体和体育部门,它指的是借助于个人的创造力、技能和才能而形成的产业,这一产业在国民经济中可以增加就业机会、推动经济增长。随着知识经济的崛起,创意产业的经济影响力日益增强,其服务性和消费性特点愈加显现②。Banks(2000)认为创意产业生产产品和服务,其主要价值源于美学属性③。Scott(2000)进一步认为创意产业是为了满足消费者的娱乐、自我等需要而产生的具有审美和符号意义的产品和服务的经济部门④。

李世忠(2008)提出的创意产业概念与国外相似,认为创意产业需要个人的知识、智慧等能力与技术手段的融合,对文化资源进行创造,从而生产出高附加值的产品与服务的产业⑤。厉无畏,王慧敏(2009)也指出创意产业的核心增长要素是人的创造性⑥。可见,创造性是创意产业的重要特征。张波(2013)将此概念上升到生活层面,即创意产业是因人对自由的追求和对舒适生活的向往,通过创造性的表现,来满足人们精神需求的产业⑦。简言之,创意产业是建立在人类智力、知识和创造力的基础上,并注重营造舒适的生活环境氛围⑧。

虽然文化产业、娱乐产业、创意产业等都有比较具体的产业指向,但其概念特征、内涵和属性都与休闲产业有一定的交集。通过这些相关概念的梳理,可以从中获得以下有意义的信息,为休闲产业概念界定提供借鉴。

---

① 韩布伟.泛娱乐战略[M].长春:北方妇女儿童出版社,2016:1.

② John Hartley. From the Consciousness Industry to Creative Industries: Consumer-created content, social network markets and the growth of knowledge [A]. Jennifer Holt and Alisa Perren. Media Industries: History, Theory and Methods [C]. Oxford: Blackwell, 2008: 1 - 26.

③ Banks M, Lovatt A, O'Connor J, et al. Risk and Trust in the Cultural Industries [J]. Geoforum, 2000, 31(4): 453 - 464.

④ Scott A J. The Cultural Economy of Cities [M]. London: SAGE Publications, 2000.

⑤ 李世忠.文化创意产业相关概念辨析[J].兰州学刊,2008(8):162 - 164.

⑥ 厉无畏,王慧敏.创意产业新论[M].上海:东方出版中心,2009:1.

⑦ 张波."创意产业"概念的界定及启示——基于政治、经济、社会、美学、艺术的梳理[J].浙江工商大学学报,2013(3):3 - 13.

⑧ [美]理查德·佛罗里达.创意阶层的崛起[M].司徒爱勤,译.北京:中信出版社,2010:11.

第一,它们是生产或提供与精神消费相关的产品和服务的部门,这一产业的微观基础是相关行业内的生产经营服务单位,终极意义是为人的生活而服务。

第二,它们的商业化特征和趋势明显。休闲相关产业的发展与人们的精神消费需求密切相关。统计资料显示,与休闲相关的商品和服务的生产和消费,目前已经占到了全球总产品的 20％～25％[①],其绝对值和相对值都将继续增加,这反映了休闲相关产业的经济价值日益凸显。

(二) 概念界定

尽管休闲相关产业概念为认识休闲产业自身提供了一定的借鉴,但仍然没有把握住这一概念的本质和内容。为此,将从休闲概念起步,延伸到国内外学者对休闲产业概念的表述,来理解和界定休闲产业概念。

1. 国内外学者对休闲概念的认识

多年来,休闲概念问题始终困扰着哲学家和社会学家们。休闲(leisure)这个英文单词词源来自拉丁文的 licere,代表"被允许"或"自由的"。法语中的 loisir 也来自 licere,意思是空闲时间;英语中的 license,原意为获得公共义务的豁免权,包含自由选择之意。亚里士多德认为个人和城邦都应具备操持休闲的品德,休闲是勤劳(繁忙)的目的[②]。在这里,休闲是代表着"可支配的时间"以及"不受拘束"[③]。可见,可支配的时间是休闲活动的先决条件,不受拘束则是一种心理状态。Kraus(1979)[④]和 Neulinger(1981)[⑤]指出,休闲通过被描述为一种社会学和心理学的特质。随着社会的发展,休闲已经成为大多数人的权利,与之相伴的是,学者对它的理解更加综合,它包括了从一个简单的行为到从工作或不愉快的生活中解脱出来的一种综合心态[⑥]。休闲是时间、活动、状态、生活方式,它意味着自由和选择,并且通常有多种表现形式,是一种完整的存在状态或者是思想的经历[⑦]。可见,国外学者对休闲的理解主要从三个角度来展开:一是"休闲时间";二是"休闲活动";三是在休闲活动中人的"精神状态",这三个含义常常是

① [奥]克劳斯·韦尔梅尔,克里斯廷·马西斯.旅游和休闲业:塑造未来[M].宋瑞,马聪玲,蒋艳,译.上海:格致出版社,上海人民出版社,2012:49.

② 亚里士多德.政治学[M].吴寿彭,译.北京:商务印书馆,2009:215.

③ Sebastian De Grazia. Of Time, Work and Leisure [M]. New York: Doubleday and Company, 1962:19.

④ Kraus R. Recreation and Leisure in Modern Society [M]. Burlington Massachusetts: Jones & Bartlett Learning, 1971:47.

⑤ John Neulinger. To Leisure: An Introduction [M]. Allyn & Bacon, 1981: 17-33.

⑥ [美]苏珊·霍纳,约翰·斯瓦布鲁克.全球视角下的休闲市场营销[M].罗兹柏,译.重庆:重庆大学出版社,2012:16.

⑦ [美]麦克林,赫德,罗杰斯.现代社会游憩与休闲[M].梁春媚,译.北京:中国旅游出版社,2010:39.

紧密联系在一起使用的(王宁,2000)①。尽管这三个典型视角是大多数西方学者以及国内学者已经基本达成的共识,但这些观点主要关注的是个体以及个体建构意义的方式(卡拉·亨德森,2008)②。然而,随着休闲在社会经济发展过程中的重要性日渐增强,与发展休闲相关的物理地点、社会文化背景等因素进一步扩展了休闲的含义。人们在休闲过程中会赋予地点一个内涵,形成地方依恋与记忆③;社会文化背景突破了以往以个体为中心的休闲定义,人们对休闲活动的选择会受到社会化过程和机会以及社会文化的影响④。

2. 国内外学者对休闲产业概念的表述

以上表述可以看出,休闲是与人密切相关的一个术语,当人们的可支配收入增长和休闲时间增多,各类休闲相关产品和服务的消费将加速扩张。随着社会的发展,越来越多的人需要休闲产品和服务,因此这些领域中创造出了越来越多的就业机会。资料显示,从 1971 年到 1996 年,英国消费者的总消费额增加了大约 75％,但是休闲产品和服务的消费额增加了大约 100％。休闲产品和服务在总消费中的比例从 22％提高到了 26％(Martin,Mason,1998)⑤。随着休闲在经济中所占份额的增长,经济的休闲化趋势明显,这使得休闲产业的发展日益重要。但是,与休闲实践相比,学者对休闲产业的界定正如休闲概念的多元一样,其定义和含义仍然是模糊不清的。Jones(1985)认为休闲产业是在市场上提供的有关娱乐、体育以及具有空闲时间特征的产品和服务,休闲产业的产出和结构是多样化的⑥。肯·罗伯茨(2008)虽未明确指出休闲产业定义,但他提出休闲产业提供产品和服务,并能够反映出相关群体的特性⑦。休闲产品和服务的供给渠道包括公共休闲部门、非营利部门和商业休闲部门,其中商业休闲部门是休闲产业发展的主要部门,约占该行业的 90％(奥萨利文,2010)⑧,当然也是最不

---

①　王宁.略论休闲经济[J].中山大学学报(社会科学版),2000,40(3)：13-16.

②　[美]卡拉·亨德森.休闲的延伸观点：可能性与挑战[J].浙江大学学报(人文社会科学版),2008,38(11)：112-121.

③　Williams D R, Patterson M E, Roggenbuck J W. Beyond the Commodity Metaphor：Examining Emotional and Symbolic Attachment to Place [J]. Leisure Sciences，1992，14(1)：29-46.

④　Henderson K A, Bialeschki M D, Hemingway J, et al. Introduction to Recreation and Leisure Service [M]. State College PA：Venture Publishing, 2001.

⑤　Martin B, Mason S. The Role of Tourism in Urban Regeneration [J]. Leisure Studies, 1988, 7(1)：75-80.

⑥　Stephen G, Jones. The Leisure Industry in Britain, 1918-1939 [J]. The Service Industries Journal，1985，5(1)：90-106.

⑦　[英] 肯·罗伯茨.休闲产业[M].李昕,译.重庆：重庆大学出版社,2008：2.

⑧　奥萨利文等.休闲与游憩：一个多层级的供递系统[M].张梦,译.北京：中国旅游出版社,2010：223.

稳定的(乔治·托克尔岑,2010)①;这三种部门涵盖 10 中不同的休闲服务机构,分别是公共机构、商业游憩部门、员工服务与游憩福利部门、军队士气福利与游憩单位、个人组织、校园游憩项目、康复治疗游憩服务、旅游与酒店业(麦克林等,2010)②。埃廷顿(2009)进一步区分了休闲服务与产品的概念,认为休闲服务是通过种种安排来提供一些人们所期望的、有用的和必要的东西,通常是一些体验;休闲产品则是一个有形的休闲物品,如滑雪装备和服装③。所有的休闲产品和服务都具有两个特征:第一,休闲产品和服务容易受到时尚趋势的影响,这使得提供休闲产品的企业具有比较高的风险;第二,休闲产品和服务的增长率高于其他产品和服务,这意味着成功的休闲产品供应商可以获得很高的回报(肯·罗伯茨,2008)④。

此外,美国维基百科将休闲产业界定为主要提供游憩、娱乐、体育和旅游(REST)相关产品和服务的部门集合。英国的休闲产业报告中将休闲产业定义为向消费者提供休闲服务和产品的部门集合,它能够满足人们对休闲机会、体验和设施的需求,尤其是体育、文化、游憩、娱乐、餐饮、赌博和博彩、住宿等方面的休闲需求⑤。

可以看出,国外学者的表述中,休闲服务业而不是休闲产业往往是其用到较多的一个术语,休闲服务业的主要内容是休闲产品和服务的生产和消费(约翰·特莱伯,2007)⑥,主要功能是提供服务(Rossman,1995)⑦,并且是提供与休闲和娱乐相关联的服务(Lashley,Darren,2003)⑧。因此,休闲服务项目策划、休闲服务的质量与价值等问题是西方学者关注的焦点和领域(克里斯托弗·埃金顿,2010)⑨。此外,在休闲产业部门分析中,休闲产业的商业性也受到学者的关注,如肯·罗伯茨(2008)指出休闲产业是商业性的,永远受利润的驱动⑩,因而休闲

① 乔治·托克尔岑.休闲与游憩管理[M].田里,董建新,曾萍,等,译.重庆:重庆大学出版社,2010:253.
② 麦克林,赫德,罗杰斯.现代社会游憩与休闲[M].梁春媚,译.北京:中国旅游出版社,2010:190-191.
③ 克里斯多弗·R.埃廷顿,德波若·乔顿,多纳德·G.道格拉夫,等.休闲与生活满意度[M].杜永明,译.北京:中国经济出版社,2009:367.
④ [英]肯·罗伯茨.休闲产业[M].李昕,译.重庆:重庆大学出版社,2008:2.
⑤ State of the UK Leisure Industry:A Drive for Growth [R]. Oliver Wyman, 2012:6.
⑥ [英]约翰·特莱伯.休闲经济与案例分析[M].李文峰,译.沈阳:辽宁科学技术出版社,2007:12.
⑦ Rossman J R. Recreation Programming:Designing Leisure Experiences, 2d ed. [M]. Champaign, IL:Sagamore, 1995.
⑧ Conrad Lashley, Darren Lee-Ross. Organization Behaviour for Leisure Services,1st Edition [M]. Butterworth-Heinemann, 2003:17.
⑨ 克里斯托弗·埃金顿,苏珊·赫德森,罗德尼·戴森,等.休闲项目策划——以服务为中心的利益方法[M].李昕,译.重庆:重庆大学出版社,2010.
⑩ [英]肯·罗伯茨.休闲产业[M].李昕,译.重庆:重庆大学出版社,2008:6.

商业化问题受到了一些学者的批评。Betsy,Stephen(1992)就坚持认为休闲的商业化限制了个人的自由,而不是扩大了个人的自由,休闲的大规模生产使得一些休闲活动如跑步转变成为一项数百万美元的产业①。并且,休闲产品和服务的供应商往往都想使他们的产品对潜在顾客尽可能有吸引力,而竞争优势就可能来自使休闲服务的消费过程尽可能地不费力气(奥萨利文,2010)②。

国内学术界对什么是休闲产业的研究虽较多,但尚未形成统一的看法。于光远(2002)认为,休闲产业是为满足人们的休闲需要而形成的产业③。这一表述指出了休闲产业形成和发展的基础即休闲需要,这成为后来学者界定休闲产业概念考虑的因素之一。在此基础上,马惠娣(2001)进一步将休闲产业概括为与人的休闲生活、休闲行为、休闲需求密切相关的领域④。这一概念将休闲产业上升到经济层面,休闲需求较之休闲需要,更贴近人们的休闲消费生活,但并未明确提出界定这一概念的依据。许峰(2001)指出休闲产业的界定应以经济活动的主体特性为依据⑤,它是为人们提供产品和劳务的部门(楼嘉军,2003)⑥,是为其休闲消费者的需要创造便利条件并提供所需商品和服务的综合性产业(唐湘辉,2006)⑦。在此基础上,卿前龙(2007)明确提出休闲产业当属于经济学研究范畴,应遵循经济学的定义方法。在经济学里,休闲是消费者对休闲物品和休闲服务有消费需求的一种消费活动,因而休闲产业是为国民经济中所有生产休闲物品和休闲服务的部门⑧,这一观点成为诸多学者研究的基础和依据。

3. 休闲产业概念界定

以上分析对把握和理解休闲产业概念提供了重要参考,休闲产业的概念特征、内涵和属性等逐渐明晰。回到本书研究的学科视角,在产业经济学学科背景下界定休闲产业,更需要认识产业的概念,然后来确定存在于经济环境之中的休闲产业概念。

《辞海》将产业概念界定为由利益相互联系的、具有不同分工的、由各个相关产业所组成的业态总称,它们的经营对象和经营范围都是围绕共同产品展开⑨。

① Betsy Wearing, Stephen Wearing. Identity and the Commodification of Leisure [J]. Leisure Studies, 1992, 11(1): 3-18.

② 奥萨利文,等.休闲与游憩:一个多层级的供递系统[M].张梦,译.北京:中国旅游出版社,2010:59.

③ 于光远.休闲、休闲产业人的全面发展[N].中国新闻出版报,2002-12-18(003).

④ 马惠娣.21世纪与休闲经济、休闲产业、休闲文化[J].自然辩证法,2001,17(1):48-52.

⑤ 许峰.休闲产业发展初步探析[J].中国软科学,2001(6):112-115.

⑥ 楼嘉军.休闲产业初探[J].旅游科学,2003(2):13-16.

⑦ 唐湘辉.我国休闲产业结构特征及其影响因素分析[J].求索,2006(12):42-44.

⑧ 卿前龙.休闲产业:概念、范围与统计问题[J].旅游学刊,2007,22(8):82-85.

⑨ 夏征农,陈至立.大辞海[M].上海:上海辞书出版社,2015:362.

英文中,产业(industry)既指工业,也泛指国民经济中的各个具体产业部门。《牛津中阶英汉双解词典》对"industry"的解释为:① "the production of goods in factories"工业,如 heavy/light industry 重/轻工业;② "the people and activities involved in producing sth. providing a service, etc." 行业,如 the tourist/catering/entertainment industry 旅游/餐饮/娱乐行业[①]。芮明杰(2005)认为,产业是国民经济中产品和劳务的生产经营具有某些相同特征的企业或单位及其活动的集合和系统[②]。李江帆(2003)指出的产业概念与此相似,即生产具有共同特性的某类产品的集合体[③]。江小涓等(2014)提出第三产业是指除农业和工业以外的所有经济活动的集合体。"第三产业"这个词最初被使用时,具有专业化、企业化提供服务并提高效率的含义[④]。因为原本由制造企业内部和消费者自己提供的服务转变为由专门的服务企业提供,带来了提高生产效率的真实变化。作者进一步指出学者并没有给出集合体的共同特征,后来研究中,服务业内部的异质性受到关注。因而,服务业的复数形式(services)逐渐替代了单数形式(service),研究对象从"服务部门"转向"服务产业"[⑤]。

结合这一部分的研究,我们认为休闲产业是指投入一定的人员、资本等要素,生产或提供产品和服务具有休闲特征的企业或单位及其活动的集合与系统。这一概念可以从以下方面解读:第一,休闲产业是满足人们享受和发展的产业;第二,休闲产品和服务在生产过程中涉及了休闲娱乐性质,这是理解休闲产业定义的基础;第三,休闲产业是个产业群,没有明确的产业边界,即它是以满足人们的休闲娱乐需求为核心,不断与其他要素融合发展,从而扩大产品和服务的范围,向外辐射。可以认为,一个地区、一个国家等地域范围内所有休闲形式及其相关服务提供者的集合体,共同构成了该地区、该国或研究所关注的任何其他地域范围内的整个休闲产业。

二、休闲产业类型划分

产业分类是开展休闲产业研究的前提条件。通过产业分类研究,一方面可以刻画出休闲产业的主干与分支,另一方面为后文的休闲产业评价指标体系构建、休

---

① Joanna Turnbull, Alison Waters.牛津中阶英汉双解词典[M].胡龙彪,译.北京:商务印书馆 & 牛津大学出版社,2010:692.
② 芮明杰.产业经济学[M].上海:上海财经大学出版社,2005:171.
③ 李江帆.文化产业:范围、前景与互动效应[J].经济理论与经济管理,2003(4):26-30.
④ 江小涓.服务经济——理论演进与产业分析[M].北京:人民出版社,2014:24-27.
⑤ 江小涓.服务经济——理论演进与产业分析[M].北京:人民出版社,2014:16.

闲产业结构和效率分析提供基础。因此,产业分类研究的科学性非常重要,需要参照一定的依据和标准。按照国际上通行的产业分类法,休闲产业应当属于第三产业。芮明杰(2005)将第三产业分为两大部门和四个层次[①],两大部门是流通部门和服务部门,四个层次分别是流通业、为生产和生活服务的行业、为提高科学文化水平和居民素质服务的行业、为社会公共需要服务的行业。这一分类标准为本书休闲产业范围和类型的划分提供了依据,进一步结合国内外学者及相关机构对休闲产业范围划分的内容,本部分总结和归纳了休闲产业的范围。

(一)国际视角的休闲产业类型梳理

1. 国外学者有关休闲产业类型研究梳理

国外学者对休闲产业的类型研究主要表现是,旅游业、文化业、体育业、娱乐业是大部分学者都会提及的 4 个部门,但并未严格区分出每一部门下涵盖的具体门类,总体来看,涉及的门类包括 18 余项,即购物、餐饮、住宿、娱乐设施、体育设施、旅游景区、博物馆、交通运输、节事、博彩、媒体、休闲经营企业、零售业、电影、音乐、广播电视、出版、游戏等(见表 2-3)。

表 2-3　国外代表性学者对休闲产业的类型划分

代表性学者	休闲产业范围划分
Chubb(1981)[②]	购物设施、餐饮服务、共享设施、娱乐公园、博物馆、花园和公园;演出、旅行和旅游;体育场和跑道;营地、旅馆住宿和旅游胜地;农场和庄园
Norman Borrett (1991)[③]	娱乐和艺术、图书馆、博物馆、乡村游憩、公园和设施、玩耍和游戏、体育和健身休闲娱乐、旅游
Crossley & Jamieson (1993)[④]	旅行、交通运输业、接待业、地方商业性游憩业以及设备提供商
Kelly(1996)[⑤]	旅行、体育、流行文化、艺术
克罗斯利、贾米森和布雷利(2001)[⑥]	地方商业休闲、服务业和旅行业[a]

————————

① 芮明杰.产业经济学[M].上海:上海财经大学出版社,2005:171.

② Chubb M, Chubb H. One Third of Our Time [M]. New York: Wiley, 1981.

③ Norman Borrett. Leisure Services UK: An Introduction to Leisure, Entertainment and Tourism Services [M]. Macmillan Education LTD, 1991.

④ Crossley J C, Jamieson, L M. Introduction to Commercial and Entrepreneurial Recreation. 2ed [M]. Champaign, IL: Sagamore, 1993.

⑤ Kelly J. Leisure. 3d ed [M]. Boston: Allyn & Bacon, 1996.

⑥ 奥萨利文.休闲与游憩:一个多层级的供递系统[M].张梦,译.北京:中国旅游出版社,2010:211.

代表性学者	休闲产业范围划分
肯·罗伯茨（2008）[①]	旅游、体育、节事、媒体和大众文化、接待业和购物、博彩和艺术
克里斯多弗·埃廷顿等（2009）[②]	旅行和旅游、接待和餐饮服务、休闲产品制造业、娱乐服务、服务承包、零售业以及自然环境中的商业性休闲服务
苏珊·霍纳等（2012）[③]	旅游景观、住宿业、旅游目的地、旅游经营业、交通运输业、旅游度假区、旅游零售业、艺术及娱乐业、消遣及运动业、休闲购物业、餐饮业
Harold L.Vogel（2013）[④]	电影、音乐、广播电视、出版、玩具和游戏、博彩、体育运动、表演艺术和文化、游乐园和主题公园[b]

注：a. 该学者进一步将地方商业休闲划分为娱乐业，如剧场、音乐厅和体育竞技场；活动和项目，如高尔夫球场、溜冰场和健身俱乐部；零售产品，如垂钓和运动产品、手工艺品。服务业划分为住宿业，如饭店和汽车旅馆；餐饮业，如餐厅和酒吧；服务业设施，如休闲社区和度假公寓。旅行业划分为交通运输和服务业，如航空公司、汽车租赁和铁路运输。b. 该学者的划分基础是娱乐产业，并将娱乐产业分为媒体娱乐产业和现场娱乐产业。

2. 国外机构有关休闲产业类型划分梳理

相比于学者的研究内容，政府部门的统计分类较为详细，划分出了相应的部门、门类和内容。

（1）国际标准产业分类体系（ISIC）。为反映当前世界经济结构和令用户满意的产业分类体系，联合国统计委员会于 2008 年 8 月 11 日对外正式公布了 ISIC4.0 版本，其中新增了艺术、娱乐和游憩部门（Arts, Entertainment and Recreation），包括 4 个类型：① 艺术创作和娱乐；② 图书馆、档案馆、博物馆和其他文化；③ 赌博和博彩；④ 体育（见表 2-4）。

表 2-4　国际标准产业分类体系（ISIC）的艺术、娱乐和游憩部门

部　　门	门　　类	具　体　内　容
90 艺术创作和娱乐		
91 图书馆、档案馆、博物馆和其他文化	910 图书馆、档案馆、博物馆和其他文化	9101 图书馆和档案馆
		9102 博物馆活动以及历史古迹和楼房的运营
		9103 动植物园和自然保护区

① 肯·罗伯茨.休闲产业[M].李昕,译.重庆：重庆大学出版社,2008.

② 克里斯多弗·R.埃廷顿,德波若·乔顿,多纳德·G.道格拉夫,等.休闲与生活满意度[M].杜永明,译.北京：中国经济出版社,2009：328.

③ 苏珊·霍纳,约翰·斯瓦布鲁克.全球视角下的休闲市场营销[M].罗兹柏,译.重庆：重庆大学出版社,2012.

④ ［美］哈罗德·L.沃格尔.娱乐产业经济学[M].支庭荣,陈致中,译.北京：中国人民大学出版社,2013.

续　表

部　门	门　类	具　体　内　容
92 赌博和博彩		
93 体育	931 体育	9311 体育设施的运营
		9312 体育俱乐部的活动
		9319 其他体育活动
	932 其他游乐和文娱	9321 游乐公园和主题公园
		9329 未另分类的其他游乐和文娱

资料来源：根据袁勤俭.国际标准产业分类体系的演化及其启示[J].统计与决策，2012(24)：7-12整理而成。

（2）北美产业分类系统（NAICS）。美国、加拿大、墨西哥等国联合公布的北美产业分类系统亦将艺术、娱乐和游憩（Arts，Entertainment and Recreation）列为一种产业类目，包括三个类型：① 表演艺术、景观体育和相关产业；② 遗产机构；③ 娱乐、赌博和游憩产业（见表2-5）。

表2-5　北美产业分类系统中艺术、娱乐和游憩部门

部　门	门　类	内　容	细　分
711 表演艺术、景观体育和相关产业	7111 表演艺术企业	71111 剧场和餐馆剧院	711111 剧场企业
			711112 音乐剧场和歌剧企业
		71112 舞蹈企业	711120 舞蹈企业
		71113 音乐团体和艺术家	711130 音乐团体和艺术家
		71119 其他表演艺术企业	711190 其他表演艺术企业
	7112 景观体育	71121 景观体育	711211 体育团队和俱乐部
			711213 赛马
			711218 其他景观体育
	7113 表演艺术、体育和类似事件	71131 拥有设施的表演艺术、体育和类似事件	711311 有设施的现场剧场和表演艺术
			711319 体育场馆
		71132 没有设施的表演艺术、体育和类似事件	711321 无设施的表演艺术
			711322 无设施的节庆活动
			711329 无设施的体育活动

部　门	门　类	内　容	细　分
711 表演艺术、景观体育和相关产业	7114 艺术家、运动员和其公众人物的经纪人和管理者	71141 艺术家、运动员和其公众人物的经纪人和管理者	711410 艺术家、运动员和其公众人物的经纪人和管理者
	7115 独立的艺术家、作家和表演者	71151 独立的艺术家、作家和表演者	711511 独立的视觉艺术家
			711512 独立的演员、喜剧演员和表演者
			711513 独立的作家和作者
712 遗产机构	7121 遗产机构	71211 博物馆	712111 非商业性质的艺术博物馆和画廊
			712115 历史和科学博物馆
			712119 其他博物馆
		71212 历史遗迹和遗址	712120 历史遗迹和遗址
		71213 动物园和植物园	712130 动物园和植物园
		71219 自然公园和其他类似机构	712190 自然公园和其他类似机构
713 娱乐、博彩和游憩业	7131 游乐园和游乐场	71311 游乐园和主题公园	713110 游乐园和主题公园
		71312 游乐场	713120 游乐场
	7132 博彩业	71321 赌场	713210 赌场
		71329 其他博彩业	713291 彩票
			713299 其他博彩业
	7139 其他游乐和游憩业	71391 高尔夫球场和乡村俱乐部	713910 高尔夫球场和乡村俱乐部
		71392 滑冰设施	713920 滑冰设施
		71393 游船码头	713930 游船码头
		71394 健身和休闲体育中心	713940 健身和休闲体育中心
		71395 保龄球馆	713950 保龄球馆
		71399 其他游乐和游憩业	713990 其他游乐和游憩业

资料来源：Statistics Canada. North American Industry Classification System (NAICS) Canada 2012 [EB/OL]. http://www150.statcan.gc.ca/nl/en/pub/12 - 501 - x2012001 - eng.pdf? st=pcLVJWMZ 2015 - 12 - 10.

表2-4和表2-5反映的均是艺术、娱乐和游憩部门,二者划分的类型具有相似性,国际标准产业分类中的"图书馆、档案馆、博物馆和其他文化"部门与北美产业分类系统中的"遗产机构"相似,国际标准产业分类中的"体育"部门归并到了北美产业分类系统中的"表演艺术、景观体育和相关产业",国际标准产业分类中的"娱乐"部门单独拿出移入了北美休闲产业分类系统中的"赌博和游憩"部门,国际标准产业分类中"赌博和博彩"是单独的部门。总结来看,文化业、艺术业、体育业、娱乐业是联合国和北美地区休闲相关产业的主要部门。需要指出的是,国际标准产业分类和北美产业分类均没有单独的旅游产业分类,而是融合在其他产业门类中。

(3)美国经济分析局(Bureau of Economic Analysis)。美国经济分析局公布的经济账户中,与休闲产业密切相关的两大账户分别是艺术和文化(Arts and culture)卫星账户、旅行和旅游(Travel and tourism)卫星账户,具体涵盖表演艺术、博物馆、设计服务、艺术教育、艺术辅助性服务、书籍报刊出版、信息服务、艺术制造品、住宿、餐饮、交通、娱乐、体育、购物等内容(见表2-6)。

表2-6 美国休闲相关产业部门类型及内容

行 业	部 门	门 类	具 体 内 容
艺术和文化	核心艺术和文化产品	表演艺术	音乐团体
			舞蹈
			歌剧
			交响乐
			戏剧
			其他
		博物馆	艺术
			植物、动物
			儿童
			遗址
			历史
			/
			自然公园
			科学
			其他

行　业	部　门	门　类	具　体　内　容
艺术和文化	核心艺术和文化产品	设计服务	广告
			建筑服务、历史恢复
			景观建筑服务
			其他建筑服务
			内部设计服务
			产业设计服务
			时尚设计服务
			计算机系统设计
			摄影和冲印服务
			其他设计服务
		美术教育	
		教育服务	
		娱乐原创	
	辅助性艺术和文化产品	艺术辅助服务	租赁
			艺术家代理/经理
			表演艺术和相似事件的发起人
			资助—提供服务
			协会
			政府
			其他辅助性服务
		书籍出版	教育(k-12)
			高等教育
			一般参考文献
			职业、技术和学术
			贸易
			儿童
		其他出版	卡片、日历等
			报纸和期刊
			网络

行　业	部　门	门　类	具　体　内　容
艺术和文化	辅助性艺术和文化产品	信息服务	广播
			录音
			电影
			影音制作
			其他信息服务
		制成品	首饰银器
			印刷品
			乐器
			建筑木制品和金属制品
			摄像和电影设备
			其他
		建造物	贸易和运输利润
			零售贸易利润
旅行和旅游	旅行住宿		
	度假屋		
	餐饮服务场所		
	交通	航空	
		其他交通相关产业	铁路
			水运
			城际公交
			城际运输公交
			城市轨道交通和其他交通
			出租车
			景观交通
			汽车设备和租赁
			汽车维修
			停车场、车库
			收费公路
			旅行安排和预约服务

续　表

行　业	部　门	门　类	具　体　内　容
旅行和旅游	交通	其他交通相关产业	炼油和加油站
	游憩、娱乐和购物	游憩和娱乐	电影和表演艺术
			景观体育和参与性体育
			赌博和其他游憩娱乐
		购物	日用品产业(不含炼油)
			零售贸易(不含加油站)

资料来源：美国经济分析局网站. http://www.bea.gov.

　　(4) 澳大利亚统计局文化与休闲分类标准(Culture and Leisure Classification)。2001 年澳大利亚国家统计局为实现统计数据的可比性,制定了文化与休闲分类标准。该分类体系涵盖四大部门,分别是遗产、艺术、运动和体育休闲、其他文化和休闲,涵盖内容包括了博物馆、图书馆、档案馆、动植物场馆、书籍报刊出版、表演艺术、音乐产品及企业、艺术作品与服务、设计服务、广播/电子媒体/电影、艺术教育和器材、体育产品与服务、景区接待、餐饮、住宿、票务服务、节事活动等(见表 2-7)。

表 2-7　澳大利亚文化与休闲分类标准

部　门	门　类	具　体　内　容
遗产	博物馆、古玩、收藏品	艺术博物馆
		其他博物馆
		古玩和收藏品零售与储藏
	环境遗产	自然公园和保护区
		动物园和水族馆
		植物园
	图书馆和档案馆	图书馆
		档案馆
艺术	文献和印刷媒体	原创文学
		报纸出版和印刷
		期刊出版
		书籍出版
		其他出版

部 门	门 类	具 体 内 容
艺术	文献和印刷媒体	文献批发
		文献零售
	表演艺术	音乐表演
		戏剧
		舞蹈
		音乐剧和歌剧
		其他表演艺术
		表演艺术场所
	作曲和出版	作曲
		音乐出版
		音乐制作公司和销售公司
		音像制品零售商
	视觉艺术及作品	视觉艺术及作品原创
		商业摄影服务
		视觉艺术和工艺品零售
	设计	建筑服务
		广告设计和制作
		绘图设计
		其他设计
	广播、电子媒体和电影	广播服务
		电视服务
		电影和音像制作
		电影和音像分销
		动画展示
		音像租赁
		互动内容设计
		电子信息服务
	其他艺术	音乐器材零售
		艺术教育
		版权处理机构

部　门	门　类	具　体　内　容
运动和体育休闲	赛马、赛狗	赛马、赛狗
	体育和运动游憩场所	健身和康体中心、健身房
		其他体育和运动游憩场所、场地
	体育和运动游憩服务	体育和运动游憩行政管理机构
		体育和运动游憩俱乐部、专业人士及团体
		户外游憩向导
		体育和运动游憩支持服务
	体育和运动游憩商品生产和销售	体育和运动游憩商品生产
		体育和运动游憩商品批发
		体育和运动游憩商品零售
其他文化和休闲	博彩	赌场
	游乐园产业	游乐园和主题公园
	接待	酒吧、酒馆、客栈
		咖啡馆和餐厅
		接待式俱乐部
	户外游憩	房车和宿营地
		自然观光旅游
	社区和社会组织	兴趣俱乐部
		宗教组织
	其他文化和休闲服务	预订和票务机构
		代理和管理服务
	文化和休闲设施建设	节事管理
	其他文化和休闲商品生产和销售	文化和休闲企业、专业人士和劳工组织
		文化和休闲设施建设
		其他文化和休闲商品生产
		其他文化和休闲商品批发
		其他文化和休闲商品零售

资料来源：宋瑞.关于休闲相关产业分类的思考与建议[A].刘德谦,高舜礼,宋瑞.2011年中国休闲发展报告[C].北京：社会科学文献出版社,2011：342-352.

（5）英国经济活动标准产业分类（Standard Industry Classification）。2007年英国经济活动标准产业分类中有关休闲产业的部门包括住宿和餐饮，信息和通信，管理和支持服务，艺术、娱乐和游憩。具体的内容包括住宿、餐饮场所、电影反映场所、会议展览、艺术表演、图书馆、博物馆、档案馆、历史遗址、动植物园、赌博和博彩、体育场馆/俱乐部、游乐园和主题公园（见表2-8）。

表2-8 英国休闲产业分类

部　门	门　类	具　体　内　容
住宿和餐饮	酒店及类似住宿活动	酒店,度假酒店,套房/公寓酒店,汽车旅馆
		以住宿为主要经济活动的酒吧
	假日及短期住宿	度假屋、游客公寓和平房
		无家政服务的小屋和村舍
		青年旅馆、山中庇护地
	露营场地、休闲车公园或活动住屋	
	有执照及无执照的餐馆,外卖店	餐厅、咖啡馆、快餐店
		交通运输上的餐厅和酒吧
		外卖场所,移动食物车
	活动用餐及其他餐饮服务机构	商务接待餐饮、食品服务承包商的活动
		体育馆或类似设施的食品经营
		餐厅和自助餐厅(如医院或学校)
	有执照俱乐部、酒吧	夜总会、酒吧、酒馆、社交俱乐部、鸡尾酒休息室、迪斯科舞厅
		住宿作为次要经济活动的酒吧
信息和通信	电影放映活动	在电影院、露天场所或其他有投影设施的电影或录像投影活动、电影俱乐部活动
管理和支持服务	会展贸易组织	商业和贸易展览、会议等事件的组织、促销和管理
艺术、娱乐和游憩	住宿和餐饮表演艺术	剧场演出,音乐会和歌剧或舞蹈制作和其他舞台制作(艺术团体、马戏团、管弦乐队、乐队、演员、舞蹈家、音乐家、讲座、演讲者)
	图书馆、档案馆	图书馆、阅读、听力和观看室的活动,向公众或特殊客户(如学生、科学家、工作人员、成员)提供服务的公共档案馆以及政府档案馆的运营

部 门	门 类	具 体 内 容
艺术、娱乐和游憩	博物馆	艺术博物馆,珠宝博物馆,家具,服装,陶瓷,银器,自然历史博物馆,科技博物馆,历史博物馆,军事博物馆
	历史遗址、建筑和类似游客景点	
	植物园、动物园和自然保护区	
	赌博和博彩	彩票销售、收受赌注和其他投注操作
		投币式赌博机
		赌场、场外投注或虚拟赌博网站
	体育设施	体育场,竞技场,赛马场或足球场
		曲棍球,板球,橄榄球,冰球,拳击,高尔夫,保龄球,游泳等运动
		由拥有独立设施的组织为专业人士或业余爱好者组织和运营的户外运动
	体育俱乐部	足球,保龄球,高尔夫,拳击,冬季运动,象棋,田径或射击俱乐部
	健身设施	
	包括赛马活动等在内的其他体育活动	体育赛事的制作者或发起者,运动员,裁判,法官的活动
		体育联盟和管理机构,赛马场,车库的活动
		钓鱼和狩猎
	游乐园和主题公园	游乐设施,水上游乐设施,游戏,表演,主题展览等各种景点的游乐园或公园
		投币游戏,娱乐交通设施,滑雪场
		休闲设备租赁,娱乐性质的展览会

资料来源：State of the UK Leisure Industry：A Drive for Growth［R］. Oliver Wyman, 2012：72–73.

此外,英国国家统计局下设部门中与休闲产业相关是文化、媒体和体育部门(Department for Culture, Media & Sport),该部门的宗旨是帮助英国成为世界上最具创意和令人兴奋的地方,人们可以在这里居住、旅游、从事商业活动等。这一部门包括 11 个门类,即艺术、创意产业、数字、博彩、遗产、图书馆、博物馆、体育、通信、旅游、志愿/慈善捐助/公民参与。

从以上机构对休闲相关产业的划分可看出,艺术、娱乐、文化、体育、赌博和博彩、住宿、餐饮、交通、购物、信息、会展、游憩是休闲产业部门的 12 个关键词。涵盖的内容涉及 40 余项,即图书馆、档案馆、博物馆、动植物园、自然保护区、体育场馆和俱乐部、游乐园和主题公园、剧场、艺术团体、体育团体、节庆活动、历史遗迹和遗址、赌场、彩票、乡村俱乐部、古玩和收藏品、文学、出版业、表演艺术、音乐和音乐制作公司、摄影服务、视觉艺术、建筑服务、设计服务、广播和电视、电影和音像、动画、信息服务、艺术教育、住宿、餐饮场所、宗教组织、文化和休闲商品的生产批发零售、夜总会/社交俱乐部等娱乐场所、钓鱼和狩猎等户外活动、交通设施、购物、志愿/慈善捐助/公民参与、独立的艺术家/作家和表演者、经纪人和管理者等。需要指出的是,政府机构有关休闲产业划分的内容基本涵盖了学者的划分范围。

(二)国内视角的休闲产业范围划分

1. 国内学者有关休闲产业类型分析

国内较早对休闲产业范围进行划分的学者是马惠娣,这一范围划分虽然稍显模糊,但却成为学术界广泛引用的观点。之后的诸多学者或增加或去除,丰富了休闲产业类型划分内容(见表 2-9)。

表 2-9 国内代表性学者对休闲产业的类型划分

代表性学者	休闲产业范围划分
马惠娣(2001) ①	旅游业、娱乐业、服务业和文化产业,具体为国家公园、博物馆、体育场馆和运动项目、影视、交通、旅行社、餐饮业、社区服务等
宋国琴等(2006) ②	旅游业、娱乐业、服务业(核心);文化产业、体育产业(补充)
刘锋等(2003) ③	旅游业、娱乐业、文化产业、体育产业
马小宁(2009) ④	旅游业、文化娱乐业、体育竞赛和健身产业
方远平等(2016) ⑤	旅游业、文化娱乐业、体育竞赛、健身产业、餐饮产业

① 马惠娣. 21 世纪与休闲经济、休闲产业、休闲文化[J].自然辩证法,2001,17(1): 48-52.

② 宋国琴,郑胜华.基于增长极理论的休闲产业战略地位分析[J].浙江工业大学学报(社会科学版),2006,5(1): 15-20.

③ 刘锋,周洁.中国休闲产业发展及政府作用初探[J].杭州师范学院学报(社会科学版),2003(2): 48-50.

④ 马小宁.休闲产业与现代城市发展——兼论中国城市休闲产业发展对策[J].经济研究导刊,2009(27): 138-140.

⑤ 方远平,毛晔.我国省域休闲产业竞争力时空动态演变研究——基于 ESDA-GWR[J].湖北大学学报(哲学社会科学版),2016,43(3): 137-143.

续　表

代表性学者	休闲产业范围划分
田丽红(2006)①	旅游业、文化传播业、娱乐业和体育业
卿前龙(2007)②	休闲第一产业,包括休闲农业、休闲林业、休闲畜牧业和休闲渔业
	休闲第二产业,包括休闲食品(饮料)加工制造业、休闲用具(器械器材)制造业、休闲建筑业
	休闲第三产业,包括旅游休闲业、健体和美容休闲业、文化和娱乐休闲业、餐饮休闲业和其他休闲服务业
王宁(2000)③	社会供给性休闲,包括博物馆、美术馆、科技馆、公园、图书馆、少年活动中心、老年活动中心、电视台等
	商业供给性休闲,包括休闲用品如玩具、娱乐用具、花卉、宠物和文化用品(钢琴、字画、书籍等);休闲设施与服务如歌舞厅、餐馆、茶楼、咖啡屋、电子游戏室、游乐场、游泳池、高尔夫场地、保龄球馆、桌球馆、球赛、电影院、旅游景点和线路、网吧等

以上学者的划分依然缺乏统计思维(王琪延,2015)④,应当从经济、社会发展现状,从国民经济行业分类的角度,对休闲产业进行系统性、阶段性分类。王琪延提出休闲产业类型的广义和狭义观点,其中广义休闲产业包括三个层次,即核心休闲产业(旅游、娱乐、体育、养生、公益、文化、宗教休闲及其他休闲产业),为核心休闲产业服务的交通、商业、信息业、金融、新闻出版等行业,以及从事休闲品制造的休闲地产业、休闲工业、休闲农林牧渔业;狭义的休闲产业就是核心休闲产业。作者进一步基于国民经济行业分类和144部门投入产出表梳理了休闲产业门类(见表2-10和表2-11)。

表 2 - 10　核心休闲产业国民经济行业分类

门　　类	大　　类	中　　类
H 住宿和餐饮业	61 住宿业	全部中类
	62 餐饮业	全部中类
I 信息传输、软件和信息技术服务业	63 电信、广播电视和卫星传输服务	632 广播电视传输服务

　　① 田丽红.发展休闲产业的可行性分析——基于我国老龄化社会研究[J].湖北经济学院学报(人文社会科学版),2006,3(7):43-44.
　　② 卿前龙.休闲产业:概念、范围与统计问题[J].旅游学刊,2007,22(8):82-85.
　　③ 王宁.略论休闲经济[J].中山大学学报(社会科学版),2000,40(3):13-16.
　　④ 王琪延.关于休闲产业统计分类的思考[J].统计与决策,2015(2):33-36.

续　表

门　　类	大　　类	中　　类
L 租赁和商务服务业	71 租赁业	712 文化及日用品出租
	72 商务服务业	727 旅行社及相关服务
N 水利、环境和公共设施管理业	78 公共设施管理业	785 公园和游览景区管理
O 居民服务、修理和其他服务业	79 居民服务业	794 理发及美容服务
		795 洗浴服务
		796 保健服务
Q 卫生和社会工作	84 社会工作	全部中类
R 文化、体育和娱乐业	86 广播、电视、电影和影视录音制作业	
	87 文化艺术业	
	88 体育	
	89 娱乐业	
S 公共管理、社会保障和社会组织	94 群众团体、社会团体及其他成员组织	944 宗教组织

资料来源：王琪延.关于休闲产业统计分类的思考[J].统计与决策,2015(2)：33-36.

表 2-11　基于中国 2007 年 144 部门投入产出表的休闲产业分类

代码	投入产出部门名称	对应的国民经济行业
66113	住宿业	旅游饭店、一般旅馆、其他住宿服务
67114	餐饮业	正餐服务、快餐服务、饮料及冷饮服务、其他餐饮服务
74125	旅游业	旅行社
87138	社会福利业	提供住宿的社会福利,不提供住宿的社会福利
89140	广播、电视、电影和音像业	广播、电视、电影、音像制作
90141	文化艺术业	文艺创作与表演、艺术表演场馆、图书馆与档案馆、文物及文化保护、博物馆、烈士陵园、纪念馆、群众文化活动、文化艺术经纪代理、其他文化艺术
91142	体育	体育组织、体育场馆、其他体育
92143	娱乐业	室内娱乐活动、游乐园、休闲健身娱乐活动、其他娱乐活动

资料来源：王琪延.关于休闲产业统计分类的思考[J].统计与决策,2015(2)：33-36.

国内学者对休闲产业范围的研究主要存在四种观点。一是在马惠娣作出的划分基础上,调整或增加休闲产业的类型;二是卿前龙界定的休闲物品业和休闲服务业;三是王琪延提出的广义休闲产业和狭义休闲产业类型;四是王宁从产业供给渠道划分的社会供给性和商业供给性休闲产业。尽管视角不同,但从中可以看出学者认为的休闲产业部门主要是旅游、文化、娱乐、体育业。

2. 国内机构有关休闲产业类型划分梳理

从我国国民经济行业分类角度看,与休闲产业密切相关的行业分类是文化、体育和娱乐业,涉及新闻出版、广播电视电影、表演艺术、艺术表演场馆、图书馆、博物馆、档案馆、遗产、群众文化活动、体育场馆、室内娱乐活动、游乐园、彩票等内容(见表2-12)。

表2-12 国民经济行业分类中与休闲产业密切相关的门类

行业分类	大　类	中　类	小　类
R 文化、体育和娱乐业	85 新闻和出版业	852 出版业	8521 图书出版
			8522 报纸出版
			8523 期刊出版
			8524 音像制品出版
			8525 电子出版物出版
	86 广播、电视、电影和影视录音制作业	861 广播	
		862 电视	
		863 电影和影视节目制作	
		864 电影和影视节目发行	
		865 电影放映	
		866 录音制作	
	87 文化艺术业	871 文艺创作与表演	
		872 艺术表演场馆	
		873 图书馆与档案馆	8731 图书馆
			8732 档案馆
		874 文物及非物质文化遗产保护	
		875 博物馆	
		877 群众文化活动	
		879 其他文化艺术业	

续　表

行业分类	大　类	中　类	小　类
R 文化、体育和娱乐业	88 体育	881 体育组织	
		882 体育场馆	
		883 休闲健身活动	
		889 其他体育	
	89 娱乐业	891 室内娱乐活动	8911 歌舞厅娱乐活动
			8912 电子游艺厅娱乐活动
			8913 网吧活动
			8919 其他室内娱乐活动
		892 游乐园	
		893 彩票活动	
		894 文化、娱乐、体育经纪代理	8941 文化娱乐经纪人
			8942 体育经纪人
			8949 其他文化艺术经纪代理
		899 其他娱乐业	

资料来源：中华人民共和国国家质量监督检验检疫总局，中国国家标准化管理委员会.国民经济行业分类 (GB/T 4754-2017)[EB/OL].http://www.stats.gov.cn/tjsj/tjbz/hyflbz/,2017-10-01.

通过对国内外学者、机构等对休闲产业类型划分的分析发现，休闲产业的分类尚未达成一致，究其原因主要在于：① 理论界尚未对休闲产业有统一的定义，分类的理由和依据也模糊不清；② 各国/地区对休闲相关产业的统计口径迥异，导致分类存在差异性；③ 学者们因研究问题不同而产生不同的研究视角，导致分类各有侧重①。尽管如此，但可以从中了解到休闲产业的门类主要包括文化业、娱乐业、旅游业、体育业、餐饮业、批发零售业、信息业、交通运输业、会展业。也应看到，如今随着社会的发展，除了以上所指出的休闲产业门类外，一些与社会大众休闲生活息息相关的行业也在不断地涌现和发展，如园林绿化业、信息通信业、金融业、房地产业、环保业。基于此，纳入本研究的休闲产业包括文化业、旅游业、体育业、娱乐业、餐饮业、会展业、批发零售业、园林绿化业、信息通信业、交通运输业、金融业、房地产业、环保业 13 个部门。

---

① 魏江，陶颜，王琳.知识密集型服务业的概念与分类研究[J].中国软科学，2007(1)：33-41.

第三章　休闲产业发展
现状分析

休闲产业相关研究、概念界定、类型总结等构成了休闲产业发展研究的基础性内容,这是认识休闲产业发展状况的前提。本章紧扣这些基础内容,从宏观视角梳理了我国休闲产业各部门的发展现状,分析了我国休闲产业管理体制、产业政策的变化、总结了我国休闲产业整体的发展阶段和特征,剖析了个案城市休闲产业发展的历程和特点。通过这一章分析,希冀能为我国休闲产业发展状况提供一个全局式的基本面貌。

第一节　休闲产业发展现状

对我国休闲产业发展的整体状况进行梳理,首先要明确休闲产业的范围和类型。前文已对国内外有关休闲产业类型内容进行总结,为便于对休闲产业进行科学分析,本部分进一步对休闲产业的层次和具体类型做出尽可能明确与合理的划分。借鉴楼嘉军(2005)[①]、李江帆等(2014)[②]提出的产业层次划分内容,将休闲产业划分为核心层、外围层和相关层。核心层部门是以产生休闲娱乐思想的条件为中心,外围层和相关层部门是本质上不完全属于休闲领域但部分产品和服务含有某种程度的休闲内容。具体地讲,核心层是指与休闲产业密切相关的产业部门,主要包括文化业、娱乐业、旅游业、体育业、餐饮业 5 个产业门类。外围层是指与其他产业的交叉和重叠构成的产业部门,不完全属于休闲产业部门,但是成为人们休闲活动不可或缺的组成部分,主要包括会展业、批发零售业、园林绿化业、交通运输业、信息通信业 5 个产业门类。相关层是指与休闲产业部门产生相应联系的部门,即为人们的休闲活动提供一定的服务,主要包括金融业、房地产业、环保业 3 个产业门类(见图 3-1)。

---

① 楼嘉军.休闲新论[M].上海:立信会计出版社,2005:239.
② 刘恩初,李江帆.发展生产服务业核心层推动广东产业高端化[J].南方经济,2015(1):123-129.

```
                                    ┌─── 文化业
                                    │
                                    ├─── 旅游业
                             ┌ 核心层 ├─── 体育业
                             │      │
                             │      ├─── 娱乐业
                             │      │
                             │      └─── 餐饮业
                             │
                             │           ┌─── 会展业
                             │           │
                             │           ├─── 批发零售业
         休闲产业 ───────────┼ 外围层 ├─── 园林绿化业
                             │           │
                             │           ├─── 交通运输业
                             │           │
                             │           └─── 信息通信业
                             │
                             │           ┌─── 金融业
                             │           │
                             └ 相关层 ├─── 房地产业
                                         │
                                         └─── 环保业
```

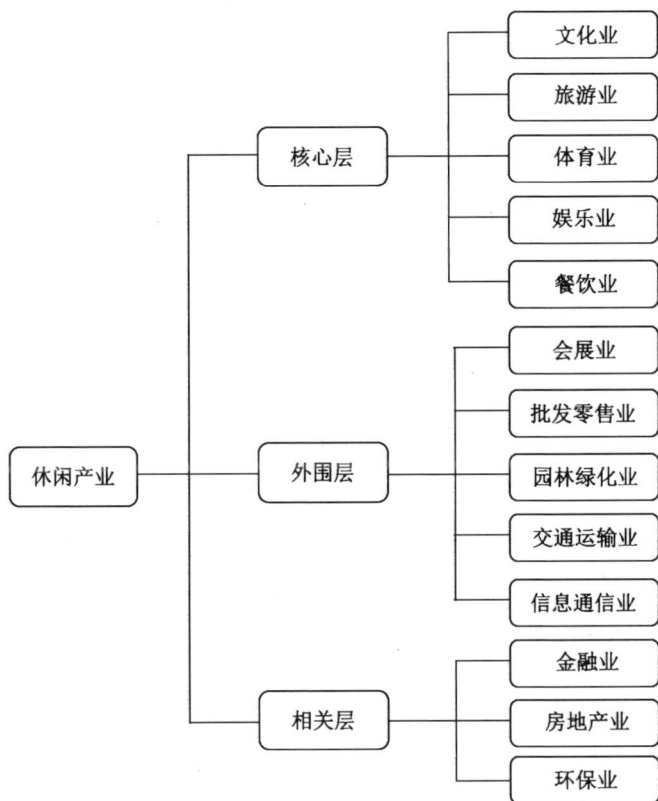

图 3-1　休闲产业层次和类型

一、发展总体状况

(一) 文化业

当今世界,文化与经济、政治、科技的结合日益紧密,已经形成一个产业,而且正在发展成为一个重要的产业群。纵观国外发达国家,自 20 世纪 50 年代起,文化产业在互联网等信息技术的推动下得到前所未有的发展,经过半个多世纪快速发展后,文化产业已成为发达国家国民经济的主导产业,同时在国际上亦产生了重要的影响力,譬如美国的电影业和传媒业、日本的动漫业、韩国的网络游戏业、英国的音乐产业等,在国际文化产业中都占据了重要地位。

在我国,自 2002 年党的十六大报告首次将文化产业纳入政治报告后,各地政府纷纷制定文化产业发展规划,推动了我国文化产业相当程度的发展,产生了巨大的社会效益和经济效益,主要体现在:第一,文化产业增收明显。数据显示,从 2004 年到 2014 年,文化产业的增加值从 3 440 亿元上升到 23 940 亿元,占 GDP 比重从 2.15％上升到 3.76％。值得注意的是,文化产业构成中的文化制造业比例从 2004 年的 47.7％下降到 41.4％,文化服务业则从 40.0％上升到 48.6％[①]。这一方面显示出文化产业正逐渐发展成为国民经济的一个重要组成部分;另一方面体现出文化产业在为大众居民提供信息获取、审美享受、娱乐等社会功能的价值不断显现。第二,文化产业跨界融合发展加速。在互联网时代背景下,文化产业与信息产业融合形成的信息传输服务业发展迅猛,2015 年实现产业增加值 2 858 亿元,比 2013 年增加 1 055 亿元,年均增速为 25.9％;在创新驱动战略引领下,文化产业与创意产业融合形成的文化创意和设计服务业也呈现蓬勃发展态势,2015 年实现增加值 4 953 亿元,比 2013 年增加 1 237 亿元,年均增速高达 15.4％[②]。这些数据实际隐含着,在供给侧改革推进背景下,我国文化产业已经从数量型增长迈向质量型效益型,在未来的发展中其布局会更为合理,结构会更为完善,成为增强我国民族自信、实现美丽中国梦的重要产业。

(二) 旅游业

随着旅游活动的日趋丰富和参与者的日益增多,旅游业已经成为全球最大和发展最快的经济部类。联合国世界旅游组织发布的数据显示,旅游业已经成为全球第三大出口行业,仅次于石油和化学品,领先于食品和汽车,2015 年的国际旅游业在出口方面贡献了 2 110 亿美元,收入高达 1.5 万亿美元,国际游客数量增长至 11.86 亿人[③],已经是连续第 6 年保持增长。旅游业的巨大效益也促动着各国积极发展旅游业,现如今投资旅游业已经成为增强各国综合竞争力的战略决策。世界经济论坛发布的《2015 年世界旅游业竞争力报告》显示,2009 年到 2015 年世界旅游竞争力前 10 强里,西班牙、法国、德国、美国、加拿大一直属于旅游竞争力强国,我国的旅游业竞争力排名一直徘徊在 39 到 47 之间[④],在全球范围内处于中游位置。

尽管我国旅游业距离全球 10 强还有一定的差距,但近年来的利好政策使得我国旅游业发展处于黄金发展期。首先,经济的快速发展为旅游业发展提供了坚实的基础;其次,全域旅游纳入政府工作报告,进一步凸显了旅游业在经济社会发展的总体布局和国家重大战略中的地位和作用;再次,旅游交通体系的完善

---

① 2014 年我国文化及相关产业增加值比上年增长 12.1％[EB/OL].科印网.www.keyin.cn/news/sczc/201511/30 - 1089879.shtmal,2015 - 11 - 30.

② 从三个维度看十八大以来我国文化产业发展[EB/OL].党建网.http://www.wenming.cn/djw/ds/jtrds/dsjj/wz/201709/t20170915_4425270.shtml,2017 - 09 - 15.

③ 全球旅游业市场发展现状分析报告[EB/OL].搜狐财经.www.sohu.com/a/125390803_361162,2017 - 02 - 03.

④ 199IT.世界旅游组织:2015 年全球旅游报告[EB/OL].[2015 - 10 - 14].www.199it.com/archives/394112.html.

进一步增强了游客在旅行过程中的便利性、娱乐性和体验性,旅游的大众化趋势更为明显,已经成为大众居民最重要的休闲方式之一。这一有利政策带来的直接效益主要体现在:第一,旅游业总收入高速发展,2017 年旅游业总收入达到5.4 万亿元,是 2012 年的 2.1 倍,年均增长 15.8%,其中国内旅游收入 4.57 万亿元,比五年前翻一番,年均增长 15%;第二,国内旅游市场井喷式发展,2017 年国内和入境旅游人数超过 51 亿人次,比五年前增长 69.1%,年均增长 11.1%,其中入境旅游总人数 1.39 亿人次,摆脱了多年的低迷局面,实现了正增长①。可见,旅游业对我国经济增长的拉动作用显著,已经成为国民经济战略性支柱产业,成为满足人民美好生活的幸福产业。

(三) 体育业

在休闲产业中,体育业是一个后起产业,但属于迅速崛起的庞大产业。20世纪中期后,随着欧美发达国家人均 GDP 相继步入 3 000~5 000 美元的发展阶段,社会对与人的健康、生活质量密切相关的大众体育服务消费品的需求迅速上升,极大地激发了体育休闲业的内在潜力,实现了体育产业多元化发展的格局。进入 90 年代后,随着人均 GDP 水平的进一步抬升,体育休闲业逐步实现了大众化、生活化,其产业规模和产值均超过了职业体育而成为全球体育产业的主导产业②。反观我国,由于历史原因等,体育产业的市场化程度相对较低。从体育消费看,2013 年美国人均体育消费为 620 美元,法国是 310 美元,日本为 200 美元,而我国仅有 100 美元③。从 GDP 占比看,我国体育产业的产值仅占 GDP 的0.1%~0.3%,与欧美发达国家有近 10 倍的差距。从体育产业收入结构看,美国体育产业收入中约 57%来自体育服务业,30%来自体育制造业,而我国的体育产业中 79%收入来自体育制造业,只有 18%来自体育服务业。

尽管我国体育产业发展滞后,但近年来随着国民对健身娱乐、景观体育等消费需求的渴望,体育产业规模呈不断扩大趋势。2007 年到 2014 年间,我国体育产业增加值从 989 亿元提升到 4 040.98 亿元,人均体育消费水平增长了 52%④,大众体育健身休闲意识逐渐增强。值得注意的是,2014 年国务院 46 号文件《关

① 国家旅游局.旅游数据首登政府工作报告,旅游业拉动经济增长作用明显[EB/OL].[2018 - 03 - 09]. http://www.cnta.gov.cn/xxfb/jdxwnew2/201803/t20180309_858813.shtml.
② 姜同仁,刘娜,侯晋龙. 发达国家体育产业演进的趋势与启示[J].武汉体育学院学报,2012,46(9):42 - 49.
③ 新三板研究. 2016 年中国体育产业行业发展概况分析[EB/OL]. https://sanwen8.cn/p/507v1wG.html,2016 - 11 - 22.
④ 网易财经.我国人均体育消费 926 元[EB/OL]. [2015 - 11 - 18].money.163.com/15/1118/01/B8LRA72A00253B0H.html.

于加快发展体育产业促进体育消费的若干意见》指明了体育产业的发展方向,并将全民健身上升到国家战略,要求大力培育健身休闲、竞赛表演、场馆服务、中介培训等体育服务业。这一政策的提出引发了国民运动休闲浪潮,运动休闲(athleisure)这个发音拼凑词成为时尚潮流趋势,如今骑行、跑步、健身、秀马甲线的人越来越多,体育已从专业赛事发展为全民参与的文娱活动,体育休闲蔚然成风。与此同时,在供给侧改革进一步推动下,2015 年体育产业开始规模化发展,首先是大量企业争相布局运动赛事、参股足球、篮球俱乐部等,其次是体育服务业快速发展,比如万达宣布未来的战略重点体育产业和体育旅游,智美体育积极发展体育智能设备和体育运动健康大数据。从目前大量的体育智能设备、运动 APP 等现象,就可以窥见我国的体育产业正迎来高速发展①。

(四) 娱乐业

自工业革命后,娱乐业就逐步得到发展,在其基本范围内——电影、电视、电台、景观体育、主题公园、赌场、杂志、报纸、书籍、儿童玩具等,娱乐业已经成长为一个重要的产业部门。在日本,20 世纪 80 年代时,娱乐制造业就已成为第五大产业部门。与此同时,每年赛马、赛车等赌博娱乐活动的收入约为 1 兆 2 千亿日元。在 90 年代初,美国人一年花费在娱乐活动中的费用就高达 3 400 亿美元②。在我国,现代娱乐业是伴随着改革开放的步伐发展起来的,尽管起步较晚,但在"互联网+"的战略推动下,在 IP 价值全面升级下,越来越多的资本涌入娱乐产业领域,将娱乐产业看作是未来最有增长潜力和价值回报的投资领域。同时,国家也高度重视泛娱乐产业的发展,电影产业、音乐产业、网络游戏等相关政策法规相继出台,以利于行业的良性发展。娱乐产业的布局和发展,进一步加速了互联网企业战略部署的调整,这一布局会进一步加速我国娱乐市场的爆发式增长和娱乐产业的规模化发展(见表 3-1)。

表 3-1　2016 年互联网 BAT 广泛布局娱乐领域

领　域	腾　讯	阿里巴巴	百　度
文学	阅文集团(含原腾讯文学和原盛大文学)	阿里文学、淘宝阅读、UC 书城、书旗小说等	完美收购百度文学、纵横中文网、熊猫看书、百度书城、多酷

① 雪球.猴年沪指三连阳,反弹关注八大主线[EB/OL].[2016-02-17].https://xueqiu.com/4817441684/64885717.

② 楼嘉军.娱乐旅游概论[M].福州:福建人民出版社,2000:31-32.

领　域	腾　讯	阿里巴巴	百　度
音乐	QQ 音乐、全民 K 歌、企鹅 FM	阿里音乐	百度音乐与太合音乐合并、百度乐播、多乐电台
动漫	腾讯动漫、有妖气、哔哩哔哩	优酷土豆领投 ACFUN	百度动漫
影视	腾讯电影、企业影业、华策影视、华谊影视、柠檬影业	阿里影业、入股华谊兄弟和光线传媒	爱奇艺影业、百度影业、华策影视
秀场直播	腾讯直播、企鹅直播、斗鱼 TV、龙珠 TV、呱呱直播	优酷来疯	爱奇艺奇秀、百秀
视频网站	腾讯视频	优酷土豆	爱奇艺、百度视频
移动游戏	腾讯游戏、热酷、任玩堂等	UC 九游	百度游戏
院线端	微影时代、格瓦拉	淘票票、粤科软件、猫眼	百度糯米
电视端	无	华数传媒、歌华有线进军有线电视、OTTTV 服务	无

资料来源：姚海凤.互联网＋娱乐：泛娱乐产业崛起[J].互联网经济,2016(5)：34－39.

(五) 餐饮业

　　餐饮作为商业业态的重要组成部分,其功能性和超强的聚客能力越来越受到重视。据统计资料数据显示,自 1991 年以来,我国餐饮收入一直保持着快速的增长,2014 年我国餐饮收入达到 27 860 亿元,同比增长 9.7％,在国民经济各行业中保持领先地位。随着 2008 年我国人均 GDP 整体步入 3 000 美元的发展水平,人们对餐饮的环境、设施、服务等内容越来越重视,休闲餐饮业在这一背景下应运而生。历史数据显示,2005 年底至 2008 年 5 月,上海、北京、广州、杭州、南京、西安、成都七个城市的休闲类餐馆数量从 1 483 家增至 4 652 家,其中尤以上海的该类餐厅数量增加迅速,由 2005 年的 115 家增至 2008 年的 1 931 家。与此同时,餐饮的消费群体也发生了明显变化,中国烹饪协会发布的餐饮消费调查(2014)显示,外出餐饮消费的主要群体是朋友、家庭、情侣等等,私人社交需求占到总餐饮消费需求的 80％左右①。

---

　　① 中国烹饪协会.中国餐饮行业发展报告 2015 [R/OL]. https://wenku. baidu. com/view/f3d8460e050876323012122a.html,2015－06.

（六）会展业

随着经济的快速发展,会展业也得到蓬勃发展。与此同时,以会展为吸引物的旅游发展策略,也正在成为各大城市的首要选择。以上海为例,近年来上海市旅游局成立旅游会展推广中心,积极推进会展业的发展,无形中增强了城市的旅游吸引力。此外,围绕会展业发展而形成的旅游活动、产品等也日益成为城市提升旅游竞争力的重要手段。如瑞士东部小城达沃斯是因每年召开的世界经济论坛,而逐渐发展成为世界知名的温泉度假、会议、运动度假胜地。值得注意的是,如今会展业的主题也越来越宽泛,越来越迎合当下居民的休闲娱乐需求。电子娱乐展、婚纱摄影展、咖啡巧克力展、休闲运动用品展、健康产品展、玩具展、家庭用品礼品展、美容展、珠宝展、休闲体育展、时尚生活展、高尔夫展、旅游景点和纪念品展等,这些展览都与人们的休闲活动密切相关。

（七）批发零售业

批发零售业是由批发零售商组成的一个行业,是商业的重要组成部分。随着人们收入的提高,人们购物不再仅仅是买东西,同时还需要休闲、用餐、娱乐,于是产生了 shopping mall,即集购物、娱乐、餐饮、休闲于一体的综合购物中心。近年来,购物中心的革命性变化正在发生,零售休闲场所成为商业投资的方向。如上海新天地,从传统的"石库门"住宅被改造成零售商店和其他综合的用途,其中零售租户包括诸多知名品牌、连锁餐馆、时髦的酒吧和小吃店,以及电影院、健康俱乐部、SPA 等。每天,新天地大概有 1.2 万位旅游者在此聚集,成为名副其实的"零售休闲"场所①。再如美国加州洛杉矶的第三步行街,拥有 100 多家零售商店、4 个影院和 75 家餐馆,商店之间充斥着小丑、魔术师、音乐家、喜剧演员和各种街头艺人,他们为过往客人提供精彩的表演节目,如今这里俨然是一个真正的零售休闲目的地。从新天地和第三步行街的例子可以看出,批发零售业与旅游接待业之间存在一定的关系。有研究表明,批发零售的社会消费品零售总额的变化与旅游者人均购物支出的变化呈强的正相关性,旅游业和批发零售商行业是两个相互促进的产业②。

（八）园林绿化业

20 世纪 50 年代后,国外发达国家经济发展迅速,人们的闲暇时间开始增多,相应的休闲需求日益增长。为保障人们的休闲娱乐需要,公园通道或绿色通

---

① ［美］Ronald E. Lavoie.零售休闲的回归[J].国际商业技术,2005,(1):24 - 27.

② 刘刚.上海批发零售商业结构演进、发展及效应研究[D].上海:复旦大学,2008.

道景观开始建设。这一规划理念直接促进了城市休闲产业的发展,并反过来成为城市更新的重要手段。比如20世纪90年代,澳大利亚墨尔本政府建设并美化了其园林绿化系统,清理了河流,改造了河滨公园,从而促进了与休闲相关的产业的繁荣,增强了城市的竞争力①。近年来,随着我国大众生活水平的不断提高,居民对休闲生活环境日益关注,于是城市公园、滨水绿地、绿道、居住区绿地、广场等园林绿地景观规划建设提上日程。尤其是随着我国十三五规划将生态文明建设纳入政策体系后,各地都纷纷制定绿色发展战略,如上海提出要将廊道、绿道建设列入重大项目建设,并通过绿道,将现有的绿地和公园串联起来,建设城市慢行系统,为居民提供充足的游憩和交往空间。当然,充分发挥园林绿化业的休闲价值,也离不开相关部分的支持,在美国,国家园林协会会利用园林资源,开展娱乐活动、体育活动等,其宗旨是倡导积极的生活方式,并促使社区组织改变策略,为人们创建一个良好的工作、生活和游玩环境②。

(九)交通运输业

休闲活动范围的扩大与交通运输业的快速发展密切相关,20世纪20年代后,随着美国汽车工业的发展,城乡之间的交流开始频繁,相应的餐厅、咖啡馆、旅馆等休闲服务设施逐渐进入到人们的休闲生活③。家用汽车的普及,促进了美国的户外休闲娱乐活动类型更加多元。美国的实践表明,休闲产业的成功发展,离不开道路交通及其辅助设施的建设发展。目前,我国也正在积极打造交通体系格局,推动交通运输方式的多样化,如汽车租赁、通用航空、邮轮和游艇、共享单车等,促进交通业与休闲业的联动发展。已有的研究表明,现代旅游业的发展与交通系统的完善性紧密相关,交通的便利性已经成为是推动旅游业繁荣发展的重要保障④。可以预计,随着全域旅游纳入政府工作报告后,铁路、高速公路、景区环线组成的现代旅游交通路网将会快速形成,推动旅游业的跨越式发展。

(十)信息通信业

早在19世纪中期,电报的出现就为娱乐业的发展提供了基础,随后电视的出现进一步推动了娱乐业的发展。正如波兹曼所言,"电视正把我们的文化转变

---

①　戴维·阿道斯.澳大利亚园林绿化业的社会、经济和环境发展趋势[A].中国公园协会1999年论文集[C].北京:中国公园协会,1999.

②　[美]杰弗瑞·戈比.21世纪的休闲与休闲服务[M].张春波,陈定家,刘凤华,译.昆明:云南人民出版社,2000:207.

③　程遂营.家用汽车与美国国民休闲:对中国的启示[J].旅游研究,2012,4(4):1-6.

④　保继刚,楚义芳.旅游地理学[M].北京:高等教育出版社,1999:98-124.

成娱乐业的广阔舞台。"①美国著名的电视节目《60 分钟》长期受观众欢迎的重要原因就是它是带有娱乐性质的新闻节目。在我国,电视的娱乐化倾向也逐渐显现,综艺节目从最初的知识问答式节目走向 90 年代后期以《快乐大本营》为代表的游戏类娱乐节目,再到《幸运 52》等益智类节目,到如今的《爸爸去哪儿》等真人秀节目,节目形式的演变折射出我国电视节目的娱乐化态势。如今随着互联网、云计算、大数据等技术加快发展,信息通信业的内涵不断丰富,人们对信息通信业的需求也由简单的信息沟通上升为休闲娱乐、移动办公的层次②。可见,信息通信技术的发展,在推动着世界知识经济和信息经济向前发展的同时,也在极大地改变着人类自身,颠覆着全体社会成员传统的生活方式。

(十一) 金融业

金融业与休闲娱乐业的融合发展主要体现在三个方面:第一,休闲娱乐产品的支付渠道便捷化。随着互联网的快速发展,其所涵盖的范围也与日俱增,出行、餐饮、住宿、旅游等行业在互联网化,这使得"支付金融"开始泛化为消费金融,其中以"支付"为核心的消费金融在互联网金融行业中占据了最大比例③。手游支付渠道调查数据显示,支付宝是手游支付领域的第一支付渠道④。未来随着消费需求从衣食住行等必需品和半必需品向休闲娱乐等非必需品转移,消费金融市场机会将会更大⑤。第二,金融资本介入休闲娱乐产品。数据显示,2016 年各类文化产业基金全年募资额较 2015 年增长 27%,大量文娱游戏类基金涌现,影视众筹平台规模超过 50 家⑥,金融投资推动了休闲娱乐产业的创新升级。第三,金融企业开展娱乐营销新模式。中国平安集团作为国内金融业巨头之一,率先提出了"投资＋内容＋营销"的创新模式。2016 年 5 月中国平安成为电影《魔兽》的独家金融合作伙伴,借助魔兽 IP 的强大影响力,打造了"荣耀收获季"的主题营销活动,为车险、陆金所及信用卡带来了大规模客流,全平台净增用户达 20 万。11 月的平安财神节活动,通过"财经网红大赛"系列直播活动,与腾讯

① [美]尼尔・波兹曼.娱乐至死[M].章艳,译.桂林：广西师范大学出版社,2011：87.

② 张悦.信息通信业发展特征及趋势分析[D].北京：北京邮电大学,2009.

③ 巨人的进击,解析互联网金融的四大发展趋势[EB/OL].网易财经.http://money.163.com/16/0622/12/BQ5P1V3000253B0H.html,2016－06－22.

④ 2014 年手游市场年度数据分析报告[EB/OL].蚕豆网.http://news.candou.com/542708.shtml,2014－11－28.

⑤ 麦肯锡."会面"2020 中国消费者[EB/OL].199IT.http://www.199it.com/archives/37573.html,2012－05－02.

⑥ 我国电影市场规模 1 200 亿,文化基金超 260 亿[EB/OL].1905 电影网.http://www.1905.com/news/20170209/1155820.shtml,2017－02－09.

LIVEMUSIC 合作"假如我是罗大佑"演唱会,全平台销量高达 10 874 亿[1],获得了多方的收益。可以预见,金融业与休闲产业的合作将会开始更多的可能性。

(十二) 房地产业

随着人们对生活品质的要求逐渐提高,住宅不再仅仅是一个建筑物,而是生活方式和品味的表征。研究表明,20 世纪 90 年代有 55% 的澳大利亚人拥有自己的住房,住宅地域内的休闲活动为主的娱乐活动构成澳大利亚人休闲活动的主体。有迹象表明,人们旅行距离正在变得越来越近,次数越来越少,人们更多的时间呆在家中,从事家庭休闲活动[2]。在当代中国,住宅内部的客厅面积与卧室面积之比有了较大提高,反映了家庭交往和休闲活动在家庭活动中占据了较重要的地位[3]。随着社会经济发展水平的提升,人们对住宅区位的休闲娱乐性愈加重视,尤其是年轻人,他们的休闲娱乐需求强,倾向于居住在城市中心,方便享受便捷服务和休闲娱乐。而居民也越来越注重居住区周边的休闲环境、设施的配给,调查显示,居民最希望居住区内增加健身设施,其次是图书馆、文化活动站等,这些设施最好能够散布于整个居住区内[4]。

近年来,随着电子技术在现实生活中的广泛应用,人们的居家环境又发生了重大变化。比如智能住宅,科技赋予居住环境更为舒适、便捷。它在传统居住功能基础上,运用科学技术,实现了家庭用电、安全、信息、居家服务等多方面的控制功能,节约了人们的时间和各种能源,是一种环保式、智能化、人性化的现代住宅形式。

(十三) 环保业

户外环境的优良与否,现已成为人们开展休闲娱乐活动的重要考量。一般认为环保业就是控制环境污染,对废物进行处理等。但实际上,环保业包括了对产品的全程处理,比如生产中的清洁、节能,产品的回收、安全处置与再利用等。环境问题及相关事宜会长期对休闲服务中的户外事业产生影响,例如登山者过去能在清新质朴的环境中攀登喜马拉雅山,现在登山者必须面对其他登山者留下的一堆堆垃圾,鼻子嗅着人体排泄物的难闻味道,行走在几乎辨别不出的山地草甸之中[5]。

---

① 艺恩发布首份《金融业与泛娱乐产业融合白皮书》[EB/OL].艺恩网.http://www.entgroup.cn/Views/38633.shtml,2017 - 02 - 07.

② 戴维·阿道斯.澳大利亚园林绿化业的社会、经济和环境发展趋势[A].中国公园协会 1999 年论文集,1999.

③ 王宁.消费社会学[M].北京:社会科学文献出版社,2011:211.

④ 马素娜.城市居住区休闲娱乐设施的需求分析[A].中国城市规划学会编.规划 50 年:2006 中国城市规划年会论文集[C].北京:中国建筑工业出版社,2006:67 - 71.

⑤ 克里斯多弗·R.埃廷顿,德波若·乔顿,多纳德·G.道格拉夫,等.休闲与生活满意度[M].杜永明,译.北京:中国经济出版社,2009:460.

再比如北京的雾霾天气,不仅导致外出市民数量大大减少,而且严重影响着城市的吸引力。环境质量俨然成为人们日常生活所关心的重要问题,一个城市全年的空气质量状况好坏,不仅影响人们户外活动的频次,也影响人们的生活质量。同样,一个城市的环境噪声也是影响居民户内外休闲活动质量的重要组成部分。

二、管理体制分析

产业的发展壮大要借助市场的力量,而不是主要靠政府的支持。20 世纪 90 年代以来,我国休闲产业管理体制已经开始从国家主导、政策性推动走向市场内生性动力为主,这其中的典型部门代表应是旅游业和文化业。旅游业方面,改革开放初期,因供给短缺制约,我国各级旅游管理机构的建立,主要是在政府主导下进行的,当时的旅游业是国家重点支持发展的一项事业。20 世纪 80 年代晚期,在当时的经济发展思路下,我国旅游业管理体制开始与社会主义市场经济接轨,在 1992 年提出建立市场经济体制后,旅游行业管理向市场化、产业化方向推进。20 世纪 90 年代晚期开始,旅游管理体制在政府机构改革背景下进一步完善深化,逐步步入市场经济管理轨道,进入 21 世纪后,一系列有关旅游管理方面的政策、意见等推动旅游业市场机制不断完善,促进了旅游业规模扩大、质量跃升,成为国民经济发展的战略性支柱产业。文化产业方面,2000 年该产业成为国家发展的一个重大战略方向,其管理体制随着市场环境的变化也在发生变革。2003 年国家正式启动文化体制改革试点工作,2005 年改革试点推向全国,2010 年全国转企改制院团总数达 312 家,仅 2010 年新增数就达 190 家,超过了 2008 年以前转企改制院团的总和[①]。这一改制举措直接推动了文化演艺领域规模化、集约化程度的提高。2011 年党的十七届六中全会,提出了建设文化强国战略,并在党的十八大报告中提出要使文化产业成为国民经济支柱性产业。这一战略方向的定位更进一步推动了文化体制改革的热潮,至 2014 年我国共注销经营性文化事业单位 6 900 多家,近 30 万人的事业身份注销。文化市场呈现出繁荣局面,其表现为:文艺演出市场经营状况良好,艺术品投资成为继股票、房地产之后的第三大投资热点,新闻出版集团上市数量增多,电影业每年票房保持30% 的速度增长[②],广播电视业创收颇丰,等等。

---

① 构建科学发展体制机制,推动文化大发展大繁荣[EB/OL].人民网.http://paper.people.com.cn/rmrbhwb/html/2010-08/13/content_595275.htm,2010-08-13.
② 聂震宁.文化改革十二年[J].群众,2014(7):68-71.

　　管理体制的变革,推动着企业投融资渠道发生变化,休闲相关企业的上市数量开始增多。统计数据显示,2000—2014 年我国文化、体育和娱乐业企业国内上市比例从 0.64％上升到 1.22％[①]。具体到休闲产业各主要行业来看,旅游业方面,国内上市企业主要包括景区景点、宾馆酒店、旅行社等类别,以国有企业为主,如黄山旅游、中青旅、锦江酒店、宋城演艺等;海外上市的旅游企业业态主要是在线旅行社(如携程、途牛)、酒店集团(如华住酒店)和租车行业(如一嗨租车),其中在线旅行社企业占比 60％[②]。值得注意的是,随着人们的出游意愿不断高涨,大众居民对医疗旅游、养老旅游、主题公园、邮轮旅游等业态的需求将会爆发式增长,因此这些新业态旅游企业将会借助资本实现快速扩张。文化业方面,文化企业上市时间主要集中在 2006—2016 年期间,尤以 2010 年后增长迅速。这一观点可以进一步从 2010 年后挂牌新三板的文化企业数量变化来说明,2010 年和 2011 年仅有一家文化企业挂牌新三板,2014 年增长迅猛达到 30 家,2015 年则跃升至 114 家(见图 3 - 2)。

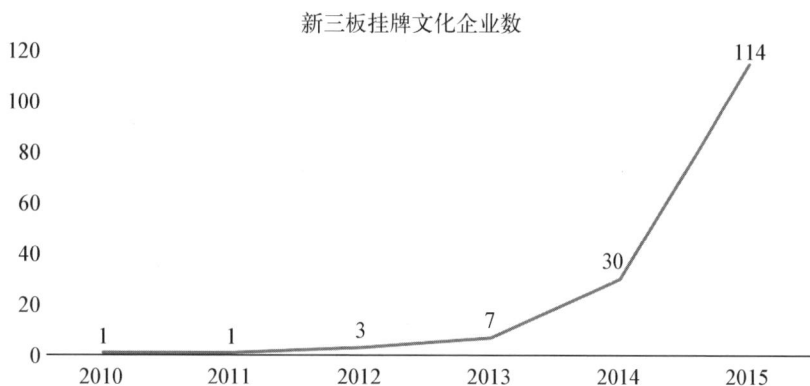

图 3 - 2　2010—2015 年挂牌新三板文化企业数量变化图

资料来源:年终盘点:2015 年共 114 家文化企业挂牌新三板.中国经济网.[EB/OL].http://www.ce.cn/culture/gd/201512/30/t20151230_7952792.shtml,2015 - 12 - 30.

　　6 年来,总共挂牌新三板文化企业数量为 156 家,其中广播、电视、电影和影视录音制作业数量最多,占比 28％,其次是电信、广播电视和卫星传输服务,数量 26 家,占比 17％(见图 3 - 3)。

---

　　①　根据《中国贸易外经统计年鉴》(2001—2004),《中国证券期货统计年鉴》(2005—2014)以及《文化、体育和娱乐业上市公司内部控制白皮书(2015)》提供的数据计算而成.
　　②　申万宏源:2016 中国旅游上市企业发展报告[EB/OL].品橙旅游.http://www.sohu.com/a/141962106_425901,2017 - 05 - 20.

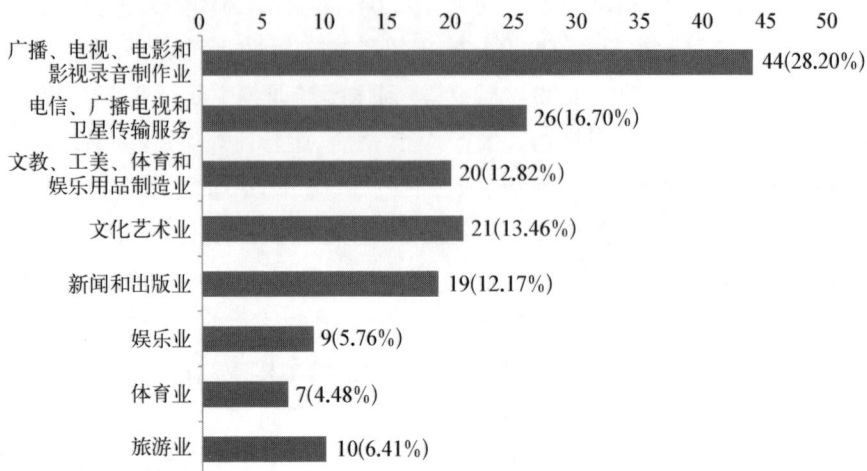

图 3-3　2010—2015 年 156 家挂牌新三板文化企业类型

资料来源：年终盘点：2015 年共 114 家文化企业挂牌新三板.中国经济网.［EB/OL］.http://www.ce.cn/culture/gd/201512/30/t20151230_7952792.shtml,2015-12-30.

图 3-3 说明了上市文化企业类型主要是影视传媒、营销传媒等,2016 年上市文化企业数据显示,影视传媒、动漫游戏、营销传媒是上市主体,新闻出版和广播电视上市数量虽不及前三类,但近年来有明显增加趋势,且资本更青睐于游戏和影视领域。这些上市企业主要分布在东部沿海地区,其中北京、浙江、广东和江苏的文化上市企业数量居多[①]。体育业方面,随着 2014 年国务院发布《关于加快发展体育产业促进体育消费的若干意见》后,我国体育产业步入了黄金发展时代,从各类资本纷纷切入体育产业便可见一斑。目前,BAT、万达、苏宁等国内企业已经在体育产业展开布局,红杉资本、创新工场、达晨创投等创投机构也进入到该领域。资本的介入,会促使体育产业突破以往单一的体育赛事发展模式,发展成为体育赛事、竞赛表演、健身、体育传媒、体育用品、体育彩票等多种形式发展的产业链条,从而引发体育赛事运营、马拉松、体育旅游、户外运动、体育装备等产业业态的发展。值得注意的是,现实中大众居民对健身健康的需求高涨,也是资本介入体育产业的重要原因。数据显示,2015 年京东用户体育消费金额增长迅速,大众居民的消费热点集中在运动手环、跑鞋、运动手表以及骑行运动、游泳、垂钓等运动装备上[②]。

[①]　2016 年度文化上市企业经营数据报告［EB/OL］.http://www.sohu.com/a/151485247_667892.

[②]　中国资本进军体育产业,大手笔收购国际体育资产［EB/OL］.环球网.http://finance.huanqiu.com/roll/2016-08/9279253.html,2016-08-08.

三、相关政策分析

随着我国社会经济的快速发展,居民家庭收入水平不断提升,国家决策层面逐渐出台并颁布了一系列有关休闲产业发展重要政策与法规,推动着休闲产业的规模化发展(见表3-2)。

表3-2 1992—2016年休闲相关产业发展政策

年份	政策类别	政 策 文 件
1992	旅游	国务院关于试办国家旅游度假区有关问题的通知(国发〔1992〕46号)
	文化	国务院办公厅转发文化部《关于加强引进外国艺术表演和艺术展览管理的意见》
	环境	建设部关于印发《城市园林绿化当前产业政策实施办法》的通知
1996	文化	国务院关于进一步完善文化经济政策的若干规定(国发〔1996〕37号)
1999	体育	国务院办公厅转发体育总局民政部公安部《关于加强健身气功活动管理有关问题的意见通知》(国发〔1999〕77号)
2000	文化	国务院关于支持文化事业发展若干经济政策的通知(国发〔2000〕41号);国务院关于进一步完善文化政策的若干规定(国发〔1996〕37号)
2001	旅游	国务院关于进一步加快旅游业发展的通知(国发〔2001〕9号)
2003	文化	国务院发布《公共文化体育设施条例》
	文化	国务院办公厅《关于印发文化体制改革中经营性文化事业单位转制为企业和进一步支持文化企业发展两个规定的通知》(国办发〔2003〕105号)
2005	文化	国务院关于非公有资本进入文化产业的若干决定(国发〔2005〕10号)
2006	文化	国务院办公厅转发财政部、中宣部《关于进一步支持文化事业发展若干经济政策的通知》(国发〔2006〕43号)
2007	环境	建设部关于建设节约型城市园林绿化的意见(建城〔2007〕215号)
2008	旅游	国务院发布新法定节假日和职工带薪年休假制度(国务院令第514号)
	文化	国务院办公厅关于印发文化体制改革中经营性文化事业单位转制为企业和支持文化企业发展两个规定的通知(国办发〔2018〕124号)
2009	旅游	国务院关于加快发展旅游业的意见(国发〔2009〕41号)
	文化	国务院关于进一步繁荣发展少数民族文化事业的若干意见(国发〔2009〕29号)
	文化	文化产业振兴规划(国发〔2009〕30号)

年份	政策类别	政　策　文　件
2010	文化	国务院关于文化产业发展工作情况
	体育	国务院办公厅关于加快发展体育产业发展的指导意见(国办发〔2010〕22 号)
2011	体育	国务院印发《全民健身计划(2011—2015)》(国发〔2011〕5 号)
2012	文化	国务院关于深化文化体制改革推动社会主义文化大发展繁荣工作情况的报告
	环境	住房和城乡建设部关于《促进城市园林绿化事业健康发展的指导意见》
	交通	国务院推出"重大节假日高速免费通行"政策
2013	旅游	国务院办公厅关于印发国民旅游休闲纲要(2013—2020 年)的通知(国办发〔2013〕10 号)
	环境	国家林业局关于印发《推进生态文明建设规划纲要》的通知(林规发〔2013〕146 号)
2014	旅游	国务院关于促进旅游业改革发展的若干意见(国发〔2014〕31 号)
	文化	国务院关于推进文化创意和设计服务与相关产业融合发展的若干意见(国发〔2014〕10 号)
	文化	国务院关于加快发展对外文化贸易的意见(国发〔2014〕13 号)
	体育	国务院印发《关于加快体育产业促进体育消费的若干意见》
2015	旅游	国务院办公厅印发《关于进一步促进旅游投资和消费的若干意见》
	文化	国务院办公厅印发《关于加快构建现代公共文化服务体系的意见》
	文化	国务院印发《关于推进基层综合性文化服务中心建设的指导意见》
	环境	国务院印发《关于加快推进生态文明建设的意见》
2016	旅游、文化、体育	国务院办公厅印发《关于进一步扩大旅游文化体育健康养老教育培训等领域消费的意见》
	旅游	国务院关于印发"十三五"旅游业发展规划的通知(国发〔2016〕70 号)
	文化	国务院办公厅转发文化部等部门《关于推动文化文物单位文化创意产品开发的若干意见》
	文化	中央宣传部等 11 个部门联合印发《关于支持实体书店发展的指导意见》
	文化	文化部财政部关于开展引导城乡居民扩大文化消费试点工作的通知(文产发〔2016〕6 号)
	文化	文化部印发《文化部一带一路文化发展行动计划(2016—2020)》
	文化	第十二届全国人民代表大会通过《中华人民共和国电影产业促进法》

年份	政策类别	政　策　文　件
2016	娱乐	文化部发布《关于推动文化娱乐行业转型升级的意见》
	环境	国家发改委、国家统计局、环境保护部、中央组织部关于印发《绿色发展指标体系》《生态文明建设考核目标体系》的通知(发改环资〔2016〕2635号)

资料来源：根据历年政策文件整理而成。

　　表2-3可看出,2008年之前有关休闲产业发展的政策文件较少,且主要是关于管理体制改革的问题。2008年后产业发展政策进入一个新局面,要求旅游业加快发展、文化产业繁荣发展、生态文明推进建设、体育产业促进体育消费等,这些政策的出台促进了资本进入休闲产业的力度和强度。这一现象也充分说明了2008年我国人均GDP进入3000美金这一转折点的影响,即人们的收入和休闲时间增加后,相应的休闲需求增长迅速,这一诉求使得与休闲相关的产业政策出台频繁。2009年出台的《国务院关于加快发展旅游业的意见》中将休闲作为加快发展旅游业的重要内容,明确提出制定国民旅游休闲纲要,设立中国旅游日,落实带薪休假制度;2013年的《国民旅游休闲纲要》提出的旅游休闲产业发展,已成为推进我国国民旅游休闲体系建设的重要目标;2014年《国务院关于促进旅游业改革发展的若干意见》,阐发了促进休闲发展的诸多思路和举措。2015年3月24日中共中央政治局审议通过的《关于加快推进生态文明建设的意见》首次提出"绿色化",这是优化居民休闲生活环境、保障居民休闲生活质量的关键之举。2016年国务院办公厅出台进一步扩大旅游文化体育健康养老培训等领域消费的意见,这充分表明了人们对旅游、文化、体育、娱乐、健康等产品和服务的需求不断上升,消费已成为拉动我国经济增长的头驾马车,这为社会资本进一步介入休闲产业提供了新的机遇。通过创新管理模式,引入社会资本进行商业运营,休闲产品和服务的有效供给会更加充分,从而带动消费的扩大和升级。

　　除了中央和国务院发布的相关文件,一些高层次会议也在积极倡导休闲相关产业的发展。比如,2006年国家领导人在"世界休闲高层论坛"发表主旨演讲,强调积极发展休闲服务,不断提高生活质量;2015年12月召开的中央城市工作会议提出的让城市和谐宜居美好的精神要义,是促进休闲产业成为人民美好生活追求引擎的新举措;2017年党的十九大报告特别指出要激发全民族文化创新创造活力,这是推进休闲相关产业规模化、质量化发展的指引性意见。种种相关会议精神已经充分说明,满足本地居民休闲需求逐渐上升至主导地位,休闲被拓展为一个新的产业领域,它为国民经济发展打开了广阔的发展空间。因此,在当今产业发展的政策利好背景下,各地区休闲产业发展要以供给侧改革为契机,运用创新型发展思维,调整产业结构,推动产业优化升级,真正发挥休闲产业的功能价值,以满足人民对美好生活的获得感、幸福感追求。

第二节 休闲产业发展阶段与特征

一、发展阶段梳理

与国际经验相似,我国休闲产业也是经济现代化和城市化过程中产生和发展的产业部门集合,在此过程中,经历了三个发展阶段,产业规模由小变大,产业格局由点状式走向全局式发展。

(一) 20 世纪 90 年代中晚期的个体层面发展

20 世纪 90 年代晚期,我国东部几个大城市人均 GDP 开始迈入 3 000 美元的发展时期,休闲产业发展呈现出地理集中性的特点。1997 年深圳人均 GDP 率先进入 3 000 美元,随后,上海于 1998 年,广州于 2000 年、北京于 2001 年先后进入人均 GDP 3 000 美元阶段。这一时期,深圳已经由一个边陲小镇发展成了初具规模的新兴城市,但是城市功能的单一限制了其进一步的发展。经济的快速发展也催生着城市功能向多元化转变,1995 年深圳提出建设“现代文化名城”战略,之后一系列有关文化建设的政策文件出台,并致力于“两城一都一基地”文化项目建设,即“图书馆之城、钢琴之城、设计之都、动漫基地”,真正做到把文化发展纳入城市发展规划战略中。此时的上海,确立了都市旅游的发展目标,包括都市风光、都市文化和都市商业三大内容。现实实践已表明,东方明珠、杨浦大桥、上海博物馆、上海图书馆、上海大剧院等先后成为上海休闲产业发展过程中的标志性建筑与休闲服务设施。历史的发展总是表现出相似性,北京于 1997 年提出大力发展文化产业后,文艺演出、出版发行、影视节目、文化会展、古玩艺术品交易、动漫、网络游戏等文化产业项目的规划和发展提升日程,尤其是 798 艺术区的规划项目,成为北京休闲产业发展的品牌项目。此时的广州,正站立在改革开放的前沿,一大批休闲文化设施先后建成。1992—1998 年,广州建设了电视台、购书中心、芭蕾团、美术馆、雕塑公园、歌剧院、报业文化广场等休闲文化娱乐设施,同时博物馆、文化馆、艺术馆、艺术表演场馆等规模不断扩大,旅行社、星级酒店、旅游景区等旅游部门发展快速发展。这一时期,广州的文化艺术、新闻出版、广播电视、旅游业等休闲相关部门发展,并逐渐走向规模化。

（二）21 世纪初期的区域层面发展

20 世纪 90 年代晚期，受制于经济发展水平，休闲产业还只是"零星式"的发展状态。进入 21 世纪，随着更多城市的人均 GDP 水平迈入 3 000 美元，休闲产业的区域性发展特点逐步呈现。除了北上广深外，2002 年后人均 GDP 超过 3 000 美元的城市包括天津、南京、厦门、青岛、大连、宁波、杭州、苏州等城市。可以发现，这些城市主要集中在东部地区，分布在京津冀、长三角、珠三角三大区域。休闲产业的发展，正是高度聚集在以少数几个大城市为核心的都市圈里。这些城市中，尤以杭州的休闲产业发展进程作为快速，并形成了自身的特色。2006 年杭州举办世界休闲博览会，围绕"休闲"要素，杭州优化城市休闲功能，譬如还湖于民的举措，拓展城市休闲空间，增强休闲的公平性；发展 10 大特色潜力行业，包括美食、茶楼、疗休养、演艺、化妆、保健、运动休闲等，延伸休闲产业链条；注重城市休闲特色打造，将城市定位为休闲之都，其本质是做大休闲产业规模，服务于本地居民需求，从而能够吸引更多的人才进入城市，提高城市竞争力。与杭州城市定位相似的是成都，尽管成都人均 GDP 于 2006 年才突破 3 000 美元，但成都氤氲的休闲气质促使其 2003 年就提出打造"休闲之都"，此后成都积极打造文化娱乐、体育休闲、医疗保健、餐饮等产业的发展，逐渐促进了成都休闲产业的规模化发展。现如今，成都已经成为除了北京、上海、广州、深圳外，年轻人最期待和渴望去工作和生活的城市，这与成都良好的城市休闲环境有密切关系。

（三）2008 年至今的整体层面发展

在经济继续高速发展的背景下，2008 年我国人均 GDP 整体突破 3 000 美元，这标志着我国休闲产业发展的全局版图开启。值得关注的是，这一年我国颁布了新的休假制度，居民享有的总休闲时间大约占到全年时间的 1/3，这为休闲产业的发展提供了制度保障。值得注意的是，2008 年的全球金融危机，也暴露了我国经济发展模式的问题，即对出口的依赖以及政府为了追求短期社会稳定而牺牲环境和长远的理性发展[1]。为此，建立新的发展方式，即更依靠国内消费和降低对投资和出口依赖的方式，成为我国经济发展的转折。2008 年的金融危机冲击了各个行业，但是以网络销售和 B2B 中小企业电子商务为代表的网络经济在此过程中获得了快速发展，同时部分外贸型的 B2B 企业转向内贸。因此 2008 年后

---

① "中国模式"与全球危机：从弗里德里希·李斯特到中国治理模式［EB/OL］.求是理论网.http://www.qstheory.cn/ztck/2013nd/zgmsl/jcwz/201203/t20120316_146030.htm,2012 - 03 - 16.

"互联网＋内贸"的发展模式刺激和带动了国内消费,有学者称这种经济发展模式为信息经济①。国内消费需求的旺盛,为我国休闲产业的崛起和发展提供了机遇。从发展实践看,2008—2015年,我国平均每人互联网支出每年增长15%,用户的消费内容主要包括娱乐(视频、游戏、音乐、阅读等)、信息(新闻、搜索、学习、地图等)、社交(微信、微博、电子邮件等)、电子商务(购物、银行交易、账单支付、旅行预订)等②,这些内容基本涵盖在休闲产业范围内。可以发现,经济发展模式的转变,居民可支配收入水平的提高,以及休闲时间的增多,这些背景和条件直接影响了居民的消费支出模式,显著的改变是更多分配用于有趣的产品和服务消费,如金融服务、医疗保健、住房家具、传媒娱乐、文化娱乐、餐馆酒店、观光旅游等,而用于普通必需品的花费减少,相应地,带来的是休闲相关产业的发展,如消费金融服务业、医疗保健行业、家居行业、文化娱乐业、餐饮业、旅游业等。

2014年我国的经济增速回落,这意味着我国经济发展进入了一个新的发展阶段,2015年中央经济工作会议首次提出"我国进入经济发展新常态"。这种新常态包含三个要义,分别是速度从高速增长转为中高速增长,结构不断优化升级,动力从要素驱动、投资驱动转向创新驱动。这一发展模式转变的具体体现是信息(数据)成为社会生产活动的投入产出要素,"云端"为代表的新的信息基础设施的建设,生产组织和社会分工方式倾向于网络化、平台化,以满足消费者的个性化需求。因而我们看到,大数据在休闲产业中的地位越来越重要,比如一部电影可以通过对数据的分析和运用提升票房,可以被越来越多的消费者通过智能手机、平板电脑等科技产品观看,可以被儿女们通过在线服务为父母提供观影服务等等。一道餐饮通过O2O平台打通了消费者和商家,包括下单、支付、配送等环节,便捷了消费者的生活需求。一部交通工具通过出行平台使得消费者的出行更加智能化和便捷化。一部智能手机让消费者的娱乐方式更加多样性。不可否认,大数据全方位联结着消费者的休闲娱乐生活,这种模式已经渗透到工作中,如今的工作场所开始追求场景化,除了工作空间,还囊括了咖啡厅、书吧、酒吧、剧场、画廊、健身房、医疗诊所、游戏室等空间,提供工作者最舒适的工作与休闲环境,以最大程度地发挥他们的创造力。

需要进一步说明的是,除了经济、时间等因素,休闲产业的发展与城市的发

---

① 王俊秀.2008年后中国新经济的几个变化[EB/OL].http://www.newbelink.com/article/18041.html,2016-10-14.

② 国外发中国互联网报告:老人及农村将成关键[EB/OL].腾讯科技.http://tech.qq.com/a/20120414/000085.htm,2012-04-14.

展、中产阶层的崛起也密不可分。首先，相比乡村，城市拥有三个独特的优势，即投入品的分享、劳动力市场的群聚、知识的溢出①。投入品的分享可以使得供应商能够根据客户的需求提供高度专业化的产品和服务，所以城市能够举办大型的节庆演艺活动，是因为城市有足够的观众来共同分担成本；劳动力的群聚使得城市的各种生产要素可以更好地匹配，所以城市的休闲娱乐活动丰富多彩，是因为城市的规模经济使得餐馆、饭店、咖啡吧、酒吧等做到专业化，于是消费者就获得了休闲娱乐消费的多样性；知识的溢出指的是，生活在城市中的人，其创意和思想的产生和传播更快，人与人之间的信息交流更频繁，从而可以获得更高的劳动生产率，促进产业的创新发展。纽约、伦敦、巴黎等国际大都市的繁荣同样受益于不断放大人类的创造性这一能力，其本质体现就是大量人才的汇聚带来了人与人之间交流的更多机会，因而休闲这一要素就在其中发挥了重要作用。其次，我国经济的快速发展造就了中产阶层的崛起，他们的消费习惯和理念已发生重大变化，最显而易见的是家庭消费结构的改变，娱乐教育文化、交通和通信消费支出升幅较快，食品消费支出不断下降（见图3－4）。"他们不再会为柴米油盐醋茶的'茶'付钱，但会为琴棋书画诗酒茶的'茶'买单"②，这意味着精神层面的消费成为社会的主流，消费者对产品和服务的品质、效率、体验的认知程度越来越高，这其实就是当今社会人民对美好生活向往和追求的体现。但现实的发展问题是产业供给质量还有待提升，比如电影类型的单一、娱乐节目的一成不变等；产业链条还有待延伸；产业布局的均衡性还有加强等等，这也正是十九大报告中提出的社会主要矛盾转化的问题，即人民日益增长的美好生活需要和不平

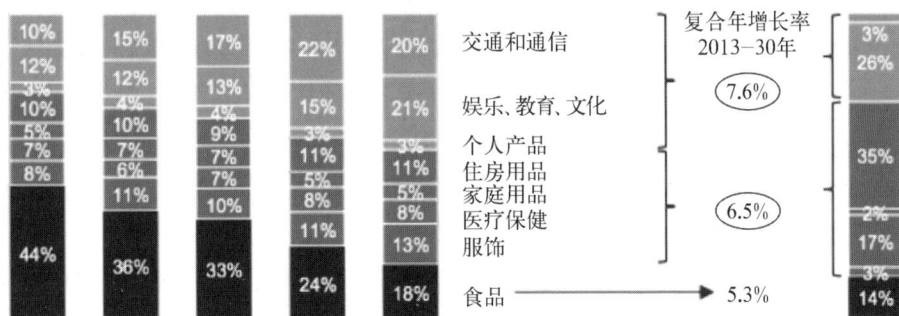

图3－4　2013—2030年中国家庭消费分类（%）

资料来源：Aranca.迅速增长的中国中产阶级——产业机遇[R].AMC Wanhai Securities, 2016：15.

①　陆铭.空间的力量：地理、政治与城市发展[M].上海：格致出版社，上海人民出版社，2013：7.
②　消费升级，燕窝？[EB/OL].搜狐财经.www.sohu.com/a/211685516_205180，2017－12－20.

衡不充分的发展之间的矛盾。

从 20 世纪 90 年代晚期至今,我国休闲产业经历了从散点式到区域型再到全面型的发展历程,基本形成初具规模的产业体系,但在资料利用、内容提供、消费渠道、创新能力等方面还存在一些明显的短板,这些问题都需要通过供给侧改革来有效解决。

二、发展特征总结

从我国休闲产业发展状况梳理和发展阶段分析看,我国休闲产业呈现如下主要特征。

(一) 休闲产业综合性特征显著

休闲活动的范围实际上是无限的,因为它取决于每个个人的动机[①]。这一观点隐含了休闲产业的综合性特征。随着休闲产业在国民经济中的地位日益增强,几乎每个产业部门,都或多或少地与休闲产业相关。从学者对休闲产业相关概念的界定看,休闲产业涵盖的门类较多,无法把握其边界。就好比休闲和生活的其他部分之间很难划出一条明显的界限,那么,休闲消费和人们的其他消费活动之间也没有清晰的界限,因为休闲产品和服务本身就包含在"消费者的产品和服务"之中。从现实生活中看,我们也无法区分开消费者购买的生活必需品的花费和购买纯休闲产品和服务的花费,因此,休闲产业内部企业之间的较强的关联性,造就了休闲产业本身的综合性和行业边界的模糊性。

(二) 休闲产业精神需求性特征明显

从某种意义上说,休闲首先是一项消费活动。如果把人的消费活动分为物质消费和精神消费,那么显然,休闲消费的精神属性更强。尽管休闲产品和服务的提供要借助于物质化的载体,但产品和服务的真正价值体现在其精神内涵上。从休闲产业门类看,旅游、文化、娱乐、体育等都是人们寻求愉悦、满足幸福感等精神层面的产业部门。以与大众居民休闲娱乐消费密切相关的餐饮业为例,曾几何时,餐饮家庭生活的重要组成部分,正所谓"民以食为天",人们在"吃"上重点解决的是"吃饱"问题;而如今随着人们生活水平的提高,餐饮消费从家庭转移到社会,如今的人们更愿意外出就餐,在"吃"上重点解决的是"吃好"问题,即餐饮环境要好、餐饮服务要高、餐饮品类要多等,这些要求实际上都是精神消费的重要内容。为满足人们转变的消费需求,餐饮企业也是纷纷改良,推出各色佳肴。单就上海来说,已

---

① [法]罗歇·苏.休闲[M].姜依群,译.北京:商务印书馆,1996:1.

经形成覆盖国内八大菜系,辐射欧美、东南亚、日本、韩国甚至非洲的菜肴,类型包括了正餐、快餐、团餐、主题餐厅、商务套餐、休闲餐饮、婚庆餐饮、农家乐等各种业态[①]。足以见得,精神性的消费需求极大地延伸和拓展了休闲产业链条。

(三)休闲产业跨界融合力度增强

产业的跨界融合已成为经济转型升级的重要手段,反映到休闲产业上,这种融合主要体现在两个层面。其一是产业之间的融合,休闲产业涵盖门类广,在创新驱动的经济发展模式下,部门之间的融合力度不断增强。比如文化产业,其与旅游、体育、餐饮、零售、房地产、金融、信息、创意等相关产业的融合密度加强,已经形成了"文化+"产业发展模式,既拓宽了产业的广度和深度,又提升了产业的附加值和竞争力。其二是技术与产业的融合,比如数字化技术。数字化技术与休闲产业的融合,一方面形成了数字电视、数字广播、数字图书、数字电影等产品形式,它不仅推动休闲产品和服务的生产方式改进,提高生产效率,同时也深刻改变了人们的休闲娱乐体验方式。另一方面催生了数字图书馆、数字博物馆、数字艺术馆以及动漫游戏、网络视频、创意设计等产业业态,不仅极大提升了休闲产品的生产能力和服务水平,而且推动了休闲产业规模和质量的发展。

(四)休闲产业组织行为复杂性强

相比一般的物质生产和交易,休闲产业内部的生产和交易行为要更复杂,因为它与人的关系更为密切,尤其是人的精神消费需求具有多元性和不可控性,所以其产品的供给和人的需求之间往往存在较强的信息不对称性。这一特征一方面表明休闲产业发展的风险较高,另一方面说明休闲生产和交易过程的分工和专业化较强。以电影业为例,电影的制作和发行已经演变成一个多元、复合型的产业。在每一部电影的拍摄、发行和营销过程中,都有各种不同规模和类型的组织参与其中。电影开拍前需要多方协调,涉及剧本策划团队、投资方、演员、制作团队等,拍摄结束需要后期剪辑、配音和混音等工作;一部电影真正制作完成后,要考虑发行数量和影院票价问题,这又决定着整个产业的营业利润。因而一部电影的生产和交易不可能由一家公司独立完成,通常都是围绕一部电影的生产制作发行等工作成立的分属各个专业化公司的人员组成的团队。电影产业的生产和交易的复杂过程一定程度是整个休闲产业生产和交易的缩影,休闲产业链上的各个环节都需要高度专业化的团队成员来完成,可见其组织行为的复杂程度。

---

① 上海餐饮业30年:从业人员增14倍,营业额涨130多倍[EB/OL].澎湃新闻网.http://www.thepaper.cn/newsDetail_forward_1316381,2015-03-30.

第三节 休闲产业发展个案城市分析

前两节从宏观视角探讨了我国休闲产业发展现状与阶段,基本呈现出我国休闲产业发展面貌和特征,但这一全貌并未能反映出休闲产业发展的一些细节。为此,本节通过引入上海这座城市休闲产业发展案例,以期能够详细解读休闲产业在一个城市历史发展过程中扮演的角色与转变的特征,并能为国内其他城市休闲产业发展提供经验借鉴和启示。实际上,休闲产业的发展与城市发展密切相关。传统的城市发展模式强调生产元素在城市发展方面起着基础性的作用;20 世纪 50 年代起,工业城市兴起,人力资本成为推动城市发展的新动力;20 世纪 90 年代起,城市形态发生了重要转变,休闲成为 21 世纪"推动社会经济发展的第一动力"[1],这一观点表明了休闲产业在当今城市更新发展中扮演着重要作用。需要说明的是,选取上海城市作为案例分析的原因是,上海作为长三角区域最为发达的城市,2017 年人均 GDP 已经逼近 2 万美元,其休闲市场相对多样、成熟,更能满足人们对休闲产品和服务多样性和专业化的需求。因而,剖析上海休闲产业发展现状与特征,有助于为我国其他城市休闲产业的发展提供政策建议和方向指导。

对上海城市休闲产业发展分析思路,借鉴了著名学者 Porter 提出的经济发展阶段理论。作者在《国家竞争优势》中提出了经济发展的四个阶段,分别是生产要素驱动阶段,投资驱动阶段,创新驱动阶段,财富驱动阶段[2]。在要素驱动阶段,生产因素是一个国家竞争优势的主要来源,例如自然资源,或大量的廉价半熟练劳动力。在投资驱动阶段,主要优势是投资能力和意愿。在创新驱动阶段,竞争优势主要是新技术,通过创新改良产品。在财富驱动阶段,经济发展的主动力是人们的精神需求,比如体育保健、休闲旅游等生活享受需求。Porter 有关经济发展阶段的观点,同样适用于对一个产业发展阶段的阐述。从上海休闲产业发展实践看,改革开放以来,上海休闲产业发展大致可划分为以下四个阶段。

一、上海休闲产业发展历程

(一) 要素驱动阶段(1978—1990)

1978 年,上海人均 GDP 只有 1 483 美元,与这一时期社会经济发展水平相

---

[1] Graham T T. Molitor. The next 1000 years: the "Big Five" engines of economics growth [J]. The Futurist, 1999(9): 13 - 18.

[2] [美] 迈克尔·波特.国家竞争优势[M].李明轩,邱如美,译.北京:中信出版社,2011.

对应,以及受到传统计划经济时期社会管理制度的制约,上海休闲产业发展尚处于萌芽时期,其发展模式主要是以既有的生产要素为基础,修复或建设一些休闲服务设施。具体特征如下。

第一,依据本身资源特性对一些文化遗迹进行修复,开发建设一批自然景观、城市公园等。这时期的休闲设施以公园、体育场为主,基本满足城市居民较低的休闲娱乐活动需求(见表3-3)。

表3-3 1978—1990年上海休闲服务设施配置

类别	名　称	类　型	时　间
1	玉佛禅寺	人文宗教	1978年恢复开放
2	徐家汇天主堂	人文宗教	1979年天主堂修缮一新
3	方塔园	人文历史	1982年开园
4	淀山湖水上运动场	体育运动	1983年建成
5	龙华寺	人文宗教	1983年正式对外开放
6	白云观	人文宗教	1984年进行修复并对外开放
7	吴淞公园	休闲娱乐	1984年开园
8	汇龙潭公园	休闲娱乐	1984年开园
9	川沙公园	休闲娱乐	1985年开园
10	江湾体育场	体育运动	1985年2月对外开放
11	锦江乐园	休闲娱乐	1985年2月建成开放
12	古华公园	休闲娱乐	1986年开园
13	滨海公园	休闲娱乐	1986年开园
14	广中公园	休闲娱乐	1987年开园
15	闵行公园	休闲娱乐	1988年开园
16	黄埔公园	休闲娱乐	1989年园景重新布局
17	金山农民画院	休闲娱乐	1989年成立
18	东平国家森林公园	自然风光	1989年建成
19	罗溪公园	休闲娱乐	1990年开园

资料来源:根据《上海旅游统计年鉴》(1978—1996)整理。

第二,积极发展购物场所和住宿设施,这是时代背景下的要求。当时正处于入境旅游发展热潮期,各地区都在追求数量型增长,这一时期上海新建上海、华亭、虹桥等宾馆,至1990年,上海共有旅游涉外饭店81家,基本满足入境游客的住宿需求;与此同时,专门供海外游客购物的商品新建,如友谊商店、上海工艺品展销公司、上海外轮供应公司、上海旅游生产供应公司等,供应的旅游商品主要是玉雕、竹雕、刺绣、文房四宝、印章等,是对传统文化元素的一种展示。

(二)项目投资阶段(1991—1997)

这一时期以空间生产为驱动的大规模城市更新使得上海经济发展和工业布局得到调整,城市功能逐渐从生产型城市转向多功能型城市。休闲产业发展的利好政策是1995年国家实行双休日制度,这成为国民消费需求强劲增长的转折点。上海城市为满足境内外游客的旅游需求,开始建设高档化的休闲服务接待设施、开发人文资源、建设都市休闲与旅游产品。具体特征为以下两个方面。

1. 休闲设施类型高档化、多样化

上海的休闲文化、娱乐等设施规模化发展,其中东方明珠、南浦大桥、杨浦大桥、上海博物馆、上海图书馆、上海大剧院等成为标志性建筑与设施,成为上海休闲景观的核心内容(见表3-4)。

表3-4　1991—1997年上海休闲服务设施建设

类别	名　　称	类　　型	时　　间
1	龙华烈士陵园	人文历史	1991年
2	国际高尔夫乡村俱乐部	休闲度假	1991年5月建成
3	外滩灯光工程	都市观光	1991年
4	东海影视乐园	休闲娱乐	1991年8月5日正式对外开放
5	南浦大桥	都市观光	1991年12月
6	锦江乐园水上世界	休闲娱乐	1992年
7	老城厢	人文历史	1992年
8	佘山国家森林公园	自然观光	1993年
9	徐家汇商圈	都市商业	20世纪90年代初
10	淮海中路商业街	都市商业	20世纪90年代初期
11	南京西路商业中心	都市商业	1993年
12	人民广场	都市观光	1993年
13	上海太阳岛旅游度假区	休闲度假	1993年
14	杨浦大桥	都市观光	1993年10月

类别	名　称	类　型	时　间
15	四塘公园	休闲娱乐	1994 年
16	东方明珠	都市观光	1994 年 11 月
17	孙桥现代农业园区	农业旅游	1995 年
18	人民广场地下工程	都市观光	1995 年
19	浦江游览	都市观光	1995 年
20	游艇(淀山湖)	休闲度假	1995 年
21	地铁 1 号线	都市观光	1995 年开通
22	上海野生动物园	休闲娱乐	1995 年 11 月
23	华夏文化旅游区	人文历史	1995 年 9 月
24	安亭公园	休闲娱乐	1995 年
25	南上海水上乐园	休闲娱乐	1996 年
26	环球乐园	休闲娱乐	1996 年
27	上海博物馆、图书馆	都市文化	1996 年
28	中荷玫瑰园	农业旅游	1996 年
29	锦江观光巴士	都市观光	1996 年 5 月
30	滨江大道	都市观光	1997 年
31	庆云寺	人文历史	1997 年 12 月

资料来源：根据张媛.上海旅游资源开发研究[D].上海：华东师范大学,2007;《上海旅游统计年鉴(1997)》资料整理而成。

2. 休闲产业链拓宽,产业融合发展

1997 年上海旅游业明确定位发展都市型旅游,包括都市风光、文化和商业。这一定位使得上海休闲产业发展获得了快速发展的制度空间和支持,逐步形成了休闲与商业、工业、农业等产业融合发展的产业业态。商业方面,随着南京路步行街的改造,集"购物、旅游、商务、展示、文化"五大功能于一身的南京路步行街,增强了都市中心商业区的吸引力,成为大众居民和外来游客购物娱乐的空间场所;工业方面,上海积极将工业资源与休闲娱乐元素对接起来,推出了参观钢铁、飞机、汽车制造等为代表的工业观光路线,促进了休闲活动的多元性和丰富性;农业方面,上海依托高科技,开发孙桥现代农业区等农家乐项目,不仅拓展了市民休闲娱乐的空间,更是带动了商业、集市贸易、餐饮住宿等产业发展。

（三）创新形成阶段（1998—2014）

2001 年上海城市总体规划中明确提出，上海要建设成为现代化国际大都市和国际经济、金融、贸易、航运中心之一。四个中心的城市定位，促使上海在城市建设中更为关注社会平衡和多元利益的协调，比如居住、休闲、邻里关系维护等，而城市功能也逐步从大拆大建向更新完善、历史文化保存方向演进。这一时期的休闲产业发展，不再仅仅是建设休闲设施，而是更新城市休闲空间、丰富休闲产品和服务、改善城市休闲环境。具体特征如下。

1. 更新城市休闲空间

1997—1998 年的亚洲金融危机，使得大规模的不动产投资暂时停止，由政府领导的上海市中心拆除和新建的计划也暂时搁浅。这一背景给了街道办事处一个机会，去开展以创意驱动的小规模城市更新，田子坊便由此诞生。田子坊曾经是邻近小工作坊和三至四层公寓住房的弄堂巷道，现已被改造成为集艺术画廊、艺术工作室、时尚餐馆、咖啡馆、精品店等购物和休闲于一体的休闲街区，成为上海一个富有影响力的创意产业集聚区。同样是城市更新项目的代表新天地于 2001 年改造完工，将带有上海历史、文化的石库门老房子改造成集主题餐厅、国际画廊、咖啡酒吧、时装、演艺等功能的文化、时尚、休闲、娱乐商业中心，成为上海时尚休闲文化娱乐功能区。发展模式相似的还有 8 号桥创意产业园、M50 艺术创意园区和 1933 老场坊。

2. 丰富城市休闲产品

购物方面，集购物、娱乐、餐饮、文化功能于一体的大型购物中心以及各类特色购物街相继出现，如正大广场、来福士广场、中信泰富广场、恒隆广场等。交通方面，发展水上旅游、邮轮旅游，如黄浦江、苏州河、淀山湖水上旅游以及北外滩上海国际客运中心、吴淞口国际邮轮码头等。目前，上海邮轮、游船、游艇码头的配套设施基本健全，接纳能力也达到国际先进水平。会展方面，2014 年上海国家会展中心建成，集各类餐饮、休闲娱乐、展示营销、精品商店等功能于一体，既为展会提供配套服务，又延伸展览效应，提升商业价值，满足各类不同人群的需求。娱乐方面，2009 年上海欢乐谷开业，拓展了上海娱乐业的发展。

3. 改善城市休闲环境

城市休闲环境的具体体现为建设城市绿地、郊野公园、改造滨水景观等。首先，规划城市绿地建设。1998 年以来，上海根据城市环境建设的精神指示，规划城市绿地建设，2014 年底上海人均公共绿地已从 1998 年的 2.96 平方米提高到

13.38平方米,中心城区绿化覆盖率从19.1%增加至38.36%[1],这些绿地建设对提升上海的休闲环境质量、优化居民生活环境、拓展户外游憩空间等都起到重要作用。其次,建设郊野公园体系。2014年上海市政府提出以郊区基本农田、生态片林、水系湿地、自然村落、历史风貌等现有生态人文资源为基础建设郊野公园体系,这为市民开展游憩、休闲、健身、科普等多样化的户外活动提供了便利。最后,改造城市滨水空间。2009年上海启动了外滩滨水区改造项目,这是释放城市公共活动空间的重要举措,为市民和游客创造了更为舒适的滨水休闲区域。

（四）财富驱动阶段（2015—至今）

城市休闲空间、产品和环境的优化,都是让一个城市更加温情温暖、舒适美好的举措。时间进入到2015年,城市的发展更加注重为人们创造美好生活的诉求。这一年,党的十三届五中全会制定十三五规划建议时明确提出,要让全体市民更广泛地参与发展过程,有更多获得感。这一发展要义为城市发展目标提出了更高要求,即让本地居民有更多获得感和满足感。这一年,上海2040规划提出要从人的需求出发,营造便利、舒适、温馨的人居环境,不断增强居民的幸福感。同时建设国际文化大都市,增强城市的文化休闲功能;建立公园、绿道、广场体系,为市民和游客提供更多的游憩空间[2]。因而,上海发展休闲产业的意义更加明显,正如亚里士多德所言,休闲是一切事物环绕的中心,它已经成为聚集人才、增强城市吸引力、提升居民幸福感、推动城市更新与发展的重要产业。2015年至今,上海在促进休闲产业发展方面做出的举措如下。

1. 新一轮公共文化服务设施建设

这一时期,为对标上海建设全球卓越城市目标,上海启动了新一轮公共文化设施布局和建设,如上海市历史博物馆、上海市革命历史博物馆、中国近现代新闻出版博物馆、上海大世界传艺中心、上海戏曲中心、上海少儿图书馆新馆、上海博物馆东馆、上海图书馆东馆等建设;同时为了保证公共文化服务设施的均等化,上海各区县一方面积极开展文化广场、公园建设,完善居民文化活动户外空间;另一方面在文化设施薄弱区域兴建文化综合体,保障老年人、未成年人、残疾人、来沪务工人员、生活困难群众等群体的文化权益。

---

① 中国经济网.上海中心城区绿化覆盖率达38%,人均绿地13平方米[EB/OL].http://district.ce.cn/newarea/roll/201501/06/t20150106_4277857.shtml,2015－01－06.

② 上海市城市总体规划（2015—2040）纲要概要[EB/OL].城市规划博客.http://chinaup.info/2016/01/10711.html,2016－01－12.

2. 黄浦江两岸 45 千米岸线改造

这一时期,黄浦江两岸杨浦大桥到徐浦大桥 45 千米岸线公共空间贯通工程启动,江岸会结合滨江各区段不同特征打造各具主题的公共空间,塑造艺术化的公共环境,构筑标志性的空间景观等,会结合风貌保护道路,串联历史文化遗存和特色的活动场地,会根据不同类型的市民和游客需求提供艺术展览、音乐舞台、户外图书馆、运动球场、儿童游乐场等文化娱乐空间,会布局游憩设施、集中设置公共服务设施、建设城市景观设施等,这是将滨江生产岸线置换为生活岸线的重要举措。未来的黄浦江两岸会成为市民和游客体验上海特色、品味历史文化、欣赏风貌景观、感受城市美好生活气息的标志性休闲空间场所。

3. 郊野公园和口袋公园建设

城市休闲环境追求人与自然和谐相处的可持续发展意境,因而单纯的绿色空间应转变为人与自然互动和谐的游憩空间。这一时期,上海要新建 21 个郊野公园,这一举措不仅拓宽了市民休闲游憩空间,更是实现了农业与文化业、旅游业、环保业的融合,从而促进农业的转型升级。除了郊区的公园建设,市区的空隙地、遗忘地或一些消极空间也被更新改造成为口袋公园。所谓口袋公园,是指规模在 1 公顷以下的城市开放空间,它见缝插针地出现在城市中,能提供简单短暂的休憩活动,比如饭后散步、小坐或儿童游戏等。上海是个高密度城市,尤其是中心城区,已经很难再大规模地开辟绿地建设,恰好口袋公园的出现,为城市增绿提供了"解药"①。口袋公园的出现,为市民提供了更多进得去、坐得住的休闲空间,增强了城市的温情度和舒适性,而这恰恰是休闲产业发展的本质,即满足人民对美好生活的追求。

二、上海休闲产业发展特征

上海 2040 城市规划提出上海城市发展的目标是"卓越的全球城市"。关于"卓越"的一个重要指标,就是要积极倡导休闲产业的发展,让城市变得更加舒适宜居、美好和谐。上海人口密度高,人均 GDP 已经超过 17 000 美元,这一时期居民对休闲空间、环境、设施等休闲要素的要求更高,休闲文化娱乐消费需求也会出现爆发性增长。因而为满足居民日益增长的休闲需求,城市需要提供高水平的休闲产业,为经济发展和城市增长注入巨大的活力。

---

① 上海住房公积金网.同济大学学者:口袋公园是高密度城市的绿色解药[EB/OL].http://hyxt1.shgjj.com/html/shxw/95633.html,2017 - 05 - 05

通过以上总结发现，上海休闲产业经历了资源初级阶段开发到产业融合创新发展的过程，可以说，产业融合、产城融合促进城市更新，已成为上海休闲产业发展的重要特征。当然，这是与上海城市性质、功能定位有一定的关系。上海是一座工商业城市，也是我国的金融中心，工业、金融业的发展为其与休闲产业的融合发展提供了极好的现实条件。

（一）工业与旅游业的融合发展成为上海特色

这一特征的形成与上海丰厚的工业资源密不可分。十三五期间，上海进一步创新发展工业旅游，一是推出针对老年人、青少年、商务人士的工业旅游产品；二是以上海国际时尚中心为核心，形成工业遗存、文化创意、休闲旅游融合的近代中国工业旅游第一街；三是挖掘以苏州河特点的工业遗存，形成苏州河畔创意文化旅游集聚地。

（二）金融业加大与休闲文化产业的融合

上海专门设立文化企业直接融资储备库，为文化企业上市、发债、挂牌等提供培训与指导；各银行上海分行纷纷推出创新服务，促进文化产业发展，如工商银行上海分行为文化企业提供资产业务、负债业务、中间业务三大体系；建设银行上海分行向上海大剧院发放信用贷款支持音乐剧《狮子王》《妈妈咪呀》等的引进和演出，同时支持出版业、演艺业、会展业、动漫业等其他行业的发展；上海银行设立文化艺术专项基金，重点扶持上海影视和演艺界的优秀创作剧目。

（三）信息产业助推休闲产业跨越式发展

上海的信息产业在推动休闲产业发展方面也做出了重要贡献。上海电信在上海区域范围内始终保持着最大电信业务基础运营商的地位，近年来在国家信息消费的精神引领下，上海电信积极加强与健康产业、家居行业、传媒业等的融合发展，如拓展医院在云计算、物联网、大数据等领域的实践，引领市民享受智慧家庭信息生活，与上海文广新闻传媒集团合作推进电视产业化发展等。最后，文化业与制造业的融合发展。2017年上海市政府推出"文创50条"，提出加快实施文化装备产业链布局。这一政策措施不仅是实现休闲文化产业的跨越式发展，更是启动创新引擎，推进制造业的转型升级。

第四章 休闲产业发展评价
体系与评价方法

休闲产业发展现状内容基本呈现了我国休闲产业发展的总体面貌,但这种分析停留在定性描述层面,要全面把握和判断我国休闲产业发展水平、特征、规律等,还需要进一步开展定量评价与分析。休闲产业发展评价的前提是,建立休闲产业评价的框架结构,解构内部各子系统的要素和内容。因此,本章在梳理和分析产业评价理论和因素基础上,构建休闲产业发展评价指标体系,并选取合适的评价方法。

第一节 评价理论与因素梳理

一、评价理论分析

有关产业发展评价的理论主要有产业创新理论、产业竞争力理论、产业潜力理论等,产业创新理论侧重于产业的创新能力,产业潜力理论往往以生产率、收入等指标来衡量产业未来的发展潜力,产业竞争力理论则是讨论产业的相对竞争优势,以及获取这种竞争优势的条件。本书对休闲产业发展评价的探讨更偏向于其竞争力表现,即水平高度、差异大小,因此,本书利用竞争力理论来分析休闲产业发展评价内容,具有一定的合理性与科学性。竞争力是个相对的概念,具有多维性的特征(Spence,Hazard,1988)[1]。迈克尔·波特指出竞争力是一个热门话题,该概念的唯一意义就是生产力,并指出生产力的目标是为人民提供高水准的生活;而国家生活水平的高低,则取决于企业的生产力[2]。Crouch,Ritchie(1999)将竞争力视为资产转化为经济结果的能力[3]。国际管理发展研究所

---

① Spence A M, Hazard H A. International Competitiveness [M]. Cambridge, MA: Ballinger, 1988.
② [美] 迈克尔·波特.国家竞争优势[M].李明轩,邱如美,译.北京:中信出版社,2012:5-6.
③ Crouch G I, Richie J R B. Tourism, Competitiveness, and societal Prosperity [J]. Journal of Business Research, 1999, 44(3): 137-152.

(1994)将竞争力定义为生产者以比竞争对手更具吸引力的价格和非价格形式,设计、生产、销售自己商品和服务的能力与优势。经济合作与发展组织(1996)将竞争力界定为企业、产业、区域、国家在竞争环境中,产生相对较高的要素收入和要素就业水平的能力[①]。英国贸易和产业部(1998)定义竞争力为企业以合理的价格,在合理的时间生产合适的商品和服务的能力,这意味着企业以更有效率的方式来满足消费者的需求[②]。欧洲竞争力报告(2010)将竞争力定义为一个国家或地区生活水平的持续上升和尽可能低的非自愿失业水平[③]。

从产业视角看,竞争力是努力实现企业家的长期盈利能力,这种能力高于他们经营的特定行业的平均水平[④]。Balkyte(2010)进一步指出竞争力的概念往往与绩效、竞争优势、竞争、均衡等概念相连,但竞争力不仅仅是关注增长或经济绩效等要素,还应考虑一些软性因素如环境、生活质量、技术、知识等[⑤]。这一观点与 Newall(1992)相似,认为竞争力的本质是以人类发展、增长和生活质量改善为核心的[⑥]。对企业而言,竞争力意味着创造新的增长,为股东创造价值。对社会而言,竞争力意味着新的工作机会和更好的生活条件。对国家而言,竞争力是在自由公平的市场条件下,通过贸易、生产和投资等因素提高一个国家的生活水平(Cho,1998)[⑦]。因此,竞争力理论内涵具体为:第一,从长期看,竞争力是生产力的增长;第二,竞争力强调企业在国际市场上的能力;第三,竞争力强调经济活力和社会进步必须齐头并进[⑧]。

二、评价因素梳理

竞争力作为产业发展评价的重要工具,学者对其研究往往聚焦在竞争力的

---

① Hatzichronoglou T. Globalization and Competitiveness: Relevant Indicators [J]. OECD Science, Technology and Industry Working Papers,1996,5:62.

② Leslie Budd, Amer K. Hirmis. Conceptual Framework for Regional Competitiveness [J]. Regional Studies,2004,38(9):1015-1028.

③ European Commission. 2010b. European Competitiveness Report 2009 [R]. Commission Staff Working Document,Brussels.

④ Buhalis D. Marketing the Competitive destination of the future [J]. Tourism Tribune,2000,21(1):97-116.

⑤ Audrone Balkyte, Manuela Tvaronaviciene. Perception of Competitiveness in the Context of Sustainable Development: Facets of "Sustainable Competitiveness" [J]. Journal of Business Economics and Manegement,2010,11(2):341-365.

⑥ Newall J E. The Challenge of Competitiveness [J]. Business Quarterly,1992,56(4):94-100.

⑦ Cho D S. From National Competitiveness to Bloc and Global Competitiveness [J]. Competitiveness Review,1998,8(1):11-23.

⑧ European Commission. 2010b. European Competitiveness Report 2009 [R]. Commission Staff Working Document,Brussels.

影响因素方面。我们可以从竞争力研究的范畴如国家竞争力、区域竞争力、目的地竞争力、产业竞争力等,梳理和总结影响竞争力的因素。

(一) 国家竞争力影响因素

世界竞争力年报认为国家竞争力是一个国家创造和维持企业的价值创造和人民繁荣的环境的能力[①],影响这一能力的因素主要包括经济绩效、政府效率、商业效率、基础设施等,每一因素又包含具体的内容(见图4-1)。

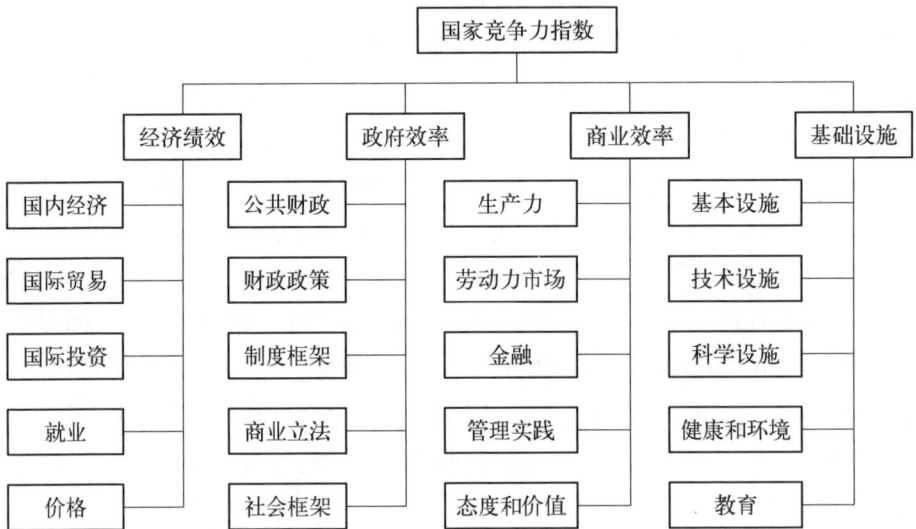

图4-1　世界竞争力年报建立的国家竞争力框架

国家竞争力委员会(2004)认为国家竞争力是在市场上取得成功以更好地提高人们生活水平的能力,它受诸多因素的影响,尤其是企业的竞争力水平和鼓励创新和投资的支持性商业环境等,这些因素共同导致了生产力的提高,实际收入的增长和可持续发展[②]。2009年国家竞争力委员会建立竞争力金字塔框架,认为竞争力影响因素包括商业、物质、知识等,竞争力发展的最终成果是生活水平的持续增长[③](见图4-2)。

Cho and Moon(2000)提出国际竞争力因素包括自然因素和人力因素,其中

① Garelli S. Competitiveness of Nations: the Fundamentals, in IMD World Competitiveness Yearbook 2005 [M]. Lausanne: international institute for management development, 2005: 608-619.

② Annual Competitiveness Report 2004. [EB/Ol]. http: www. forfas. ie/media/ncc041014_competitiveness_2004.pdf.

③ National Competitiveness Council. Our Cities: Drivers of National Competitiveness [EB/OL]. 2009: 42. http://www.competitiveness.ie/media/ncc090421_our_cities.pdf.

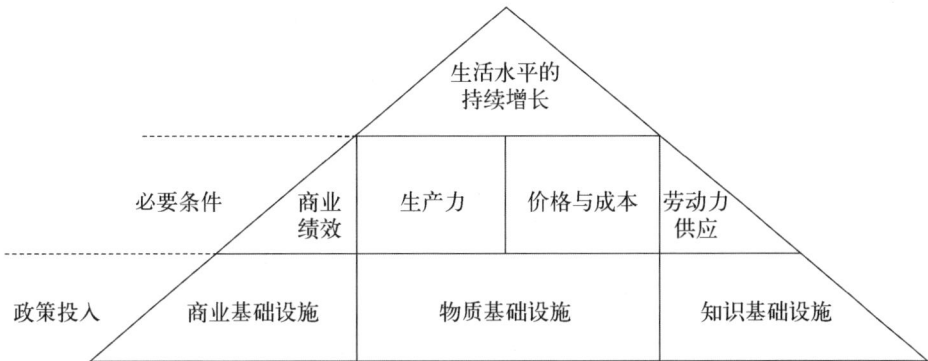

图 4 - 2　国家竞争力委员会竞争力金字塔

人力因素是增强竞争力的重要因素,一个国家经济增长的关键引擎是普遍具有高水平教育、有积极性和奉献精神的人,即工人、政治家与政府官员企业家、经理人和工程师[①](见图 4 - 3)。

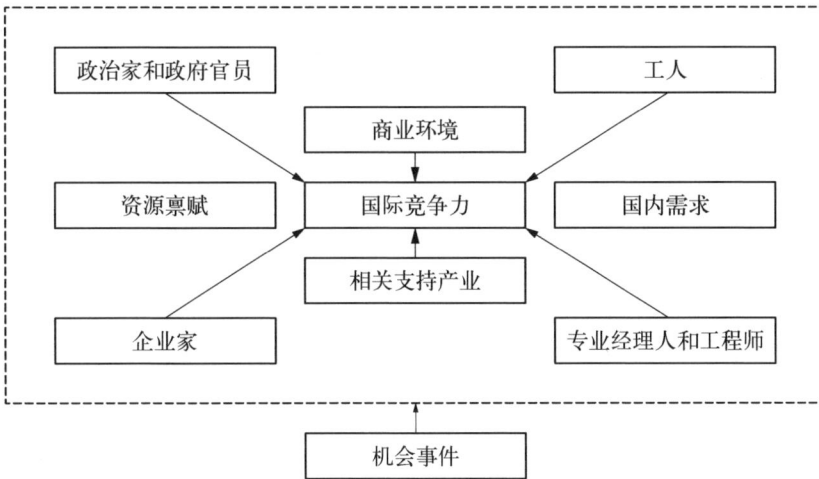

图 4 - 3　国际竞争力九因素模型

　　世界经济论坛发布的全球竞争力报告指出,要素、效率、创新是影响国家竞争力的关键要素,这些要素又可具体化为 12 个细分因素,它们往往加强相互之间的关系[②](见图 4 - 4)。

---

　　① Cho D S, Moon H C. From Adam Smith to Michael Porter: Evolution of Competitiveness Theory [M]. Korea: Asia-Pacific Business Series, 2000: 223.

　　② Schwab, K. (Ed.). The Global Competitiveness Report 2009 - 2010 [R]. 2009b.

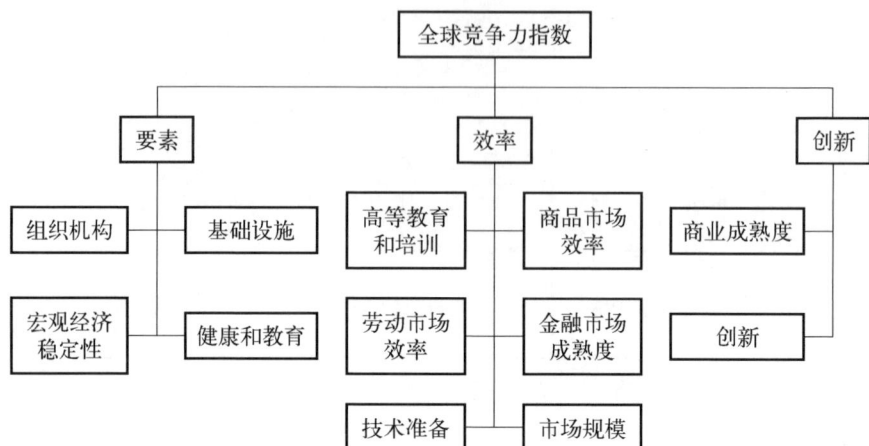

图 4-4　全球竞争力指数框架

罗伯特·哈金斯协会创立的全球颇有影响的欧洲竞争力指数框架,指出竞争力影响因素涵盖创意、经济绩效、基础设施和可达性等(见图 4-5)。

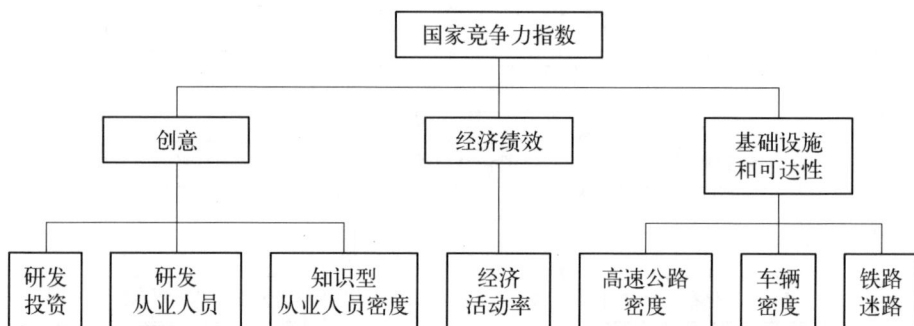

图 4-5　欧洲竞争力指数框架

(二) 区域竞争力影响因素

区域竞争力是生产满足国际市场标准的商品和服务的能力,这种能力能够吸引成功的企业,创造就业机会和提升整体的生活质量[1]。影响区域竞争力的主要因素包括生产资本、人力资本、社会组织资本、文化资本、基础设施资本、知识/创意资本[2]。Patrik et al.(2010)结合国际商务理论和经济地理学理论,提出了在全球化知识经济体中区域竞争力的影响因素框架,即人(people)—地方

---

　　[1]　Storper M. The Regional World [M]. New York: Guilford Press, 1997.
　　[2]　Nevenka Cuckovic, Kresimir Jurlin, Valentina Vuckovic. Measuring Regional Competitiveness: the Case of Croatia [J]. Southeast European and Black Sea Studies, 2013, 13(4): 503-523.

(place)—企业(firm)。其中,人的因素主要是人们的创意资本,这部分群体需要的不仅仅是友好的工作环境,更是友好的周围环境如住房、文化生活、体育、休闲设施等;地方因素指的是一个地方提供的文化生活、休闲设施、高质量教育等环境以及人们的多样性;企业因素主要是企业的生产网络等[①]。

(三) 目的地竞争力影响因素

目的地竞争力是目的地创造和整合附加值产品以为其保持相对于竞争对手的市场地位的能力(Hassan,2000)[②],它与当地的经济繁荣情况相关最终指向是居民的经济福利。

目的地竞争力因素分析的三位代表性学者是 Heath,Dwyer & Kim,Ritchie & Crouch。Heath(2003)指出已有的目的地竞争力影响因素中未强调关键的驱动因素(人的因素)和重要联系比如通信和信息管理,这些因素是形成一个可持续的目的地竞争力框架必须要考虑的。作者进一步提出目的地竞争力模型如同房子的形式一般,有基础、水泥、建筑块和屋顶。基础部分包括提供和管理关键的吸引力因素如历史、文化、气候、事件、娱乐等,优化比较和竞争优势,解决安全、健康等基本问题,提供支持性条件如航空、道路、标识系统等以及管理能力,资本增值等;水泥部分包括沟通渠道、相关利益者参与、信息管理、研究与预测等;建筑块部分包括可持续的发展政策和框架比如政策和法规、组织和财务、资源和能力、投资环境等,战略和目的地营销框架如目的地形象和品牌、竞争定位、需求管理、创新营销战略、游客满意度管理等;屋顶部分是关键的驱动因素,即人的因素,包括政治意志、企业家精神、人力资源发展等[③](见图 4 - 6)。

Dwyer & Kim(2013)认为目的地竞争力影响因素中,需求条件是重要决定因素,包括人的意识、感知和偏好等;资源要素包括天然存在的资源、人工创建的资源和支持性资源;情景条件是影响目的地竞争力的外部环境力量,包括经济、社会、文化、政治、法律环境等;目的地管理因素包括目的地的管理组织、营销、政策、规划、人力资源、环境管理等(见图 4 - 7)。

①　Patrik Strom, Evelina Wahlqvist. Regional and Firm Competitiveness in the Service-Based Economy: Combining Economic Geography and International Business Theory [J]. Tijdschrift voor economische en sociale geografie, 2010, 101(3): 287 - 304.

②　Hassan S. Determinants of Market Competitiveness in an Environmentally Sustainable Tourism Industry [J]. Journal of Travel Research, 2000, 38(3): 239 - 245.

③　Heath E. Towards a Model to Enhance Africa's Sustainable Tourism Competitiveness [J]. Journal of Public Administration, 2002(1): 327 - 353.

关键的驱动因素
- 领导力
- 价值和原则
- 地方战略
- 政治意愿、人力资源发展

建筑块

可持续发展
政策和框架

战略和目的
地营销

水泥
- 沟通渠道
- 相关利益者参与和利益
- 利益伙伴关系和联盟
- 信息管理、研发和预测
- 管理竞争性指标

基础

提供和管理关键吸引物
如历史、文化、气候、事件等

解决基本的无需协商的问题
如个人安全和健康问题

提供能动性
如基础设施、管理能力

价值增值
如地方、资本价值等

确保合适的促进者
如航空、住宿、渠道等

聚焦于体验性增强
如友好性、真实体验等

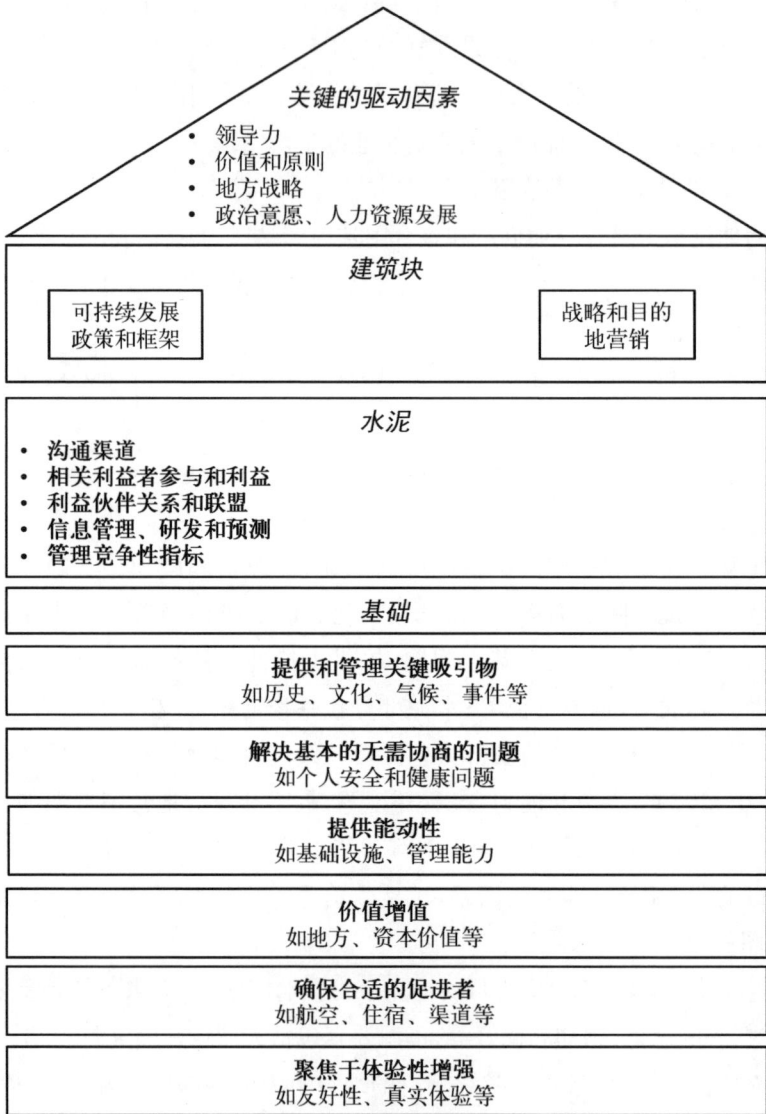

图 4 - 6　目的地竞争力模型

Ritchie & Crouch(2010)提出影响目的地竞争力的五个因素,即全球环境(宏观)、竞争结构(宏观)、规划和发展政策(宏观)、核心资源和吸引物(微观)、辅助性资源(微观)[①](见图 4 - 8)。

---

① Ritchie J R B, Crouch G I. A Model of Destination Competitiveness/Sustainability:Brazilian Perspectives [J]. Revista de Administracao Publica,2010,44(5):1049 - 1066.

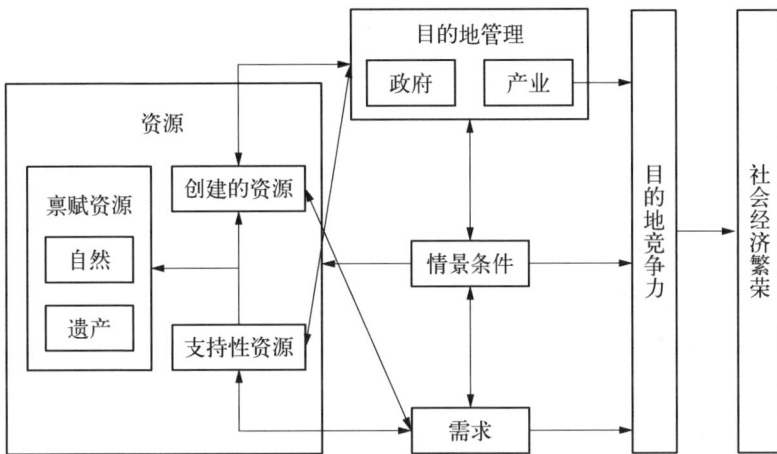

图 4-7　Dwyer & Kim 目的地竞争力框架

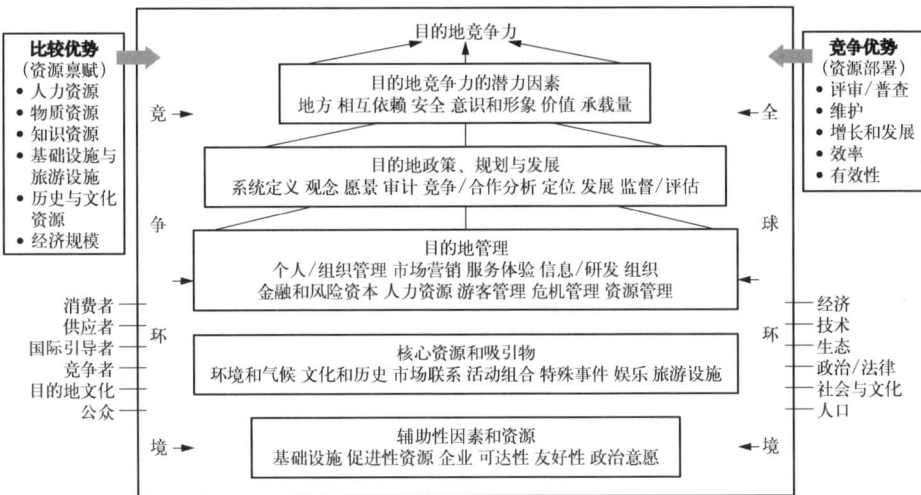

图 4-8　Ritchie & Crouch 目的地竞争力概念模型

此外,世界经济论坛(WEF)界定了目的地竞争力的 13 个关键因素,即公告和监管政策、环境立法、安全、健康和卫生、对旅游部门的重视、航空设施、陆路运输、通信设施、旅游设施、旅游价格、人力资源、旅游感知、自然和文化资源[①]。

(四) 产业竞争力影响因素

有关产业竞争力影响因素分析的内容颇多,在此仅选取与休闲产业关系密

---

① Barbosa L, Oliveira C, Rezende C. Competitiveness of Tourist Destinations: the Study of 65 Key Destinations for the Development of Regional Tourism [J]. Revista de Administracao Publica-RAP, 2010, 44(5): 1067-1095.

切的旅游产业作为代表来进行分析。旅游产业竞争力也是一个综合的概念，包括价格差异、汇率变动、旅游产业各部门的生产率水平和影响目的地吸引力的定性因素等（Dwyer，Forsyth，Rao，2000）[1]。Poon（1993）指出旅游产业竞争力的四个关键要素，分别是环境、旅游的主导地位、市场的分销渠道、充满活力的私营部门[2]。Kozak，Rimmington（1999）指出影响旅游产业的最重要因素是当地人的友好性、金钱的价值观、安全性、交通、自然环境和美食[3]。世界旅行和旅游理事会（WTTC）提出旅游产业竞争力的四大类因素为：① 商业环境、安全、健康和卫生、人力资源和劳动市场、信息和通信技术；② 政策环境、国际开放性、价格竞争力、环境可持续性；③ 航空设施、地面和港口设施、旅游服务设施；④ 自然和文化资源[4]。

（五）竞争力影响因素总结

从以上四个方面的梳理来看，影响竞争力的因素主要是经济绩效、政府支持、商业环境、基础设施、资源禀赋、需求、人力资本、市场规模、自然气候、服务质量等，其关键目标是保证高质量的生活，而不仅仅是物质生活水平。需要指出的是，区域竞争力影响因素分析中，Patrik，Evelina 的观点为本章要研究的内容提供了借鉴。该作者指出，在后工业和知识经济社会，区位因素在服务业竞争优势中扮演着越来越重要的作用[5]。一般来讲，现代服务业往往聚集在大城市及其周边地区，一方面可以吸引高技能劳动力，另一方面带来资本投资机会。这可以解释为什么服务类企业越来越重视区位因素所带来的竞争优势，同时与艺术、音乐、娱乐等相关的企业更倾向于选择能吸引创意性人才的地方，这些地方要拥有丰富的文化生活、休闲娱乐设施和高质量的教育资源。因为人们有追求幸福的倾向，他们更在意一个地方提供的愉悦环境，包括住房，文化、体育、休闲设施等，这一逻辑意味着未来一个地方的竞争优势体现在消费能力上，而与休闲相关的

①　Dwyer L, Forsyth P, Rao P. The Price Competitiveness of Travel and Tourism: A Comparison of 19 Destinations [J]. Tourism Management, 2000, 21(1): 9 - 22.

②　Poon A. Tourism, Technology, Competitive Strategy [M]. Wallingford: CAB International, 1993.

③　Kozak M, Rimmington M. Measuring Tourist Destination Competitiveness: Conceptual Considerations and Empirical Findings [J]. Hospitality Manegement, 1999, 18(3): 273 - 283.

④　World Travel and Tourism Council [WTTC]. Travel & Tourism Competitiveness Report 2015: Growth through Shocks World Economic Forum [R]. Switzerland: SRO - Kundig, 2015.1q1cerr5.

⑤　Patrik Strom, Evelina Wahlqvist. Regional and Firm Competitiveness in the Service-Based Economy: Combining Economic Geography and International Business Theory [J]. Tijdschrift voor economische en sociale geografie, 2010, 101(3): 287 - 304.

产品和服务消费品正是这种能力的重要体现(吴军,2014)①。从这个角度看,未来一个地方的经济增长点越来越依赖于奢侈性需要、休闲娱乐需要、体验性需要等等,与此相对应,与休闲相关的供给系统将会日渐完善,规模经济效应亦会不断增强,这一方面使得企业的长期平均生产成本下降,获得最终生产率的提高;另一方面促进相互关联的企业集聚在一起,通过不断的创新和协作,带来行业规模的扩大,获得产业集聚的优势。这一分析实际指出了休闲产业发展的三个关键要素,即地方设施和环境、人的休闲消费能力、企业的经营绩效。

第二节　指标选取说明和原则

综合竞争力理论和影响因素,结合休闲产业特征,并听取相关专家学者等建议,将休闲产业发展评价的初选指标定义为服务设施、需求潜力、经营绩效和支持环境四个维度。

一、指标选取说明

(一)服务设施

休闲产业的发展得益于越来越多的人需要休闲产品和服务,它们着眼于人们之间的交流活动,这些活动常常需要对话、感情投入,创造一种心境、动机和人际交往②。所以,顾客必须亲自到场才能够分享到产品和服务,可见,服务设施的提供创造现代休闲产业中产生了很大的影响。Williams(1995)的研究进一步印证了这一观点,他以英国休闲产业发展为例,探讨了休闲娱乐设施的提供与休闲产业发展的阶段关系。第一阶段是休闲产业的形成阶段,始于19世纪中期并延续至1914年。这时期政府以一系列议会法案的形式建立了向公众提供休闲娱乐设施的基金,包括休闲场所、沐浴室、图书馆等。第二阶段是休闲产业的巩固阶段,时段为1918—1939年。这段时间内,随着城市区域范围的扩大,休闲娱乐空间得到拓展,居民住宅开始拥有花园设施,公共休闲娱乐场地和运动场地也逐渐发展起来。第三阶段是休闲产业的扩展阶段,自1945年以来迄今为止的时期。此阶段内,休闲娱乐设施的范围扩大到新领域,包括室内运动和休闲中心、大规模的休闲娱乐综合场所、购物商场和城市遗产中心,这些设施的规划建设促

---

① 吴军.大城市发展的新行动战略:消费城市[J].学术界,2014,(2):82-90.

② 克里斯托弗·埃金顿,苏珊·赫德森,罗德尼·戴森,等.休闲项目策划——以服务为中心的利益方法[M].李昕,译.重庆:重庆大学出版社,2010:24.

进了城市休闲产业规模化的发展①。由此,我们应该看到,休闲娱乐设施在城市居民生活中扮演的角色越来越重要,随着人们需求的变化,休闲娱乐设施的形式不断地变更,这一方面改变着传统上简单的休闲娱乐设施带来的乐趣,另一方面也赋予新的消费场所较为复杂的含义。正如王方(2014)所称,一座城市提供的休闲娱乐设施可能给每一个潜在的城市居民带来精神滋养,乃至对这座城市的依恋与记忆。作者进一步以纽约和巴黎等发达城市的影院发展谈起,认为纽约市民已将电影本身的文化功能视为珍宝,因为电影满足了他们对精神家园的追求②。

从城市发展实践看,休闲设施的配置与建设在促进城市复兴和产业转型过程中也发挥了重要作用。20 世纪初期,随着汽车时代的到来,美国沿湖区域兴建了大量的车行道路和高速路,城市和湖滨日益分隔。20 世纪中期,随着产业结构和区域经济格局发生重大变化,湖滨的铁路运输、港埠等设施迅速衰退,滨水空间逐渐没落为城市的废弃地带。20 世纪 70 年代,随着城市发展开始步入后工业化发展阶段,人们对高质量的生活水平、美好的城市环境有了更进一步地追求和关注,政府因而成立了环境保护署(Environmental Protection Agency)来处理环境污染问题③,以及打造与人们的价值观相吻合的城市环境。重塑滨水空间便成为这一理念下的产物之一,当时启动建设的芝加哥湖滨千禧公园更是成为城市公共空间的典范、成为开启城市转型的新篇章。千禧公园(密歇根湖畔)每年 500 余项的公共艺术活动,对于激活芝加哥城市的经济文化、将芝加哥由传统型城市转型为服务业为主的多元化经济结构型城市,起到了决定性的作用④。如今休闲娱乐业已成为芝加哥市的第一产业,包括旅游、会议、餐馆、酒店等⑤。再比如,西班牙北部小城毕尔巴鄂在过去 20 年中经历了城市重建和经济振兴的重要发展进程,其中最具标志性的里程碑事件是 1997 年毕尔巴鄂古根海姆博物馆的正式运营。这座博物馆因其专业的运营管理、丰富的活动和服务、兼具当地特色和国际水准的展览,成功地从衰落的工业港口城市转变为享誉欧洲乃至世界的现代文化创意城市。2015 年毕尔巴鄂古根海姆博物馆共举办 36 场各类参与性艺术活动,包括特展、巡展等,合计吸引访客 577 266 人次参与艺术

---

① [英]史蒂芬·威廉姆斯.旅游休闲[M].杜靖川,曾萍,译.昆明:云南大学出版社,2006:96.
② 王方.城市为什么需要电影院?——从"纽约人电影公司"说起[N].文汇报,2014-4-26(007).
③ 尚宇晨.20 世纪 70 年代美国城市水污染与联邦政府的治理[D].上海:华东师范大学,2007.
④ 高畅.芝加哥千禧公园——开启芝加哥城市转型的新篇章[J].城市环境设计,2016(4):438-441.
⑤ 马凌.城市舒适物视角下的城市发展:一个新的研究范式和政策框架[J].山东社会科学,2015(2):13-20.

活动,包括各国政要、诺贝尔奖获得者等知名人士 164 人①,在各类媒体的曝光率中再一次扩大了城市的知名度和影响力,毕尔巴鄂的城市形象、产业发展已经与古根海姆博物馆紧密地联系在一起。同样具有傲娇成绩的是全球知名的纽约大都会博物馆,2015 年大都会博物馆共接纳了约 630 万名游客,其中 74% 游客来自外地,为纽约市创造了 9.46 亿美元收入,这些收入的大部分来自展览项目②。这些博物馆对衍生产品的开发能力,不仅实现了经济方面的贡献,更重要的是增强了城市的吸引力与竞争力。

越来越多的城市发展研究者指出,音乐剧院、餐馆、图书馆、博物馆等休闲设施,共同成了高品质生活质量的体现,从而驱动着以生产为主的制造业城市形态向以消费为主的服务业城市形态转变③。这些以迎合消费主义和休闲娱乐时代为目标的城市文化设施不仅赋予城市积极的形象,同时吸引着具有优良教育背景和光明就业前景的外来人口前来城市定居。Carlino,Saiz(2008)的量化研究表明,休闲娱乐设施较多的城市,其人口增长平均比其他城市高出 3%。人们认为拥有优美建筑、动物园、文化氛围、剧院、餐馆等设施的城市,是一个富有魅力和吸引力的城市。最后,作者指出地方政府在休闲娱乐项目和相关设施方面的投资与城市对游客的吸引力是息息相关的④。实际上,两位作者的研究反映了城市发展模式的变迁以及人们对城市提供的休闲机会的关注度不断提升。Saiz指出,自美国开国之初,各地区发展的主要动力一直是人们对就业机会的追逐,但随着计算机技术和网络的崛起以及经济的日益全球化,许多人尤其是受过高等教育的人能够为了生活方式而不是迁就工作地点而迁居,他们更关注所选择的城市是否更适于生活、享受、家庭生活和休闲娱乐⑤。可见,高端购物中心、电影院、咖啡馆、演出、公园等休闲娱乐设施场所,已经成为城市是否具有吸引力,以及能否给人带来幸福感的重要指标⑥。现如今的年轻选择就业和生活的城市时,更注重其基础设施的丰富度与便利性,比如居住范围内拥有运动健身、逛街

---

① 雪球.一个年收入 7 000 万美元博物馆的商业逻辑[EB/OL].https://xueqiu.com/8032522061/81405413,2017-02-20.

② 新浪收藏.大都会博物馆去年为纽约创造 9.46 亿美元旅游收入[EB/OL].http://collection.sina.com.cn/hwdt/2016-02-17/doc-ifxpmpqp7861857.shtml,2016-02-17.

③ 吴军,夏建中,特里·克拉克.场景理论与城市发展——芝加哥学派城市研究新理论范式[J].中国名城,2013(12):8-14.

④ Gerald A. Carlino, Albert Saiz. Beautiful City: Leisure Amenities and Urban Growth [R]. FRB of Philadelphia Working Paper,2008.

⑤ 沃顿知识在线.发展现代城市,莫忘运动场所和河畔步行街[EB/OL]. http://www.knowledgeatwharton.com.cn/article/1907/#comments,2009-01-09.

⑥ 第一财经周刊.最具人才吸引力城市.2014 年第 29 期.

购物、咖啡馆、阅读场所等项目。从年轻人的潮流看,城市在良好生活指数上的表现,意味着城市的吸引力与经济活力[1]。

从以上分析,我们已经知道休闲设施是休闲产业发展以及构成一个城市完整性所必不可少的因素,通常情况下,人们实践休闲活动需要依托一定的休闲服务设施,它给予消费者不同的休闲体验。休闲服务设施的类型多样,且具有不同的属性。楼嘉军(2013)按照功能属性,将休闲服务设施类别划分为文化艺术类、体育类、休闲类、科技类、媒体传播类五项[2](见表4-1)。

表4-1 休闲设施功能属性分类

类别	设施
文化艺术	电影院、音乐厅、大剧院、戏院、博物馆、美术馆、展览馆、文化活动中心
体育	体育场、体育馆、游泳馆、球馆、健身馆
休闲	公园、广场、绿地、旅游景区(点)、酒吧、咖啡馆、茶馆、卡拉OK、舞厅、网吧
科技	科技馆、科普中心、图书馆、社区阅览室、休闲技能培训中心
媒体传播	电视、网络、广播、报纸、杂志

同时,该作者还按照市场属性,将休闲服务设施类别划分为公共服务类、商业服务业类和非营利服务类(见表4-2)。

表4-2 休闲设施市场属性分类

大类	类型	具体内容
公共服务性	基础设施类	城市公园、地质公园、自然保护区、森林公园、城市街道、公共绿地、休闲广场、休闲街区、社区绿地
	活动设施类	图书馆、艺术馆、文化馆、文化站、博物馆、展览馆、少年宫、科技馆、工人文化宫
商业服务性	旅游类	名胜古迹、主题公园、古民居、观光农业园和牧场、度假宿营地、野炊场所、汽车旅馆、都市观光场所、海岸游乐场、植物园、动物园
	文化类	图书馆、书店、电影院、剧院、剧场、画廊、文化俱乐部、音乐厅
	健身类	体育比赛场馆、健身俱乐部、高尔夫球场、保龄球馆、台球厅、赛马场、游泳馆、划船俱乐部、马术场、射击场、滑雪场、溜冰场、旱冰场、网球俱乐部

---

① 第一财经周刊.中国100城市幸福感排行榜.2015年第11期.
② 楼嘉军.论休闲与休闲时代[M].上海:上海交通大学出版社,2013:128-130.

续　表

大类	类型	具 体 内 容
商业服务性	娱乐类	综合娱乐场所、棋牌室、洗浴中心、网吧、酒吧、氧吧、陶吧、艺吧、舞厅、歌厅、卡拉OK厅、录像厅、电子游戏室、美容中心、茶馆、赛狗场、垂钓园、狩猎场
非营利性服务	综合类	娱乐康疗中心、中途之家、庇护车间、教堂、俱乐部、野营地

此外,克里斯托弗·埃金顿等(2010)按照消费者不同的休闲体验将休闲服务设施分为参与性设施、娱乐服务设施、户外设施、接待设施、零售/购物设施、餐饮服务设施[①](见表4-3)。

表4-3　休闲服务设施提供系统

类　别	设　施
参与性设施	羽毛球或壁球俱乐部、溜冰场、健康水疗设施或俱乐部、健身中心、舞蹈中心、舞厅、保龄球场地、电影院、旱冰场、微型高尔夫球场/高尔夫球练习场
娱乐服务设施	赛马场/跑道、体育场/体育馆、牛仔竞技表演、马戏表演、夜总会、电影院、主题公园和游乐园
户外设施	滑雪胜地、滨湖区/海滨、宿营地、露营胜地、住宿夏令营、农场、运动胜地
接待设施	会展中心、自主型度假胜地、酒店/汽车旅馆、宾馆、只提供床位和早餐的小客栈
零售/购物设施	购物中心、传统商店、专卖商店产品、休闲车辆、运动器械、衣物、玩具和游戏、家庭娱乐、业余爱好用品、船/独木舟
餐饮服务设施	饭馆、咖啡厅和咖啡屋、餐饮店、快餐店、商摊/小吃店、包餐服务

尽管划分依据不同,但依此我们能够比较清晰地掌握休闲服务设施包括的建筑物和场地有哪些以及是什么。当然,我们更应该看到,随着社会的进步,休闲服务设施的配置和规划已经远远超越了统计的发展,考虑到数据的可获得性,本书初步设计了第一类服务设施之下的8个二级指标:图书馆数量、文化馆数量、博物馆数量、艺术表演团体数量、艺术表演场馆数量、旅游企业(含旅行社、酒

---

① 克里斯托弗·埃金顿,苏珊·赫德森,罗德尼·戴森,苏珊·埃金顿.休闲项目策划——以服务为中心的利益方法[M].李昕,译.重庆:重庆大学出版社,2010:44.

店、旅游景区)数量、娱乐场所数量、公园数量。

(二) 需求潜力

消费需求是休闲产业发展的市场基础,消费者旺盛的休闲消费需求会促进休闲产业规模扩大,供给质量和效率提高。当然,人们的休闲消费水平是建立在一定的物质基础上,并通过相应的载体体现出来。

家庭收入是消费的前提,收入水平的高低决定着居民消费能力的高低。随着社会经济的快速发展,人们的收入水平逐渐提升,相应地生活消费由物质向精神过渡,表现为休闲消费支出的显著递增。我们可以从日本国民消费社会阶段的转变来诠释这一观点。第一消费社会(1912—1941)期间,国民的消费价值观是消费属于私有主义,重视国家,消费倾向是西洋化;第二消费社会(1945—1974)期间,国民的消费价值观是消费属于私有主义,重视家庭与社会,消费倾向是大量消费;第三消费社会(1975—2004)期间,国民的消费价值观是消费属于私有主义,重视个人,消费倾向是个性化与多样化;第四消费社会(2005—2034)期间,国民的消费价值观是消费趋于共享,重视社会,消费倾向是休闲倾向、无品牌倾向[①]。正如松田义幸所指出的,"消费者的价值观从单一化、一统化转向多样化、个性化,从拥有价值向利用价值转化,从手段性价值向享受性价值转化,从勤劳价值向快乐价值转化。"[②]值得注意的是,日本在 1973 年人均 GDP 超过 3 000美元,之后交通通信、医疗保健、教育娱乐消费支出比重呈扩大趋势。

从美国经济分析局的数据来看,美国的消费结构经历了三个阶段,即非耐用消费品扩张阶段(1929—1945),耐用品扩张阶段(1945—1950),服务消费扩张阶段(1951—至今)。在服务消费扩张阶段,美国居民用于住房公用设施、健康医疗、交通服务、娱乐服务、住宿餐饮、金融保险的消费比重上升较快,其中健康医疗支出所占比重上升最大。此外,住宿餐饮、金融保险支出比重也上升明显。2010 年,美国居民用于娱乐、家庭经营、交通运输、医疗护理和餐饮住宿的消费占比分别为 5.58%、27.6%、4.31%、24.31%和 9.3%[③]。可以看出,美国消费结构的休闲化趋势明显。

从国外的消费发展路径看,人均 GDP 3 000 美元是消费结构升级的分水岭,消费结构开始从"衣食"向"住行"和"服务"升级,其中医疗健康、交通通信、旅游

---

① [日]三浦展.第 4 消费时代[M].马奈,译.上海:东方出版社,2014:15.
② 刘红.日本的余暇文化[M].上海:上海文化出版社,1996:21.
③ 消费升级所带来的投资机遇[EB/OL].澄泓研究.http://blog.sina.com.cn/s/blog_48ce56850102wo7t.html,2016-05-08.

文化娱乐、教育等所占消费支出比例将会快速增长。从消费实践看,人们也越来越关注消费所赋予的文化特征。以书店为例,环球时报的一篇报道指出,在电商冲击的压力下,实体书店开始考虑如何进一步挖掘人们的精神消费潜力问题。英国的一家出版社社长表示,实体书店必须从卖书转向"卖生活",让人们在书店可以听音乐会,看电影,或参加讨论[①]。中国台湾的诚品书店的经营模式亦是如此,它被消费者比喻为是现代社会的"消费大教堂",即是后现代社会的新型消费工具,它允许、鼓励,甚至强迫我们去消费数不尽的商品与服务[②]。诚品书店现已发展成了文化综合体,涵盖书店、餐饮、服饰、休闲娱乐等消费空间,每年举办的活动主题涉及文学、生活、艺术、旅游、建筑和烹饪等,以此吸引着来自世界各地的消费者。数据显示,2010 年诚品营收比重中,商场事业部占 59.2%,文化事业部(书店)占 33.6%,餐饮收入占 7.2%。到 2013 年,诚品营收 130 亿台币,书店营收占 30%左右[③]。盈利的诚品书店充分考虑到了消费者对书店消费的想象与认同。在书店刚刚起步的初期,书店经营的是图书。当消费者的需求从低级需求转向中高级需求时,消费者开始追求体验式的生活方式,因而诚品书店改变经营策略,打造一个融书店、餐饮、休闲、娱乐为一体的休闲场所,走出了一条独特的经营模式[④]。当然,图书的教育、娱乐功效在战争中也发挥了积极的作用。二战期间,希特勒领导的纳粹在欧洲大肆焚书,美国图书协会与美军展开合作,为参战美军提供小巧、轻便的特制平装书,便于士兵随身携带。在读书中逃避现实,即使是短暂的几分钟,对战士们而言也是一种幸福。在战争年代,图书成了少有的娱乐项目之一[⑤]。

随着经济的发展,在当代商业中,商品的销售和商场的布置越来越呈现休闲化的趋势,环境与氛围上注重豪华装修、音乐烘托,产品上增加儿童玩具以吸引家庭购物者,设施上设置餐饮、影院场所,以便消费者开展娱乐消费。购物中心变成综合性的休闲娱乐场所后,娱乐内容无疑对刺激消费有极大帮助。研究表明,在许多大型购物商场,购物者的动机主要是休闲娱乐为目的,逛商场消费成为一种短途旅行活动,成为城市旅游和当地休闲娱乐的一

---

①　黄培昭,青木,金惠真.国外实体书店从卖书到卖生活[N].环球时报,2016－7－1(13).

②　George Ritzer. Enchanting a disenchanted world：revolutionizing the means of consumption [M]. Thousand Oaks：Pine Forge Press, 1999：2.

③　诚品书店经历 15 年亏损后如何创新经营迎来业绩回报？[EB/OL].赢商网. http://yn. winshang.com/news－537490－2.html,2015－10－22.

④　周瑶.诚品书店的消费文化研究[D].长春：吉林大学,2016.

⑤　第一财经周刊.当图书进入战争.2017 年第 8 期.

部分(Nava,1997)①。Craven(2000)的研究进一步表明了购物中心的确具有能力成为旅游者的目的地和一种新的旅游形式②。当然,购物的重要性并非归功于传统商品交换的角色,而是文化价值观和生活方式的反映。正如 Clammer(1992)所言:"购物不仅仅是获得商品,它是对商品认同的购买,甚至对'必需品'消费的环境也有选择,购物反映了消费者自身的决定、偏好、形象以及社会等级等特点。从更广的范围来理解,购物和购物场所是产生消费者文化的主要因素,在这种文化中,购物的常规作用已经成为伴随人们追求多种多样的休闲娱乐和休闲活动的产物。"③

购物中心综合性的发展使得建筑物本身成为具有吸引力的标志性建筑并且具有新的重要意义,这一点在体育健身项目上体现得也比较明显。尤其是随着人们对健康的关注度日益提升,体育健身类场馆也开始提供综合性服务和产品,如酒店住宿、餐饮服务、会议和零售设施等,成为集休闲娱乐、旅游和运动项目为一体的场地。美国公共卫生部的报告显示,大家对体育锻炼有益健康的理念都已形成共识,为保持个人的健康和健美需求,相应卫生保健支出水平不断上升。从 1980 年到 1997 年之间,美国国民的卫生保健开支从 2 473 亿美元增加到一万亿美元④。与健康有关的问题,推动着全社会休闲和体育活动消费的增长。与此同时,技术的变革提高了人们对休闲服务的能力及其所提供服务质量的期望,现在休闲消费者要求休闲服务机构比以前更快、更好地满足他们的变化与需求。未来对大众来说,电子通信所带来的舒适安逸将对休闲消费、休闲产业的发展产生重要影响,有调查显示,70%以上的移动互联网用户对智能手机有依赖性并认为智能终端是娱乐工具,相较于通勤途中、工作场所、购物场所等地,用户更喜欢在家中使用移动终端⑤,家庭作为休闲娱乐场所的意义日益明显。技术进步对用户行为的改变还体现在交通方面,从居民生活的"衣食住行"需求维度看,"行"的需求支出比重较高、且消费频次较多⑥。共享经济时代,交通的便捷性与舒适

---

① Nava, M. Modernity's Disavowal: Women, the City and the Department Store in Falk, P. and Campbell, C. (eds), The Shopping Experience [M]. London: Sage, 1997: 56 – 91.

② Craven E. Bluewater: Retail Tourism in the South East [J]. Insights, 2000: 37 – 46.

③ Clammer J. Aesthetics of the Self: Shopping and Social Being in Contemporary Japan [A]. Shields, R. (ed), Lifestyle Shopping: the Subject of Consumption [C]. London: Routledge, 1992: 195 – 215.

④ 克里斯多弗·R.埃廷顿,德波若·乔顿,多纳德·G.道格拉夫.休闲与生活满意度[M].杜永明,译.北京:中国经济出版社,2009:454.

⑤ 《2014 中美移动互联网调查报告》发布[EB/OL].网易政务.http://gov.163.com/14/1202/16/ACFM9C8J00234KPL.html,2014 – 12 – 02.

⑥ Uber:共享经济,重构的不止是交通[EB/OL].乐晴智库.http://www.767stock.com/2015/07/31/8679.html,2015 – 07 – 31.

性促动着交通消费步入发展的黄金时期，也重构着整个休闲产业链。

休闲消费的出现，无疑正成为推动国内消费升级、释放国内需求潜力的强大动力。2017 年国务院总理李克强作政府工作报告中提出要推动消费升级来进一步释放国内需求潜力。这里的消费内容包括教育、养老、医疗、旅游、休闲、信息等。美国《华尔街日报》指出，中国消费者对健康、旅游等方面的支出日益增多[1]。国内居民的休闲消费在总消费占据了突出的、不可替代的位置，与之相适应的，经济休闲化趋势明显。

居民的休闲需要潜力需要通过现实的消费支出水平来反映，本书选择城镇居民家庭恩格尔系数、城镇居民家庭设备及用品消费支出、城镇居民家庭交通通信消费支出、城镇居民家庭教育文化娱乐消费支出、城镇居民家庭医疗保健消费支出、入境过夜游客总花费、入境过夜游客人天数等 7 个指标作为休闲需求潜力的反映。

（三）经营绩效

由于评价对象不同，绩效分为市场绩效和厂商绩效[2]。产业经济学的绩效一般指市场绩效，它是指在一定的市场结构下，通过一定的市场行为使某一产业价格、产量、费用、利润、质量和品种以及技术进步等方面所达到的现实的状态。市场绩效是判断产业的资源配置效率、产业技术进步状况、与生产规模大小和生产能力过剩相关的生产的相对效率，以及企业组织管理效率等几个方面的内容。产业资源配置效率与市场竞争状态有关，技术进步与企业经营绩效有关，即企业的资金投入、劳动投入、自然资源投入以及各种投入的效率，取决于技术进步水平及其应用[3]。

基于以上对绩效的讨论，对休闲产业绩效的认识从微观视角展开，即关注休闲相关企业或组织的经济绩效，它们通过生产活动为社会提供产品或服务而获取的盈利性结果。相关研究指出，企业经营绩效通常包括盈利能力、偿债能力、资产运营能力、现金流量状况等多个方面，主要是从财务指标的角度来衡量和分析[4]，比如投资回报率、销售回报率、价格差异、每雇员营业额、单位生产利润和生产率等[5]。目前休闲相关产业绩效方面的研究范围主要聚焦在酒店业、餐饮

---

① 劳里·伯基特.证明中国消费潜力的 5 个事实[N].丁雨晴，译.环球时报，2016 - 03 - 19(11).

② 范合君.产业组织理论[M].北京：经济管理出版社，2010：88.

③ 臧旭恒，徐向艺，杨蕙馨.产业经济学[M].北京：经济科学出版社，2005：221 - 224.

④ 程立.公司治理、多元化与企业绩效[M].上海：复旦大学出版社，2008：10 - 11.

⑤ Ghalayini A，Noble J. The Changing Basis of Performance Measurement [J]. International Journal of Operations and Production Management，1996，16(8)：63 - 80.

业、旅行社和旅游业。Barros(2004)以葡萄牙某连锁酒店集团旗下 43 家酒店为例,建立了酒店经营绩效指标体系,其中产出指标包括销售额、接待客人数量、住酒店天数;投入指标包括从业人员、劳动力成本、酒店客房数、酒店总面积、财产账面价值、运营成本、外部成本[①]。Tsaur(2000)评估了台湾旅游酒店的经营绩效,其中投入指标包括总营业费用、员工数量、客房数、餐饮部门的总建筑面积、餐饮成本;产出指标包括总营业收入、接待的房间数量、每日平均房价、餐饮部门员工平均产值、客房部营业收入、餐饮业营业收入[②]。Hwang,Chang(2003)以台湾 45 家酒店为例,建立指标评估其经营绩效。其中投入指标包括从业人员、客房数量、餐饮部门总面积、运营费用;产出指标包括客房收入、餐饮收入和其他收入[③]。Amar et al.(2016)评估分析了阿曼地区的酒店业经营绩效,建立的投入指标包括床位数、客房数、员工数、员工工资;产出指标包括年收入额、接待客人数量、入住天数、入住率[④]。可以发现,收入、接待规模、人员投入、酒店规模和运营成本是衡量酒店业经营绩效的主要指标。旅行社的经营绩效指标包括利润率、资产报酬率、已动用资本回报率、投资报酬,生产率如每位员工的销售额、单点销售额,效率如不变规模报酬、可变规模报酬、规模效率等[⑤],以及员工数量、年度费用、服务游客能力和数量[⑥]。餐饮业的经营绩效指标主要是年均总固定资产、员工数、主营业务收入和利润总额(吉生保等,2011)[⑦]。酒店、旅行社、餐饮都是旅游产业发展的重要部门,学者对这些部门经营绩效的指标选取多是从销售额、营业收入、从业人员、接待规模、成本等维度来衡量其经营成果。杨勇(2012)从旅游产业系统范畴,建立了旅游产业竞争绩效指标,包括吸引能力、接待能力和利用能力三个维度。其中吸引能力从旅游市场规模、市场占有水平和旅游资源

① Barros C P. Measuring Efficiency in the Hotel Sector[J]. Annals of Tourism Research,2005,32 (2):456 – 477.

② Tsaur S H. The Operating Efficiency of International Tourist Hotels in Taiwan [J]. Asia Pacific Journal of Tourism Research,2000,6(1):29 – 37.

③ Hwang S N,Chang T Y. Using Data Envelopment Analysis to Measure Hotel Managerial Efficiency Change in Taiwan [J]. Tourism Management,2003,24(4):357 – 369.

④ Amar Oukil,Nabil Channouf,Asma Al-Zaidi. Performance Evaluation of the Hotel Industry in an Emerging Tourism Destination:The Case of Oman [J]. Journal of Hospitality and Tourism Management,2016,29:60 – 68.

⑤ Ricardo Sellers-Rubio,Juan L. Nicolau-Gonzalbez. Assessing Performance in Services:The Travel Agency Industry [J]. The Service Industries Journal,2009,29(5):653 – 667.

⑥ Can Deniz Koksal,A. Akin Aksu. Efficiency Evaluation of A-group Travel Agencies with Data Envelopment Analysis:A Case Study in the Antalya Region,Turkey [J]. Tourism Management,2007, 28:830 – 834.

⑦ 吉生保,席艳玲,李凡. 中国餐饮旅游行业的经营绩效及收敛趋势——基于上市公司面板数据的 SORM – BCC 超效率模型[J].山西财经大学学报,2011,33(11):63 – 72.

禀赋等方面衡量,接待能力从旅游企业的接待规模、星级饭店以及旅行社等方面来分析,利用能力则从旅游者消费水平、旅游企业劳动生产率等角度来衡量[①]。此外,张洁(2011)通过总产出、利润率和投入产出等指标来衡量文化创意产业的经营绩效[②]。谢伦灿(2008)指出娱乐产业的绩效涉及资本的增值与扩张、价值的创作与积累、市场资源的开发与利用、技术与经验的进步与更新等[③]。彭晶晶(2012)从财务比率指标如毛利率、股东权益回报率、负债对权益比率等,以及规模效率指标如企业销售额等来衡量体育用品产业绩效[④]。

　　以上学者的分析为我们认识休闲产业的经营绩效指标提供了很好的视角。基于国内休闲产业的发展现状以及指标数据的可进入性,本书经营绩效指标包括,艺术表演场馆演出场次、艺术表演场馆观众人次、艺术表演场馆演出收入、旅游企业从业人员、旅游企业营业收入、娱乐场所从业人员、限额以上餐饮业从业人员、限额以上餐饮业营业收入、体育彩票销售额、娱乐场所营业收入、限额以上批发和零售企业从业人员、限额以上批发和零售商品销售收入等 12 个二级指标。

(四) 支持环境

　　除了设施、消费、企业等内部因素外,休闲产业的发展也离不开技术、绿化、交通等外部环境的影响。换句话说,休闲产业在提供产品和服务时能给消费者带来舒适享受,需要新技术的运用以及生活方式的变化。技术以不同的方式影响着休闲产业,其中交通和信息技术的影响最为关键。生活方式的变化会导致公共和私人空间都发生了重要的改变,私人家庭空间扩展为一个休闲娱乐场所,公共户外空间满足了人们对追逐自然的、保持身心健康的需求。

　　随着居民休闲空间范围不断扩大,交通所起的作用就尤为关键。航空领域里技术的影响与国际旅游的发展息息相关,正如 Williams(1998)所称,国际航空运输的扩张几乎与国际旅游的发展是同步的[⑤]。频繁往来的客机就好比是阿拉斯加的有篷大马车,直升机替代了马匹成为最受欢迎的交通工具(Nash,1982)[⑥]。毋庸置疑,航空运输所带来的规模经济直接导致了环球旅游市场的发

　　① 杨勇.我国旅游产业综合竞争力:理论分析、测度体系与实证评价[J].旅游科学,2012,26(6):42-53.

　　② 张洁.中国文化创意产业的空间分布和地区绩效分析[J].商业经济与管理,2011,232(2):64-70.

　　③ 谢伦灿.中国娱乐产业集群发展及竞争力评价研究[D].长沙:中南大学,2008.

　　④ 彭晶晶.中国体育产业市场研究——基于 SCP 范式[D].武汉:武汉大学,2012.

　　⑤ Williams S. Tourism Geography [M]. London: Routledge, 1998: 54.

　　⑥ 克里斯多弗·R.埃廷顿,德波若·乔顿,多纳德·G.道格拉夫,等.休闲与生活满意度[M].北京:中国经济出版社,2009:144.

展以及大都市区域旅游的发展（Button，Taylor，2000）[①]。在区域间的陆路旅行中，高速铁路运输网的扩张使得客源地与目的地之间的时间距离和空间距离大大缩短，旅游规模效应进一步放大。在城市内部，消费者与商铺之间的时间距离，因轨道交通等基础设施的建设，极大地缩短了。轨道交通的建设，带来的不仅仅是交通成本的降低，更重要的是吸引客流，进一步推动本地零售商业数量的增加（Berry，1967[②]；Nicholas，1972[③]；Fischer，1996[④]）。柏林格[⑤]和伊兰蒂尔德、舒茨[⑥]的研究表明，越是运量大，且交通网络中起到重要节点作用的轨道交通站点，其周边的商业氛围越是活跃，相应的街区也越有活力。徐杨菲等（2016）的研究进一步印证了这一观点，2006—2014年北京新增的消费热点依托于新建的地铁站点而产生[⑦]。郑思齐和卡恩（2013）的研究也表明，轨道交通站点建成后，餐馆、零售店等消费场所的数量和质量有显著提升。可见，交通基础设施的建设，对于居民消费潜力的提升乃至街区消费机会的拓展有重要作用[⑧]。董玥对北京天桥的研究就表明天桥能够成为一个很受欢迎的市场和娱乐场所，是与新的交通方式密切相关。有轨电车路线的开辟使得北京市民能够来到天桥这个以前的比较远的郊区市场[⑨]。在家庭内部，家用汽车的普及，使得国民休闲的范围不断扩大，休闲的形式也逐渐丰富和多元。一项调查显示，20世纪90年代，美国家庭和个人外出旅行总次数中分别有77％和82％是利用家庭汽车完成的，私人汽车出行的主要目的休闲和娱乐[⑩]。在我国，随着汽车保有量和汽车驾驶人数量的持续增长，自驾游市场发展迅速，一项数据显示，2014年我国自驾车出游总人

① Button K，Taylor S. International Air Transportation and Economic Development ［J］. Air Transp Manag，2000，6(4)：209 - 222.

② Berry，Brian J L. Geography of Market Centers and Retail Distribution ［M］. Englewood Cliffs：Prentice-Hall，1967.

③ Nicholas S. The Optimal Size of Market Areas ［J］. Journal of Economic Theory，1972，4(2)：154 - 173.

④ Fischer J H，Harrington Jr J E. Product Variety and Firm Agglomeration ［J］. The RAND Journal of Economics，1996，27(2)：281 - 309.

⑤ Bollinger C R，Ihlanfeldt K R. The Impact of Rapid Rail Transit on Economic Development：The Case of Atlanta's MARTA ［J］. Journal of Urban Economics，1997，42(2)：179 - 204.

⑥ Schuetz J. Do Rail Transit Stations Encourage Neighborhood Retail Activity? ［J］. Urban Studies，2015，52(14)：2699 - 2723.

⑦ 徐杨菲,郑思齐,王江浩.城市活力：本地化消费机会的需求与供给［J］.新建筑,2016(1)：26 - 31.

⑧ Zheng S，Kahn M E. Does Government Investment in Local Public Goods Spur Gentrification? Evidence from Beijing ［J］. Real Estate Economics，2013，41(1)：1 - 28.

⑨ Madeleine Yue Dong. Republican Beijing：the City and Its Histories ［M］. Berkeley：University of California Press，2003.

⑩ 柳长立.美国汽车消费对扩大内需的促进作用分析［J］.汽车研究与开发,1996(6)：38 - 39.

数约为 22 亿人次,自驾游客人中家庭游客占比为 85％[①]。

信息技术不同程度地渗透到休闲产业发展过程中,例如航空公司、饭店集团、旅行社、交通运输公司等运用内部数据系统处理预订业务以及为顾客提供信息。在线旅游的发展便是信息技术发展的产物,消费者和供给者之间可以快速确认旅游购买信息。网络赋予人们巨大的力量,这对休闲产业的市场、分配、销售和交换方式产生基础性、根本性的影响(Pollock,1995)[②]。比如电子技术革命使家庭变成一个多媒体的终端,从而彻底改变着我们的日常休闲生活模式。高水准的休闲娱乐设备配置,已经使家庭成为休闲的地方。2011 年对英国家庭的调查数据显示,平均每个家庭拥有两台以上的电视机和至少一台笔记本,同时39％的英国成年人均拥有笔记本电脑、平板电脑和智能手机[③]。以家庭为基础的休闲娱乐需求的增长是一个家庭环境不断进步的产物,反映了公众越来越对被称为"生活方式"的休闲娱乐活动的兴趣浓厚[④]。

家庭作为休闲场所越来越有意义,这一休闲娱乐模式也推动着住房功能走向多元化。从历史发展过程看,随着工作场所逐渐从家庭的居住环境分离出来,家庭居住环境的空间利用开始专门化,每间房间都逐一安排。房间功能的分化,以及随之出现的固定设备和物品,把人类的如花朵盛开的情爱生活从一种季节性的活动转变成长年不懈的享乐[⑤]。如今,对于城市的发展而言,建造住宅任务是基本而关键的,尤其是当娱乐性回归住宅,广播、电影、电视、电脑等设备的配置使得现代住宅的娱乐功能越来越得到强化,正如芒福德所言,当一种精心配制的休闲进入家庭,未来人们将有更多的时间被花费在住宅环境上面[⑥]。一般来说,住宅环境的营造首先要依托一定面积的住宅,有研究表明,宽敞的住房带来的不仅仅是舒适性与便利性,更重要的是彰显了家庭的社会地位。正如王宁(2011)所言,住宅作为一种符号与象征向人们显示和表达了我们的社会地位、声

---

① 驴妈妈发布《2016 年自驾游十大趋势报告》[EB/OL].凤凰资讯. http://news. ifeng. com/a/20160202/47335630_0.shtml,2016－02－02.

② Pollock A. The Impact of Information Technology on Destination Marketing [J]. Travel and Tourism Analyst,1995(3):66－83.

③ 电视是夕阳行业吗? 调查数据喜忧参半[EB/OL].腾讯科技. http://tech. qq. com/a/20130318/000108.htm,2013－03－18.

④ [英] 史蒂芬·威廉姆斯.旅游休闲[M].杜靖川,曾萍,译.昆明:云南大学出版社,2006:101.

⑤ [美] 刘易斯·芒福德.城市文化[M].宋俊岭,李翔宁,周鸣浩,译.北京:中国建筑工业出版社,2013:130－136.

⑥ [美] 刘易斯·芒福德.城市文化[M].宋俊岭,李翔宁,周鸣浩,译.北京:中国建筑工业出版社,2013:496.

誉和权力①。这种出于维护"面子"的需要,是中国城市家庭平均居住面积不断扩大的一个原因②。杭斌等(2015)的实证研究发现,家庭现有住房面积与消费为正相关关系,一般而言,房子越大,家庭越富有,消费也会随之增加;另外,社会地位与家庭住房面积高度相关,而社会地位高的家庭不仅有较多的财富而且更为自信③。张传勇等(2017)的研究进一步表明,随着家庭住房财富的增加,家庭在旅游消费、健康保健消费等方面的支出比例会加大,表明住房对旅游、休闲等支出的影响主要表现为财富效应④。

与私人空间休闲娱乐形式相比,公共户外空间提供的绿色景观不仅打破了城市建筑物壅塞的特征,同时缓解了城市居民生活的枯燥无味之感⑤。在城市发展过程中,随着人类文明的增长,追求或重新体验原始环境的乐趣变得越来越重要,这些精神需求意味着建设城市景观公园并凸显其游览功效的理念成为城市设计师关注的要点。无论是早期公园和临时公园,还是在形成工业城市过程中所产生的公园,不管其形式如何,公园都已经成为城市土地使用过程中不可或缺的部分。它们为不同的人们提供了一个既积极又安静的休闲娱乐活动场所⑥。有研究指出,居民们更喜欢交通便利的、且能够嵌入到住宅小区的公园绿地,年轻居民更喜欢城市公园,中老年人则偏向于本地公园,尽管不同年龄群体对公园的偏好不同,但都认为城市绿色空间的卫生和质量属性至关重要⑦。另外,越来越多的研究表明,城市自然资源价值主要体现在两个方面:一是社会价值,人们可以在绿地、公园等类似的自然景观中缓解压力、陶冶情操,获取身体和精神方面的健康(Godbey,Grafe,James,1992)⑧;二是经济价值,绿地公园的历史、娱乐价值能够增强城市的吸引力和提升旅游目的地的竞争力,从而带来就业

① 王宁.消费社会学[M].北京:社会科学文献出版社,2011:208.
② 杭斌.住房需求与城镇居民消费[J].统计研究,2014,31(9):31-36.
③ 杭斌,修磊.住房攀比与居民消费[J].统计研究,2015,32(12):54-61.
④ 张传勇,王丰龙.住房财富与旅游消费——兼论高房价背景下提升新兴消费可行吗?[J].财贸经济,2017,38(3):83-98.
⑤ [美]刘易斯·芒福德.城市文化[M].宋俊岭,李翔宁,周鸣浩,译.北京:中国建筑工业出版社,2013:260.
⑥ [英]史蒂芬·威廉姆斯.旅游休闲[M].杜靖川,曾萍,译.昆明:云南大学出版社,2006:103.
⑦ Jim C Y, Wendy Y Chen. Leisure Participation Pattern of Residents in a New Chinese City [J]. Annals of the Association of American Geographers, 2009, 99(4):657-673.
⑧ Godbey G, Grafe A, James W. The Benefits of Local Recreation and Park Services: A Nationwide Study (1992) of the Perceptions of the American Public. College of Health and Human development, Pennsylvania State University, Pennsylvania.

和收入(Chiesura,2004)[①]。

基于以上分析和现实可操作系的原则,本书选取"公共交通车辆运营数、交通客运量、城镇居民家庭户家用汽车拥有量、城镇居民家庭户家用电脑拥有量、城镇居民家庭户彩电拥有量、城镇居民家庭户移动电话拥有量、住宅建筑面积、公园绿地面积"等 8 个二级指标作为休闲产业支持环境指标的评价。

二、指标选取原则

休闲产业发展评价是比较分析的结果,涉及休闲产业的内外诸多相互作用和影响的因素。为保证这一评价的客观、科学、全面性,需要在建立评价指标体系时遵循以下原则。

(一)科学性和可操作性

休闲产业发展评价指标选择以可操作性为基础,注重选取指标和评价过程的可比性;同时指标数据均来自权威部门的统计资料,保证评价结果的科学性与合理性。

(二)全面性和客观性

休闲产业是包含范围较广的综合性产业,建立评价指标必须综合各个方面,既要考虑到休闲产业包含的部门,又要考虑到与休闲产业发展有关的要素;同时,指标的选取要建立在对评价对象客观分析的基础上,并以客观的数据进行评价。

(三)主导性和层次性

主导性体现在所选指标是衡量休闲产业发展水平的重要指标,通过这些指标能够把握我国休闲产业发展状况。层次性表现在所选指标应逐层分级,力求使每个指标都能够反映休闲产业发展某一方面的特征。

第三节 评价指标体系和方法

一、评价指标体系

在指标选取说明和原则基础上,本章构建了我国休闲产业发展评价指标体系,具体包括一级指标 4 个,二级指标 35 个。需要说明的是,本书对休闲产业的

---

① Chiesura,A. The role of urban parks for the sustainable city [J]. Landscape and urban planning,2004,68:129 - 138.

评价是从两个维度展开的：一是规模视角；二是人均视角。本章重点剖析的是规模维度的休闲产业发展评价（见表4-4），人均角度的分析仅是作为规模维度评价结果的比较与补充将在第五章中进行阐述。

表4-4　休闲产业发展评价指标体系（规模视角）

一级指标	二　级　指　标	单位	变量	指标属性
服务设施	图书馆数量	个	X1	正向
	文化馆数量	个	X2	正向
	艺术表演团体数量	个	X3	正向
	艺术表演场馆数量	个	X4	正向
	博物馆数量	个	X5	正向
	旅游企业（含旅行社、酒店旅游景区）数量	个	X6	正向
	娱乐场所数量	个	X7	正向
	公园数量	个	X8	正向
需求潜力	城镇居民家庭恩格尔系数	%	X9	负向
	城镇居民家庭设备及用品消费支出	万元	X10	正向
	城镇居民家庭交通通信消费支出	万元	X11	正向
	城镇居民家庭教育文化娱乐消费支出	万元	X12	正向
	城镇居民家庭医疗保健消费支出	万元	X13	正向
	入境过夜游客总花费	万美元	X14	正向
	入境过夜游客人天数	人天	X15	正向
经营绩效	艺术表演场馆演出场次	万场次	X16	正向
	艺术表演场馆观众人次	万人次	X17	正向
	艺术表演场馆演出收入	万元	X18	正向
	旅游企业从业人员	人	X19	正向
	娱乐场所从业人员	人	X20	正向
	限额以上批发和零售业从业人员	人	X21	正向
	限额以上餐饮业从业人员	人	X22	正向
	旅游企业营业收入	万元	X23	正向
	体育彩票销售额	万元	X24	正向
	娱乐场所营业收入	千元	X25	正向

续 表

一级指标	二 级 指 标	单位	变量	指标属性
经营绩效	限额以上餐饮业营业收入	亿元	X26	正向
	限额以上批发和零售商品销售收入	亿元	X27	正向
支持环境	公共交通车辆运营数	辆	X28	正向
	交通客运量	万人	X29	正向
	城镇居民家庭户家用汽车拥有量	辆	X30	正向
	城镇居民家庭户家用电脑拥有量	台	X31	正向
	城镇居民家庭户彩电拥有量	台	X32	正向
	城镇居民家庭户移动电话拥有量	部	X33	正向
	公园绿地面积	公顷	X34	正向
	住宅建筑面积	公顷	X35	正向

重点分析规模维度的休闲产业发展评价的原因在于：第一，同一指标体系框架中既有规模指标又有人均指标，会影响到评价结果的相对科学性。第二，重点分析规模角度的休闲产业发展，主要是因为在以工业和服务业为主的现代经济体系中，规模的重要性更加重要。规模经济效应主要体现为三个方面：一是借助于规模经济效应来降低平均生产成本；二是规模经济有利于推进技术创新；三是规模经济有利于现代服务业的发展（陆铭，2013）[①]。第三，当我们关注地区差距和区域间平衡发展的问题时，一定要区分两个概念，一个是规模差距，一个是人均差距。在经济发展水平不断提高的过程中，人口和经济活动的集聚程度会提高，规模差距是一定存在的。但对于地区平衡来讲，需要的是人均意义上的增长和平衡，实现的是地区之间的实际收入水平和生活质量的差距缩减到最小（陆铭，2016）[②]，因此，关注的重点是休闲产业发展的地区差距。第四，人均指标更适合帮助小城镇的决策者评估其与大城市的休闲产业水平差异，规模（数量）指标可以更全面地了解一个地方休闲产业发展的多元性与否，以及休闲产业的供给和需求是否接近经济条件下的当地市场均衡[③]。

---

① 陆铭.空间的力量：地理、政治与城市发展[M].上海：格致出版社，上海人民出版社，2013：10-11.

② 陆铭.大国大城：当代中国的统一、发展与平衡[M].上海：上海人民出版社，2016：38-39.

③ Clark T N. Urban Amenities：lakes, opera, and juice bars：do they drive development? In Clark T N（ed.），The City as an Entertainment Machine［M］.New York：Elsevier. 2004：136.

二、评价对象与数据来源

(一) 评价对象

本书的研究对象是中国大陆 30 个省(区、市),研究时段从 2000 年至 2014 年,考虑到数据的连续性与完整性,故西藏为纳入本研究中。需要说明的是,研究对象选取省域,而不是城市,原因在于:第一,从休闲产业数据完整性角度讲,省域数据较为完整,更能体现休闲产业发展状况;第二,从研究问题角度看,关注省域更能反映我国休闲产业地区差距、空间格局等特征,研究城市可能无法从宏观上展现我国休闲产业发展的整体面貌。研究时段涵盖 15 年,始于 2000 年主要是之前数据的不完整性,并且考虑到 2000 年后我国休闲产业发展的基本特征才开始逐渐呈现;止于 2014 年主要是笔者开展研究的起讫时间是 2016 年,当时的统计数据仅呈现到 2014 年。跨度 15 年的省(区、市)数据,有利于进行休闲产业的横向比较和纵向比较分析,从而完整、系统地解读我国休闲产业发展状况、特征、规律等。

(二) 数据来源

为确保评价结果的权威性、客观性,本指标体系中所采用的指标数据均直接引自 2001—2015 年《中国统计年鉴》《中国文化文物统计年鉴》《中国旅游统计年鉴》《中国彩票年鉴》等。具体地讲,指标体系中涉及图书馆、文化馆、艺术表演团体、艺术表演场馆、博物馆、娱乐场所的数据均来自《中国文化文物统计年鉴》(2001—2015);城镇居民家庭恩格尔系数及各项消费支出、批发和零售、餐饮、公共交通车辆、交通客运量、家用汽车、家用电脑、家用彩电、家用移动电话、公园的数据均来自《中国统计年鉴》(2001—2015);旅游企业、入境过夜游客的数据均来自《中国旅游统计年鉴》(2001—2015)。需要说明的是,因无法获取各省(区、市)住宅建筑面积数据,因而以各省(区、市)城市的住宅建筑面积作为替代性指标,这一数据来源于各个城市统计年鉴。

三、评价方法

加权 TOPSIS 法是一种物理含义明确且评价结果可靠的多指标决策方法,通过构造正理想解(A^+)和负理想解(A^-)来测度备选方案与正理想解和负理想解之间的距离关系,从而实现对省域休闲产业竞争力的综合评价。计算步骤如下。

(一) 差异性测度方法

1. 熵值法

熵值法是一种客观赋权法,以信息论为基础,根据各项指标观测值所提供的信息的大小来确定指标权重。一般来说,若某个指标的信息熵越小,表明指标值的变异程度越大,提供的信息量越多,在综合评价中所能起到的作用也越大,其权重也就越大。相反,某个指标的信息熵越大,表明指标值的变异程度越小,提供的信息量也越少,在综合评价中所起到的作用也越小,其权重也就越小。因此,熵值法一定程度上避免了传统专家打分法的主观性和片面性等问题。计算如下:

首先对原始评价矩阵进行标准化处理,采用区间标准化方法,将指标数据转化为[0,1]的数值,公示如下。

对于正向指标:

$$X'_{ij}=\frac{X_{ij}-\min\limits_{1\leqslant i\leqslant n}X_{ij}}{\max\limits_{1\leqslant i\leqslant m}X_{ij}-\min\limits_{1\leqslant i\leqslant m}X_{ij}}$$

对于负向指标:

$$X'_{ij}=\frac{\max\limits_{1\leqslant i\leqslant m}X_{ij}-X_{ij}}{\max\limits_{1\leqslant i\leqslant m}X_{ij}-\min\limits_{1\leqslant i\leqslant m}X_{ij}}$$

式中 X_{ij} 为省区市 i 第 j 个指标的观察值, X'_{ij} 为标准化后的指标数据, $\max\limits_{1\leqslant i\leqslant m}X_{ij}$ 和 $\min\limits_{1\leqslant i\leqslant m}X_{ij}$ 分别为各省区市在第 j 个指标上的最大值和最小值。

其次运用熵值法计算第 j 个指标的熵值 e_j,公式为:

$$e_j=-k^*\sum\nolimits_{i=1}^{m}f_{ij}\ln f_{ij}$$

其中 $k=1/\ln m$,且 $k>0$,与省区市数量 m 无关。为避免 $\ln f_{ij}$ 无意义,规定 $f_{ij}=\dfrac{(1+X'_{ij})}{\sum_{i=1}^{m}(1+X'_{ij})}$。

最后确定权重为:

$$W_j=\frac{(1-e_j)}{(n-\sum\nolimits_{j=1}^{n}e_j)}$$

2. 加权 TOPSIS 方法

在对各省区市休闲产业发展水平差异性分析时,使用加权 TOPSIS 法。加权 TOPSIS 法是一种物理含义明确且评价结果可靠的多指标决策方法,通过构造正理想解(A^+)和负理想解(A^-)来测度备选方案与正理想解和负理想解之间的距离关系,从而实现对各省区市休闲产业竞争力水平的综合评价。计算方法如下。

首先根据公式 $X_{ij}^* = \dfrac{X_{ij}}{\sqrt{\sum_{i=1}^{m} X_{ij}^2}}$ 得到决策矩阵 $X' = (X_{ij}^*)_{m\times n}$,再将决策矩阵与权重向量进行相乘得到 $A = (a_{ij})_{m\times n} = (W_j \times X_{ij}^*)_{m\times n}$。

其次计算正理想解 $A^+ = \left(\max_{1\leqslant i\leqslant m} a_{i1}, \max_{1\leqslant i\leqslant m} a_{i2}, \max_{1\leqslant i\leqslant m} a_{i3}, \cdots, \max_{1\leqslant i\leqslant m} a_{in}\right) = (a_j^+)_{1\times n}$;和负理想解 $A^- = \left(\min_{1\leqslant i\leqslant m} a_{i1}, \min_{1\leqslant i\leqslant m} a_{i2}, \min_{1\leqslant i\leqslant m} a_{i3}, \cdots, \min_{1\leqslant i\leqslant m} a_{in}\right) = (a_j^-)_{1\times n}$。 并计算评价对象与正理想解($A^+$)和负理想解($A^-$)之间的距离关系:

$$d_i^+ = \sqrt{\sum_{j=1}^{n} (a_{ij} - a_j^+)^2} \quad d_i^- = \sqrt{\sum_{j=1}^{n} (a_{ij} - a_j^-)^2}$$

最后计算评价对象与最优值得贴近度 RC_i:$RC_i = \dfrac{d_i^-}{d_i^- + d_i^+} \times 100$ 来评价各省(区、市)休闲产业竞争力水平的高低。

(二) 相似性测度方法

1. 相似性分析法

为识别不同省(区、市)休闲产业发展水平的相似程度,进一步将各省(区、市)加权标准化后的指标数值分别累加,组成 4 个二级指标,即服务设施、需求潜力、经营绩效、支持环境,并用 J 来表示。灰色关联分析法是对指标数据构成的曲线几何形状的相似程度进行比较分析的研究方法,如果第 i 个省(区、市)的休闲产业发展状况与参照省(区、市)的休闲产业发展状况的灰色关联度越大,则表明当下两个省(区、市)的休闲产业发展相似程度越高,具体的计算方法

$$r_{il}^J = \frac{m + \xi M}{\Delta_{il}(J) + M}; \xi \in (0, 1)$$

其中,r_{il}^J 表示以 l 为参照省(区、市),第 i 个省(区、市)与参照省(区、市)l 在第 J 个指标上的相似度;$\Delta_{il}(J) = |o_{iJ} - o_{lJ}|$,$o_{iJ}$ 与 o_{lJ} 分别为第 i 个省(区、市)和参照省(区、市)l 第 J 个休闲产业发展二级指标值;$m = \min_{il} \min_{J} |o_{iJ} - o_{lJ}|$,$M = \max_{il} \max_{J} |o_{iJ} - o_{lJ}|$;$\xi$ 为分辨系数,一般取 0.5。最终可以确定第 i 个省(区、市)与参照省(区、市)l 的灰色关联度为:$R_{il} = \dfrac{1}{6} \sum_{J=1}^{6} r_{il}^J$。

此外各省(区、市)对应指标组成的数据向量之间的相似关系还可以通过向量夹角的余弦系数进行衡量。向量夹角的余弦值可以反映数据向量之间夹角的大小,因此可以反映数据向量的靠近程度。如果两个省(区、市)休闲产业数据向量夹角越小越表明两个省(区、市)在发展模式上存在较高的相似性。具体的计算方法

$$\cos \varphi_{il} = \frac{\sum_{J=1}^{6} o_{iJ} \times o_{lJ}}{\sqrt{\sum_{J=1}^{6} o_{iJ}^2} \times \sqrt{\sum_{J=1}^{6} o_{lJ}^2}}$$

余弦相似度的取值为[-1,1],取值越接近1则表明两个省(区、市)休闲产业发展相似程度越高。

基于上述分析,可以发现在判断省(区、市)休闲产业发展相似性的问题时,不仅需要考虑数据向量形状上的相似性还需要考虑数据向量在位置关系上的接近程度,因此在综合考虑两种相似特质的基础上引入组合相似度来衡量各省(区、市)休闲产业发展的相似性,计算方法

$$S_{il} = \frac{R_{il} + \cos \varphi_{il}}{2}$$

2. 聚类分析法

采取关系种子扩展聚类法,是基于综合相似度的计算结果对 30 个省(区、市)进行空间聚类。该聚类方法相较于传统的聚类方法而言,采用类中元素投票的方法进行计算,可以提升聚类的效率和准确率[1]。计算方法如下。

第一步,拟定相似度阈值 threshold 1:$S^* = \max\limits_{1 \leqslant l \leqslant 30} \overline{S}_l$,$\overline{S}_l$ 为省(区、市)l 与其他省(区、市)的平均组合相似度。

第二步,对省(区、市)l 而言,若 $S_{il} > S^*$,则将 i 与 l 组成一个集合 P_j;再判断其他样本省(区、市)与 P_j 中已有省(区、市)相似度的关系。

第三步,拟定归类阈值 threshold 2:$\Phi \in (0, 100\%)$,存在 P_j 中包含 M 个省(区、市),若对某个待分类的省(区、市)k 而言,P_j 中有超过 ΦM 个省(区、市)与 k 的相似度大于 S^*,则可以将其归入到同一类别中。本研究具体操作时,Φ 取 0.5。

———————
① 何婷婷,徐超,李晶,等.基于种子自扩展的命名实体关系抽取方法[J].计算机工程,2006,32 (21):183-184.

第五章　休闲产业发展评价

根据第四章构建的休闲产业发展评价指标体系和采用的研究方法,本章开展实证评价研究,从综合评价、分项评价、比较分析视角探究我国休闲产业的地区差异、空间类型和发展趋势等特征。

第一节　综合评价

一、综合排名特征

(一) 指标权重变化

根据差异性测度方法,对 2000—2014 年各指标数据进行标准化处理,并计算各指标权重,这里只列出历年一级指标的权重值。可以发现,15 年来 4 个一级指标的权重值变化都不是很明显,其中服务设施和经营绩效的权重值有所上升,需求潜力和支持环境的权重值稍有下降,说明休闲产业在发展过程中,更加侧重于休闲设施的投入,休闲类企业的投入产出回报(劳动力的投入和市场绩效),而对人们休闲消费的关注度还有待提升(见表 5-1)。

表 5-1　2000—2014 年一级指标的权重

	服务设施	需求潜力	经营绩效	支持环境
2000	0.237 2	0.170 4	0.361 4	0.231 1
2001	0.244 3	0.181 0	0.349 0	0.225 6
2002	0.242 5	0.168 8	0.344 3	0.244 5
2003	0.242 5	0.165 6	0.345 2	0.246 7
2004	0.234 0	0.160 2	0.373 8	0.232 1
2005	0.239 3	0.164 6	0.370 4	0.225 8
2006	0.241 4	0.170 5	0.369 6	0.218 5

	服务设施	需求潜力	经营绩效	支持环境
2007	0.234 2	0.156 9	0.399 8	0.209 1
2008	0.223 3	0.175 6	0.390 3	0.210 8
2009	0.226 1	0.171 4	0.392 8	0.209 7
2010	0.228 8	0.171 0	0.373 7	0.217 5
2011	0.227 6	0.168 6	0.389 3	0.214 5
2012	0.236 4	0.163 6	0.398 3	0.201 7
2013	0.248 8	0.155 0	0.363 1	0.233 1
2014	0.247 9	0.166 5	0.365 5	0.220 1

进一步从权重值比较看,经营绩效和服务设施的权重值较高,一定程度上表明 30 个省(区、市)在这两个指标方面相对差异程度较大,导致各省(区、市)的经营绩效水平和服务设施规模存在较大的差异性。需求潜力指标权重最低,说明 30 个省(区、市)的居民和游客休闲消费水平的相对差异程度小,导致休闲消费需求对各地区的休闲产业发展所起的作用较小,但这并不能反映出休闲消费在休闲产业发展过程中的地位低。从近年来政府工作报告、李克强总理的"五大幸福"产业讲话中,可以看出,培育休闲消费成为新消费增长点,是我国经济持续发展和社会和谐进步的战略选择。

(二) 综合排名变化

根据加权 TOPSIS 法计算出 30 个省(区、市)休闲产业发展综合指数,依据指数对 30 个省(区、市)休闲产业发展水平进行排序。可以发现,2000—2014 年各省(区、市)休闲产业发展综合指数排名变化幅度较小,总体看东部沿海地区排名靠前,西部地区排名靠后(见表 5-2)。

表 5-2　中国 30 个省(区、市)2000—2014 年 TOPSIS 评价值排序

	2000	2001	2002	2003	2004	2005	2006	2007	2008	2009	2010	2011	2012	2013	2014
广　东	1	1	1	1	1	1	1	1	1	1	1	1	1	1	1
江　苏	2	2	2	2	2	2	2	3	2	2	2	2	2	2	2
浙　江	3	3	3	3	3	3	3	2	3	3	3	3	3	3	3
山　东	4	4	4	5	5	5	5	6	3	5	4	5	5	4	4

	2000	2001	2002	2003	2004	2005	2006	2007	2008	2009	2010	2011	2012	2013	2014
北　京	6	5	7	6	6	6	6	5	4	4	5	4	4	5	5
上　海	7	8	5	4	4	4	4	4	6	6	6	6	6	6	6
河　南	9	7	6	7	7	7	7	7	7	8	8	9	8	8	7
四　川	5	6	9	8	8	8	8	8	8	7	7	7	7	7	8
福　建	11	10	10	12	12	13	13	14	11	10	11	12	11	13	9
安　徽	14	15	15	15	17	16	15	9	10	11	9	10	9	9	10
湖　南	13	11	11	9	10	12	10	13	15	14	14	14	15	12	11
河　北	12	13	13	13	13	11	11	11	12	12	13	11	10	11	12
湖　北	8	9	8	10	9	9	12	12	13	13	12	13	13	10	13
辽　宁	10	12	12	11	11	10	9	10	9	9	10	8	12	14	14
云　南	15	14	14	14	15	15	14	15	14	15	17	16	14	15	15
陕　西	17	17	16	17	14	18	16	16	18	18	18	18	19	16	16
重　庆	18	18	18	19	20	19	20	17	16	16	15	15	16	17	17
山　西	19	19	20	18	18	17	18	18	17	17	16	17	18	18	18
江　西	21	21	21	20	16	20	17	20	20	20	20	19	17	19	19
黑龙江	16	16	17	16	19	14	19	19	19	19	19	20	21	20	20
广　西	20	20	19	21	22	21	21	21	21	21	21	21	20	21	21
天　津	23	22	23	22	21	25	23	23	23	22	23	22	22	22	22
内蒙古	24	24	24	24	25	22	25	24	22	23	22	23	23	23	23
贵　州	26	26	26	25	27	27	27	26	27	26	26	27	26	24	24
吉　林	22	23	22	23	24	23	22	25	25	24	24	25	27	26	25
甘　肃	25	25	27	27	26	26	26	27	26	27	27	26	25	27	26
新　疆	27	27	25	26	23	24	24	22	24	25	25	24	24	25	27
海　南	28	28	28	28	28	28	28	28	28	28	28	28	28	28	28
青　海	29	29	29	29	29	29	29	29	29	29	29	29	29	29	29
宁　夏	30	30	30	30	30	30	30	30	30	30	30	30	30	30	30

　　具体来看,表5-2结果反映出我国休闲产业发展的如下特征。第一,
2000—2014 年休闲产业发展指数始终排名前 10 位的省(市)有广东、江苏、浙

江、山东、北京、上海、河南、四川,但各省市发展变化不同,其中广东和江苏的人口和GDP基数较大,休闲产业总量意义上的排名始终位居前二。同样,河南和四川的人口基数较大,其排名挤进前八。值得注意的是,长三角地区的江苏、浙江、上海休闲产业一直保持较高的水平,表明该区域休闲产业规模效应明显,武俊奎(2012)认为城市规模扩张会使产业集聚度提高,从而提高城市能源利用率和城市专业化水平,进而提高劳动生产率,实现资源的集约利用[①]。从这个观点出发,我们可以认为人口集聚程度高的长三角区域,其休闲产业的集聚趋势会日益增强。

第二,15年间中部的大部分省份以及东部和西部的部分省(市)排名位居9～21名次之间,其中中部地区包括安徽、湖南、湖北、山西、江西、黑龙江,东部地区包括福建、河北、辽宁,西部地区包括云南、陕西、重庆。中部地区安徽休闲产业水平排名上升趋势明显,湖南、山西和江西略有上升,湖北和黑龙江下降明显。安徽排名上升较快的原因与本省对休闲相关产业扶持的政策有关,2003年安徽便提出打造文化产业成为经济发展的重要支柱产业之一,之后安徽省持续加大对博物馆、图书馆、艺术馆、文艺团体以及新闻、通信、广播、电视、出版等部门的财政支持,至2014年安徽文化事业费达到11.99亿元,是2000年(1.58亿元)的7.59倍。与此同时,文化基础设施建设步伐加快,文化服务体系已经初步形成,并具有一定的规模。与此同时,文化基础设施建设步伐不断加快,文化服务体系已初具规模和体系。目前安徽已形成以传媒出版产业、广播影视演艺产业和文化旅游产业为优势,动漫产业、数字内容产业、文化会展业为新兴产业的文化产业门类[②],推动着安徽休闲产业的规模化发展。湖南虽然在电视娱乐产业、动漫游戏产业领域形成了一定的气候,但其他的休闲相关企业多以中小企业为主,具有成长不确定性和轻资产的特性[③],制约了休闲产业的规模化发展。另外,政府的扶持性政策与企业的对接方面仍存诸多障碍,导致休闲产业的发展进程较慢。山西休闲产业发展水平虽有了一定的增长,但这种增长往往带有一定的盲目性[④],即政府和有关部门在休闲服务供给体系方面,缺乏对人们休闲需求的科学分析,导致大量的重复建设和巨资浪费。江西的休闲产业发展面临同样的问题,供给体系不足,比如适合大众口味的休闲场所供不应求,科技馆、图书

① 武俊奎.城市规模、结构与碳排放[D].上海:复旦大学,2012.
② 程霞珍.安徽文化产业集群发展的政府支持研究[D].合肥:安徽大学,2014.
③ 郑自立.湖南休闲文化产业发展模式研究[J].中华文化论坛,2015(8):172-176.
④ 梁瑞霞.山西休闲产业发展研究[D].太原:山西财经大学,2009.

馆、文化馆等休闲设施严重不足①。湖北在休闲产业发展方面,明显存在技术水平、投入的资源利用效率偏低等问题②;同时,湖北的休闲产品和服务的档次比较低,种类单一,缺少休闲消费氛围,以及与休闲消费相配套的基础设施如图书馆、影院和剧场建设落后,难以满足人们的休闲消费需求,这些因素导致湖北的休闲产业规模收益递减。黑龙江地处东北区域,近年来人口流失严重,休闲消费需求不足,同时在服务供给层面存在诸多制约休闲产业规模化发展的因素,如资源开发利用、市场机制不健全、政策不完善、人才缺失等③。

第三,15 年来排名始终处于后 10 位的省(区、市)分别是广西、天津、内蒙古、贵州、吉林、甘肃、新疆、海南、青海、宁夏。10 个省(区、市)中,除了东部地区的天津、海南和中部地区的吉林以外,其余省区均位于西部地区。从 30 个省(区、市)地位来看,天津是唯一一个休闲产业发展指数与其城市地位极不匹配的城市,其地理位置紧挨着北京,受制于北京的首都和政治中心的功能,同时由于是直辖市,无法集中其他省的资源,导致天津休闲产业发展缺乏具有标志性的产品、具有影响力的龙头企业,以及较大规模的休闲产业集聚区,从而影响了天津休闲产业规模化发展的速度和效益。吉林,长期受制于地域文化、自然环境、体制等方面的影响,经济表现方面存在经济结构超稳定性、经济关系的超封闭性和经济发展的缓慢性,而导致休闲产业发展迟缓。纵然有长春电影节、吉林雾凇节等节庆活动,但活动内容单一,缺乏与经济相联系的规模优势,因而影响力较小。其余的 8 个省(区)中,广西、贵州和海南三省(区)地理位置紧邻,内蒙古、宁夏、甘肃、青海、新疆五省(区)的地理位置邻近,形成西南片区休闲产业发展弱势集中区和西北地区休闲产业发展弱势集中区。从一份地球夜景亮度评价中国各省(区、市)经济发达程度资料看,这 8 个省(区)的亮度点较小且分散,一方面说明这些区域经济发展水平较低,另一方面反映形成经济集聚的规模效应低,再加上这些省(区)的人口规模水平较低,导致与休闲相关的产业发展规模水平处于较低的状态。

这些省(区)的综合排名特征可以进一步通过每年 TOPSIS 评价值的统计特征得到体现,2000—2014 年各地区的变异系数都大于 30%,表明休闲产业发展水平不均衡,区域差异性非常明显;但值得关注的是,变异系数由 2000 年的61.505% 下降为 2014 年的 60.834%,反映区域差异在缩小(见表 5 - 3)。

① 李良杰,徐德培.江西休闲经济发展研究[J].江苏商论,2011(7):116 - 120.
② 郭国峰,郑召锋.我国中部六省文化产业发展绩效评价与研究[J].中国工业经济,2009(12):76 - 85.
③ 孙晓春,雷鸣,蔡晶.黑龙江省文化创意产业发展研究[J].兰州学刊,2013(3):182 - 186.

表 5-3　中国 30 个省(区、市)TOPSIS 评价值的统计特征

	最大值	最小值	平均值	标准差	变异系数(%)
2000	77.624	2.506	25.995	15.988	61.505
2001	80.676	2.057	26.604	16.054	60.93
2002	76.922	1.662	26.429	15.816	59.845
2003	77.338	1.411	25.865	16.153	62.453
2004	75.838	2.366	26.134	15.954	61.05
2005	73.935	1.900	25.594	15.92	62.203
2006	75.317	1.739	25.308	16.239	64.167
2007	77.261	2.626	25.142	17.096	67.999
2008	78.961	2.303	23.675	16.421	69.36
2009	73.692	2.402	24.961	16.46	65.94
2010	69.243	2.823	24.557	15.613	63.577
2011	73.145	1.872	24.586	16.342	66.466
2012	73.394	1.335	25.136	16.474	65.538
2013	67.393	1.769	25.301	15.44	61.027
2014	65.895	1.682	25.475	15.497	60.834

表 5-3 所反映的休闲产业发展不均衡特征,具体体现在较强水平的区域集中在东部沿海带、京广沿线带和长江流域沿线带,而丝绸之路经济带区域的休闲产业发展水平还比较低,这种非均衡性主要是自然环境本身的非均匀分布以及经济自身的集聚和扩散力量导致的。

二、综合相似性特征

(一)相似性特征

虽然通过 TOPSIS 评价方法能较为方便地得到休闲产业的省域排名和区域差异,但由于测评指标的多样性,各省(区、市)在不同指标上的排名顺序不尽相同,差异性并不是区域休闲产业发展的唯一特征。从单个指标看,省域休闲产业的差异性和非均衡性是显而易见的,但从多指标角度看,区域休闲产业发展的相似性同样存在。区域差异和相似性同为区域休闲产业发展的必然产物。

根据组合相似度的计算,可以得出不同省域间休闲产业发展的相似度矩阵。

组合相似度越高表示省(区、市)与省(区、市)之间休闲产业发展模式越接近。为便于分析省域休闲产业发展的相似性特征,以2014年的结果来探讨休闲产业发展模式问题。

首先,从2014年的综合排名结果看,中国休闲产业综合水平在地理分布上呈现较为明显的空间规律性,即沿海东部地区休闲产业综合水平高于内陆。如果借用地理学经典成果"胡焕庸线"理论,可以发现,胡焕庸线的右侧东南地区向左侧西北地区递减的总趋势(见表5-4)。

表5-4 2014年省(区、市)休闲产业发展的相似度、综合排名结果

省区市	一级指标排名结果				综合得分	综合排名	平均组合相似度
	服务设施	需求潜力	经营绩效	支持环境			
北 京	23	6	3	11	44.747 1	5	0.763 7
上 海	24	5	4	8	42.391 6	6	0.784 3
山 东	5	4	6	3	44.763 8	4	0.828 4
浙 江	3	3	5	4	47.450 1	3	0.820 1
江 苏	2	2	1	2	59.256 4	2	0.769 8
广 东	1	1	2	1	65.894 9	1	0.736 0
福 建	16	12	7	15	30.446 1	9	0.863 3
重 庆	19	21	13	12	22.068 1	17	0.886 2
天 津	27	16	12	24	15.339 1	22	0.846 9
吉 林	26	23	26	22	11.787 5	25	0.879 0
黑龙江	17	17	22	18	17.575 9	20	0.877 8
广 西	20	20	21	19	16.250 9	21	0.890 9
山 西	10	22	19	23	19.730 0	18	0.884 1
河 南	4	7	10	6	33.771 6	7	0.865 8
陕 西	11	15	17	17	22.216 2	16	0.897 0
安 徽	7	14	14	10	28.458 8	10	0.883 7
云 南	9	18	18	20	23.858 8	15	0.882 8
湖 北	12	13	'8	14	27.338 6	13	0.885 1
河 北	8	11	16	9	27.419 9	12	0.881 4
四 川	6	8	9	5	33.470 6	8	0.868 8

省区市	一级指标排名结果				综合得分	综合排名	平均组合相似度
	服务设施	需求潜力	经营绩效	支持环境			
辽　宁	14	9	15	13	24.765 9	14	0.891 2
湖　南	13	10	11	7	27.629 6	11	0.885 7
青　海	28	29	30	30	3.307 8	29	0.809 5
贵　州	25	25	25	21	12.701 9	24	0.878 3
内蒙古	18	19	23	25	14.609 1	23	0.879 7
甘　肃	21	27	27	27	11.512 9	26	0.861 3
宁　夏	30	30	29	29	1.682 4	30	0.847 5
海　南	29	28	28	28	3.997 3	28	0.849 3
新　疆	22	26	24	26	11.357 9	27	0.874 6
江　西	15	24	20	16	18.456 9	19	0.889 2

其次,从单个省(区、市)与其他省(区、市)的平均组合相似度来看,总体趋势基本与休闲产业的综合排名相反,也就是说综合排名越靠前的省份,与其他省(区、市)的平均相似度越低。比如广东和青海,二者的休闲产业综合水平分别位居第 1 和 29 名,但相似性计算结果显示,二者的休闲产业发展相似度最低,为0.614 2。再如发展水平相近的吉林和贵州,二者位序分别是 25 和 24 名,相应地,休闲产业发展相似度最高,为 0.987 3,这一现象一定程度上说明我国休闲产业发展模式在省域之间呈现两极分化现象(见图 5 - 1)。

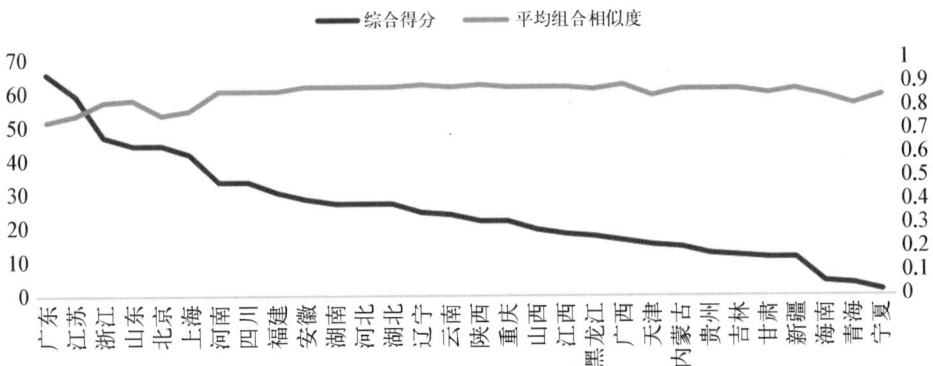

图 5 - 1　省域休闲产业发展水平的综合得分及单个省(区、市)与
其他省(区、市)的平均组合相似度

（二）空间聚类特征

相似性特征分析虽然表明一些省（区、市）休闲产业发展模式相近，有归为一类的可能，但最终的类别归属还取决于其他参数，即归类阈值。根据平均组合相似度的计算结果，确定相似度阈值为 0.897 0，并拟定归类阈值为 0.5。之后，结合关系种子扩展法进行反复计算，来确定各省（区、市）的类别归属。为便于分析省（区、市）休闲产业发展的空间聚类特征，本部分以 2014 年的结果来展开分析。根据反复计算结果对各省（区、市）进行聚类，最终将 30 个省（区、市）划分为八大类别：北京和上海两个直辖市聚为一类（类型Ⅰ）；山东和浙江两省聚为一类（类型Ⅱ）；江苏和广东两省聚为一类（类型Ⅲ）；福建省和重庆市聚为一类（类型Ⅳ）；天津市和吉林省聚为一类（类型Ⅴ）；黑龙江、广西、山西三省区聚为一类（类型Ⅵ）；河南、陕西、安徽、云南、湖北、河北、四川、辽宁和湖南 9 个省聚为一类（类型Ⅶ）；青海、贵州、内蒙古、甘肃、宁夏、海南、新疆和江西 8 个省区聚为一类（类型Ⅷ）（见表 5-5）。

表 5-5　2014 年省（区、市）休闲产业发展的空间聚类结果

省区市	聚类结果	所属区域	省区市	聚类结果	所属区域
北 京	聚类Ⅰ	东部	安 徽		中部
上 海		东部	云 南		西部
山 东	聚类Ⅱ	东部	湖 北		中部
浙 江		东部	河 北	聚类Ⅶ	东部
江 苏	聚类Ⅲ	东部	四 川		西部
广 东		东部	辽 宁		东部
福 建	聚类Ⅳ	东部	湖 南		中部
重 庆		西部	青 海		西部
天 津	聚类Ⅴ	东部	贵 州		西部
吉 林		中部	内蒙古		西部
黑龙江		中部	甘 肃	聚类Ⅷ	西部
广 西	聚类Ⅵ	西部	宁 夏		西部
山 西		中部	海 南		东部
河 南	聚类Ⅶ	中部	新 疆		西部
陕 西		西部	江 西		中部

1. 类型Ⅰ分析

类型Ⅰ中北京和上海休闲产业水平综合排名的平均位序为5.5,均为我国的一线大城市,类内平均综合相似度为0.774。两个城市的需求潜力、经营绩效、支持环境等指标排名靠前,服务设施指标排名靠后,这与城市规模有关。北京和上海作为直辖市,其土地规模远不及其他省(区),在休闲服务设施总量规模水平上自然排名靠后,但是北京和上海的净流入人口规模大、城镇化率高,加之相应的绿化、交通、技术等配套服务良好,使得两座城市在其他指标水平方面具有一定的优势。

(1) 服务设施方面,北京的艺术表演团体数量、公园数量和旅游企业数量要远高于上海,而上海在博物馆数量、娱乐场所数量上要远高于北京。一方面,北京和上海艺术文化经营的"土壤"不同,北京是我国的首都和文化中心,不仅汇集了一大批中央级的文化机构,而且由于政府机构多,客观上形成了一种多元制衡的体制现象。这使得产业经营主体多样化,成为北京休闲文化产业发展的一大特色[①],这样的产业发展模式给予了艺术表演团体生存发展的空间和环境。另一方面,北京是一个历史古都,帝王将相在此留下了诸多皇家园林和遗址,经过国家和市政府的修缮后,现已成为供市民和游人休闲娱乐、游览的公园、景区等,这是其公园数量和旅游企业数量多于上海的重要原因。上海作为我国的经济、金融、贸易和航运中心,在改革开放中逐渐形成了一批现代化企业大集团,拥有了集中优势资源办大事的宝贵经验,因而上海休闲文化产业发展模式的特色在于,善于利用优势资源形成集约化经营。文化是城市持续发展的灵魂和提升城市竞争力的核心软实力,"十二五"期间,上海率先提出建设国际文化大都市的构想,作为衡量城市文明程度和综合实力的重要标志的博物馆,自然成为上海推进国际文化大都市建设的关键项目。数据显示,2012年后上海的博物馆数量飞速提升,超过北京。此外,上海作为国际化的时尚之都,文化的多元性使得娱乐场所的数量要高于作为政治中心地位的北京。

(2) 需求潜力方面,北京仅在城镇居民家庭设备及用品消费支出方面略高于上海,其余指标水平均低于上海,充分体现出上海在本地居民的休闲娱乐消费和入境游客的旅游消费方面的规模优势。从居民消费结构看,北京和上海在人均意义上的消费支出上所差无几,但上海的城镇人口规模要高于北京,导致规模

---

① 王文英,花建,叶中强.北京、上海、广州、深圳文化产业可持续发展比较研究[J].广东艺术,2001(5): 13 - 21.

意义上的本地居民消费水平优于北京。从入境旅游消费规模看,北京的入境过夜游客总花费和人天数均低于上海,这主要是由于北京入境游客以观光游览游客最多,上海以商务游客最多,同时北京入境游客的重游率要低于上海而导致的[①]。

(3)经营绩效方面,北京和上海在艺术表演场馆演出场次和观众人次方面所差无几,但北京在艺术表演场馆演出收入、旅游企业从业人员和营业收入、娱乐场所营业收入等方面要远高于上海,而上海在娱乐场所从业人员、限额以上批发和零售业从业人员、限额以上批发和零售商品销售收入、限额以上餐饮业从业人员和营业收入、体育彩票销售额等方面均要高于北京。北京的政治文化中心地位决定了其在艺术表演场馆演出收入方面的优势,同时在服务设施分析中已经提到北京的旅游资源禀赋状况,因而旅游企业从业人员和营业收入高于上海不难理解。值得注意的是,虽然北京的娱乐场所(歌舞娱乐和游戏游艺)数量优势不及上海,但营业收入却高于上海,这可能与北京近年来对娱乐行业的整顿和规划有关,扭转了娱乐场所杂乱弱小、秩序混乱的局面,开始向规模化、连锁化、品牌化、特色化趋势发展,从而直接推动了娱乐场所生产能力的提升。上海在娱乐场所从业人员方面具有的优势与其规模有关,在限额以上批发零售餐饮业方面的优势则与上海较为发达的商业有关,上海基本上每个区都有一个以上的标志性商业中心,而北京的商业网点分布较为分散,比较集中的商业街区相对有限。一般来讲,国际大都市往往都会拥有若干个标志性商业街区和商圈,零售批发和餐饮为主的商业行业增加值一般对城市服务业的贡献较大[②],此观点也进一步印证上海的商业发达程度要优于北京。最后,上海的体育彩票销售额高于北京,与两地体育产业发展的特点有关,上海在举办国际热门、顶尖的大型体育赛事上在全国具有领先地位,体育彩票发行额度大;北京的体育产业主要依靠体育用品的销售和体育娱乐服务的提供而发展,在体育彩票的销售上要逊于上海。

(4)支持环境方面,北京在公共交通车辆运营数、公园绿地面积、交通客运量、住宅建筑面积、城镇居民家庭户家用汽车拥有量方面具有优势,上海在城镇居民家庭户家用电脑拥有量、彩电拥有量和移动电话拥有量等方面优势显著。这反映出在休闲产业发展过程中,北京具有交通、绿化、住房环境优势,上海则具

①　张雯强.1998—2007年京沪入境游客消费行为变迁及对比研究[D].北京:北京第二外国语学院,2009.

②　东方早报.上海国际大都市商业新发展[N/OL]. http://money. 163. com/14/1028/09/A9KQ843800253B0H.html,2014－10－28.

有信息优势。一项由工业和信息化部门发布的《2014 年中国信息化发展水平评估报告》显示，上海的优势在于新一代网络建设和市民信息化应用，信息服务业已经成为上海经济新的支柱性产业和重要增长点①。北京的交通规模高于上海，一方面是上海实行拍牌制度控制私家车过快增长，另一方面是北京公交的覆盖和辐射面积要大于上海所致。北京在公园绿地面积方面具有的优势与其公园的数量规模有关，这一点在服务设施分析中已有提及。住房环境方面，上海有历史建筑保护和大规模人口涌入因素，导致住宅建筑面积较低。

2. 类型Ⅱ分析

类型Ⅱ中山东和浙江两省休闲产业水平综合排名的平均位序为 3.5，均为我国沿海东部省份，类内平均综合相似度为 0.824 3。两个省份在 4 个指标排序上的表现水平比较接近，均在 3～6 名之间。浙江在服务设施、需求潜力和经营绩效三个指标上的排名要稍高于山东，而山东的支持环境指标排名好于浙江。在人口规模、土地面积和城镇化率表现来看，山东的人口规模和土地面积都要大于浙江，浙江的城镇化率则要高于山东。

（1）服务设施方面，山东的图书馆、文化馆、艺术表演场馆、博物馆等数量优于浙江，浙江的艺术表演团体、娱乐场所、公园、旅游企业等数量均要高于山东，这从侧面反映出山东传统型的文化场馆类设施投入力度较大，而浙江侧重于游憩娱乐类设施的建设。资源禀赋是决定地方休闲服务设施发展的重要因素，山东是中华文明发祥地之一，历史资源悠久深厚，文化遗产、文物古迹、文化典籍、历史文化名人是山东特有的文化资源，这些资源为山东传统文化型的场馆建设提供了坚实基础，同时一个地方的图书馆及其他文化基础设施作为"政治附属品"，是按照经济社会发展水平和人口数量来平均配置的②。所以山东的图书馆、博物馆等数量高于浙江应在情理之中。艺术表演团体、娱乐场所、旅游企业的发展一贯坚持由社会力量主办，浙江民营经济发达，民间资本丰厚，在发展娱乐业、旅游业方面有着独特优势和有利条件。

（2）需求潜力方面，浙江的城镇居民家庭交通通信消费支出、入境过夜游客总花费水平均高于山东，山东在城镇居民家庭设备及用品消费支出、医疗保健消费支出和入境过夜游客人天数方面的表现高于浙江，两省的城镇居民家庭教育

---

① 中商情报网. 2014 年中国信息化发展水平评估报告［EB/OL］. http://www.askci.com/news/chanye/2015/01/15/163025j6n3.shtml，2015/01/15.

② 葛霞. 公共图书馆资源配置的地区差异比较与分析——以浙江、湖北、青海三省为例［J］.情报理论与实践，2009，32(7)：104－107.

文化娱乐消费支出水平差别细微。这一方面说明山东城镇居民对家庭用品和个人保健方面的追求与关注度比较高,或者说比较注重生活品质的提升;另一方面反映浙江在工业化和城镇化进程的推动下,人口的流动性加强,花费在交通和通信方面的支出较高。值得注意的是,尽管山东近年来把旅游业列为重点发展的产业对象,同时旅游接待人数逐年增长,但入境游客消费水平却远低于浙江,这与山东优质旅游资源数量偏低、原生态旅游设施缺乏必要维护投资,以及缺乏能够吸引游客的特色旅游品牌等原因不无关系。

(3)经营绩效方面,浙江在限额以上批发和零售业从业人员、限额以上餐饮业从业人员、限额以上餐饮业营业收入、体育彩票销售额等4个指标水平方面低于山东,其余指标水平均高于山东。这一方面是因为山东的常住人口数量要远高于浙江,在批发零售餐饮行业具有劳动力投入的先天优势,但其批发集约化水平低、连锁零售企业影响力弱,导致其产出效益难以与浙江抗衡。但山东餐饮业产出要高于浙江,除了人口因素外,山东菜系特点也是一大影响因素。在鲁、川、粤、闽、苏、浙、湘、徽等八大菜系中,鲁菜最受用户的关注[①]。另一项调查结果也印证了这一观点,中国饭店协会发布的《中国餐饮业年度报告2014》称,山东餐饮销售收入排在全国第二位,仅次于广东[②]。浙江在艺术表演场馆演出场次、艺术表演场馆观众人次、艺术表演场馆演出收入、旅游企业从业人员、旅游企业营业收入、娱乐场所从业人员、娱乐场所营业收入方面的优势,一方面与浙江较为发达的民营经济有关,另一方面与浙江的文化、旅游业的政策支持有关。比如设立文旅产业基金、完善旅游产业用地管理措施、引导旅游产业结构调整等。

(4)支持环境方面,浙江的公共交通车辆运营数、公园绿地面积、城镇居民家庭户家用电脑拥有量、城镇居民家庭户家用汽车拥有量等指标水平要弱于山东,山东则在交通客运量、住宅建筑面积、城镇居民家庭户彩电拥有量、城镇居民家庭户移动电话拥有量等方面逊于浙江。就交通来说,虽然山东拥有的公共交通和家用汽车数量要高于浙江,但浙江的交通客运量远高于山东,这充分说明山东的人口流动性要弱于浙江,体现了浙江经济发展的活力要强于山东。就信息设备来说,山东家用电脑数量具有优势,这与山东的人口规模大有关,但浙江的彩电尤其是移动电话的拥有量要远高于山东,反映出浙江电子商务市场较为发

---

① 齐鲁财富网.今日头条大数据揭秘:山东人最爱喝甜沫吃油旋和火锅[EB/OL].http://www.qlmoney.com/content/20160329-170374.html,2016-03-29.

② 烟台视窗.山东人最能吃?仅次于广东人[EB/OL].http://www.tascl.net/news/2015923/474701-1.htm,2015-09-23.

达,以互联网＋娱乐为模式的泛娱乐产业的规模和影响力更具竞争优势。

3. 类型Ⅲ分析

类型Ⅲ中江苏和广东休闲产业水平综合排名的平均位序为 1.5,分别位于我国较为发达的长三角区域和珠三角区域,类内平均综合相似度为 0.759 2。两个省份在 4 个指标水平上的表现均位居前二,江苏的服务设施、需求潜力、支持环境指标水平均排名第二,经营绩效水平排名第一,广东则相反。从常住人口、土地面积、人口净流入指标看,广东的表现都要好于江苏。

(1)服务设施方面,江苏在艺术表演场馆、博物馆、娱乐场所、旅游企业等数量方面具有优势,广东则在图书馆、文化馆、艺术表演团体、公园数量等方面的表现优于江苏。江苏文化底蕴深厚,文化遗产极为丰厚,在历史演进过程中逐渐形成了吴文化、楚汉文化、淮扬文化和金陵文化四大区域特色文化,在文化艺术资源、产品、人才等领域都拥有较高地位,因此在艺术表演场馆、博物馆等文化艺术类设施的投入自然较多。同时,江苏的人均 GDP 和人均可支配收入水平要高于广东,随着人们生活水平的提高,休闲时间的增多,娱乐活动更多地出现在人们的日常生活中,因而娱乐场所总体发展规模较大。旅游企业数量方面,江苏和广东均为旅游大省,拥有较为丰富的旅游资源,但广东的乡村旅游发展缓慢,难敌江苏;同时广东的景区和知名旅游品牌与江苏相比没有竞争力,目前广东拥有 5A 级旅游景区共 9 个,江苏拥有 17 个,A 级以上的旅游景区数量也远落后于江苏[①]。广东的土地面积和人口数量都超越江苏,因此图书馆、文化馆等设施的配置规模要高于江苏,同时广东在发展经济的同时,非常注重城市绿色生态建设,大力建设公园绿地,仅森林公园一项就跃居全国第一[②]。

(2)需求潜力方面,江苏仅在城镇居民家庭恩格尔系数、城镇居民家庭医疗保健消费支出等方面高于广东外,其余指标水平均低于广东。在区域发展方面,广东的区域发展最为失衡,而江苏的区域发展更为均衡,因而广东城镇居民的家庭富裕程度整体要低于江苏。江苏城镇居民人均可支配收入的提高,以及医疗保健制度的完善和城镇居民大病保险制度的启动,使得城镇居民的就医环境得到改善,人们对自身的健康体检也越来越重视,各类健身器材、保健器材和滋补保健品等消费水平提升,支出加快。而广东由于区域经济发展的不平衡,城镇居

---

① 人民网.南方日报:重构广东旅游业竞争优势[EB/OL]. http://opinion.people.com.cn/n/2015/ 0320/c1003－26723579.html,2015－03－20.

② 深圳新闻网.广东为啥能在森林公园建设中脱颖而出?[EB/OL]. http://news.sznews.com/ content/2017－05/05/content_16147739.htm,2017－05－05.

民整体的医疗环境不佳,一项广东城镇医疗服务调查报告显示,82%的受访者表示看病"贵"和"比较贵",近三成受访者对"挂号、看病等候时间""看病拥挤程度"不满意[①],从侧面反映出广东城镇居民医疗保健消费支出水平弱于江苏的原因。但是,广东的城镇居民家庭设备及用品消费支出、城镇居民家庭交通通信消费支出、城镇居民家庭教育文化娱乐消费支出等方面水平较高,尤其是交通通信消费远高于江苏。近年来广东大力发展信息产业,电子商务交易增长势头强劲,2014年电子商务交易总额达到2.63万亿元[②]。值得注意的是,两省的入境旅游消费规模差异较大,广东的入境旅游消费规模和水平远高于江苏。主要缘由是,广东作为世界制造业基地而形成的外向型经济发展模式,吸引了较多境外商务客,商贸旅游业发展规模较大,同时广州的美食、气候、购物、高性价比等因素也是吸引入境游客的重要筹码。

（3）经营绩效方面,江苏在艺术表演场馆演出场次、艺术表演场馆观众人次、艺术表演场馆演出收入和体育彩票销售额等方面的水平高于广东,而其余指标水平如娱乐场所从业人员和营业收入、旅游企业从业人员和营业收入、限额以上批发和零售业从业人员、限额以上餐饮业从业人员和营业收入均要低于广东。这充分反映出江苏在文化艺术方面的创造力和影响力,以及在体育彩票销售和公益建设方面投入的力度。江苏体彩在体彩游戏的地方特色上不断进行创新和尝试,持续为彩民推出富有"江苏味道"的花样繁多的回馈活动,同时具有"江苏味道"的公益活动成为江苏体彩的亮点,二者合力助推江苏体彩的销量。广东在娱乐业、旅游业和批发零售餐饮业规模上的优势充分体现了广东经济发展的活力,多年来广东注重鼓励和吸引各类社会资本发展文化娱乐产业,民营文化娱乐企业成为发展文化娱乐产业的生力军,比如腾讯、A8音乐等。此外,批发零售和餐饮业的进入门槛较低,广东又是净流入人口大省,相应劳动力的投入较高,形成规模化的投入产出效益,《广东青年创业就业蓝皮书2015》显示,广东青年创业偏爱批发零售业[③],因其进入门槛较低、投资风险较低;2014年中国饭店协会发布的《中国餐饮业年度报告》称,广东餐饮收入最高,号称最能"吃"省份[④],这

① 搜狐健康. 广东省城镇医疗服务民调：超八成人认为看病贵[EB/OL]. http://health. sohu. com/20120301/n336402914.shtml,2012 – 03 – 01.

② 中国工业园网.2014年广东省电子商务交易总额达到2.63万亿元[EB/OL]. http://www. cnrepark.com/news/2015 – 07/20150713_101144.shtml,2015 – 07 – 13.

③ 人民网.《广东青年创业就业蓝皮书2015》出炉：超五成大学生欲创业[EB/OL]. http://gd. people.com.cn/n/2015/0514/c123932 – 24853783.html,2015 – 05 – 14.

④ 人民网.中国饭店协会发布《中国餐饮业年度报告》[EB/OL]. http://world. people. com. cn/n/2015/0513/c157278 – 26993339.html,2015 – 05 – 13.

些数据进一步佐证了广东的批发零售餐饮业较发达的现象。

（4）支持环境方面，江苏仅在住宅建筑面积、城镇居民家庭户彩电拥有量和城镇居民家庭户家用汽车拥有量等具有优势，其余指标水平均落后于广东。有意思的是，江苏的这三项指标均与家庭有关，都是体现家庭身份、面子的象征物。而广东在公共交通车辆运营数、交通客运量等方面的规模优势，则与广东所辖区域以及广东人口的流动性强有关；公园绿地面积较大与广东的绿色生态建设有关；城镇居民家庭户电脑拥有量和城镇居民家庭户移动电话拥有量等优势则与广东的信息化建设有关。2014年广东4G移动电话用户已飙升到1 470万户，而江苏的4G用户数量是广东的一半左右，两省的信息产业发展差距巨大。

4. 类型Ⅳ分析

类型Ⅳ中福建和重庆的休闲产业水平综合排名的平均位序为13，分别位于我国东部和西部区域，类内平均综合相似度为0.874 8。二者相比，福建省在服务设施、需求潜力、经营绩效等指标水平上要高于重庆市，而重庆市的支持环境指标水平要优于福建省。重庆虽为直辖市，但人口规模、土地面积并未大幅度低于福建，而福建作为沿海省份，具有先天的地理优势。

（1）服务设施方面，重庆的优势在于艺术表演团体数量和娱乐场所数量，其余指标水平均落后于福建。重庆在这两项指标上的表现得益于其民间资本的进入，"十二五"期间重庆共为民营文化娱乐企业争取中央文化产业发展专项资金超过2亿元，财政资金由"补"改"投"，出资3.5亿元，吸引社会资本14.5亿元，设立规模为3亿元和15亿元的两支文化产业股权投资引导基金，投融资渠道的拓展为重庆民营演出机构和娱乐场所的发展提供了资金支持。福建的优势在于传统文化型场馆、公园和旅游企业规模，这与福建深厚的文化根基有关，拥有丰富的宗教文化、民俗文化、旅游文化、人文社会等资源，同时福建是著名的侨乡，若人文积淀为福建文化、旅游等设施建设奠定了坚实的资源存量基础的话，那么侨胞资源更是为这些设施的发展注入了丰厚的民间资本。

（2）需求潜力方面，重庆的各项指标水平均低于福建。2014年重庆城镇居民家庭恩格尔系数为40.67%，在30个省区市中居第29位，表明其居民的生活质量较低，中国经济实验室研究院发布的《中国城市生活质量报告2016》显示，重庆的生活质量客观指数排名位居后10位[①]。从城镇居民休闲消费结构看，重

---

① 凤凰网.35城生活质量报告：重庆生活质量客观指数排最后［EB/OL］. http://cq.ifeng.com/news/detail-1_2013_06/24/923924_0.shtml，2013-06-24.

庆在体现发展型、享受型休闲生活的交通和通信、教育文化娱乐等消费水平上明显要低于福建,这主要是因为重庆在人均可支配收入和人口城镇化率水平上都落后于福建,消费是收入的函数,人均可支配收入水平较低导致了消费能力增长缓慢;重庆的城镇化水平还比较低,城镇化进程的缓慢,阻碍了收入的提高和消费水平的提升。有研究表明,非收入因素对居民消费行为影响巨大(38.16%),在收入不变的情况下,通过改善其他与收入无关的消费条件,国民整体消费水平可实现40%的提升[①]。可见,重庆居民休闲消费水平的提高,更需要关注非收入因素的影响。值得注意的是,在四个直辖市中,重庆入境旅游规模和效益都远低于其他城市,同时也无法与在地理和资源上都占优势的福建相竞争,其发展瓶颈在于旅游市场产品较为单一、入境旅游航空环境稍差等。

(3) 经营绩效方面,重庆仅在限额以上餐饮业从业人员和营业收入方面有优势,其余指标水平均不敌福建。当然,福建下辖9个地级市,包括了省会福州、计划单列市厦门等,其在艺术、娱乐、旅游、批发零售领域的劳动力投入和效益水平高于重庆是容易理解的,但餐饮业的发展水平落后重庆,究其原因:第一,重庆人有爱吃爱聊天的习惯,菜系特点是兼容并蓄,吸收了粤菜、浙菜、淮扬菜、鲁菜、湘菜等所长,深受国民的喜爱;第二,早在2006年重庆市政府出台了《关于加快餐饮业发展推进美食之都建设的意见》,美食之都建设正式拉开序幕,2012年重庆出台进一步推进美食之都建设的实施意见,并明确提出"2017年建成长江上游地区美食之都"和"2020年基本建成中国美食之都"的两步走目标计划,这些政策的相继出台,推动了重庆餐饮业的标准化、品牌化、连锁化、集约化发展;第三,重庆餐饮业创新性强,餐饮企业非常注重自身的产品创新和商业模式创新,比如2014年重庆市185家餐饮企业的245名厨师一起研发1 200余道价格在15~47元的亲民特色菜,90%以上的餐饮企业开发APP、微信订餐服务等,这些创新手段也是助推餐饮业逆势增长的主要原因。

(4) 支持环境方面,重庆的公园绿地面积、交通客运量、住宅建筑面积三个指标水平好于福建,福建在公共交通车辆运营数、城镇居民家庭户家用电脑拥有量、城镇居民家庭户彩电拥有量、城镇居民家庭户移动电话拥有量、城镇居民家庭户家用汽车拥有量等指标水平都要高于重庆。这反映出,第一,重庆的室内外环境要优于福建,一方面重庆多年来在绿地建设和生态环境保护方面做了大量工作,积极突出城市公园、生态景观和园林等城市建设,通过"森林重庆""绿化长

---

① 唐瑜.重庆市居民消费增长缓慢的原因分析及对策研究[D].重庆:重庆大学,2010.

江重庆行动"等绿化建设行动,完善城市绿地系统;另一方面重庆在发展房地产业方面保证了充足的土地供应,为市民提供了大量住宅,以北上广深11.8%的人口获得了相当于四城80%的住宅供应①。第二,重庆是长江上游地区唯一汇集水、陆、空交通资源的城市,是我国西南地区的综合交通枢纽,尤其是2008年重启开启"畅游重庆"建设目标后,交通运输建设进一步加快。第三,福建省的人口规模、所辖范围都要高于重庆,所以公共交通的配置规模、家庭拥有的汽车规模都要高于重庆。第四,福建地处沿海,信息产业发展拥有先发优势,经过改革开放30多年的发展,福建已成为我国信息产业外商投资最为集中的四大区域之一,成为我国信息产业对外开放、参与国际分工的重要生产基地之一,因而其家庭的信息化程度明显要高于重庆。

5. 类型 V 分析

类型 V 中天津市和吉林省的休闲产业水平综合排名的平均位序为23.5,分别位于我国东部和中部地区,类内平均综合相似度为0.8630。天津的4类指标水平发展极不平衡,其中服务设施和支持环境水平排名均在20名之后,而需求潜力和经营绩效指标排名分别位居16、12名。吉林的发展较为平衡,但水平比较落后,4项指标水平排名均在20位之后。二者的发展模式比较特殊,吉林的服务设施和支持环境稍好于天津,而天津的需求潜力和经营绩效水平要明显高于吉林。

(1)服务设施方面,天津仅在艺术表演团体规模上拥有优势,其余指标水平均不敌吉林,这与二者的人口规模、土地面积差异较大有关系。

(2)需求潜力方面,天津城镇居民家庭设备及用品消费支出、城镇居民家庭交通通信消费支出、入境过夜游客总花费和入境过夜游客人天数等指标水平均高于吉林,一方面天津的经济发展水平、道路交通的便捷性以及信息产业的发展水平方面都要高于吉林;另一方面天津作为直辖市,地理上紧邻北京、交通体系完善、旅游资源丰富,因而其入境旅游发展优势要好于吉林。

(3)经营绩效方面,天津明显具有优势的指标分别是限额以上批发和零售业从业人员、限额以上批发和零售商品销售收入、限额以上餐饮业从业人员、限额以上餐饮业营业收入、旅游企业营业收入和体育彩票销售额等。吉林的优势在于艺术表演场馆的演出场次、观众人次、演出收入,以及娱乐场所营业收入。

① 银行信息港.人均50平米居住面积的重庆,房价什么时候才会涨[EB/OL].http://www.yinhang123.net/fangdichang/536019.html,2017-01-11.

这与该省的文化艺术、娱乐业密切相关。天津经济发展程度高于吉林,自然其商业市场较为发达,相应的批发零售餐饮业市场规模和效益要好于经济发展稍显落后的吉林。不过吉林的地理位置使其拥有较为丰富的人文资源,尤其是非物质文化遗产资源,加之吉林自 2003 年文化体制改革以来,文化产业发展迅猛,已逐渐成为推动吉林经济增长的新驱动力[①],这有力促进了吉林的文化艺术、娱乐业的发展。

(4) 支持环境方面,天津仅在公共交通车辆运营数、城镇居民家庭户家用汽车拥有量等方面存在优势,其余指标水平均不敌吉林。天津在公共交通车辆拥有规模上的优势主要是天津经济建设发展和人民生活水平不断提高的结果,而在公园绿地面积,交通客运量,住宅建筑面积,城镇居民家庭户拥有的电脑、彩电、移动电话拥有量方面的劣势则与天津的土地供应、城市规模、居民可支配收入水平、消费偏好等有一定的关系。

6. 类型Ⅵ分析

类型Ⅵ中黑龙江、广西、山西三省区的休闲产业水平综合排名的平均位序为19.7,黑龙江和山西位于我国中部区域,广西位于西部区域,类内平均综合相似度为0.884 3,其中黑龙江与广西的平均相似度最高,为0.978 5。三省区比较,山西的服务设施、经营绩效水平较高,黑龙江的需求潜力和支持环境发展水平较好,而广西的各项指标发展在三省区中处于中间水平。

(1) 服务设施方面,山西的图书馆数量、艺术表演团体数量和旅游企业数量高于其他两省区,黑龙江的文化馆数量、博物馆数量、公园数量优于其他两省区,广西的优势在于娱乐场所数量。主要原因是,第一,山西本土的历史文化积淀深厚,遗存的古代戏曲居全国之首,同时佛教文化、晋商文化等资源已经形成山西独特的旅游景观;第二,黑龙江拥有特征明显的历史人文资源、风情浓郁的民族文化资源以及宽广辽阔的森林资源,这为文化馆、博物馆以及公园建设提供了良好的基础;第三,广西是一个多民族聚居的地区,独特的民族文化资源为娱乐业的发展奠定了基础。

(2) 需求潜力方面,三省区的城镇居民家庭交通通信消费支出、城镇居民家庭教育文化娱乐消费支出均占比较高,表明享受发展型消费已经成为居民的主要消费内容,但广西的城镇居民家庭医疗保健消费支出在三省区比较中是较低的,反映出广西当地居民的健康意识薄弱,同时医疗环境还有待提升。值得注意

---

① 姚红,葛君梅.吉林省文化产业发展的 SWOT 分析[J].江苏商论,2015(25):64-65.

的是,广西的入境过夜游客总花费和入境过夜游客人天数是三省区中最好的,一方面是因为广西的民族文化资源丰富,旅游吸引力强;另一方面是由于广西的地理位置较为优越,与东南亚有较为紧密的文化联系,同时又面临中国—东盟自由贸易区、泛北部湾旅游圈、东盟无国界旅游圈建立等利好条件,因而其入境旅游发展要好于地处中部的山西和东北的黑龙江。

(3) 经营绩效方面,山西的优势是艺术表演场馆演出场次、艺术表演场馆观众人次、艺术表演场馆演出收入,限额以上批发和零售业从业人员、限额以上餐饮业从业人员和限额以上餐饮业营业收入等,黑龙江仅在体育彩票销售额水平上占优,广西则在娱乐场所从业人员和娱乐场所营业收入,旅游企业从业人员和旅游企业营业收入等方面拥有优势。这一结果与三省区拥有的服务设施规模差异存在一定的相似与关联,黑龙江在体彩方面的较好表现与其较为发达的体育产业有关,其本身在冰雪活动和冰雪赛事方面拥有垄断性优势。

(4) 支持环境方面,山西的各指标水平均不占优势,黑龙江在公共交通车辆运营数、公园绿地面积、住宅建筑面积、城镇居民家庭户彩电拥有量指标水平上优势明显,广西则在交通客运量、城镇居民家庭户家用电脑拥有量、城镇居民家庭户移动电话拥有量和城镇居民家庭户家用汽车拥有量等水平方面较好。黑龙江虽然人口流失严重,但其土地面积和人口城镇化率在三省区中最大,这三者因素都导致其居民住宅建筑面积规模、公共交通车辆运营数要大于其他两省区;同时黑龙江的森林资源禀赋又决定了其公园绿地面积规模优势。广西借助东博会永久会址这一发展机遇,积极发展交通、信息等基础设施,这对其休闲产业的规模化发展提供了良好的外部支撑条件。

7. 类型Ⅶ分析

类型Ⅶ中河南、陕西、安徽、云南、湖北、河北、四川、辽宁和湖南9个省的休闲产业水平综合排名的平均位序为11.8,除了河北、辽宁两个东部省份外,其余均位于我国中西部地区,类内平均综合相似度为0.882 4。服务设施和需求潜力水平发展较好的省份是河南,经营绩效发展较好的省份是湖北,四川的支持环境发展水平相对较好。从河南、湖北、四川3省的人口规模、土地面积、GDP总量比较看,河南在人口规模、GDP总量上占优;四川土地面积规模最大;湖北的人口规模和GDP总量最低,土地面积规模最小。

(1) 服务设施方面,除了图书馆数量和文化馆数量外,其余指标水平差异较大。艺术表演团体数量最多的省份是安徽,最小的是陕西。安徽是传统戏曲大省,民间的艺术院团占全国十分之一,政府先后出台《关于鼓励发展民营文艺表演团体的意见》，鼓励社会资本投资民营文艺表演团体建设，扶持农民和民间艺人自筹资金组建民营表演团体，这一政策为艺术表演团体的规模化发展奠定了基础。陕西艺术表演团体也以戏曲为主，但由于缺失人才、资金、制度等，且演出团体主要聚集在西安，导致其规模小、层次低、竞争力相对较弱，难以形成规模优势。艺术表演场馆数量普遍不高，最多的是河南 140 个，最少的是云南 17 个。艺术表演场馆建设的投资规模较高，其配置与各地方城市规模、市场影响力等都有密切关系，河南传统文化积淀深厚，文物、戏剧等尤为突出，这是其艺术表演场馆数量和博物馆数量均位列全国第一的重要原因。四川在娱乐场所数量规模上占优，而其旅游企业数量的规模水平较低；而陕西的娱乐场所数量和公园数量指标水平均较低。这与地域文化特色都有极大关系，《汉书·地理志》载：古蜀地域人文精神"未能笃信道德，反以好文讥刺"[1]。这一千古定论，定调了巴蜀人的生活方式，无不体现"道"的精髓，因而其随处可见的茶馆、农家乐便成为四川人休闲娱乐生活不可或缺的一部分。虽然具备资源优势，但四川旅游业的配套设施建设还比较滞后，旅游经济优势稍显薄弱。陕西的历史文化资源厚重，但受限于地理位置、内部各城市经济发展水平差异以及观念思想的制约，娱乐场所的经营规模和公园的配置规模还比较偏小、少。

（2）需求潜力方面，9 省城镇居民的休闲消费结构都以交通通信和教育文化娱乐消费为主，表明这些省份城镇居民的生活偏好已经转向享受和发展型。入境旅游消费差异比较明显，河北的入境过夜游客总花费和入境过夜游客人天数水平最低，云南的入境过夜游客总花费水平最高，陕西的入境过夜游客人天数水平最高。河北虽地处京津冀经济圈，但旅游业整体呈现"小、散、弱、差"的特征，同时其资源特征与北京相似，这进一步弱化了河北旅游的品牌效应，在京津入境旅游市场的优势笼罩下，自然无法取得可观的消费规模。云南旅游资源的品位度和垄断性都要高于其他 8 省，同时云南地方政府也非常重视入境旅游的发展，这对促进入境旅游消费有积极作用。陕西在生态自然、社会文化环境方面都有一定的优势，同时陕西近年来不断地提高和完善旅游产品和服务接待能力，因而入境游客规模较大，在陕停留时间相对较长。

（3）经营绩效方面，安徽、河南、湖北和湖南四省在艺术表演场馆观众人次和艺术表演场馆演出收入方面存在优势，这与四省的人口规模、文化特色有关。四省都是人口数量排名前 10 位的省份，较大的人口规模为艺术表演场馆赢得了

---

① 周鸿德.什么是成都文化的精髓？[J].人民论坛，2006(24)：60-61.

市场基础,同时安徽的徽州文化,河南的五千年文化,湖北的楚文化,湖南的湘江、洞庭湖、湘西等文化特色都为各自的艺术表演行业提供了素材与资源,在政府的推动、市场的运作下,自然经济效益比较可观。四川的娱乐场所从业人员和娱乐场所营业收入水平,以及限额以上餐饮业从业人员规模相对较高,这与四川人爱好娱乐和消遣的生活习性以及川菜悠久的历史和深厚的文化内涵有关;湖南的旅游企业从业人员和娱乐场所营业收入水平相对较好,这与湖南的地理、人文优势以及对旅游强省的发展目标定位都有关系;河南的限额以上批发和零售业从业人员规模较大,这与河南的人口规模、地理区位、服务业发展定位都有关系,河南是人口大省,又地处东部和中西部地区的结合部,地理优势使其成为全国人流、物流、信息流的交汇地,从 2008 年河南首次召开全省服务业发展大会后,河南的批发零售业已形成了一个以大型综合百货商店、大型超市和各具特色的专业商店的格局。但是由于整个批发零售市场秩序的不规范,加上一些地方政府不考虑市场竞争和需求等因素[①],该行业的效益水平并不强。辽宁的限额以上批发和零售商品销售收入水平相对较高,这与省内的沈阳、大连、鞍山在资产规模、吸引劳动力就业和经济效益上具有绝对优势有一定的关系。研究表明,辽宁批发零售业发展效益主要依靠发展规模相对小的地区拉动,如阜新、铁岭等,其余城市规模与效益适中,成为辽宁批发零售业发展的中坚力量[②]。

(4)支持环境方面,9 省相比,河北的优势是城镇居民家庭户家用汽车拥有量,辽宁是公共交通车辆运营数和公园绿地面积,交通客运量规模较大的省份是湖南,住宅建筑面积、城镇居民家庭户彩电拥有量和城镇居民家庭户移动电话拥有量较大的省份是四川,城镇居民家庭户家用电脑拥有量较大的省份是湖北。这反映出各地由于经济发展水平、资源禀赋、政策指向的差异,导致各地在交通、绿化、房地产、信息产业发展上各有侧重。

8. 类型Ⅷ分析

类型Ⅷ中青海、贵州、内蒙古、甘肃、宁夏、海南、新疆和江西 8 个省区的休闲产业水平综合排名的平均位序为 25.8,除了海南一个东部省份和江西一个中部省份外,其余皆位于西部地区。类内平均综合相似度为 0.861 2。这 8 个省区在各指标水平的排名均比较落后且接近,但例外的是内蒙古和江西。内蒙古的服

---

① 余瑶.批发零售业对河南省经济发展的影响研究——基于投入产出法的实证分析[D].成都:西南财经大学,2012.

② 朱凤军.辽宁省批发零售业的经济发展效应分析——基于投入产出法[D].大连:东北财经大学,2016.

务设施和需求潜力水平要好于经营绩效和支持环境,江西则是服务设施和支持环境发展水平较好。海南作为东部区域省份,囿于其经济发展水平,所以其在各项指标水平上均落后于其他东部省市;江西虽位于中部,但与其他几个中部省份经济的飞速发展相比,其经济却在原地踏步甚至是负增长,这导致其休闲产业发展规模水平整体落后于中部省份,但与西部省区相比,江西自身又拥有良好的资源和环境条件,这使得其设施规模和环境发展有一定的优势。内蒙古地区历史悠久,有其独特的人文资源,尤其是民族艺术资源丰厚,所以休闲服务设施水平发展相对较好,同时随着近年来内蒙古经济发展迅速,居民收入水平有所提高,相应的休闲消费发展水平比较超前,未来需要供给能力进一步提升。

(1) 服务设施方面,海南、宁夏、青海三省(区)的旅游、文化、娱乐设施规模普遍较小,三省(区)的人口规模、GDP 总量在 30 个省(区、市)中排名后三位,这决定了其休闲服务设施配置的投入力度和享用市场都是比较低的。

(2) 需求潜力方面,青海在城镇居民休闲消费结构水平表现上最弱,甘肃在入境旅游消费和人天数两个指标上的水平最低。首先,从人口结构上看,青海的农村人口超过 50%,工业化和城镇化进程落后;其次,从产业发展水平和人均收入水平看,青海的第三产业增速、城镇居民人均可支配收入均低于全国水平[①]。这一经济发展现实导致了青海城镇居民的休闲消费水平整体落后。但青海的吸引力在于其自然和人文资源,这是发展旅游业的重要基础,也是其入境旅游消费规模稍占优势的主要原因。甘肃的入境旅游市场规模低主要是交通的瓶颈制约、景点的布局分散(受狭长地理形态影响)、资源挖掘不够等多重因素的影响。

(3) 经营绩效方面,8 省(区)在各项指标水平上的表现都比较低,尤其是青海和宁夏,这都受限于其经济发展水平。

(4) 支持环境方面,内蒙古和江西的各项指标水平较高,内蒙古资源丰富、地理环境多样,在国家西部大开发政策优惠下,实现了财富资本和资源优势的有效融合,为休闲产业发展提供了一定的条件支持。江西在 8 省(区)中位于中部,相比西部一些省份,其在地理、资源和生态环境上都具有一定的优势,这是江西发展休闲产业的特色所在。

(三) 空间聚类演化分析

为了分析各省市休闲产业发展水平相似性空间聚类的动态变化,采用 2000

---

① 百度文库. 2005—2014 年青海经济发展分析［EB/OL］. https://wenku. baidu. com/view/9d4f4182a26925c52dc5bff5.html,2016 - 10 - 13.

年、2007 年的相关数据为样本进行实证分析。结果表明,第一,2000 年各省市休闲产业水平的平均组合相似度介于 0.654 9 到 0.982 4 之间,相似度阈值为 0.900 8。最终的聚类结果为:北京、上海 2 个直辖市聚为一类(类型Ⅰ),类内平均综合相似度为 0.814 0;江苏、浙江 2 个省份聚为一类(类型Ⅱ),类内平均综合相似度为 0.823 9;天津、陕西 2 个省市聚为一类(类型Ⅲ),类内平均综合相似度为 0.881 4;贵州、江西、广西、重庆、吉林、山西 6 个省(区、市)聚为一类(类型Ⅳ),类内平均综合相似度为 0.881 7;河南、黑龙江、安徽、云南、湖南、河北、山东、四川、辽宁、福建、湖北 11 个省份聚为一类(类型Ⅴ),类内平均综合相似度为 0.883 7;青海、海南、甘肃、新疆、内蒙古、宁夏 6 个省(区)聚为一类(类型Ⅵ),类内平均综合相似度为 0.855 7;广东与其他省市的平均组合相似度低且无法满足 50% 的归类阈值,自成一类(无聚类)。第二,2007 年各省市休闲产业竞争力的平均组合相似度介于 0.639 1 到 0.983 2 之间,相似度阈值为 0.906 6。最终的聚类结果为:浙江、上海 2 省市聚为一类(类型Ⅰ),类内平均综合相似度为 0.795 9;山东、江苏 2 个省聚为一类(类型Ⅱ),类内平均综合相似度为 0.824 0;天津、重庆 2 个直辖市聚为一类(类型Ⅲ),类内平均综合相似度为 0.868 0;新疆、江西、广西、黑龙江、云南、山西、吉林 7 个省(区)聚为一类(类型Ⅳ),类内平均综合相似度为 0.894 0;河南、安徽、湖北、河北、四川、辽宁、福建、湖南、陕西 9 个省份聚为一类(类型Ⅴ),类内平均综合相似度为 0.894 9;青海、海南、甘肃、贵州、内蒙古和宁夏 6 个省(区)聚为一类(类型Ⅵ),类内平均综合相似度为 0.867 5;北京和广东 2 省市因与其他省(区、市)的平均组合相似度低且无法满足 50% 的归类阈值,各自成一类(无聚类)。

　　3 年的聚类结果演变表明,2000 年东部发展较强的省市北京和上海、江苏和浙江各归为一类,其余的类型中无一例外地存在东中西部"抱成一团"的现象,说明 21 世纪初期中国各省市休闲产业水平整体不高。随着经济社会的发展,居民的可支配收入水平和闲暇时间的增多,尤其是 2003 年成都率先提出打造"休闲城市"口号后,全国范围内掀起建设休闲城市浪潮。至 2007 年,这是中国整体人均 GDP 逼近 3 000 美元的时期,明显的山东、重庆的休闲产业水平上升,加入与东部省市聚为一类的梯队,而曾经与江苏归为一类的浙江,开始与上海"为伍",这反映出我国休闲产业水平整体趋于上升态势。2008 年后,随着我国经济发展水平进入到一个新的台阶,人们的休闲相关需求高涨,与此同时有关旅游、文化、体育健康等产业发展政策接连颁布,成为促进各地休闲产业发展的重要指南。在政策的促动下,2014 年我国各地域休闲产业水平类型细化为 8 类,反映出休闲产业发展模式的相似性进一步清晰。曾经在 2000 年、2007 年因产业发展水平较高，自成一类的广东、北京，在 2014 年已分别与江苏、上海聚为一类，这说明江苏、上海近年来在休闲产业发展方面的投入力度加大，效益明显。此外，福建休闲产业发展水平有了大幅度提升，脱离与大多数中西部省市为伍的梯队，与重庆单独聚为一类。天津受限于人口、土地、收入等因素的制约，休闲产业发展水平较为停滞，导致其与吉林归为一类。近年来人口流失严重、产业发展较为单一的黑龙江、广西和山西聚为一类，其余两类中的省份地理区位与之前年份的差异较小，例外的是江西，落到了以西部省区为主体的梯队中，这主要是江西在交通、人才、制度等方面的发展瓶颈所致。

　　休闲产业有其独特的发展特征和模式，由于资源禀赋、人口规模、地理区位以及经济发展水平等因素的不同，中国各省（区、市）休闲产业发展水平不尽相同。通过理想解法、灰色关联度和余弦相似度对我国 30 个省（区、市）15 年来的休闲产业发展的差异性和相似性进行测度和分析。主要研究结论为：第一，差异性方面，各省（区、市）休闲产业发展水平不均衡，规模意义上的休闲产业发展水平较强的区域集中在东部沿海带、京广沿线带和长江流域沿线带，而西北丝绸之路经济带区域的休闲产业水平还比较低，这种非均衡性一方面是地理因素的影响，陆铭等（2012）的研究指出，到大港口和大城市的距离对服务业劳动生产率的影响是存在的，可以理解为区域性大城市及周围地区在发展服务方面的相对优势更明显[①]。显然，本书的研究结果也基本符合这一特点，东部沿海地区的休闲产业发展水平相对较强。另一方面是人口规模的影响，本部分的指标均为规模性指标，人口数量显然会影响到休闲产业的地域分布特征。一个地域的人口多，尤其是高收入人口多，其休闲消费量和消费水平往往高于其他地区。因为休闲产业的发展更需要人口集聚和知识、信息的交流，其规模效益更能产生集聚的力量，从而能够满足人口规模多的地方的人们对休闲的多样性和专业化的需求。第二，相似性方面，休闲产业发展水平越高的省（区、市），其与其他省（区、市）的平均相似度越低，这一方面印证了休闲产业发展水平非均衡性特征的存在，另一方面反映出我国各省（区、市）休闲产业发展的两极分化现象。进一步的聚类分析表明，2014 年我国休闲产业发展水平分为 8 种类型，北京和上海两个直辖市聚为一类；山东和浙江两省聚为一类；

---

　　① 陆铭，向宽虎.地理与服务业——内需是否会使城市体系分散化？［J］.经济学（季刊），2012,11（3）：1079 - 1096.

江苏和广东两省聚为一类；福建和重庆两省（市）聚为一类；天津和吉林两省（市）聚为一类；黑龙江、广西、山西三省（区）聚为一类；河南、陕西、安徽、云南、湖北、河北、四川、辽宁和湖南 9 个省聚为一类；青海、贵州、内蒙古、甘肃、宁夏、海南、新疆和江西 8 个省（区）聚为一类。从 2000 年、2007 年、2014 年的发展变迁来看，30 个省（区、市）休闲产业发展的相似性和空间聚类有较为明显的变化，东中部区域大部分省市休闲产业发展的平均组合相似度在降低，而西部区域大部分省区的休闲产业的平均组合相似度在趋升。这一方面说明我国西部地区与东中部的休闲产业发展水平在规模上的差异有拉大的趋势，另一方面反映东中部区域内部的休闲产业发展水平差异变大，而西部区域内部休闲产业发展水平差异变小。东中部地区内部本身存在经济发展不均衡现象，比如海南、辽宁和河北与其他东部省市的差异，江西、吉林与其他中部省份的差异，而休闲产业自身的规模效应特征必然会拉大这些地区之间的差距。西部是我国经济发展过程中比较特殊的区域，土地面积占比 71%，人口规模比例仅有 28%，经济水平整体相对落后，但国家给予了西部大开发优惠政策，一定程度上缩小了内部休闲产业发展的差距。

第二节 分 项 评 价

综合评价分析从整体上了呈现了我国休闲产业的发展面貌，为详细、具体地反映我国休闲产业发展实际状况，通过一级指标来分析从而获取各地区休闲产业在设施、需求、绩效、环境等方面的差异。

一、分项指标排名特征

（一）服务设施

服务设施指标反映的是各省市文化、旅游、体育、娱乐等设施的规模水平。根据差异性测度方法，计算得出我国 30 个省（区、市）2000—2014 年服务设施指标得分，进而排序。结果表明：第一，历年来休闲服务设施指数排序始终位居前 10 位的省份有广东、江苏、浙江、河南、山东、四川、河北、云南，其中东部省份 5 个，中部省份 1 个，西部省份 2 个；第二，排名中间 10 位的省（区）有山西、陕西、湖北、湖南、辽宁、江西、福建、黑龙江、内蒙古、重庆和广西，包括 5 个中部、4 个西部和 2 个东部；第三，位居后 10 位的省（区、市）包括甘肃、新疆、北京、上海、贵州、吉林、天津、青海、海南和宁夏。其中东部 4 个，西部 5 个，1 个中部（见表 5-6）。

表 5-6 中国 30 个省(区、市)2000—2014 年服务设施评价值排序

	2000	2001	2002	2003	2004	2005	2006	2007	2008	2009	2010	2011	2012	2013	2014
广　东	1	1	1	1	1	1	1	1	1	1	1	1	1	1	1
江　苏	2	2	2	2	3	3	4	4	2	2	2	2	2	2	2
浙　江	6	6	5	5	2	2	2	2	8	3	3	3	3	3	3
河　南	4	5	3	3	5	5	5	3	6	6	6	6	7	5	4
山　东	5	4	4	4	4	4	3	7	5	8	7	7	5	4	5
四　川	3	3	7	6	6	6	6	5	4	4	5	5	4	6	6
安　徽	16	14	17	15	15	14	14	6	3	5	4	4	6	7	7
河　北	7	7	6	7	7	7	7	9	9	9	8	9	8	8	8
云　南	9	8	10	10	8	9	9	8	7	7	9	8	9	9	9
山　西	13	13	12	12	12	12	12	13	13	13	11	11	12	13	10
陕　西	14	15	13	13	13	13	11	12	15	16	17	17	14	11	11
湖　北	8	11	8	8	10	11	10	11	11	11	13	13	11	10	12
湖　南	12	10	11	11	9	8	8	10	12	12	12	12	13	15	13
辽　宁	10	9	9	9	11	10	13	14	10	10	10	10	10	12	14
江　西	15	18	15	17	16	16	16	15	16	14	16	14	15	16	15
福　建	11	12	14	14	17	15	15	17	14	15	14	16	17	14	16
黑龙江	17	16	18	19	18	18	18	18	17	17	15	15	16	17	17
内蒙古	20	19	19	20	20	21	21	21	20	19	19	19	19	19	18
重　庆	26	25	26	26	26	26	26	26	26	25	22	24	25	20	19
广　西	18	17	16	18	19	19	19	20	19	18	18	18	18	18	20
甘　肃	19	20	20	21	22	22	22	22	21	22	21	21	23	22	21
新　疆	22	22	21	22	21	20	20	19	18	20	20	20	21	21	22
北　京	21	23	24	24	23	24	24	23	23	26	25	25	22	24	23
上　海	24	21	23	16	14	17	17	16	25	21	23	22	20	23	24
贵　州	25	26	25	25	25	25	25	25	22	23	24	23	24	25	25
吉　林	23	24	22	23	24	23	23	24	24	24	26	26	26	26	26
天　津	27	27	27	27	27	27	28	27	28	28	28	27	28	28	27
青　海	29	29	29	29	29	28	29	28	27	27	27	28	27	27	28
海　南	28	28	28	28	28	29	27	29	29	29	29	29	29	29	29
宁　夏	30	30	30	30	30	30	30	30	30	30	30	30	30	30	30

（二）需求潜力

这一指标反映的是各省市城镇居民休闲相关消费规模水平和入境游客在当地的消费规模水平。根据差异性测度方法,计算得出我国 30 个省（区、市）2000—2014 年需求潜力指标得分,进而排序。结果表明:第一,需求潜力指数排名始终位居前 6 的省市分别是广东、江苏、浙江、山东、上海、北京,均位于东部地区;第二,需求潜力指数排名基本上位居后 6 的省（区、市）分别是贵州、新疆、甘肃、海南、青海和宁夏,除了东部的海南省外,其余皆为西部省（区、市）;第三,需求潜力指数排名中间的省份包括中部 8 个省份（河南、湖南、湖北、安徽、黑龙江、山西、吉林、江西）,东部省市中的辽宁、河北、福建和天津以及西部省（区、市）中的四川、陕西、云南、内蒙古、广西和重庆,其中河南、四川、安徽、天津、内蒙古5 省（区、市）的需求潜力指数排名都取得了明显提升,而湖北、黑龙江、广西、重庆 4 省（区、市）则下降明显,其余省份的变化比较微弱（见表 5-7）。

表 5-7 中国 30 个省（区、市）2000—2014 年需求潜力评价值排序

	2000	2001	2002	2003	2004	2005	2006	2007	2008	2009	2010	2011	2012	2013	2014
广 东	1	1	1	1	1	1	1	1	1	1	1	1	1	1	1
江 苏	4	4	4	2	3	2	2	2	2	2	2	2	2	2	2
浙 江	6	3	3	3	5	3	4	4	4	3	3	3	3	3	3
山 东	5	5	6	6	6	6	6	6	6	5	5	5	4	4	4
上 海	3	2	2	4	2	4	3	3	4	3	4	5	5	5	5
北 京	2	2	2	4	2	4	5	5	6	6	6	6	6	6	6
河 南	13	12	12	9	10	12	12	10	9	9	8	9	8	7	7
四 川	10	6	7	7	8	11	11	12	12	11	10	10	10	10	8
辽 宁	8	11	13	13	13	9	7	7	7	7	7	7	8	8	9
湖 南	9	8	11	11	9	9	11	10	12	11	11	11	11	11	10
河 北	12	15	10	10	11	10	10	9	11	12	12	12	14	12	11
福 建	7	9	8	8	7	7	7	8	9	8	9	8	9	9	12
湖 北	11	11	9	12	12	13	13	13	13	13	13	13	13	13	13
安 徽	17	16	17	15	16	16	15	14	14	14	14	14	12	14	14
陕 西	16	14	15	16	17	17	17	17	18	16	15	15	15	16	15
天 津	21	22	23	23	24	20	19	19	19	19	18	17	17	15	16
黑龙江	14	13	14	14	14	14	14	15	15	15	16	16	19	19	17

	2000	2001	2002	2003	2004	2005	2006	2007	2008	2009	2010	2011	2012	2013	2014
云　南	18	19	16	17	19	19	18	20	20	20	20	20	18	17	18
内蒙古	23	24	24	24	22	24	24	23	21	22	21	21	21	21	19
广　西	15	17	18	19	18	17	20	16	16	16	17	18	16	18	20
重　庆	19	18	19	18	17	15	16	18	18	17	19	19	20	20	21
山　西	22	21	22	22	23	23	22	24	24	24	24	23	24	24	22
吉　林	20	20	20	20	20	21	23	21	23	23	23	24	23	22	23
江　西	25	23	21	21	21	22	21	22	22	21	22	22	22	23	24
贵　州	24	25	25	25	25	25	25	25	25	25	25	25	25	25	25
新　疆	26	26	26	27	28	28	28	28	28	28	28	26	26	26	26
甘　肃	28	27	27	26	25	27	27	27	27	27	26	27	27	27	27
海　南	27	28	28	28	27	27	26	26	26	26	27	28	28	28	28
青　海	29	29	29	29	30	30	29	29	29	29	29	29	29	29	29
宁　夏	30	30	30	30	29	29	30	30	30	30	30	30	30	30	30

（三）经营绩效

这一指标反映的是文化、娱乐、旅游、体育、批发零售、餐饮等行业的经营效益和水平。根据差异性测度方法,计算得出我国 30 个省(区、市)2000—2014 年经营绩效指标得分,进而排序。结果表明:第一,15 年来休闲产业经营绩效水平排名始终位于前 10 位的省市分别是江苏、广东、北京、上海、浙江、山东和福建,均位于东部地区;第二,15 年来休闲产业经营绩效水平排名始终位于后 10 位的省(区)分别是内蒙古、贵州、甘肃、海南、宁夏和青海,除了东部省份海南外,其余皆位于我国西部地区;第三,15 年来休闲产业经营绩效水平排名始终位居中间的省市分别是湖北、四川、河南、湖南、天津、安徽、辽宁、河北、陕西、云南和山西,包括 5 个中部省份,3 个东部省市和 3 个西部省份,其中排名上升较大的省份是陕西和山西,下降较大的省市是天津、辽宁、云南(见表 5-8)。

表 5-8　中国 30 个省(区、市)2000—2014 年经营绩效评价值排序

	2000	2001	2002	2003	2004	2005	2006	2007	2008	2009	2010	2011	2012	2013	2014
江　苏	2	2	2	3	4	4	4	5	3	2	2	2	2	1	1
广　东	1	1	1	1	1	1	1	1	1	1	1	1	1	2	2

续　表

	2000	2001	2002	2003	2004	2005	2006	2007	2008	2009	2010	2011	2012	2013	2014
北　京	6	3	4	6	5	3	3	4	2	3	3	3	3	3	3
上　海	4	4	3	2	2	2	2	3	4	5	5	5	4	4	4
浙　江	3	5	5	4	3	5	5	2	6	4	4	4	5	5	5
山　东	5	6	8	5	6	6	6	6	5	6	6	6	6	6	6
福　建	10	7	6	9	8	10	10	10	8	7	8	10	8	9	7
湖　北	7	10	9	10	9	8	12	12	11	11	9	11	9	8	8
四　川	8	9	13	12	14	14	9	8	10	8	7	8	7	7	9
河　南	9	8	7	7	7	7	7	7	7	10	10	12	10	10	10
湖　南	12	11	10	8	10	13	11	13	12	12	13	13	11	13	11
天　津	16	14	14	14	12	18	15	16	15	17	16	14	18	14	12
重　庆	20	23	23	22	23	25	22	20	18	15	14	9	19	18	13
安　徽	14	16	15	16	20	17	18	11	16	16	15	15	15	16	14
辽　宁	11	12	11	11	13	9	8	9	9	9	11	7	12	11	15
河　北	13	13	12	13	17	11	13	14	14	14	18	16	16	17	16
陕　西	19	17	16	17	11	16	19	15	20	19	17	19	20	19	17
云　南	15	15	17	15	19	19	16	17	13	13	19	18	18	19	18
山　西	21	20	19	18	18	15	17	18	17	18	12	17	17	15	19
江　西	23	24	21	23	15	20	14	21	19	21	20	20	14	20	20
广　西	18	22	20	21	21	21	20	22	21	20	21	21	21	21	21
黑龙江	17	19	22	19	22	12	24	24	25	24	23	24	23	22	22
内蒙古	26	27	26	27	27	23	25	25	24	22	22	22	22	24	23
新　疆	25	25	24	26	16	22	23	19	22	23	24	23	24	23	24
贵　州	28	26	27	25	25	27	26	26	26	26	26	25	27	25	25
吉　林	22	18	18	20	24	24	21	23	23	25	25	25	26	26	26
甘　肃	24	21	25	24	26	26	27	28	27	27	27	27	28	28	27
海　南	27	28	28	28	28	28	28	26	28	28	28	28	25	27	28
宁　夏	29	29	29	29	29	29	29	29	29	29	29	29	29	29	29
青　海	30	30	30	30	30	30	30	30	30	30	30	30	30	30	30

（四）支持环境

这一指标反映的是与休闲产业发展密切相关的交通、绿化、住宅、信息等环

境的发展规模水平。根据差异性测度方法,计算得出我国 30 个省(区、市)
2000—2014 年支持环境指标得分,进而排序。结果表明:第一,15 年来休闲产
业支持环境水平排名始终位于前 10 位的省份分别是广东、江苏、浙江、四川和河
南。这 5 个省份均为人口规模和 GDP 总量排名前 10 位的省份,分别位于东(广
东、江苏、浙江)、中(河南)、西部(四川)地区;第二,15 年来休闲产业支持环境
水平始终位于后 10 位的省(区、市)分别是山西、天津、内蒙古、新疆、甘肃、海
南、宁夏和青海。其中天津、海南位于东部地区,山西位于中部地区,其余 5 省
区位于西部地区;第三,15 年来支持环境水平始终位居 10～20 名的省(区、
市)分别是湖南、上海、河北、安徽、北京、重庆、辽宁、湖北、福建、黑龙江和广西
(见表 5-9)。

表 5-9　中国 30 个省(区、市)2000—2014 年支持环境评价值排序

	2000	2001	2002	2003	2004	2005	2006	2007	2008	2009	2010	2011	2012	2013	2014
广　东	1	1	1	1	1	1	1	1	1	1	1	1	1	1	1
江　苏	2	3	3	2	3	2	3	3	3	3	2	3	2	2	2
山　东	3	4	4	3	2	3	2	2	2	2	3	2	3	3	3
浙　江	4	5	5	4	5	4	4	4	4	4	4	4	4	4	4
四　川	5	2	2	5	6	5	5	5	6	6	5	5	5	5	5
河　南	6	8	8	10	10	7	8	7	10	8	9	9	6	6	6
湖　南	9	9	9	11	12	12	13	13	14	13	13	13	12	7	7
上　海	11	12	12	7	7	9	9	8	7	10	7	6	10	8	8
河　北	8	7	7	13	13	13	12	12	11	11	11	11	9	9	9
安　徽	13	13	13	16	15	15	15	14	13	14	14	14	14	13	10
北　京	14	14	14	6	4	6	6	9	5	5	6	5	8	14	11
重　庆	12	11	11	12	11	10	7	6	8	9	10	8	7	12	12
辽　宁	10	10	10	9	8	11	11	10	9	7	8	10	11	11	13
湖　北	7	6	6	8	9	8	10	11	12	12	12	12	13	10	14
福　建	15	16	16	15	16	16	16	16	15	15	15	15	15	15	15
江　西	21	21	21	17	20	20	21	20	20	20	19	19	19	17	16
陕　西	24	22	22	21	21	21	20	19	18	18	18	18	18	16	17
黑龙江	16	15	15	14	14	14	14	15	16	16	16	16	16	18	18
广　西	20	18	18	20	19	17	17	17	17	17	17	17	17	20	19

续　表

	2000	2001	2002	2003	2004	2005	2006	2007	2008	2009	2010	2011	2012	2013	2014
云　南	17	17	17	22	17	18	19	22	22	21	21	20	20	19	20
贵　州	19	19	19	18	22	22	22	21	26	25	25	25	25	21	21
吉　林	18	20	20	19	18	19	18	18	19	19	20	22	21	22	22
山　西	23	24	24	23	25	23	23	23	23	23	23	21	23	23	23
天　津	25	25	25	24	24	24	24	24	21	22	22	23	22	24	24
内蒙古	22	23	23	26	23	25	25	25	24	24	24	24	24	25	25
新　疆	26	26	26	25	26	26	26	26	25	26	26	26	26	26	26
甘　肃	27	27	27	27	27	27	27	28	27	27	27	27	27	27	27
海　南	28	28	28	28	28	28	28	27	28	28	28	28	28	28	28
宁　夏	30	30	30	30	29	29	30	29	29	29	29	29	29	29	29
青　海	29	29	29	29	30	30	29	30	30	30	30	30	30	30	30

二、分项指标特征解释

各省(区、市)服务设施、需求潜力、经营绩效、支持环境指数排名15年的变化特征,为我们呈现了各地区在4项指标水平上的格局和规律。那么,出现这一特征的原因是什么,需要进一步关注、解读和分析。

(一)服务设施

首先,服务设施指数排序始终位居前10范围内的省份是广东、江苏、浙江、河南、山东、四川、河北、云南。从人口规模看,这8个省份人口规模较多,一项研究表明,一个社会人口总量多少、人口素质高低,决定一个社会文化需求的多少,自然也决定一个社会文化投入的多少。文化设施建设是文化投入的主要体现①。从这个观点出发,我们可以理解以上8个省份的休闲服务设施规模指数排名靠前的原因,是与这些地方本身较大的人口规模需求有关。值得注意的是,8个省份在休闲服务设施的投入方面各有侧重,广东倾向于投资图书馆、娱乐场所、公园和旅游企业,江苏偏向博物馆、娱乐场所、公园和旅游企业建设,浙江是以艺术表演团体、娱乐场所、公园和旅游企业为重,河南侧重发展文化馆、艺术表

---

① 深圳特区报.深圳市人口变迁与文化设施建设研究[EB/OL].http://www.rmlt.com.cn/2013/1126/188402.shtml,2013-11-26.

演团体和场馆、博物馆,山东倾向发展图书馆、文化馆、艺术表演团体、博物馆和旅游企业,四川的投资以图书馆、文化馆、博物馆、娱乐场所为主,河北偏重于图书馆、文化馆、艺术表演团体的投资,云南则重视图书馆、文化馆、娱乐场所、公园和旅游企业建设。若以秦岭淮河线划分我国南北方地理分界线的这一标准,可以发现,8个省份中北方省份(河南、山东、河北)休闲服务设施的文化性质浓厚,南方省份(广东、江苏、浙江、四川、云南)中娱乐、旅游、文化性质并重。这可能与省自身的文化有关,河南、山东、河北素来以农耕文化为特色,人们普遍保守务实、勤俭节约,这样的文化气息和性格特征造就了当地的娱乐场所发展有限。江苏和浙江地处长三角地区,广东地处珠三角地区,都是经济相对发达区域,且自古以来的文化与水文化密切相关,因而这些地域的人们普遍灵活,具有灵性,加之经济基础丰厚,使得居民生活相对富裕,消费理念超前,相应的娱乐场所、旅游企业数量规模较大。四川地处盆地,这里的人们有明显的"盆地意识"和"小农思想",但同时这里土地肥美,有江水沃野,因而人们向来自足自乐,俗不愁苦,这是"耍"在人们生活中占据中重要地位的原因。云南地处西南边陲,自然环境多样,民族构成多样,因而文化特质多元,这样的资源禀赋为娱乐、文化、旅游业的发展提供了良好的基础条件。

其次,排名中间10位的省(区、市)是山西、陕西、湖北、湖南、辽宁、江西、福建、黑龙江、内蒙古、重庆和广西。这11个省(区、市)在服务设施方面的优势集中在娱乐场所和旅游企业,劣势表现则各有不同。山西、内蒙古、辽宁3省(区)的艺术表演场馆数量和博物馆数量较少,陕西、湖北、湖南、江西、福建、重庆6省市的艺术表演场馆数量较少,福建的图书馆数量和艺术表演场馆数量较少,广西的艺术表演团体和艺术表演场馆的数量较少。可以看出艺术表演场馆是这11个省(区、市)休闲服务设施建设的"软肋",艺术表演场馆一般包括剧场、影剧院、音乐厅、曲艺场、杂技场、马戏场等,这些设施建设往往需要投入大量资源,包括场馆的设计、舞台效果的呈现以及后期运营、保养、维修等工作,很多当地政府不愿意长期作出承担,最终费用往往要转嫁到观众身上[①]。因此,各地是否有足够的观众和听众共同分担成本,是地方能否拥有高规格的艺术表演场馆的关键要素。一项调查显示,湖南、江西、湖北、广西、重庆、黑龙江、陕西、山西8个省(区、市)的人口净流出现象严重,辽宁、福建、内蒙古3省

---

① 周凡夫.从演艺场馆看表演艺术在这30年的转变[R].改革开放三十年国民教育研讨会系列(11)运动与艺术,2008.

（区）的人口净流入虽为正，但3地的人口生育率远低于能够保证世代更替的2.1最低生育率[1]。人口规模的萎缩，必然导致有效的休闲娱乐需求的减少，从而制约了休闲产业的规模化发展。

最后，位居后10位的省（区、市）是甘肃、新疆、北京、上海、贵州、吉林、天津、青海、海南和宁夏。从国土面积和人口规模看，北京、上海、天津3个直辖市的国土面积都要远低于其他7个省（区），并且这3个直辖市的净流入人口数量要远高于其他7个省（区）。这样的国土面积决定了北京、上海、天津的休闲服务设施建设数量有限，但城市的人口规模效应又极大地影响了城市休闲服务设施建设的品质和质量。比如上海图书馆是上海市10大标志性文化建筑之一，馆藏规模又位列世界10大图书馆之林；首都图书馆建筑面积3.7万平方米，高度49米，地上8层，共有17个阅览室，1 000余个阅览座位，设计藏书量400万册。其余7个省（区）的国土面积虽然高于3个直辖市，但人口流失问题导致了休闲服务设施的配置难以形成规模化和专业化。值得注意的是，东部的海南省休闲服务设施数量水平在30个省（区、市）中几近垫底，主要是因为：第一，海南的休闲产业经济总量较小，以文化产业为例，2009年海南文化产业增加值33亿元，比湖南电广传媒（33.58亿元）一家上市公司还低一些，占GDP的比重为2%左右，2014年这一比重达到4%，但同期的北京、上海都已超过10%[2]；第二，休闲产业发展规模明显偏小，海口、三亚、儋州等中心城市都没有高标准的剧场和大型体育场馆，同时缺少大型骨干文娱企业，竞争力水平低下；第三，缺乏相应的经营管理人才，特别是高层次的经营管理和科技人才更加稀缺，远远满足不了该产业领域高科技迅速发展和现代化管理的需要[3]。

（二）需求潜力

首先，指数排名始终位居前六的省市分别是广东、江苏、浙江、山东、上海、北京。从2014年结果看，6个省市中，无论是国土面积还是净流入人口规模，广东都占有优势，因而其城镇居民的休闲消费支出水平和外来游客的花费水平均位居首位。江苏、浙江的排名从2000年的第4、6名，分别上升至第2、3名，变化较大的指标体现在城镇居民家庭设备及用品消费支出、教育文化娱乐消费支出以

①　数读：全国各省人口流入流出图[EB/OL].互联网数据资讯网.http://www.199it.com/archives/367524.html,2015-07-20.

②　中国新闻网.海南省委书记卫留成谈海南文化建设存在的问题[EB/OL].http://www.chinanews.com/cul/2010/10-30/2623402.shtml,2010-10-30.

③　海南省人民政府政协提案.关于尽快将《海南经济特区文化产业发展促进条例》列入立法计划的建[EB/OL].http://www.hainan.gov.cn/zxtdata-4345.html,2011-07-28.

及入境过夜游客总花费和人天数。这表明,随着社会经济的发展,江浙两省城镇居民消费热点正在向住宅、教育、文化、娱乐、旅游等多方面发展。山东的排名变化较小,从 2000 年的第 5 名上升至第 4 名,变化较大的指标主要是城镇居民家庭交通通信消费支出、城镇居民家庭医疗保健消费支出、入境过夜游客总花费和入境过夜游客人天数。这反映出山东居民愿意花更多钱在交通通信、医疗保健领域,一项调查显示,2012 年山东省的支付宝网上消费金额约占到全国的 4.13%,排名第 6,2017 年春节前夕,山东人在全国各省区市网民消费额排行榜中位居第 4 位,仅次于广东、浙江、江苏①。与此同时,山东居民对健康保健消费日益重视,这与山东本身拥有丰富的医疗资源有关,直接促进了医疗保健产业的发展,相应的消费逐步成为居民的生活必需品。除了本地居民的休闲消费外,山东近年来大力发展旅游业,塑造"好客山东"旅游形象品牌,以韩国、日本为重点集中突破入境旅游市场,开通济南、青岛直达欧美国际航线,克服了远程游客来鲁空中交通瓶颈,实现了入境旅游市场的高速增长。上海和北京的排序结果均呈现下降趋势,这与城市自身规模有关,无法与其他 4 省的人口规模相及。但值得注意的是,2014 年上海和北京的入境游客人天数位居广州之后,并高于其他省份,充分说明北京的首都政治文化功能地位和上海国际大都市的魅力极强。

其次,指数排名基本上位居后 6 的省(区)分别是贵州、新疆、甘肃、海南、青海和宁夏。从 2014 年城镇居民的休闲消费结构看,海南、青海、宁夏和新疆的消费热点集中在交通通信消费,贵州和甘肃的消费热点是教育文化娱乐消费。具体来看,海南近年来受公车改革与超标电动车退市双重影响,居民购车意愿提升,交通支出快速增长。同时海南城镇居民智能手机拥有量提高,通信支出较快增长,2014 年的数据显示,海南城镇居民用于购买移动电话机的通信工具支出较去年增长 25.8%②。青海近年来城镇建设步伐大大加快,城市公交、出租和家用汽车的快速发展,使人们的出行、旅游都更加方便,带动了交通费用快速增长。同时,手机、电脑、互联网等各种媒介的普及化,拉动了通信费用增长加快。随着社会经济的快速发展,宁夏交通运输业有了长足发展,铁路延伸和新建、火车提速、民用飞机航线增加、高速公路快速发展,城镇居民出行条件和便利程度明显改善,因而交通费用支出不断增加。通信消费方面,宁夏通过改善通信基础设

---

① 央广网.大数据勾勒山东人形象:山东人表情符使用率全国第二[EB/OL].http://www.cnr.cn/sd/gd/20170210/t20170210_523583098.shtml,2017 - 02 - 10.

② 2014 年海南居民"吃""住"占生活消费支出比重达到六成[EB/OL].中新网.http://www.hi.chinanews.com/hnnew/2015 - 02 - 02/374065.html,2015 - 02 - 02.

施,升级通信产品,极大地丰富了城镇居民的娱乐生活。新疆地处边陲,境内多山脉、沙漠、戈壁,自古交通和通信建设就非常困难,但在中央政策的指引下,新疆的交通基础设施、通信业务、互联网网络建设等都取得了重大进步,尤其是通信业已成为新疆国民经济各部门中发展最快、综合效益最好的部门之一。贵州是一个拥有多个民族和民族文化资源的省份,近年来在国家大力发展文化产业的背景下,一方面政府开展各种节庆促销活动,提升消费;另一方面中小微民营文化娱乐企业积极发展,有效促进了居民文化娱乐消费。甘肃是华夏文明的发源地,文化资源丰厚,其优势主要聚焦在出版发行和印刷、广电影视和网络传输、演艺娱乐、文化旅游和民间民俗工艺品加工等五个方面,文化创意产业的发展对甘肃居民文化娱乐方面的消费起到了积极的作用,尤其是在目前"一带一路"的国家战略方针推动下,文化娱乐消费的潜力将会得到进一步释放。需要注意的是,入境旅游消费方面,新疆和海南的入境游消费水平要好于其他 4 省(区)。新疆本身拥有精品旅游资源,其国家级的精品景区数量位居西部第一,全国第三,在西部大开发等政策指引下,新疆的交通基础设施、旅游基础和配套设施建设有明显改善和进步,同时新疆根据地缘优势,把入境旅游作为旅游业发展的重要突破口,取得了显著成绩。2012 年在全国入境旅游出现滞胀的情况下,新疆接待入境旅游者 150 万人次,国际旅游创汇 5.5 亿元[①]。海南是我国唯一的热带海岛省份,具有独特、丰富密集的旅游资源和良好的生态环境。同时,国家对海南的入境旅游发展提供了诸多优惠政策,如"落地签证""免签证"等,使得入境旅游保持增长态势。

最后,指数排名中间的省(区、市)包括河南、湖南、湖北、安徽、黑龙江、山西、吉林、江西、辽宁、河北、福建、天津、四川、陕西、云南、内蒙古、广西和重庆。明显进步的河南、四川、安徽、天津、内蒙古 5 省(区、市)中,城镇居民休闲消费结构中增长较快的是交通通信消费和教育文化娱乐消费,说明随着城市化进程的加快和互联网的普及,这些省(区、市)城镇居民消费更加注重精神性的休闲服务消费,这势必会带动休闲产业的规模化发展。但从 5 省(区、市)城镇居民消费和入境游客消费的比较来看,河南的城镇居民休闲消费表现最好,入境消费表现最弱,而天津的入境消费表现最强,城镇居民休闲消费表现最弱。天津拥有地缘优势,靠近首都北京,同时天津近年来在城市建设上致力于打造"美丽天津"形象,加上其外向型经济、自贸区建设以及滨海新区建设,入境旅游消费规模优势明

---

① 新疆入境游"游"出新天地[EB/OL].第一旅游网.http://www.toptour.cn/detail/info94161.htm,2013－07－22.

显。但另一方面天津城镇居民消费水平较低的主要原因与天津的产业结构有关,天津的制造业和服务业中的传统产业占比较高,靠投资拉动的经济增长模式,虽会抬升 GDP 总量,但会对劳动者的可支配收入带来负面影响,这是天津人均可支配收入在 GDP 中的占比过低的主要原因,也是天津城镇居民休闲消费不足的关键理由。河南地处中原腹地,历史文化资源丰厚,但交通依然是制约入境旅游发展的一大瓶颈。一方面高速公路建设缓慢且质量不高,用于接待境外旅游者的汽车数量不足,承运时间过长;另一方面对外航线数量不足,假日旅游交通阻塞和爆满现象严重,导致入境旅游消费规模较低。明显下降的 4 省(区、市)均为人口流出地,湖北休闲消费水平有所下降的主要原因是居民收入提升缓慢、部分直接刺激消费者消费的政策陆续退出、高端消费及企业支出减少、消费条件还不完善等多种因素共同影响造成的。黑龙江地处我国东北老工业基地,现代服务业比重较低,同时面临城市环境整治问题、人口老龄化问题、资源枯竭问题等,导致黑龙江本地居民休闲消费和入境游客消费规模都偏低。广西在经济发展过程中,同样面临经济增长方式单一、结构失衡等问题,近年来投资增速的居高不下与消费增速的缓慢启动,使得广西城镇居民休闲消费需求呈现水平低、增长速度慢、不平衡等问题。值得注意的是,广西由于占据中国与东盟合作的桥头堡地位,入境旅游市场一直保持良好的发展态势。重庆休闲消费规模下降的一个重要原因是居民整体收入水平较低,并且增长缓慢,这主要受到城镇就业形势严峻、下岗职工不断增多以及失业率不断提高等因素的约束。同时,市场环境欠佳在很大程度上也影响了居民休闲消费需求。

(三)经营绩效

首先,指数排名始终位于前 10 的省(市)分别是江苏、广东、北京、上海、浙江、山东和福建。从 2014 年数据看,江苏的艺术表演场馆演出场次、艺术表演场馆观众人次等水平最高,而北京在这两项指标水平上虽不及其他省(市),但其艺术表演场馆演出收入水平却占绝对优势。这主要是因为江苏拥有丰富的历史文化资源,同时省域内经济发展水平较为均衡且人口规模较大,这使得艺术表演场馆拥有一定的市场基础,但是北京作为首都,其优势在于演出活动规格高、规模大、单场票房收入高,故演出收入比较高。在其他指标水平上,广东的优势最为明显,这是广东经济总量、人口规模等各种因素综合作用的结果。值得注意的是,福建的排名变化在 7 省(市)中最明显,从 2000 年第 10 位上升为 2014 年的第 7 位。从历年数据看,福建在这一类指标上的变化主要体现在限额以上批发和零售业从业人员、限额以上餐饮业从业人员和限额以上餐饮业营业收入,以及旅游企业营业收入,较之 2000 年,这些指标都有了大幅度的提升。究其原因,第一,福建经济发展迅速,20 世纪 90 年代以来工业的发展成为福建经济高速增长的最主要支撑,经济的快速发展也推动着第三产业劳动生产率的提高[①];第二,福建处于利好的人口红利期,主要表现为劳动人口比例上升,人口抚养系数下降,社会负担较轻[②],这为休闲娱乐产业的发展提供了劳动力优势。

其次,指数排名始终位于后 10 位的省(区)分别是内蒙古、贵州、甘肃、海南、宁夏和青海。其中海南的发展比较特殊,虽然地处东部,拥有良好的环境,但由于缺乏完备的基础设施、人民收入水平低等因素制约了休闲产业的经营与发展,唯一绩效水平相对较好的是旅游业,这是海南作为国际旅游岛的优势。在国家一系列优惠政策推动下,海南旅游产业快速发展,从传统的滨海休闲度假旅游转变为业态丰富的国际旅游岛,满足了游客多元化、个性化的需求,从而带来了较为可观的收益。6 个省(区)中发展水平相对较好的是内蒙古,这主要是国家的西部大开发政策优惠,以及其相对丰富的资源、相对较高的 GDP 总量水平等为艺术文化、旅游、商贸服务业的发展提供了一定的基础。贵州虽然民族文化资源丰厚,但由于地理、经济发展水平及金融环境等因素的制约,休闲产业发展缺乏资金、市场、技术等条件,导致生产能力不足、产业绩效水平较低。甘肃、青海、宁夏三个省区地理位置相邻,但并未形成集聚优势。三者的主导产业都以农牧业和能源工业为主,休闲产业发展基础薄弱,相应的配套设施较少,规模和效益与全国总体水平差距较大。在目前国家"一带一路"的战略实施过程中,三地均占有地理优势,借助这一战略机遇,将其拥有的文化和旅游资源优势转化为经济优势,重现丝路辉煌。值得注意的是,历年排名中并未全部落入后 10 位的省(区、市)包括重庆、广西、江西、黑龙江、新疆和吉林,新疆在 2004 年、2007 年的排名进入前 20 位,其余排名均在 20 位之后,这主要是因为 2004 年新疆在非典、地震等灾害事故后,大力发展先进文化,推出了一批优秀作品,同时这一年推出了 19 个旅游精品项目,推动了休闲产业发展的效益水平;2007 年新疆将群众文化生活延伸到农牧区,基层文化建设取得了一定的成绩。重庆和江西的排名在向前推进,其中重庆的排名变化最快,从 2000 年的 20 位晋升到 2014 年的 13 位;黑龙江、吉林和广西的排名均在向后发展,其中黑龙江和吉林的位次落后严重。重庆的变化主要是其不断推动产业结构调整优化的结果,大力发展现代服务业尤

---

①　陈宇,赖小琼.产业结构变迁对经济增长的影响研究——以福建省为例[J].福建师范大学学报(哲学社会科学版),2013(1):20-27.

②　吴九香.福建省人口变化对经济发展的影响[J].闽西职业技术学院学报,2012,14(3):48-51.

其是商贸服务业、旅游业,这一战略定位有力推动了休闲产业的规模和效益水平。黑龙江和吉林地处东北,均为我国的老工业基地,一、二产业的发展为服务业的发展提供了物质基础,但由于服务业内部结构层次低、人才流失严重等因素的制约,导致休闲产业经营绩效水平不升反降。

最后,指数排名始终位居中间的省市分别是湖北、四川、河南、湖南、天津、安徽、辽宁、河北、陕西、云南和山西。陕西和山西均为我国历史文化资源丰厚的地区,近年来在我国一系列有关文化、旅游、体育等产业发展政策推动下,休闲产业经营水平有了一定的上升。天津的落后在于其娱乐业、批发零售餐饮业劳动力投入和效益水平均比较低,这与其产业结构、城市区位等都有一定的关系,天津的服务业占比约为46%,比北京、上海等城市要低,发展休闲相关产业的总量规模小,同时民营经济发展水平较低,城市发展又笼罩在首都光环下,休闲产业发展还相对滞后。辽宁与黑龙江、吉林均为东北老工业基地,虽地理位置较后两省有优势,但同样面临人才流失、产业结构有待调整等问题,导致休闲产业绩效水平下降。云南民族文化资源和旅游资源丰富,娱乐业和旅游业的收益可观无可厚非,但其艺术表演场馆的演出场次、观众人次都比较低,说明其场馆的功能开发还不足、吸引力较弱;同时其批发零售餐饮业的经营水平不佳,反映出云南商贸服务业的市场化、社会化程度还有待提升。

(四)支持环境

首先,指数排名始终位于前 10 位的省份分别是广东、江苏、浙江、四川和河南。从 2014 年数据看,广东在公共交通车辆运营数、公园绿地面积、交通客运量、城镇居民家庭户家用电脑拥有量、城镇居民家庭户移动电话拥有量等指标水平方面拥有绝对优势。江苏在城镇居民家庭户彩电拥有量、城镇居民家庭户家用汽车拥有量等指标水平上优势明显。四川的住宅建筑面积指标水平优势最强。这一数据特征表明广东的内外部交通环境相对畅通,吴旗韬等(2012)的研究表明,多年来广东省对交通设施的投资建设不断增长,内外交通设施呈圈层分布,交通中心对外辐射作用明显[①]。除了交通环境较优外,广东的信息化水平相对较高。早在 2010 年广东的移动电话用户规模和业务量均处于全国首位,网民数量也在全国独占鳌头[②]。江苏在电视、家用汽车方面的购置水平说明江苏城

[①] 吴旗韬,张虹鸥,叶玉瑶,陈伟莲,陈静.广东省交通优势度及空间差异[J].热带地理,2012,32(6):633-638.

[②] 网易财经.信息化指标,广东 11 项全国第一[EB/OL].http://money.163.com/11/0412/08/71E5OACS00253B0H.html,2011-04-12.

镇居民对电视娱乐的兴趣相对较高,2014 年江苏省居民阅读状况调查显示,江苏人看电视时间是看书的三倍①。同时在房子与汽车的购置意愿方面,江苏城镇居民最想买的是汽车,其次是手机、电脑、住房等②。住宅建筑面积指标体现的各省会城市的水平,成都近年来城市吸引力增强,人才移入量大,同时成都对住房的改造建设使得人均住房面积超过全国城镇人均住房水平③,因而在住宅建筑面积规模水平上拥有一定的优势。

其次,指数排名始终位于后 10 位的省(区、市)分别是山西、天津、内蒙古、新疆、甘肃、海南、宁夏和青海。天津落入这一区间主要受其人口规模和土地面积的影响,海南则因经济发展水平、人均可支配收入、交通设施建设力度等硬环境的弱势所致。山西的人口规模水平较低,交通基础设施建设还不完善等因素制约了其休闲产业支持环境水平。新疆、甘肃、宁夏、青海 4 省区均为土地面积大、人口规模小的地区,且经济发展水平相对落后,所以休闲产业支持环境水平一直处于落后状态。

最后,指数排名始终位居 10～20 位的省(区、市)分别是湖南、上海、河北、安徽、北京、重庆、辽宁、湖北、福建、黑龙江和广西。11 个省(区、市)中上海、安徽、北京的"支持环境"排名上升态势明显,辽宁、黑龙江两省的排名下降趋势明显。一方面上海与北京均为我国经济发达城市,且是人才流入的主要地区,尽管城市体量无法与其他省(区、市)相比,但经济的高速发展为其带来了良好的交通、信息等环境。另一方面辽宁和黑龙江作为东北老工业基地,近年来面临人才流失严重、产业结构不良等现象,这制约了其交通、房产、信息等产业的发展。值得注意的是,历年来这一指标水平并非完全落入这一区间的省份还包括江西、陕西、云南、贵州和吉林。江西和陕西从前期的 20 位开外上升至后期的 16、17 位,反映出两省在交通、房产、绿化、信息等环境方面做出的改善,尤其体现在高铁的建设与开通上。而云南、贵州和吉林的排名在波动中下降,云南和贵州地处西南,交通环境稍弱,信息化水平还有待提升;吉林面临着与黑龙江、辽宁相似的问题,这一现状导致其休闲产业支持环境水平处于下降态势。

---

① 扬子晚报网. 江苏人去年读书和看电视时间 1∶3[EB/OL]. http://www. yangtse. com/jiangsu/2015/12/15/733228. html, 2015 - 12 - 15.

② 腾讯房产. 江苏人最想买的大件:第一是汽车,第四才是房子[EB/OL]. http://yancheng. house. qq. com/a/20140716/007700. htm, 2014 - 07 - 16.

③ 四川在线. 成都市城市人均住房面积超过全国城镇平均水平[EB/OL]. http://house. scol. com. cn/html/2009/09/005071_732681. shtml, 2009 - 09 - 14.

第三节 比较分析

一、方法说明

前文分析均是从规模维度探讨我国省(区、市)休闲产业发展水平,为进一步比较各省(区、市)休闲产业的人均水平与规模水平的差异,本部分将各省(区、市)15年来休闲产业的人均水平和规模水平放置同一坐标轴,即建立坐标轴,其中 X 轴是休闲产业总量排名,反映规模意义上的休闲产业规模发展水平;Y 轴是人均排名,体现人均意义上的休闲产业发展水平,以排名均值(14.5,14.5)为原点,把坐标划分为四个象限,30 个省(区、市)的休闲产业人均水平和规模水平分布在四个象限中,依此来探讨休闲产业发展的类型与模式。第 I 象限代表的是休闲产业发展的低人均—低总量类型,第 II 象限是低人均—高总量类型,第 III 象限是高人均—高总量类型,第 IV 象限是高人均—低总量类型。需要说明的是,人均视角的休闲产业发展评价指标框架与规模视角相同,区别仅在于二级指标内容均为人均指标(见表5-10)。

表5-10 休闲产业发展评价指标体系(人均视角)

一级指标	二 级 指 标	单位	变量	指标属性	数 据 来 源
服务设施	每10万人拥有图书馆数量	个	X1	正向	中国文化文物统计年鉴
	每10万人拥有文化馆数量	个	X2	正向	中国文化文物统计年鉴
	每10万人拥有艺术表演团体数量	个	X3	正向	中国文化文物统计年鉴
	每10万人拥有艺术表演场馆数量	个	X4	正向	中国文化文物统计年鉴
	每10万人拥有博物馆数量	个	X5	正向	中国文化文物统计年鉴
	每10万人拥有旅游企业数量	个	X6	正向	中国旅游统计年鉴
	每10万人拥有娱乐场所数量	个	X7	正向	中国文化文物统计年鉴
	每10万人拥有公园数量	个	X8	正向	中国统计年鉴
需求潜力	城镇居民家庭恩格尔系数	%	X9	负向	中国统计年鉴
	城镇居民人均家庭设备及用品消费支出	元	X10	正向	中国统计年鉴
	城镇居民人均家庭交通通信消费支出	元	X11	正向	中国统计年鉴

一级指标	二 级 指 标	单位	变量	指标属性	数据来源
需求潜力	城镇居民人均家庭教育文化娱乐消费支出	元	X12	正向	中国统计年鉴
	城镇居民人均家庭医疗保健消费支出	元	X13	正向	中国统计年鉴
	入境过夜游客人均花费	美元/人天	X14	正向	中国旅游统计年鉴
	入境过夜游客平均人天数	天	X15	正向	中国旅游统计年鉴
经营绩效	每万人艺术表演场馆演出场次	场次	X16	正向	中国文化文物统计年鉴
	每万人艺术表演场馆观众人次	人次	X17	正向	中国文化文物统计年鉴
	人均艺术表演场馆演出收入	元	X18	正向	中国文化文物统计年鉴
	每万人旅游企业从业人员	人	X19	正向	中国旅游统计年鉴
	每万人娱乐场所从业人员	人	X20	正向	中国文化文物统计年鉴
	每万人限额以上批发和零售业从业人员	人	X21	正向	中国统计年鉴
	每万人限额以上餐饮业从业人员	人	X22	正向	中国统计年鉴
	人均旅游企业营业收入	元	X23	正向	中国旅游统计年鉴
	人均体育彩票销售额	元	X24	正向	中国彩票年鉴
	人均娱乐场所营业收入	元	X25	正向	中国文化文物统计年鉴
	人均限额以上餐饮业营业收入	元	X26	正向	中国统计年鉴
	人均限额以上批发和零售商品销售收入	元	X27	正向	中国统计年鉴
支持环境	每万人拥有公共交通车辆	辆	X28	正向	中国统计年鉴
	人均交通客运量	人	X29	正向	中国统计年鉴
	城镇居民家庭平均每百户家用汽车拥有量	辆	X30	正向	中国统计年鉴
	城镇居民家庭平均每百户家用电脑拥有量	台	X31	正向	中国统计年鉴
	城镇居民家庭平均每百户彩电拥有量	台	X32	正向	中国统计年鉴

一级指标	二级指标	单位	变量	指标属性	数据来源
支持环境	城镇居民家庭平均每百户移动电话拥有量	部	X33	正向	中国统计年鉴
	人均公园绿地面积	平方米	X34	正向	中国统计年鉴
	人均住宅建筑面积	平方米	X35	正向	各城市统计年鉴

二、结果分析

15年来各省（区、市）休闲产业人均排名和总量排名的分布格局特征主要体现在如下两点。

第一，人均和总量组合类型发生变化，比如安徽从"低人均—高总量"类型进入"高人均—低总量"类型；湖北从"高人均—高总量"类型进入"低人均—高总量"类型；陕西、重庆、内蒙古从"低人均—低总量"类型进入"高人均—低总量"类型。安徽在 2005 年承接长三角产业转移政策实施后，经济持续增长，为休闲产业的发展奠定了基础。近年来，安徽在省委政策部署下，产业结构得以调整，文化产业、旅游产业等休闲相关产业得到大力发展，尤其是文化产业取得了显著成效，2015 年安徽文化产业增加值和占比分列全国第 13 位和 12 位[①]，文化产业已成为安徽经济增长的新引擎和转型升级发展的新亮点。与此同时，安徽由于靠近长三角地区，青壮年劳动力流失严重，因而其休闲产业的人均水平有所提升。湖北的休闲产业人均水平下降主要原因在于，一方面湖北的休闲产业总量水平在降低；另一方面人口规模有所上升，导致其休闲产业类型发生变化。陕西、重庆、内蒙古的休闲产业人均水平提升，一是因为三地的人口规模排名处于中下水平，二是因为三地的文化产业、餐饮产业等有所增长导致。

第二，人均和总量组合类型呈稳定态势，如广东、浙江、江苏、北京、上海、福建六省市始终处于"高人均—高总量"类型，表明这些省市休闲产业的规模和质量发展处于比较协调的状态。宁夏、青海、天津等地的休闲产业类型始终处于"高人均—低总量"态势，这一方面是由于三地的人口规模均较小；另一方面青海、宁夏受制于经济发展限制，其休闲产业规模尚未形成气候，而天津源于其地

---

① 安徽文化产业占比在全国位次大幅攀升［EB/OL］.中国经济网.http://www.ce.cn/culture/gd/201609/20/t20160920_16096715.shtml，2016－09－20.

缘、产业结构等因素,休闲产业规模和人均水平均落后于其他直辖市。河南、河北、山东、四川、湖南等地始终处于"低人均—高总量"类型,主要原因在于这5省均为人口大省,其休闲产业总量水平虽高于西部一些地区,但较之东部沿海地区仍有一定的差距,因而其休闲产业人均水平比较低,这表明休闲产业惠及民生的均等化水平还有待提升和加强。如同GDP总量反映的是国家经济实力和市场规模,人均GDP更能反映国民的富裕程度和生活水平。因此,在追求休闲产业规模化发展的同时,也要注重居民休闲生活的质量问题。对于休闲产业人均水平较高但规模水平落后的地区来说,首先要做的是结合当地的优势资源发展规模经济,形成规模经济效应,从而实现人均意义上的更大增长和地区平衡(见表5-11)。

表5-11　2000—2014年各省(区、市)休闲产业人均排名与规模排名象限分布表

	第Ⅰ象限 (低人均—低总量)	第Ⅱ象限 (低人均—高总量)	第Ⅲ象限 (高人均—高总量)	第Ⅳ象限 (高人均—低总量)
2000	黑龙江、陕西、重庆、山西、广西、江西、吉林、甘肃、内蒙古、贵州	山东、四川、河南、河北、湖南、安徽	广东、江苏、浙江、北京、上海、湖北、辽宁、福建	云南、天津、新疆、海南、青海、宁夏
2001	黑龙江、安徽、广西、江西、重庆、吉林、贵州、甘肃、宁夏	河南、四川、山东、湖北、湖南、河北、云南	广东、江苏、浙江、北京、上海、福建、辽宁	陕西、山西、内蒙古、新疆、青海、海南、天津
2002	黑龙江、安徽、广西、江西、重庆、吉林、甘肃、贵州、内蒙古、宁夏	山东、河南、四川、湖北、湖南、河北	广东、江苏、浙江、上海、北京、福建、辽宁、云南	陕西、山西、新疆、海南、青海、天津
2003	黑龙江、安徽、陕西、江西、广西、贵州、吉林、甘肃、内蒙古、宁夏	山东、河南、四川、湖南、湖北、河北	广东、江苏、浙江、上海、北京、辽宁、福建	山西、重庆、新疆、青海、海南、天津
2004	安徽、江西、黑龙江、广西、吉林、甘肃、内蒙古、宁夏、贵州	山东、河南、四川、河北、湖南、湖北	广东、江苏、浙江、上海、北京、福建、辽宁	陕西、云南、山西、新疆、天津、海南、青海
2005	安徽、广西、吉林、贵州、甘肃、江西、重庆、陕西、宁夏	河南、四川、河北、山东、湖北、湖南、黑龙江	广东、江苏、浙江、上海、北京、辽宁、福建	云南、山西、内蒙古、新疆、天津、海南、青海
2006	安徽、江西、黑龙江、广西、吉林、重庆、贵州、甘肃、内蒙古、宁夏	河南、四川、河北、湖南、湖北、山东	广东、江苏、浙江、上海、北京、辽宁、福建、云南	陕西、山西、新疆、青海、海南、天津

	第Ⅰ象限 （低人均—低总量）	第Ⅱ象限 （低人均—高总量）	第Ⅲ象限 （高人均—高总量）	第Ⅳ象限 （高人均—低总量）
2007	陕西、重庆、山西、黑龙江、江西、广西、贵州、甘肃、吉林	河北、湖南、四川、湖北、河南、安徽、山东	广东、江苏、浙江、上海、北京、辽宁、福建	云南、内蒙古、新疆、天津、宁夏、青海、海南
2008	湖南、黑龙江、广西、江西、陕西、重庆、山西、内蒙古、吉林、甘肃、贵州	四川、河南、河北、湖北、辽宁	广东、江苏、浙江、上海、北京、山东、安徽、福建、云南	海南、宁夏、青海、新疆、天津
2009	贵州、广西、江西、黑龙江、陕西、山西、吉林、内蒙古、甘肃	山东、四川、河南、河北、湖南、湖北、安徽	广东、江苏、浙江、北京、上海、福建、辽宁	云南、重庆、新疆、天津、海南、宁夏、青海
2010	黑龙江、江西、广西、陕西、云南、内蒙古、吉林、甘肃、贵州	山东、河南、河北、湖南、湖北、辽宁、安徽	广东、江苏、浙江、北京、上海、四川、福建	重庆、山西、新疆、海南、青海、宁夏、天津
2011	云南、陕西、江西、黑龙江、广西、吉林、甘肃、内蒙古、贵州	山东、安徽、四川、河南、河北、湖南、湖北	广东、江苏、浙江、北京、上海、辽宁、福建	重庆、山西、新疆、宁夏、海南、青海、天津
2012	湖南、江西、陕西、广西、黑龙江、甘肃、内蒙古、吉林、贵州、宁夏	河南、河北、山东、四川、湖北、辽宁	广东、江苏、浙江、北京、上海、安徽、福建、云南	重庆、山西、天津、新疆海南、青海
2013	贵州、广西、黑龙江、江西、吉林、甘肃、宁夏、内蒙古	河南、湖南、河北、四川、湖北、山东、安徽、辽宁	广东、浙江、江苏、北京、上海、福建	云南、陕西、重庆、山西、天津、新疆、青海、海南
2014	云南、江西、黑龙江、广西、贵州、吉林、甘肃、新疆、海南	河南、四川、山东、湖南、河北、湖北、辽宁	广东、浙江、江苏、北京、上海、福建、安徽	陕西、重庆、山西、内蒙古、宁夏、青海、天津

第六章　休闲产业结构分析

从产业自身因素和外部支持因素出发,建立指标体系评价休闲产业发展水平与差异,这是对休闲产业发展状况的最直观分析,但是对休闲产业发展分析的关键不仅仅是判定产业的水平高低,更要弄清楚优势的基础和产生盈利的本质原因。一般地讲,休闲产业发展水平的体现不只是一个地区的休闲产业能够比其他地区更有效地向居民和游客提供产品和服务,更重要的是能够促进自身发展的能力或综合素质,而要获取这些特征,就要深入产业内部,剖析其结构问题,来揭示休闲产业发展的内在规律和特征。

第一节　数据来源与研究方法

产业结构,指的是产业体系内部的组成要素之间存在着的相互依赖和相互作用的关系,这种关系主要表现在哪些部门会具有优先发展优势,哪些部门会在发展中逐步衰退,以及哪些产业形成比较密切协作的关系,这种密切的关系对产业体系发展有什么作用等[①]。这些内容关系休闲产业结构和布局的合理性问题,从而影响休闲产业的增长潜力。进一步来讲,休闲产业在发展过程中,也必须注重调整、优化其结构,促进休闲产业结构向合理化和现代化方向发展,提高结构效益和发展水平。从这个角度看,探讨和分析各省区市休闲产业各部门发展状况,并提供合理的发展决策就显得尤为必要。

一、数据来源

产业结构分析涉及到的数据主要来自《中国统计年鉴》(2001—2015)、《中国文化文物统计年鉴》(2001—2005)、《中国旅游统计年鉴》(2001—2005)、《中国彩票年鉴》(2001—2015)。数据采集依据是本书第二章中分析的休闲产业分类内容。由于休闲产业分类中的相关层和外围层所包含的产业部门,并不完全隶属

---

① 芮明杰.产业经济学[M].上海:上海财经大学出版社,2005:184.

于休闲产业,所以其产值并不能真正纳入到休闲产业产值中,同时,休闲产业的核心层部门更能反映休闲产业的结构、效率态势;为此,这部分分析主要围绕休闲产业核心层部门来展开分析和探讨。休闲产业核心层部门及其细分行业如下:
① 文化业:艺术表演团体、艺术表演场馆、图书馆、文化馆、博物馆;② 旅游业:旅行社、饭店、旅游景区;③ 体育业:体育彩票;④ 娱乐业:歌舞娱乐场所、游艺娱乐场所;⑤ 餐饮业:限额以上餐饮业。其中,文化馆包括群众文化机构和文化站。体育业的产值数据缺失,以体育彩票的销售额来间接反映体育产业发展状况。

二、研究方法

(一) 基本原理

偏离—份额分析法(shift-share analysis,SSA)是美国学者 Daniel,Creamer 于 20 世纪 40 年代相继提出的,并由 Perloff,Dunn,Lampard,Muth 等于 20 世纪 60 年代逐步完善,最终由 Dunn 综合各学者对该方法的推进,扩展为现在普遍认同的形式。目前,偏离—份额分析法被广泛应用于区域产业结构分析,包括产业空间布局、地区就业结构变化、经济增长的地区差异等[①]。该方法的优势在于具有较强的综合性和动态性,能够揭示产业结构变化的原因,找到产业内部的优势部门和短板部门,从而为产业结构调整提供明确方向。

偏离—份额分析法的原理是把区域经济的变化看作是一个动态的过程,并以所处上级区域的经济发展作为参照系,将自身在某一时期经济总量的变动分解为 3 个分量,即份额分量、结构偏离分量和竞争力偏离分量,用来说明区域经济发展或衰退的原因,评价和分析区域经济结构优劣和自身竞争力的强弱,找出具有相对竞争优势的产业部门,进而确定区域未来经济发展的合理方向和产业结构调整的原则。

(二) 静态偏离-份额分析法的数学模型构建

首先,考虑某一个确定的区域,这个地区有 n 个产业部门,假设第 j 个 $(j = 1, 2, \cdots, n)$ 产业部门基期的产值为 $b_{j,0}$,那么该区域基期的经济总产值为 $b_0 = \sum_{j=1}^{n} b_{j,0}$。经过 t 年的发展后,第 j 个产业部门的产值为 $b_{j,t}$,该区域第 t 年的经济总量变为 $b_t = \sum_{j=1}^{n} b_{j,t}$。同样,以 $B_{j,0}$、$B_{j,t}$ 分别表示该区域所在的上一

① 葛军,刘家明.广东省国际旅游产业结构与竞争力的份额偏离分析[J].地理科学进展,2011,30
(6):760-765.

级区域或全国在基期和第 t 年期第 j 个产业部门的产值,以 B_0、B_t 分别表示上级区域或全国在基期和第 t 年期所有产业部门的总产值。

该区域第 j 个产业部门在 $[0, t]$ 时间段内的平均变化率为:

$$r_j = \frac{b_{j,t} - b_{j,0}}{b_{j,0}} \quad (j = 1, 2, \cdots, n)$$

该区域所在上级区域或全国第 j 产业部门在 $[0, t]$ 时间段内的平均变化率为:

$$R_j = \frac{B_{j,t} - B_{j,0}}{B_{j,0}} \quad (j = 1, 2, \cdots, n)$$

为了消除由于所占比重不同而带来的该地区与上一级地区或全国增长速度之间的差异,引入一个标准化量 b'_j,建立区域第 j 个产业部门的标准化变化规模,公式如下:

$$b'_j = b_{j,0} \times \frac{B_{j,0}}{B_0}, \quad (j = 1, 2, \cdots, n)$$

这里 $\frac{B_{j,0}}{B_0}$ 表示该地区第 j 个产业部门在基期占上级区域或全国相应产业部门的份额。

由此,在 $[0, t]$ 时间段内,该区域的第 j 个产业部门的增长量 $G_j = b_{j,t} - b_{j,0}$ 可以分解为份额分量 N_j,结构偏离分量 P_j,竞争力偏离分量 D_j 之和,具体表达式如下。

$$G_j = N_j + P_j + D_j$$

$$N_j = b'_j \times R_j$$

$$P_j = (b_{j,0} - b'_j) \times R_j$$

$$D_j = b_{j,0} \times (r_j - R_j)$$

$$P'_j D_j = P_j + D_j$$

式中,N_j 为第 j 个产业部门的份额偏离分量,它是标准化后该区域第 j 个产业部门按照上级区域或全国的平均增长率所产生的增长量;P_j 为结构偏离分量,它是指该区域第 j 产业部门比重与上级区域或全国相应部门比重的差异而引起的偏差,它排除了增长速度与全国平均速度的差异,强调部门结构对总增长的影响和贡献,P_j 的值越大,说明部门结构对总量增长的贡献越大;D_j 为竞争力偏离分量,它是指该区域第 j 产业部门增长速度与上级区域或全国相应部门增长速度的差异而引起的偏差,反映这个部门的相对竞争能力;$P'_j D_j$ 为总偏离分量,它是指该产业部门实际增长与平均比例增长之间的偏离分量,反映其总体增长优势。

同时,为了评价区域总的产业结构特征,引入区域相对增长率指数 L、区域结构效果指数 W,区域竞争效果指数 u。

$$L = \frac{\sum_{j=1}^{n} K_{j,t} B_{j,t}}{\sum_{j=1}^{n} K_{j,0} B_{j,0}} \Big/ \frac{\sum_{j=1}^{n} B_{j,t}}{\sum_{j=1}^{n} B_{j,0}} = W \times u$$

其中

$$W = \frac{\sum_{j=1}^{n} K_{j,0} \times B_{j,t}}{\sum_{j=1}^{n} K_{j,0} \times B_{j,0}} \Big/ \frac{\sum_{j=1}^{n} B_{j,t}}{\sum_{j=1}^{n} B_{j,0}}$$

$$u = \frac{\sum_{j=1}^{n} K_{j,t} \times B_{j,t}}{\sum_{j=1}^{n} K_{j,0} \times B_{j,t}}$$

和 $K_{j,0} = \dfrac{b_{ij,0}}{B_{j,0}}$, $K_{j,t} = \dfrac{b_{ij,t}}{B_{j,t}}$。

公示含义解释如下:如果 G_j 较大,L 大于1,则表明区域第 j 产业的增长率快于全国产业的增长率;如果 P_j 较大,W 大于1,说明区域中第 j 产业为比重较大的朝阳增长部门,如 P_j 都较大,则产业总体结构较好,结构对产业增长的贡献较大,产业结构不必进行较大幅度的调整;如果 D_j 较大,u 大于1,说明区域第 j 产业产业部门总的增长趋势明显,如 D_j 都较大,则该区域具有较强的竞争能力。

(三) 动态偏离—份额分析法的数学模型构建

动态偏离—份额模型是将研究时期分为两个或更多时段,以发现产业结构中有可能被忽略的重要变化信息。其基本思路是基于静态偏离—份额分析,将研究时期划分为若干个时间段,对每个时间段分别运用偏离份额分析法进行计算,以时间 t 为序,构成动态数据序列。

假设 α_{jt} 和 β_{jt} 分别表示产业结构 j 在时期 t 的结构偏离分量和竞争力偏离分量,则由 α_{j1}, α_{j2}, $\cdots$, α_{jt} 和 β_{j1}, β_{j2}, $\cdots$, β_{jt} 分别构成各产业结构在各时间段

的结构偏离分量和竞争力偏离分量的时间序列[1]。

需要说明的是,时段选择方面,本部分按照上面章节的分析时期,以 2000 年为基年期,2014 年为终年期。

第二节 休闲产业结构测评分析

一、休闲产业结构静态偏离—份额分析

(一)休闲产业结构偏离—份额总体比较

1. 总体特征

2000—2014 年间,各省(区、市)休闲产业收入呈增长态势。从增长量 G、相对增长率 L 和总偏离分量 PD 来看,各省(区、市)休闲产业发展均存在很大差距。与全国均值相比,30 个省(区、市)中有 10 个省市(北京、广东、上海、江苏、浙江、山东、湖北、福建、四川、湖南)的休闲产业总增长量高于均值,有 11 个省市的总偏离分量(北京、上海、广东、江苏、山东、浙江、湖北、福建、湖南、重庆、四川)高于均值,有 13 个省(区、市)的相对增长率(青海、安徽、河南、内蒙古、重庆、宁夏、陕西、湖南、江西、湖北、山东、河北)高于均值。可以看出,第一,大部分东部地区的休闲产业增长量和增长优势明显,而休闲产业的相对增长率高的省(区、市)主要聚焦于西部和中部地区,即大部分西部和中部地区的休闲产业增长率快于全国休闲产业增长率,总体发展速度偏快。第二,北京的休闲产业增长量和总偏离分量都位居全国第一,青海的两者水平均位居最后。而青海的休闲产业相对增长率排名第一,且大于 1,北京的休闲产业相对增长率排名 22 位,且小于 1。这说明尽管青海的休闲产业增长优势不明显,但其增长潜力非常大。第三,三项指标水平均低于全国均值的省(区、市)有辽宁、云南、天津、黑龙江、海南、新疆、广西、甘肃、贵州、吉林等 10 个省(区、市),包括东部 3 个地区、中部 2 个地区和西部 5 个地区。值得注意的是,2014 年这 10 省(区、市)的休闲产业总量水平也低于全国均值水平(见表 6-1)。

从总结构偏离分量看,首先,30 个省(区、市)的结构偏离分量贡献均为正,表明各省(区、市)休闲产业结构对休闲产业收入增长均起到了较大的正向作用。其次,结构偏离分量高于全国均值的省市中除四川外,其余皆位于东部地区(广

---

① 万年庆,李红忠,史本林.基于偏离—份额法的我国农民收入结构演进的省际比较[J].地理研究,2012,31(4):672-686.

表 6 - 1 2000—2014 年我国 30 个省（区、市）休闲产业结构份额—偏离表

	G	L	W	U	N	P	D	PD
北　京	12 256 495.059	0.904	1.037	0.964	3 014 948.499	9 795 296.973	−553 750.413	9 241 546.560
天　津	1 859 922.127	0.858	1.339	0.747	426 174.752	2 208 475.393	−774 728.018	1 433 747.375
河　北	2 283 783.531	1.482	0.682	1.465	278 964.797	1 191 690.933	813 127.801	2 004 818.734
山　西	1 480 090.284	1.627	0.615	1.626	188 012.022	659 774.077	632 304.185	1 292 078.262
内蒙古	1 290 048.905	2.231	0.464	2.155	123 574.471	421 567.996	744 906.438	1 166 474.434
辽　宁	2 775 307.193	0.768	1.271	0.787	861 045.548	2 865 779.404	−951 517.759	1 914 261.645
吉　林	687 042.409	0.617	1.049	0.953	147 528.370	584 901.802	−45 387.763	539 514.039
黑龙江	1 201 985.719	0.967	1.310	0.763	296 232.549	1 352 237.943	−446 484.773	905 753.170
上　海	11 458 683.397	0.792	0.966	1.035	2 294 953.324	8 677 723.742	486 006.332	9 163 730.073
江　苏	8 475 735.814	1.088	1.132	0.883	1 696 731.776	8 090 955.221	−1 311 951.184	6 779 004.038
浙　江	7 281 446.653	1.046	0.981	1.020	1 544 586.928	5 572 058.782	164 800.943	5 736 859.725
安　徽	2 687 089.330	2.376	0.368	2.720	183 553.636	681 391.879	1 822 143.815	2 503 535.694
福　建	4 161 232.872	1.275	1.107	0.903	815 508.695	3 857 118.440	−511 394.262	3 345 724.178
江　西	1 722 749.363	1.772	0.452	2.210	149 566.454	536 180.222	1 037 002.687	1 573 182.909
山　东	7 248 234.955	1.604	0.642	1.559	992 851.632	3 369 026.192	2 886 357.132	6 255 383.323
河　南	3 129 513.253	2.242	0.519	1.926	329 674.997	1 179 317.246	1 620 521.011	2 799 838.256

续　表

	G	L	W	U	N	P	D	PD
湖　北	4 221 041.203	1.676	0.704	1.421	512 565.471	2 325 817.207	1 382 658.526	3 708 475.732
湖　南	3 622 681.929	1.792	0.574	1.741	423 959.172	1 505 459.423	1 693 263.334	3 198 722.757
广　东	11 907 562.575	0.597	1.582	0.632	4 997 781.048	16 376 017.983	−9 466 236.456	6 909 781.527
广　西	883 700.115	0.467	1.911	0.523	497 608.250	1 611 619.169	−1 225 527.305	386 091.864
海　南	955 940.555	0.763	1.235	0.809	287 350.801	953 379.489	−284 789.735	668 589.753
重　庆	3 452 302.848	2.221	0.542	1.846	378 559.523	1 368 297.622	1 705 445.703	3 073 743.325
四　川	3 743 264.246	1.035	1.434	0.697	742 961.035	4 923 497.629	−1 923 194.419	3 000 303.210
贵　州	776 374.585	1.063	0.914	1.094	111 617.495	586 126.564	78 630.526	664 757.090
云　南	2 720 553.273	1.266	0.839	1.191	525 403.467	1 694 828.825	500 320.980	2 195 149.805
陕　西	2 538 828.632	1.806	0.704	1.421	368 009.700	1 345 373.669	825 445.263	2 170 818.931
甘　肃	881 139.301	1.391	0.589	1.699	112 495.472	358 945.617	409 698.212	768 643.829
青　海	278 129.006	4.659	0.257	3.887	14 166.867	50 035.695	213 926.444	263 962.139
宁　夏	428 929.672	1.966	0.433	2.307	38 794.686	125 545.014	264 589.971	390 134.985
新　疆	949 405.122	0.880	0.920	1.087	215 303.150	641 022.283	93 079.689	734 101.972
均　值	3 578 640.464	1.441	0.886	1.403	752 349.486	2 830 315.414	−4 024.437	2 826 290.978

注：G 表示增长量，L 表示相对增长率指数，W 表示区域结构效果指数，U 表示区域竞争效果指数，N 表示份额偏离分量，P 表示结构偏离分量，D 表示竞争力偏离分量，PD 代表总偏离分量。

东、北京、上海、江苏、浙江、福建、山东、辽宁),反映了东部地区休闲产业结构优势普遍优于中西部地区。从总竞争力偏离分量看,第一,竞争力偏离分量贡献为正的 19 个区中,除山东、河北、上海、浙江外均为中西部省(区、市),在这些中西部地区中竞争偏离分量最高的是安徽为 1 822 143.815 万元,重庆、湖南、河南、湖北、江西等省(市)均在 1 000 000 万元以上,反映了中西部省区市休闲产业增长速度较快。第二,绝大多数东部地区竞争偏离分量为负,其中广东的竞争偏离分量损失最大为 9 466 236.456 万元,说明这些地区休闲产业增长趋势低于全国平均水平。同时这些地区的总偏离分量和结构偏离分量均为正,表明其休闲产业发展相对其他地区有一定的优势,但竞争优势不明显。

从结构效果指数和竞争效果指数看,第一,结构效果指数大于 1 的省(区、市)包括北京、天津、辽宁、吉林、黑龙江、江苏、福建、广东、广西、海南和四川,其中的北京、江苏、福建、广东、四川等 5 个地区的休闲产业总增长量高于均值,表明北京、江苏、福建、广东、四川这些省市的休闲产业中包含比重较大的朝阳增长部门,产业总体结构比较好,结构对于经济增长的贡献大。第二,竞争效果指数大于 1 的省(区、市)刚好也是总竞争力偏离分量为正的 19 个省(区、市),这进一步印证出 19 个省(区、市)(山东、安徽、重庆、湖南、河南、湖北、江西、陕西、河北、内蒙古、山西、云南、上海、甘肃、宁夏、青海、浙江、新疆、贵州)的休闲产业各部门总的增长势头强劲,具有较强的竞争能力。

2. 休闲产业增长类型划分

根据偏离—份额分析表数据绘制出偏离—份额对比图,可以对各省(区、市)的休闲产业增长类型进行比较分类,进而总结判断各省(区、市)休闲产业总体结构与竞争力的优劣强弱。以总竞争力偏离分量为横轴,总结构偏离分量为纵轴建立坐标系,将代表各散点的省(区、市)标注在坐标系中。同时,以过原点的两条 45 度线将坐标划分为四个区域,由于本研究中没有结构偏离分量为负的数据,故只在图上显示了三个区域(见图 6-1)。

首先,在第Ⅰ区域,竞争力偏离分量和结构偏离分量都为正,但竞争力偏离分量要优于结构偏离分量,属于竞争优势区域。在此区域的省(区、市)包括青海、宁夏、甘肃、内蒙古、江西、安徽、河南、重庆、湖南等 9 个,均位于中西部地区,说明这些省(区、市)的休闲产业结构有一定优势,但各部门发展不平衡,产业结构需要调整。从全国范围内,这 9 个地区的休闲产业竞争优势非常明显。表 6-1 已经表明,这 9 个省(区、市)的结构效果指数均小于 1,且都低于均值(0.886);而其竞争效果指数均大于 1,且都明显高于均值(1.403)。

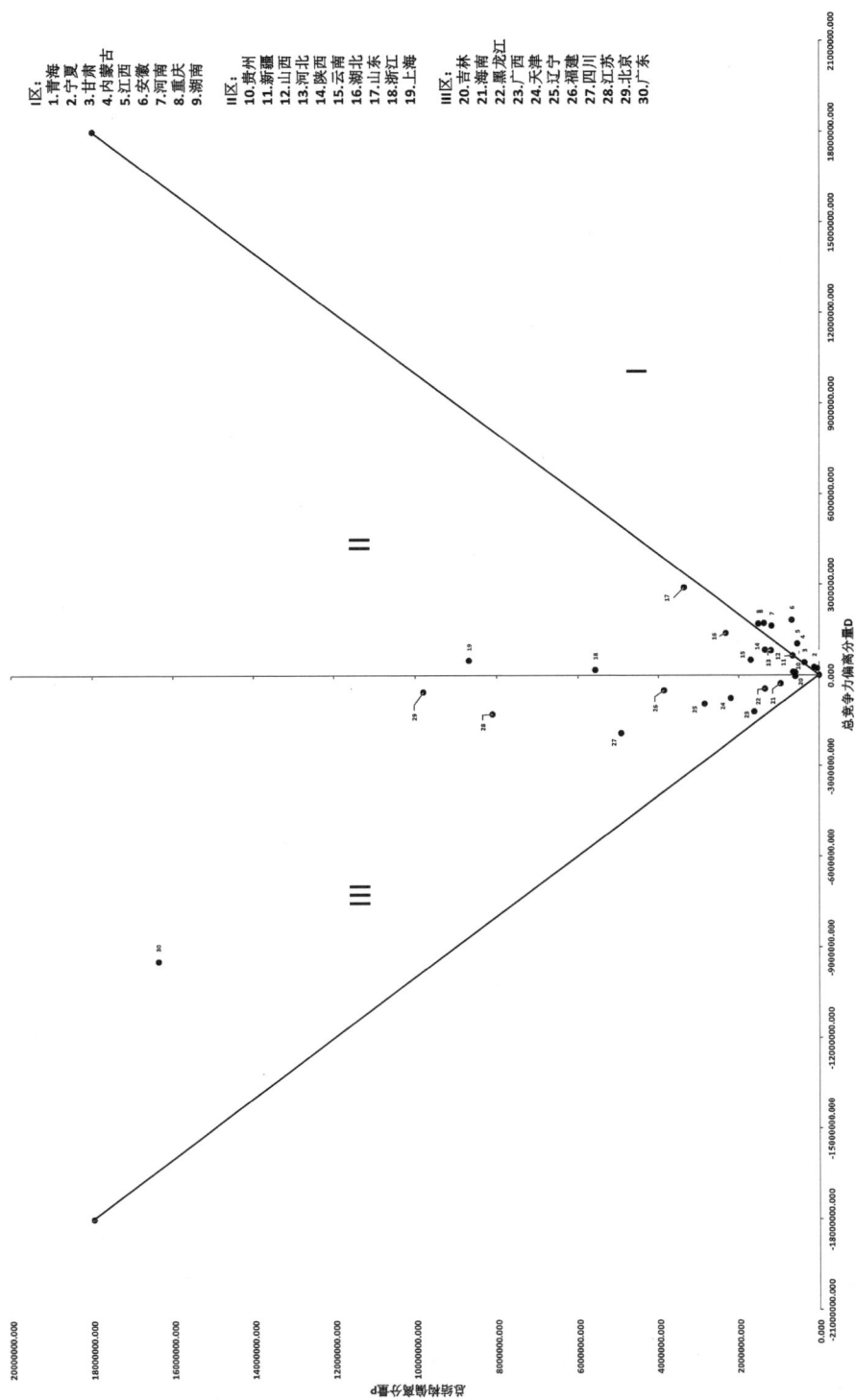

图 6-1　30 个省(区、市)休闲产业总体偏离—份额对比图

其次,在第Ⅱ区域,竞争力偏离分量和结构偏离分量都为正,但结构偏离分量要优于竞争偏离分量,属于结构优势区域。位于这一区域的省(区、市)包括贵州、新疆、山西、河北、陕西、云南、湖北、山东、浙江、上海等10个,其中东部地区4个,中部地区2个,西部地区4个。这些地区的休闲产业结构相对合理,对休闲产业发展的贡献度较高,但休闲产业的竞争能力有待提升,尤其是靠近纵轴的贵州、新疆、浙江、上海4省(区、市),它们的结构效果指数均高于均值(0.886),但竞争力效果指数低于均值(1.403)。在未来的发展过程中,需要在结构优势的基础上,充分把握市场信息,丰富产品类型等手段增强产业部门的竞争力。

最后,在第Ⅲ区,竞争力偏离分量为负,结构偏离分量为正,属于有结构优势但地位处于下降的区域。这一区域的省(区、市)有吉林、海南、黑龙江、广西、天津、辽宁、福建、四川、江苏、北京和广东等11个,包括7个东部地区、2个中部地区和2个西部地区。这些地区的休闲产业结构优势比较明显,但总的增长势头已经放缓,在全国范围内的竞争优势已经呈现下降趋势。从表6-1可以看出,这11个地区的休闲产业竞争效果指数均小于1,说明其竞争能力稍显落后。需要注意的是,虽然这些地区的竞争力偏离分量为负,但总增量为正,反映出休闲产业竞争地位的提升,将会释放更大的产业增长能量。

(二)休闲产业结构明细偏离—份额比较

为更为详细地解读各地区休闲产业具体部门的结构效益,本部分以各产业部门的竞争力偏离分量为横轴,以结构偏离分量为纵轴,将代表各散点的省(区、市)标注在坐标系中。以过原点的两条45度线将坐标分为四个区域,各区域的含义如下:

Ⅰ区:行业效益较优,部门竞争优势很强的地区;

Ⅱ区:行业效益很好,部门竞争优势较强的地区;

Ⅲ区:行业效益很好,部门竞争地位处于下降趋势的地区;

Ⅳ区:行业效益较优,部门竞争地位很差的地区。

1. 艺术表演团体偏离—份额分析

艺术表演团体是指由文化部门主办或实行行业管理,专门从事表演艺术等活动的各类专业艺术表演团体,如话剧团、方言话剧团、滑稽剧团、儿童剧团、歌剧团、歌舞团、曲艺团、杂技团、马戏团、木偶团、皮影团等专业艺术表演团体。从各剧种看,戏曲剧团是目前全国最大种类的艺术表演团体;从运营模式看,非文化部门的艺术表演团体已经占到全国艺术表演团体总数的62.2%[①],非文化部

---

① 艺术表演团体[EB/OL].中国网.http://www.china.com.cn/guoqing/2012-11/01/content_26974851.htm,2012-11-01.

门管理的院团的发展反映出艺术表演团体市场化的发展趋势。

　　从全国各地区艺术表演团体的表现来看,处在Ⅰ区的安徽艺术表演团体的竞争力偏离分量(D_{ij})和结构偏离分量(P_{ij})均为正,且$D_{ij} > P_{ij}$,说明安徽艺术表演团体部门的结构贡献度较大,增长势头大,具有很强的竞争能力。处于Ⅱ区的地区有海南、重庆、天津、江西、湖南、内蒙古、四川、河南、北京、浙江和上海,这一区域涵盖了东部的 5 个地区,中部的 3 个地区和西部的 3 个地区。11 个省(区、市)的艺术表演团体竞争力偏离分量(D_{ij})和结构偏离分量(P_{ij})均为正,但$P_{ij} > D_{ij}$,表明这些地区的艺术表演团体结构效益非常明显,增长势头强劲,同时在全国范围内具有一定的竞争优势。处于Ⅲ区的地区有宁夏、青海、贵州、甘肃、新疆、广西、吉林、河北、云南、山西、湖北、陕西、辽宁、黑龙江、福建、山东、江苏和广东等 18 个省(区),除了东部的辽宁、福建、山东、江苏、广东 5 省外,其余皆位于中西部地区,这一区域的特点是竞争力偏离分量为负,结构偏离分量为负,体现出这些地区的艺术表演团体部门效益明显,但总的增长势头已经放缓,在全国范围内竞争优势已经呈现出下降趋势(见图 6-2)。

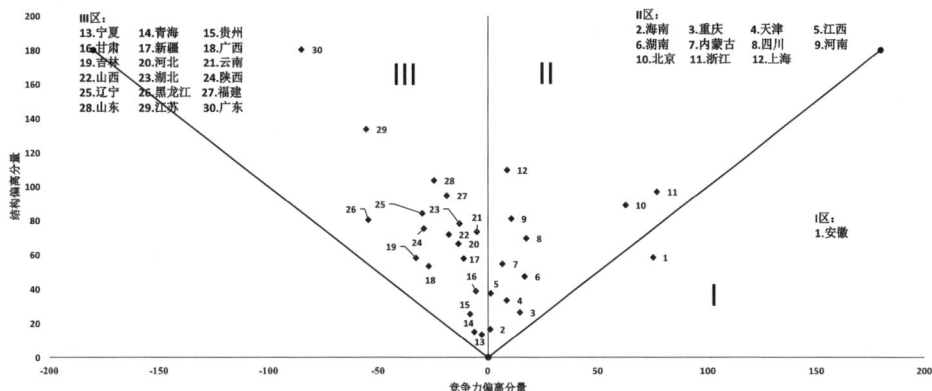

图 6-2　30 个省(区、市)艺术表演团体偏离—份额对比图

2. 艺术表演场馆偏离—份额分析

　　艺术表演场馆一般指的是进行表演艺术活动的场所,如剧场、影剧院、音乐厅、书场、曲艺场、杂技场、马戏场,等等。艺术表演场馆的建设发展离不开各地的政府拨款、门票、广告收入等。

　　从全国各地区艺术表演场馆的表现看,处于Ⅰ区的省(区、市)包括青海、新疆、内蒙古、山西、陕西和北京,这一区域的特征是竞争力偏离分量(D_{ij})和结构偏离分量(P_{ij})均为正,且$D_{ij} > P_{ij}$,说明这 6 省(区、市)的艺术表演场馆结构效益较优,同时具有很强的竞争地位。处于Ⅱ区的省市有甘肃、江西、天津、浙江和江苏,5省市的艺术表演场馆竞争力偏离分量和结构偏离分量都为正,但结构偏离分量要高于竞争力偏离分量,反映了这些地区的艺术表演场馆有明显的结构效益,以及一定的竞争优势。处于Ⅲ区的省(区、市)包括海南、重庆、黑龙江、广西、云南、四川、吉林、湖北、河北、安徽、辽宁、福建、山东、河南、湖南、广东和上海等17省区市,该地区的艺术表演场馆结构贡献度大,但在全国范围内的竞争优势已经出现下降趋势。处于Ⅳ区的贵州和宁夏两地的艺术表演场馆结构效益一般,竞争力较差。两地的艺术表演场馆总增长量为负,进一步表明该地区艺术表演场馆的结构劣势和竞争劣势较为突出(见图6-3)。

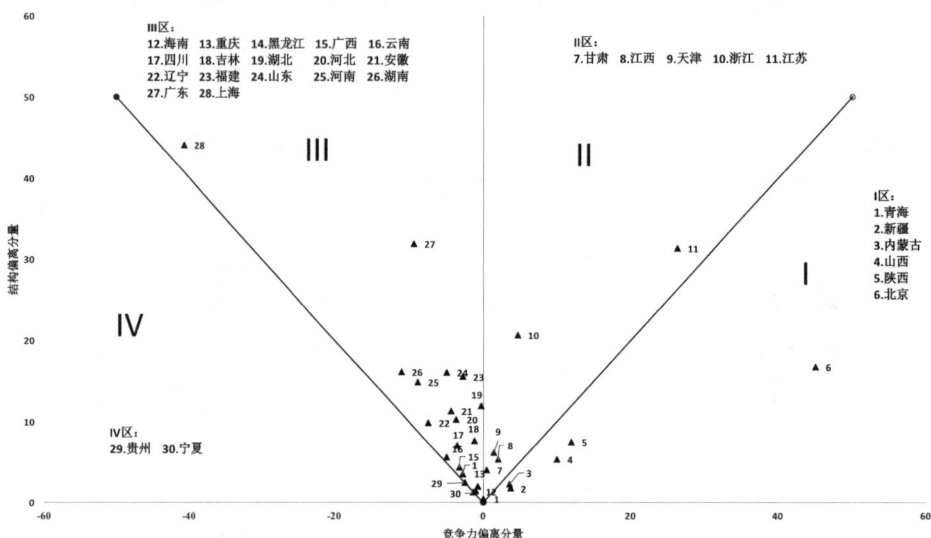

图6-3　30个省(区、市)艺术表演场馆偏离—份额对比图

3. 图书馆、博物馆和文化馆偏离—份额分析

从整体看,全国各地区的图书馆结构偏离分量均为正,竞争力偏离分量出现较大差异。处于Ⅰ区的海南、宁夏、四川三地的图书馆竞争优势明显;处于Ⅱ区的省(区、市)有16个,涵盖青海、贵州、新疆、甘肃、重庆、陕西、内蒙古、山西、江西、安徽、天津、黑龙江、湖南、湖内、江苏、浙江等地,中西部地区居多,这一句区域的图书馆部门效益明显,在全国范围内具有一定的竞争地位。处于Ⅲ区的11省(区、市)(广西、河北、吉林、河南、福建、云南、山东、辽宁、北京、广东和上海)的图书馆行业效益很好,但其竞争地位已经出现下降态势,尤其是上海的图书馆竞争地位较之全国最低,这是上海要建设全球卓越城市要关注的问题(见图6-4)。

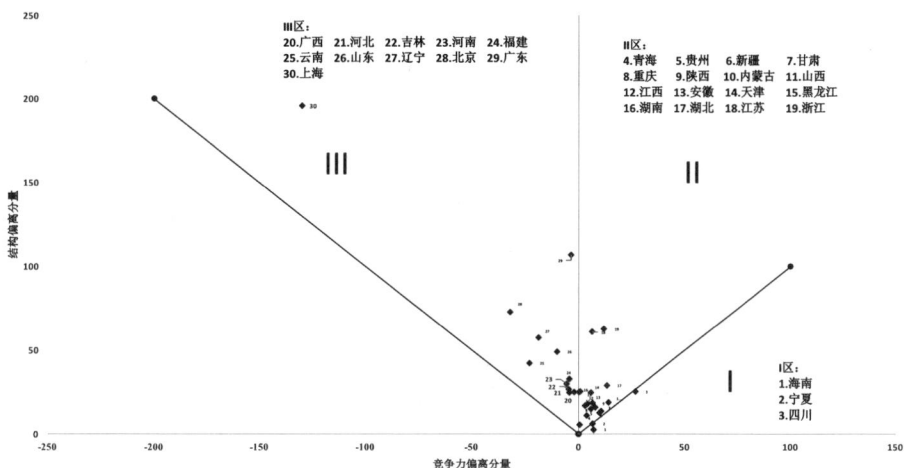

图 6-4　30 个省（区、市）图书馆偏离—份额对比图

博物馆部门的竞争地位很强的地区包括贵州、新疆、内蒙古、安徽、甘肃和湖南，均为中西部地区；结构效益明显、竞争地位较强的地区有 11 个，包括宁夏、青海、海南、黑龙江、吉林、广西、福建、湖北、北京、山东和江苏等地；竞争优势较差，但行业效益较优的地区包括 13 个，有云南、天津、江西、河北、山西、辽宁、浙江、重庆、四川、河南、陕西、上海、广东等地，其中广东的博物馆部门的结构效益非常明显，远高于其他省（区、市），但竞争力地位却是最低（见图 6-5）。

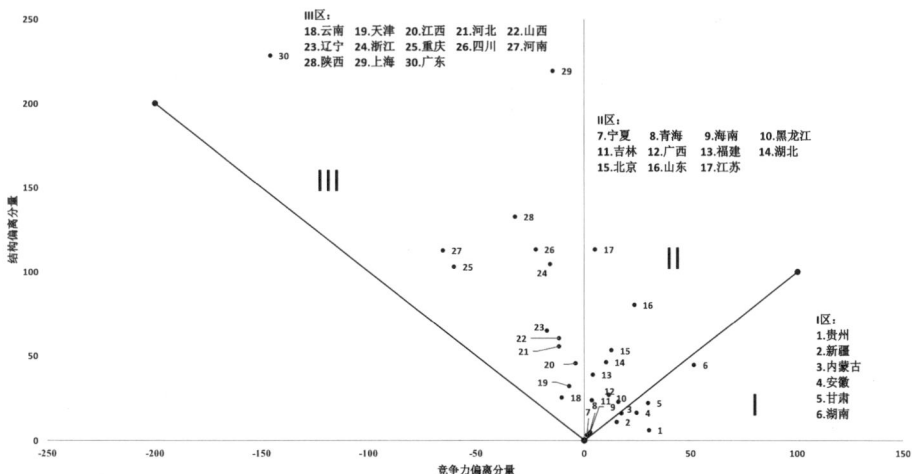

图 6-5　30 个省（区、市）博物馆偏离—份额对比图

文化馆部门竞争地位很强的地区位于西部的贵州和云南两地，这与其多彩文化和民族风情有极大关系。结构效益非常明显、竞争地位较强的Ⅱ区域包括 15 个

地区,具体为海南、青海、宁夏、甘肃、北京、陕西、新疆、江西、广西、吉林、内蒙古、安徽、重庆、四川和浙江等地。处于Ⅲ区的省(市)涵盖天津、山西、黑龙江、福建、湖南、河南、河北、辽宁、湖北、山东、上海、江苏和广东等地,这一区域的特征是文化馆的结构效益明显,但总的增长势头放缓,竞争地位出现下降趋势,尤其是广东的文化馆发展较为特殊,同博物馆相似,行业效益非常好,但竞争力较差(见图6-6)。

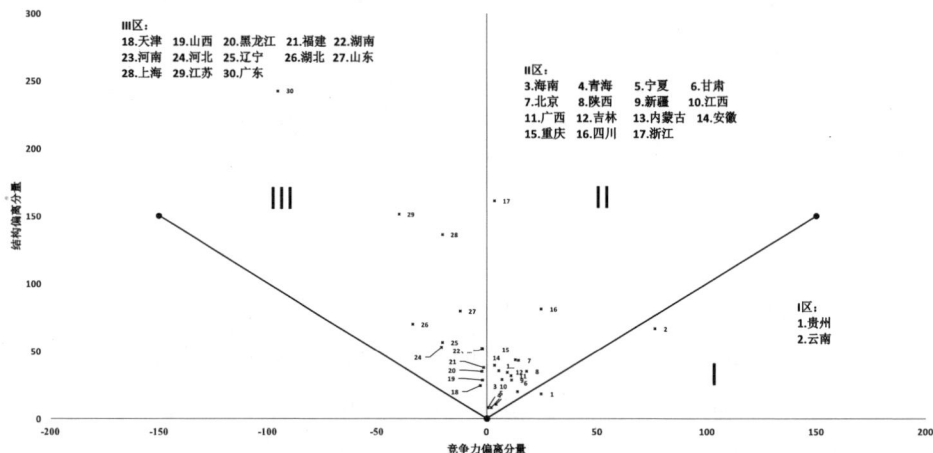

图6-6 30个省(区、市)文化馆偏离—份额对比图

4. 旅行社、饭店、旅游景区偏离—份额分析

我国《旅行社管理条例》中指出:旅行社是以营利为目的,从事旅游业务的企业。在我国,旅行社按照业务可分为组团社、办事处、地接社。从整体看,我国各地区旅行社的行业效益都较好,但竞争力地位参差不齐。处于Ⅰ区的宁夏、江西、重庆、湖北的旅行社竞争地位显著,尤以湖北见长。处于Ⅱ区的12省(区、市)(青海、内蒙古、贵州、山西、河北、安徽、辽宁、湖南、山东、浙江、上海、北京)的旅行社部门效益显著,尤其是北京的旅行社部门效益非常好,但北京的旅行社竞争地位有下降态势,不及上海,而上海的旅行社部门效益明显弱于北京。处于Ⅲ区的14个省(区、市)(吉林、甘肃、天津、新疆、黑龙江、河南、海南、四川、陕西、福建、广西、云南、江苏、广东)的旅行社部门效益较好,但竞争地位已处于下降趋势,尤其是广东的旅行社竞争地位明显较差(见图6-7)。

饭店的经济类型包括内资企业、港澳台商投资企业、外商投资企业,星级包含一星级到五星级饭店。从整体看,我国各地区饭店的结构效益都为正,竞争优势有正有负,其中为正的居多,表明我国饭店业发展整体上行业效益明显,竞争地位较强。目前,处于Ⅰ区的省(区、市)最多,包括青海、宁夏、吉林、甘肃、贵州、

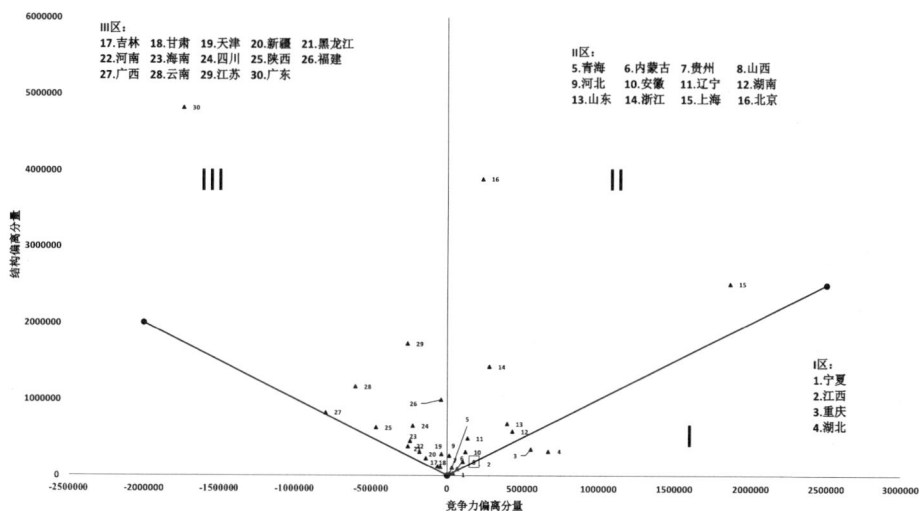

图 6-7　30 个省(区、市)旅行社偏离—份额对比图

内蒙古、江西、河南、海南、重庆、山西、陕西、安徽、云南、河北、湖南、四川和福建等 18 个地区,主要分布在中部和西部区域。这一区的饭店部门竞争力很强,结构效益较优。处于Ⅱ区的省(区)有新疆、湖北、山东、江苏、浙江等 5 省(区),该地区的饭店部门结构效益显著,竞争地位较强。处于Ⅲ区的省(区、市)包括黑龙江、天津、广西、辽宁、上海、北京和广东等 7 个地区,这些地区的饭店部门结构效益较好,但竞争地位明显处于下降趋势,尤其是广东的饭店部门效益保持良好,但在全国范围内的竞争地位较低(见图 6-8)。

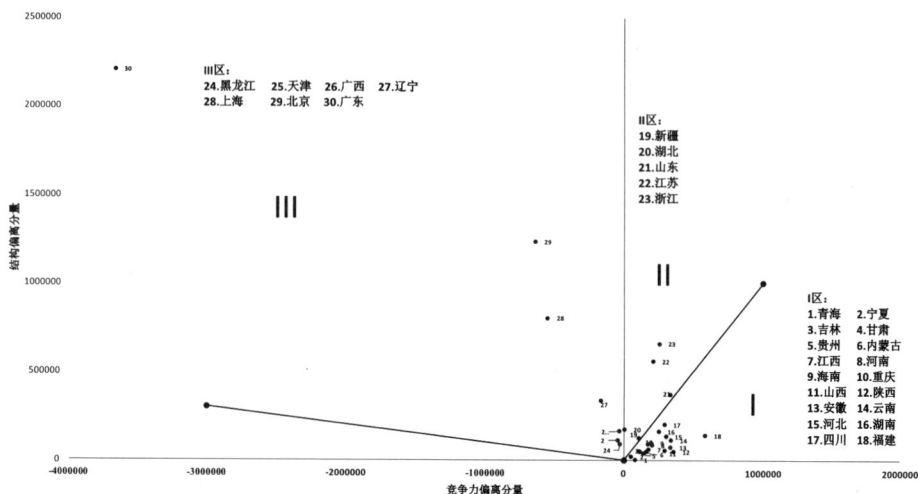

图 6-8　30 个省(区、市)饭店偏离—份额对比图

在我国,高等级的旅游景区往往带来高收益。从整体看,各地区旅游景区结构效益和竞争优势呈现较大的差异。目前,处于Ⅰ区的省(区、市)最多,这与饭店部门相似,这一区域的20个省(区、市)的旅游景区部门结构效益较好,竞争地位很强。处于Ⅱ区的省份仅有甘肃和山西,该区域的旅游景区部门结构效益显著,竞争优势较强。处于Ⅲ区的地区是江西省和北京市,两地的旅游景区部门结构效益显著,但竞争地位已处于下降趋势。处于Ⅳ区的省(区、市)包括贵州、辽宁、广西、天津、吉林和上海6地,该区域的特征是旅游景区部门结构效益较好,但竞争地位较差。需要注意的是,天津和上海两个直辖市位于该区域,反映出天津和上海的旅游景区竞争力不足已成为影响其旅游产业发展以及城市旅游形象的重要问题(见图6-9)。

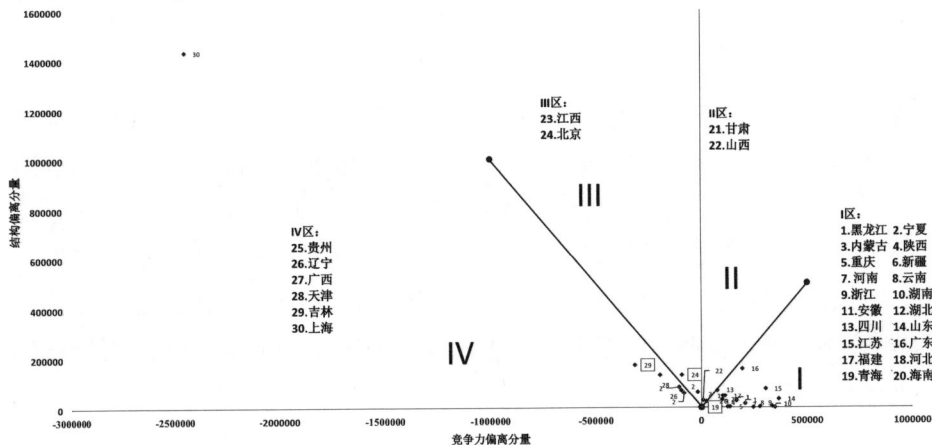

图6-9　30个省(区、市)旅游景区偏离—份额对比图

5. 体育彩票偏离—份额分析

在我国,体育彩票指的是为筹集体育事业发展资金发行的,供人们自愿购买并按照特定规则获取中奖权力的书面凭证。目前体育彩票的种类包括超级大乐透、排列3、排列5、七星彩、地方体育、足球彩票、竞彩、顶呱刮等。从整体看,我国各地区体育彩票的销售额都较优,但竞争地位强弱分明。处于Ⅰ区的省(区、市)有一半以上,具体包括广西、青海、宁夏、山西、甘肃、内蒙古、新疆、重庆、吉林、陕西、辽宁、安徽、湖南、云南、江西、湖南、山东等17个地区,表明我国大多数地区的体育彩票结构效益较好,竞争地位很强。处于Ⅱ区的省份是海南、河北、黑龙江3地,该区域的部门结构效益明显,竞争地位较强。处于Ⅲ区的省市包括贵州、湖北、北京、天津、上海、浙江、福建、广东、四川和江苏10地,这一区域的部

门结构效益较好,竞争地位处于下降趋势,需要说明的是,该区的10省市之间的结构和竞争偏离分量差异较大,结构效益最为明显的是江苏,竞争地位最差的是四川(见图6-10)。

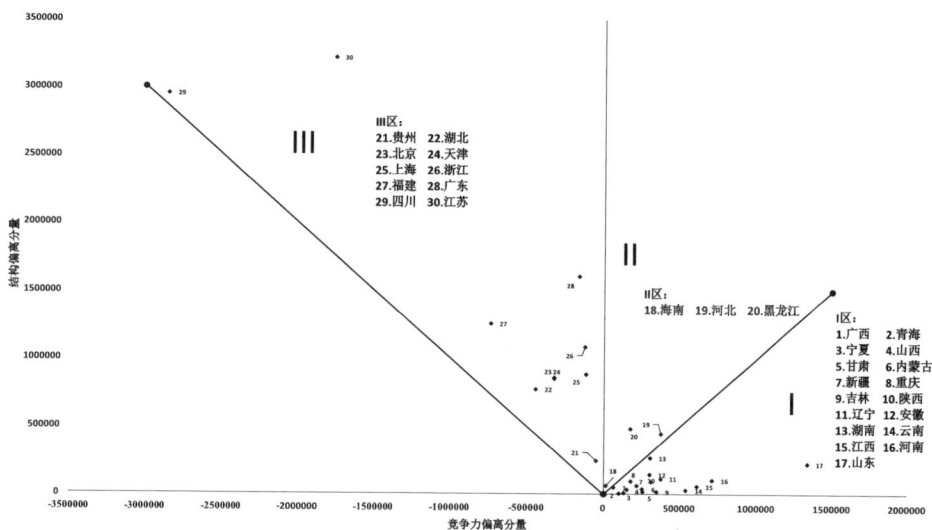

图6-10　30个省(区、市)体育彩票偏离—份额对比图

6. 歌舞、游艺娱乐场所偏离—份额分析

国务院发布的《娱乐场所管理条例》中明确提出,歌舞娱乐场所包括歌厅、舞厅、卡拉OK厅,其他营业性歌舞娱乐场所如夜总会等。游艺娱乐场所包括电子游戏机、游艺机娱乐场所,以及台球、保龄球等游戏、游艺娱乐场所等。从整体看,我国各省(区、市)的歌舞娱乐场所和游艺娱乐场所的结构偏离、竞争偏离分量差异较大。

歌舞娱乐场所方面,有18个省区市处在Ⅲ区,竞争地位处于下降趋势,但总的结构效益明显。该区的典型省份是广东,部门效益显著,竞争地位最低。处于Ⅰ区的省(区、市)包括内蒙古、贵州、北京、甘肃、新疆、福建6地区,除北京、福建外,其余4省(区)均位于西部,这些地区的歌舞娱乐场所竞争优势明显,结构效益较好。处于Ⅱ区的省份有海南、青海、江西、山东、安徽和云南6地,该区域的歌舞娱乐场所结构效益显著,竞争地位较强(见图6-11)。

游艺娱乐场所方面,处于Ⅰ区的12省市(海南、青海、贵州、河南、山东、安徽、北京、湖南、四川、江苏、上海、湖北)的部门结构效益较好,竞争地位很强,尤其是上海的竞争优势最为明显。处于Ⅱ区的4省(区、市)包括直辖市2个(天

179

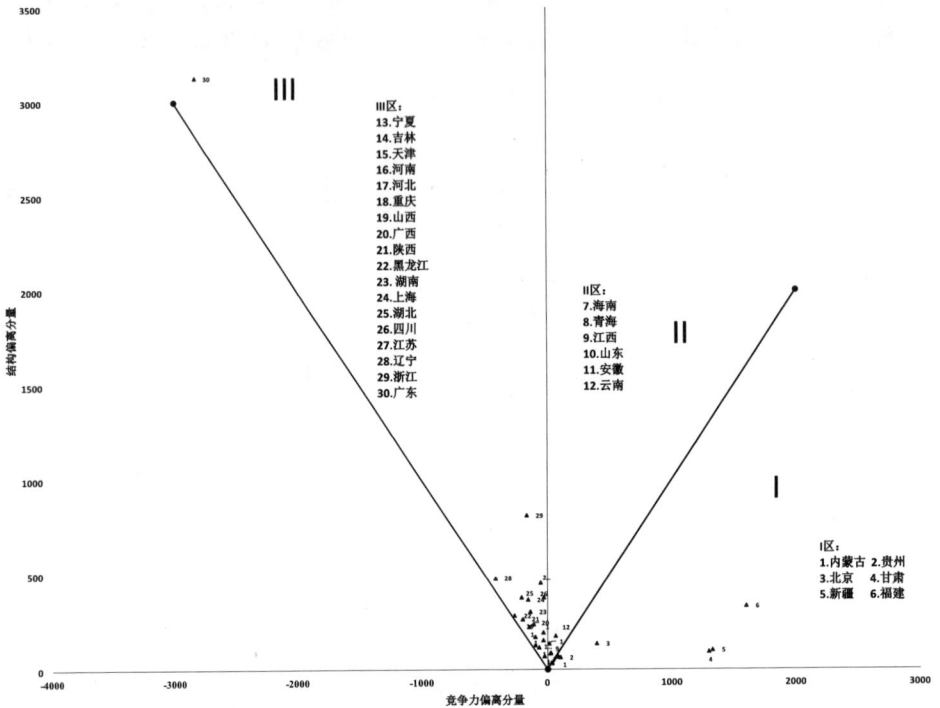

图 6-11　30 个省(区、市)歌舞娱乐场所偏离—份额对比图

津、重庆)、1 个西部地区(新疆)和 1 个中部地区(江西),四地的游艺娱乐场所结构效益显著,竞争地位较强。处于Ⅲ区的 7 个省(区)(甘肃、河北、内蒙古、广西、云南、黑龙江、浙江)的歌舞娱乐场所部门效益较好,竞争地位处于下降趋势。Ⅳ区的部门特征是结构效益较好,竞争地位很差,这一区域的省(区)包括山西、宁夏、吉林、辽宁、福建、陕西、广东,其中广东的部门结构效益最优,但在全国范围内的竞争地位最差(见图 6-12)。

7. 限额以上餐饮业偏离—份额分析

我国对限额以上餐饮业的标准规定是,年营业收入 200 万元以上,同时年末从业人员 40 人以上的餐饮企业。从我国各地区限额以上餐饮业的结构和竞争偏离分量看,海南是我国 30 个省(区、市)中唯一一个结构效益和竞争地位都较差的地区,这与海南餐饮行业的整体规模小、现代化水平低、行业发展相对滞后等问题有关。餐饮业结构效益较好,竞争地位很强的地区是安徽、河南和湖北,这 3 个省刚好也是我国人口数量排名前 10 位的省份。处于Ⅱ区的省(区、市)包括江西、甘肃、山西、湖南、内蒙古、陕西、重庆、四川、山东、江苏、上海、北京、贵

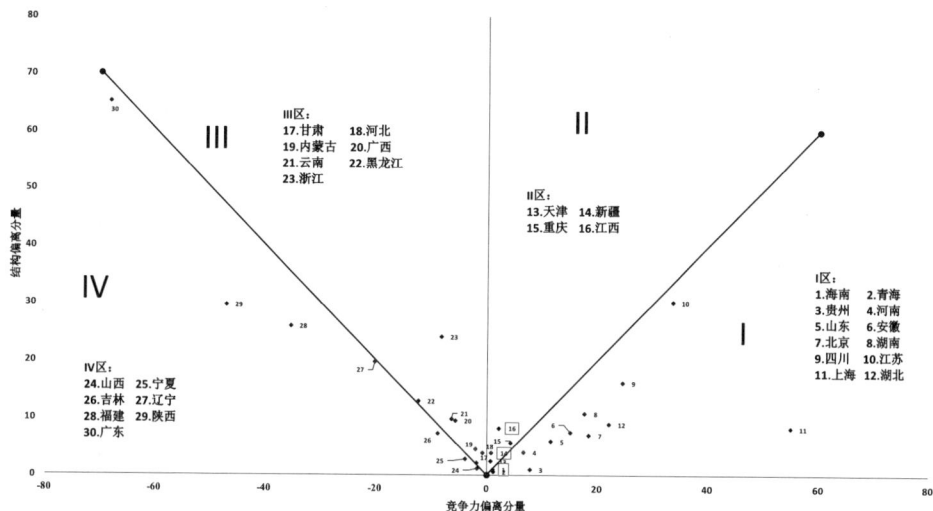

图 6-12　30 个省(区、市)游艺娱乐场所偏离—份额对比图

州、青海 14 个地区,该区域的餐饮业部门结构效益明显,竞争优势较强,其中北京和上海的餐饮业表现比较特殊,上海餐饮业竞争地位要强于北京,北京餐饮业的结构效益要优于上海。处于Ⅲ区的省(区、市)有 12 个,分别为宁夏、吉林、新疆、河北、云南、黑龙江、广西、天津、福建、辽宁、浙江、广东,这些区域的餐饮业部门结构效益显著,但竞争优势处于下降趋势,尤其是广东的竞争地位较差(见图 6-13)。

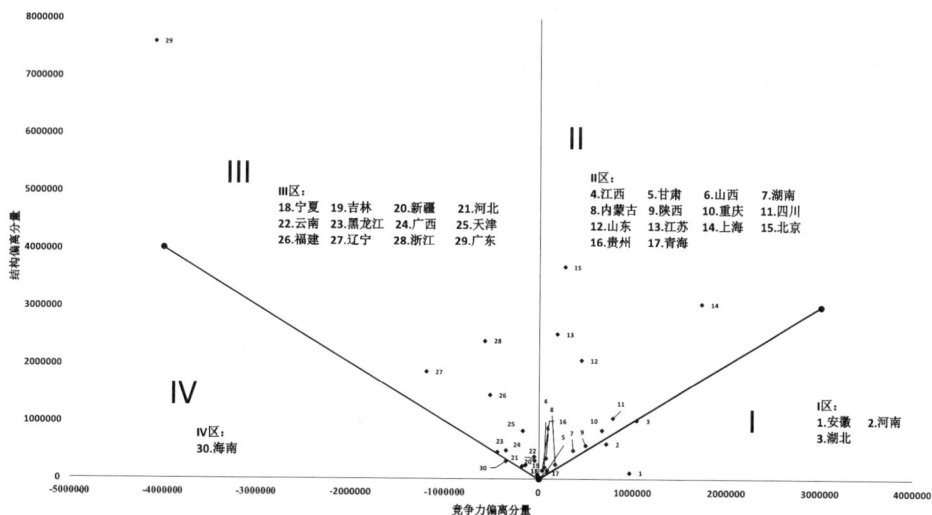

图 6-13　30 个省(区、市)限额以上餐饮业偏离—份额对比图

(三) 分省(区、市)休闲产业结构偏离—份额分析

根据休闲产业总偏离分量、结构偏离分量和竞争力偏离分量,把 30 个省市的休闲产业部门分为两大类、六小类:第一大类是总偏离大于零,该类休闲产业发展相对迅速,包括结构、竞争力、总偏离分量都大于零,结构或竞争力偏离分量小于零,但总偏离分量大于零,共三小类;第二大类是总偏离小于零,休闲产业发展相对缓慢,与第一大类相似,也分为三个小类。可以看出,30 个省(区、市)绝大多数的休闲产业部门总偏离分量都大于零,说明目前我国休闲产业总体发展较快(见表 6 - 2)。

具体来看,各省(区、市)休闲产业部门结构呈现一定的差异性和相似性,接下来就各个省(区、市)的休闲产业结构进行详细分析,并将结构特点相似的省市放在一起进行分析。

1. 北京

北京休闲产业各部门的总偏离分量都大于零,表明休闲产业整体发展良好,但竞争力偏离分量有所差异。其中艺术表演团体、艺术表演场馆、博物馆、文化馆、旅行社、歌舞娱乐场所、游艺娱乐场所、限额以上餐饮业结构偏离分量和竞争力偏离分量都大于零,说明这 8 个休闲产业部门是北京休闲产业增长的主导部门,且相对其他省(区、市)具有较大的发展优势;图书馆、饭店、旅游景区、体育彩票的结构偏离分量大于零,但竞争力偏离分量小于零,表明这 4 个休闲产业部门相对其他省(区、市)有一定的优势,但优势不够明显。这一特征反映出北京的文化业、旅游业、娱乐业、餐饮业、体育业整体发展良好,但文化业中的图书馆、旅游业中的饭店和旅游景区、体育业的体育彩票部门竞争力水平还有待加强和提升。首先,北京是政治文化中心,图书馆数量庞大,但绝大多数是中小型图书馆,在数字化、信息化时代,中小型图书馆也面临着技术、市场化、资金等方面的挑战,尤其是在与国际大都市如纽约、伦敦、巴黎、东京相比,北京的公共图书馆数量仅为纽约的 10.9%,伦敦的 6.3%,巴黎的 2.9%,东京的 6.4%[①],因而加强北京的图书馆建设,抬升在国内的竞争力地位亦是提升其世界影响力的前提和基础。其次,北京的星级饭店数量虽位居前列,但其服务质量和效益并不具备较强的竞争力。从国家旅游局发布的《2015 年度全国星级饭店统计公报》数据看,北京星级饭店的平均出租率未进前 10,每间可供出租客房收入排名第 4,人均实现利润水

---

① 搜狐网.北京文化实力国内领先,国际竞争力差距较大[EB/OL]. http://roll.sohu.com/20130608/n378442983.shtml,2013 - 06 - 08.

表 6-2　30 个省(区、市)休闲产业各行业份额—偏离类型

省(区、市)	$PD_{ij}>0$			$PD_{ij}<0$		
	$P_{ij}>0,$ $D_{ij}>0$	$P_{ij}>0,$ $D_{ij}<0$	$P_{ij}<0,$ $D_{ij}>0$	$P_{ij}>0,$ $D_{ij}<0$	$P_{ij}<0,$ $D_{ij}>0$	$P_{ij}<0,$ $D_{ij}<0$
北京	艺术表演团体、艺术表演场馆、博物馆、文化馆、旅行社、旅游景区、游艺娱乐场所、限额以上餐饮业	图书馆、艺术表演场馆、博物馆、文化馆、旅行社、旅游景区、体育彩票				
天津	博物馆、文化馆、歌舞娱乐场所、限额以上餐饮业	艺术表演场馆、图书馆、文化馆、游艺娱乐场所		旅游景区		
河北	旅行社、饭店、旅游景区、限额以上餐饮业	艺术表演团体、图书馆、博物馆、游艺娱乐场所、体育彩票				
山西	艺术表演场馆、图书馆、旅行社、饭店、旅游景区、体育彩票、限额以上餐饮业	艺术表演团体、博物馆、文化馆、歌舞娱乐场所		游艺娱乐场所		
内蒙古	艺术表演场馆、图书馆、博物馆、文化馆、旅游景区、歌舞娱乐场所、限额以上餐饮业	游艺娱乐场所				
辽宁	旅行社、体育彩票	艺术表演团体、艺术表演场馆、图书馆、博物馆、文化馆、歌舞娱乐场所、限额以上餐饮业		旅游景区、游艺娱乐场所		

续 表

省(区、市)	PD$_{ij}$>0			PD$_{ij}$<0		
	P$_{ij}$>0, D$_{ij}$>0	P$_{ij}$>0, D$_{ij}$<0	P$_{ij}$<0, D$_{ij}$>0	P$_{ij}$>0, D$_{ij}$<0	P$_{ij}$<0, D$_{ij}$>0	P$_{ij}$<0, D$_{ij}$<0
吉林	博物馆、文化馆、饭店、体育彩票	艺术表演团体、艺术表演场馆、图书馆、旅行社、歌舞娱乐场所、限额以上餐饮业		旅游景区、游艺娱乐场所		
黑龙江	图书馆、博物馆、旅游景区、体育彩票	艺术表演团体、艺术表演场馆、文化馆、旅行社、饭店、歌舞娱乐场所、游艺娱乐场所、限额以上餐饮业				
上海	艺术表演团体、旅行社、游艺娱乐场所、限额以上餐饮业	艺术表演场馆、图书馆、博物馆、文化馆、歌舞娱乐场所、体育彩票		旅游景区		
江苏	艺术表演场馆、图书馆、博物馆、饭店、旅游景区、游艺娱乐场所、限额以上餐饮业	艺术表演团体、文化馆、旅行社、体育彩票				
浙江	艺术表演团体、艺术表演场馆、图书馆、文化馆、旅行社、饭店、旅游景区	博物馆、歌舞娱乐场所、游艺娱乐场所、限额以上餐饮业				
安徽	艺术表演团体、图书馆、博物馆、文化馆、旅行社、旅游景区、歌舞娱乐场所、游艺娱乐场所、体育彩票、限额以上餐饮业	艺术表演场馆				

续 表

省（区、市）	$PD_{ij} > 0$			$PD_{ij} < 0$		
	$P_{ij} > 0,$ $D_{ij} > 0$	$P_{ij} > 0,$ $D_{ij} < 0$	$P_{ij} < 0,$ $D_{ij} > 0$	$P_{ij} > 0,$ $D_{ij} < 0$	$P_{ij} < 0,$ $D_{ij} > 0$	$P_{ij} < 0,$ $D_{ij} < 0$
福建	博物馆、饭店、旅游景区、歌舞娱乐场所	艺术表演团体、艺术表演场馆、图书馆、文化馆、旅行社、体育彩票、限额以上餐饮业		游艺娱乐场所		
江西	艺术表演场馆、图书馆、文化馆、旅行社、饭店、游艺娱乐场所、限额以上餐饮业	博物馆、旅游景区				
山东	博物馆、旅游景区、歌舞娱乐场所、游艺娱乐场所、体育彩票、限额以上餐饮业	艺术表演团体、艺术表演场馆、图书馆、文化馆				
河南	艺术表演团体、饭店、旅游景区、游艺娱乐场所、体育彩票、限额以上餐饮业	艺术表演场馆、图书馆、博物馆、歌舞娱乐场所				
湖北	图书馆、博物馆、旅行社、饭店、旅游景区、游艺娱乐场所、限额以上餐饮业	艺术表演团体、艺术表演场馆、文化馆、歌舞娱乐场所、体育彩票				
湖南	艺术表演场馆、饭店、旅行社、旅游景区、游艺娱乐场所、体育彩票、限额以上餐饮业	艺术表演团体、文化馆、歌舞娱乐场所				

续表

省（区、市）	$PD_{ij} > 0$			$PD_{ij} < 0$		
	$P_{ij} > 0,$ $D_{ij} > 0$	$P_{ij} > 0,$ $D_{ij} < 0$	$P_{ij} < 0,$ $D_{ij} > 0$	$P_{ij} > 0,$ $D_{ij} < 0$	$P_{ij} < 0,$ $D_{ij} > 0$	$P_{ij} < 0,$ $D_{ij} < 0$
广东	旅游景区	艺术表演团体、艺术表演场馆、图书馆、博物馆、文化馆、旅行社、饭店、歌舞娱乐场所、限额以上餐饮业		游艺娱乐场所		
广西	博物馆、文化馆、体育彩票	艺术表演团体、艺术表演场馆、图书馆、旅行社、游艺娱乐场所、限额以上餐饮业		旅游景区		
海南	艺术表演团体、图书馆、博物馆、文化馆、旅游景区、饭店、游艺娱乐场所、体育彩票	艺术表演场馆、旅行社				
重庆	艺术表演团体、图书馆、文化馆、旅行社、饭店、旅游景区、游艺娱乐场所、限额以上餐饮业	艺术表演场馆、博物馆、歌舞娱乐场所		限额以上餐饮业		
四川	艺术表演团体、图书馆、文化馆、饭店、旅游景区、游艺娱乐场所、限额以上餐饮业	艺术表演场馆、博物馆、旅行社、歌舞娱乐场所、体育彩票				
贵州	图书馆、博物馆、文化馆、饭店、歌舞娱乐场所、游艺娱乐场所、限额以上餐饮业	艺术表演团体、体育彩票		艺术表演场馆、旅游景区		

续 表

省 (区、市)	PD_{ij} > 0			PD_{ij} < 0		
	$P_{ij}>0,$ $D_{ij}>0$	$P_{ij}>0,$ $D_{ij}<0$	$P_{ij}<0,$ $D_{ij}>0$	$P_{ij}>0,$ $D_{ij}<0$	$P_{ij}<0,$ $D_{ij}>0$	$P_{ij}<0,$ $D_{ij}<0$
云 南	文化馆、饭店、旅游景区、歌舞娱乐场所、体育彩票	艺术表演场馆、艺术表演馆、图书馆、旅行社、游艺娱乐场所、限额以上餐饮业				
陕 西	艺术表演场馆、图书馆、文化馆、饭店、旅游景区、体育彩票、限额以上餐饮业	艺术表演团体、博物馆、旅行社、歌舞娱乐场所		游艺娱乐场所		
甘 肃	艺术表演场馆、图书馆、博物馆、文化馆、饭店、旅游景区、歌舞娱乐场所、限额以上餐饮业	艺术表演团体、旅行社、游艺娱乐场所				
青 海	艺术表演场馆、图书馆、博物馆、文化馆、旅行社、饭店、旅游景区、游艺娱乐场所、限额以上餐饮业	艺术表演团体				
宁 夏	图书馆、博物馆、文化馆、旅行社、饭店、旅游景区、体育彩票	艺术表演团体、限额以上餐饮业		艺术表演场馆、游艺娱乐场所		
新 疆	艺术表演场馆、图书馆、博物馆、文化馆、饭店、旅游景区、游艺娱乐场所、体育彩票	艺术表演团体、旅行社、限额以上餐饮业				

平排名第 8①，竞争优势并不显著。北京的旅游景区优势主要以传统景区为主，游客普遍认为这些传统景区的门票"便宜"，这也成为北京旅游景区发展的瓶颈因素，第一，传统的经典旅游景区主要集中在北京的中心城区与北部山区，旅游旺季容易引发道路拥堵问题；第二，传统旅游景区的自我修复功能稍差，大量游客的涌入容易引起景区生态环境破坏；第三，北京的自然景观旅游资源绝大部分位于郊区，但郊区旅游基础设施和公共设施建设滞后，严重制约了北京旅游景区整体的水平和质量。最后，北京的体育业存在的问题主要是体育资源开发利用效率不高，体育产业市场化进程缓慢等。随着 2022 年北京冬奥会的举办，北京的体育产业或许将会迎来黄金发展时期。

2. 天津

天津的休闲产业各部门中除了旅游景区外，其余部门发展均高于全国增速，尤其是艺术表演团体、艺术表演场馆、图书馆、游艺娱乐场所的增长势头强劲，它们的结构偏离分量和竞争力偏离分量都大于零，总偏离分量也大于零。博物馆、文化馆、旅行社、饭店、歌舞娱乐场所、体育彩票、限额以上餐饮业的结构偏离分量为正，竞争力偏离分量为负，表明这 8 个产业部门的竞争优势稍差。旅游景区发展环境，总偏离分量小于零。这一特征反映出天津的休闲产业主导部门是文化业，且以文化艺术服务业为主。这一点是吻合天津本身的文化底蕴特色的，天津是诸多曲艺形式发源、兴盛和发展的地方，享有"京剧大码头、北方曲艺之乡"的美誉，也是中国话剧艺术的发祥地。但是，天津文化产业发展的总量偏小，文化市场体系还不健全，影响力和市场占有率都比较低。同时，天津的旅游经济总量规模不大，资源整合和产业融合力度不强，缺乏国际竞争力的旅游精品项目。这些因素都是天津休闲产业结构合理化和高级化的关键，亦是天津提升其城市竞争力需要考量的重要因素。

3. 河北

河北休闲产业发展整体高于全国平均增速，尤其是旅行社、饭店、旅游景区、体育彩票的增长势头旺盛，其结构偏离分量、竞争力偏离分量和总偏离分量都为正。艺术表演团体、艺术表演场馆、图书馆、博物馆、文化馆、歌舞娱乐场所、游艺娱乐场所、限额以上餐饮业等 8 个产业部门的结构偏离分量大于零，竞争力偏离

① 中华人民共和国文化和旅游部.国家旅游局关于 2015 年度全国星级饭店统计公报[EB/OL].http://www.cnta.gov.cn/zwgk/lysj/201609/t20160902_782543.shtml,2016－09－02.

分量小于零,但正的结构偏离抵消了负的竞争力偏离,增速仍高于全国平均。可以发现,河北的休闲产业主导部门是旅游业。从河北的地理位置和拥有的旅游资源来看,壮大发展旅游业是提升河北竞争力的战略选择。河北地处京津冀协同发展战略区,尤其是北京携手张家口举办冬奥会,这对提升河北的旅游竞争力乃至休闲产业的整体发展水平,都具有重要作用。同时,河北的自然和文化资源丰富,为河北壮大旅游业提供了先天要素。未来的河北休闲产业发展,可继续以旅游业为抓手,同时充分考虑到本地居民的休闲需求,将旅游优势延伸至文化、旅游、体育、餐饮业,构筑起休闲产业发展的大格局,提升京津冀经济圈休闲产业的整体水平。

4. 山西

山西休闲产业各部门中游艺娱乐场所外,其余部门增速高于全国平均。其中艺术表演场馆、图书馆、旅行社、饭店、旅游景区、体育彩票、限额以上餐饮业的结构偏离分量和竞争力偏离分量都大于零,属于快速增长部门;艺术表演团体、博物馆、文化馆、歌舞娱乐场所的结构偏离分量为正,竞争力偏离分量为负,并且正的结构偏离分量大于负的竞争力偏离分量,相对快速增长。可见,山西休闲产业发展中,娱乐业的发展稍显落后。有研究显示,山西的娱乐业形式比较单一,主要以歌舞为主,缺乏益智、健身性的娱乐场所[①]。因此,山西在发展休闲产业过程中,要将本地居民的休闲娱乐需求充分融入城市发展战略中,推动产业结构的优化转型发展。

5. 内蒙古

内蒙古休闲产业各部门的总偏离分量大于零,总体上处于相对快速增长阶段。各产业部门中,比较特殊的是游艺娱乐场所的结构偏离分量大于零,竞争力偏离分量小于零,其余的产业部门结构偏离分量和竞争力偏离分量均为正,说明内蒙古休闲产业部门结构发展相对合理。内蒙古发展休闲产业,有先天的优势,第一,内蒙古拥有良好的农牧业资源,发展休闲农牧业既能吸引外来游客,又能愉悦当地城乡居民;第二,内蒙古有丰富而独特的草原文化,融合了传统民俗、生态文化、服饰文化、歌舞文化、民族体育文化等多种元素,打造旅游业、文化业、体育业、餐饮业等各休闲业态都具备优良的条件和资源。未来的休闲产业发展,在进一步突破体制性障碍、实现市场化发展的推动下,产业资源必将转化为相应的产业优势,推动内蒙古经济迈入新的台阶。

---

①　马文佳.山西休闲产业转型发展的结构化研究[J].华夏地理,2016(9):1-2.

6. 辽宁、吉林、黑龙江

近年来,因人才流失、经济萎缩等问题,东北三省成了媒体和学者关注的重点。2016 年各省 GDP 数据显示,辽宁排名 22 位,GDP 增速为 6.9%,黑龙江和辽宁排名分列 21、14 位,增速均未达到全国平均值(6.7%),并且辽宁GDP 呈现负增长。经济的下滑、人力资源的流失,对产业的发展十分不利。从三省的休闲产业发展速度看,尽管大部分产业部门的总偏离分量大于零,即高于全国平均增速,但内部的表现参差不齐。辽宁的旅游景区、游艺娱乐场所总偏离分量小于零,表明其发展缓慢;旅行社和体育彩票两部门的结构偏离分量和竞争力偏离分量都大于零,说明其增长势头强劲;其余的 8 个部门结构偏离分量大于零,竞争力偏离分量小于零,说明它们的发展相对较快,但竞争地位略差。这些特征都反映出辽宁休闲产业内部结构的不协调,影响了整体的增速与竞争水平。吉林的弱势与辽宁相似,即旅游景区、游艺娱乐场所的发展相对落后,但其文博馆的增速显著,这与吉林丰富的历史文物古迹、历史文化建筑、工业历史资源、民族文化资源、宗教历史资源等都有极大关系。黑龙江是三省中休闲产业发展相对较好的省份,它的休闲产业各部门总偏离分量都大于零,说明其增速高于全国平均,其中图书馆、博物馆、旅游景区、体育彩票4 个部门的发展呈现快速增长态势,其余 8 个部门的结构偏离分量大于零,竞争力偏离分量小于零,增速相对较快。黑龙江虽地处边陲,但其民族文化资源、冰雪旅游资源独特丰富,这为文化业、旅游业、体育业等休闲业态的发展提供了天然的基础和条件。

7. 上海

作为国际大都市,上海在建设卓越的全球城市过程中,对休闲产业的建设和推动不容忽视。整体看,上海休闲产业发展相对较好,尤其是艺术表演团体、旅行社、游艺娱乐场所、限额以上餐饮业 4 个部门的结构偏离分量和竞争力偏离分量都大于零,是休闲产业发展的主导部门。艺术表演场馆、图书馆、博物馆、文化馆、饭店、歌舞娱乐场所、体育彩票等 7 个部门的结构偏离分量为正,竞争力偏离分量为负,说明其相对较快,但竞争优势不够显著。旅游景区是上海休闲产业发展的"软肋",它的结构偏离分量大于零,但负的竞争力偏离分量抵消了正的结构偏离分量,导致其总偏离分量小于零,增速低于全国平均,属于发展缓慢的产业部门。上海自 1997 年提出发展都市旅游以来,形成了都市风光、文化、商业等景观。近年来在上海大虹桥枢纽工程,京沪、沪杭高铁,欢乐谷与迪士尼项目,"大会展"项目以及自贸区建设等发展机遇下,推动了旅游业的转型升级。但上海旅游景区的品牌优势还不够显著,尤其是在上海建设世界著名旅游城市的目标下,对标国际城市,上海的商旅文融合发展还显然不足。

8. 江苏、浙江

江苏、浙江的休闲产业发展有一定的相似之处,总体处于相对快速增长阶段。两省均有 7 个产业部门的结构偏离分量和竞争力偏离分量大于零,5 个产业部门的竞争力偏离分量为负、结构偏离分量为正。江苏的 7 个产业部门涉及文化、旅游、娱乐、餐饮,浙江的则是文化和旅游,这说明江苏的休闲产业部门发展相对协调,浙江的偏重于文化业和旅游业。究其原因,第一,从经济总量看,江苏的 GDP 总量高于浙江,这是休闲产业发展出现差距的一个前提;第二,江苏和浙江都非常重视文化业的发展,但江苏侧重于博物馆、文化制造业、广播电视、报纸、图书发行等领域的发展,浙江偏向新闻出版、广播影视、文化演艺等方面,各有特色;第三,旅游业方面,江苏的旅游业收入、接待人次等水平都要高于浙江;第四,餐饮业方面,江苏的餐饮市场规模高于浙江,据《2017 中国餐饮消费报告》显示,江苏列全国前 10 大餐饮省份第 3 位,位居广东、山东之后,浙江则排在第 5 位[①]。

9. 安徽

安徽的休闲产业发展相对较好,除艺术表演场馆外,其余各产业部门的结构偏离分量、竞争力偏离分量都大于零,表明休闲产业发展相对较快,增速高于全国平均。近年来,安徽在休闲产业发展方面扎实推进,文化业方面,文化休闲娱乐服务、文化用品的生产、文化产品生产的辅助生产以及文化创意和设计服务业投资体量大且增长较快;旅游业方面,安徽注重规模与质量的并行发展,皖南、环巢湖、大别山、皖北四大区域旅游协调发展;餐饮业方面,安徽正着力扶持品牌餐饮发展,以增强品牌餐饮集聚效应;体育业方面,安徽各地区体育项目特色明显,合肥经济圈以体育竞赛培训为主,皖江城市带发展体育用品制造,皖南打造体育旅游休闲,皖北推动民间民俗体育健身发展,各区域功能分明、协调发展。

10. 福建

福建的休闲产业各部门中博物馆、饭店、旅游景区、歌舞娱乐场所的结构偏离分量和竞争力偏离分量都大于零,表明这些部门是福建休闲产业发展的

---

① 人民网.2017 中国餐饮消费报告:江苏餐饮规模全国第三[EB/OL].http://js.people.com.cn/n2/2017/0628/c360303 - 30389242.html,2017 - 06 - 28.

主导部门。艺术表演团体、艺术表演场馆、图书馆、文化馆、旅行社、体育彩票、限额以上餐饮业的结构偏离分量大于零,竞争力偏离分量小于零,由于正的结构偏离抵消了负的竞争力偏离,因而总偏离分量大于零,说明这些部门属于相对快速增长状态。发展缓慢的部门是游艺娱乐场所,它的结构偏离分量大于零,竞争力偏离分量小于零,负的竞争力偏离抵消了正的结构偏离,导致总偏离分量小于零。值得注意的是,福建的娱乐业中歌舞娱乐和游艺娱乐呈现两极化发展,歌舞娱乐业发展迅速,游艺娱乐业发展滞后,这可能与福建对游艺娱乐场所的严格管理有关,2011 年福建省政府在文化产业发展战略的背景下,决定在福州、厦门、泉州三地开展游艺娱乐经营场所的经营与管理试点工作,因而其发展相对较慢。

11. 江西

江西的休闲产业各部门总偏离分量都大于零,其中艺术表演团体、艺术表演场馆、图书馆、文化馆、旅行社、饭店、歌舞娱乐场所、游艺娱乐场所、体育彩票、限额以上餐饮业的结构偏离和竞争偏离都大于零,快速增长;博物馆和旅游景区正的结构偏离大于负的竞争力偏离,相对快速增长。可见,江西的休闲产业各部门发展相对协调。具体来讲,江西的文化资源比较丰富,拥有"四大名山"(庐山、井冈山、三清山、龙虎山)生态文化、"四大摇篮"(中国革命的摇篮井冈山、人民军队的摇篮南昌、共和国的摇篮瑞金、工人运动的摇篮安源)红色文化、"四个千年"(千年瓷都景德镇、千年名楼滕王阁、千年书院白鹿洞、千年古刹东林寺)古色文化等特色资源,这些文化资源亦是旅游业发展的优良条件。娱乐业方面,江西也积极推出娱乐行业的转型升级的措施,如鼓励娱乐场所丰富经营业态、支持以游戏游艺竞技赛事带动行业发展、探索对娱乐场所开展环境服务分级评定等手段,来推动娱乐行业的更新与发展。体育业方面,江西推出"一县一品"品牌战略,推动体育与文化、旅游、健康等产业深度融合。餐饮业方面,江西力推赣菜品牌,创新赣菜菜品,促进了餐饮业的快速发展,2017 年上半年的数据显示,餐饮业在消费的四个行业(批发业、零售业、住宿业、餐饮业)中的增长最快,平均每个江西人在餐饮上多花了 120 元[1]。

12. 山东、河南

山东与河南的经济总量都排名全国前 10,人口规模排名位居全国前 3,且两

---

① 江西新闻网.平均每个江西人多花 120 元吃喝,四个主要行业,餐饮业增长最快[EB/OL]. http://jiangxi.jxnews.com.cn/system/2017/07/21/016290745.shtml,2017 - 07 - 21.

省的文化底蕴都比较深厚,有诸多的相似性特征。从两省的休闲产业发展看,首先,山东和河南休闲产业各部门的总偏离分量都大于零,反映其发展高于全国平均增速。其次,从各省休闲产业内部结构看,山东的博物馆、旅行社、饭店、旅游景区、歌舞娱乐场所、游艺娱乐场所、体育彩票、限额以上餐饮业的结构偏离分量和竞争力偏离分量都大于零,说明这8个产业部门的增长势头旺盛;河南的主导产业部门是艺术表演团体、饭店、旅游景区、游艺娱乐场所、体育彩票、限额以上餐饮业。山东的艺术表演团体、艺术表演场馆、图书馆、文化馆的发展相对较弱,河南的休闲产业劣势是艺术表演场馆、图书馆、博物馆、文化馆、旅行社、歌舞娱乐场所。两者的区别在于山东的旅游业、娱乐业发展要强于河南,而河南的演艺行业发展要优于山东,同时河南和山东作为文化大省,文化业的整体发展还较弱,山东仅有博物馆的效益和竞争力较强,河南的博物馆、图书馆、文化馆都处于竞争力较弱的发展状态。究其原因,第一,近年来山东一直在采取措施激发旅游业发展的活力,运作"好客山东"和各城市的旅游形象品牌,创意打造了东方圣地、仙境海岸、平安泰山等在内的10大文化旅游目的地品牌,从而推进了山东旅游业的平稳快速增长,2014年山东的旅游消费总额突破6 000亿元[①],迈入了旅游转型发展的新阶段。娱乐业方面,山东积极推进娱乐行业的规范化经营,开展业态创新,如通过将图书馆数字资源引入网吧,把网吧建设成为重要的文化阵地,确定娱乐行业转型升级重点城市(济南、青岛、临沂),举办电子游戏比赛等措施,推动娱乐行业向健康化、益智化方向发展。而河南,虽然旅游资源丰厚殷实,但受限于经济、交通等因素,旅游的对外品牌形象稍弱,吸引较多的是省内游客,这也无形之中造就了河南的文化艺术输出。在文化资源优势的基础上,河南的艺术表演行业发展强劲,尤其是艺术表演团体,其涵盖了话剧、儿童剧、滑稽剧类、歌舞、音乐类、京剧、昆曲类、地方戏曲类、杂技、魔术、马戏类、曲艺类、乌兰牧骑等类别,在文化舞台上收获了极大的成就,其文化吸引力和影响力显著增强。第二,山东与河南传统的文化业态如图书馆、文化馆的建设存在设施陈旧、服务落后、缺乏财力与人力等问题,因而其发展的速度相对较慢。未来的发展应该充分考虑到本地居民的休闲需求,将图书馆、文化馆、博物馆等传统的文化场馆建设成为受居民欢迎、真正服务于居民的文化业态项目。

---

① 齐鲁网.山东2014年旅游消费突破6 000亿,乡村游增长迅猛[EB/OL].http://news.iqilu.com/shandong/yuanchuang/2015/0127/2292503.shtml,2015-01-27.

13. 湖北、湖南

湖北、湖南是中部地区发展较快的省份,2016 年两省的 GDP 分列第 7、9 位,经济增速都高于全国平均(6.7%)。经济的快速发展,带来休闲产业的整体增速也高于全国平均(休闲产业各部门的总偏离分量大于零)。具体来看,第一,湖北和湖南的优势部门主要是旅游业和餐饮业,湖北旅游业发展借助交通、区位优势,积极对接周边省市,打造长江经济带的旅游"金腰带",2016 年湖北旅游综合实力跻身全国前八,旅游产业格局初具规模。湖南结合地域优势,积极发展乡村旅游、红色旅游,并依托湖南卫视的品牌优势,举办旅游歌曲、摄影大赛和打造旅游宣传体验节目《有什么好玩的》,从而推进湖南旅游业迈向新台阶。餐饮业方面,湖北、湖南的餐饮业收入水平位居全国前 10 位,这与两地对餐饮行业的重视、菜系的文化特色都有关系。第二,湖南的文化艺术、娱乐部门的发展要稍好于湖北,这与湖南的文化基础,文化创新的方针以及政府的重视都有密切关系。湖南的定位是"快乐湖南",其娱乐活动相当丰富,包括地方戏剧如湘剧、祁剧、花鼓戏、汉剧、巴陵戏等 10 个剧种,各地民间传统艺术表演活动以及夜总会、酒吧、歌厅、舞厅等现代娱乐形式。这种植根于民众的娱乐基因推动着湖南娱乐、文化业的快速发展。

14. 广东

广东的历年 GDP 总量都位居全国第一,这为休闲产业的发展提供了经济基础。可以看出,广东的休闲产业发展与其经济总量的表现并不完全一致。广东的休闲产业各部门中仅有旅游景区的结构偏离和竞争力偏离分量都大于零,是快速增长的部门,其余的 11 个部门中除游艺娱乐场所外,都处于相对快速增长阶段,即部门效益明显,但竞争优势不强。这可能与广东各地区发展的失衡性有关。广东的休闲产业部门主要集中在珠三角,东西两翼和北部山区的休闲产业发展比较滞后,这极大地影响了广东休闲产业综合实力的增长。以旅游业为例,旅游业是广东休闲产业的重要组成部分之一,但广东的旅游收入主要集中在广州和深圳两市,其余城市的旅游收入都远低于这两座城市。其他的产业部门也存在相似的问题。不过,从发展趋势看,广东的休闲产业会进入一个新的发展阶段。从 2016 年广东的文化业数据看,广东的文化业增速创 5 年来新高,这一方面得益于广东创立的"文化+科技""文化+互联网""文化+金融"等产业融合模式,另一方面则与广东文化业的供给侧改革有关,广东全面落实国家支持文化改革发展的优惠政策,完善文化企业坚持正确导向的补偿机制和兜底政策,焕发了文化企业发展的活力。因而,在供给侧改革的全面推动下,走在政策改革前沿的广东,必将助推休闲产业进一步做大做强。

15. 广西

广西的休闲产业发展同样面临内部不协调的问题。整体看,广西休闲产业各部门中除旅游景区外,其余的总偏离分量都大于零,说明这些部门的增速高于全国平均。但是,从具体的产业部门看,广西的博物馆、文化馆和体育彩票部门的结构偏离分量和竞争力偏离分量都大于零,属于快速增长态势,是休闲产业发展的优势部门。艺术表演团体、艺术表演场馆、图书馆、旅行社、饭店、歌舞娱乐场所、游艺娱乐场所、限额以上餐饮业等8个部门的正的结构偏离分量抵消了负的竞争力偏离分量,因而总偏离分量为正,属于相对快速增长状态。旅游景区的总偏离分量小于零,处于发展缓慢阶段。这一特征的主要原因在于,广西休闲产业发展起步晚,总量小,产业投资明显不足,以文化业为例,2015年文化业的投资规模仅为教育行业的五分之一,过低的投入会导致产业发展的空间有限。同样旅游业也面临发展资金需求与社会资金供给不足的矛盾,产业资金、政策等供给的不到位,依然是广西发展休闲产业的一大瓶颈。值得注意的是,广西的休闲产业部门中体育业是其一大优势行业,中国—东盟国际汽车拉力赛、环广西公路自行车世界巡回赛等国际化体育赛事激活了广西的特色资源,目前广西已经形成"山水牌""民族牌""开放牌""融合牌""赛事牌"五张特色产业牌,创新发展体育业,尤其是其"融合牌",能够将体育业与旅游业、文化业等产业融合发展,有效带动了整体休闲产业的发展。

16. 海南

在我国,海南的经济发展水平处于中偏下等,由于地缘、交通等方面的劣势,海南经济发展尚比较落后。但是,海南的气候和自然资源是其一大优势,或许这一定程度上推动了海南休闲产业的快速发展。整体看,海南休闲产业各部门中除了餐饮业,其余行业的总偏离分量都大于零,处于快速增长阶段,尤其表现明显的是艺术表演团体、图书馆、博物馆、文化馆、饭店、旅游景区、歌舞娱乐场所、游艺娱乐场所、体育彩票等9个部门,反映出海南休闲产业发展的势头旺盛。在经济相对落后的条件下,海南休闲产业增长有一定的优势,其原因:第一,海南拥有多样化的文化生态,如黎族苗族文化、流贬文化、南洋文化、归侨文化、热带雨林文化、海岛文化、红色娘子军文化等,依托这些文化资源,海南文化业发展较快;第二,海南是我国唯一的热带岛屿省份,拥有天然的旅游资源,这为其旅游业的发展提供了良好条件;第三,海南在推动国际旅游岛建设过程中,也无形促进了娱乐业的发展。尤其是2014年阿里巴巴旗下的文化娱乐集团南方总部进驻海口文化产业园,必将推动海南的娱乐产业转型升级。与此同时,阿里巴巴集团将依托阿里体育的品牌优势,为海南引入国际性的体育赛事和竞技活动,也必将推进海南体育产业的规模化、品牌化发展。

17. 重庆、四川

重庆和四川是西部地区经济发展较快的地区,国家十三五规划中明确提出的成渝城市群规划,将会成为西部最有活力的城市群,形成中国区域经济发展的新版图。从休闲产业发展来看,两地的各产业部门增速也高于全国平均,同时各产业部门的发展存在一定的相似性,即两地的艺术表演团体、图书馆、文化馆、饭店、旅游景区、游艺娱乐场所、限额以上餐饮业等 7 个部门的结构偏离和竞争力偏离分量都大于零,处于快速增长阶段;重庆、四川的艺术表演场馆、博物馆、歌舞娱乐场所,以及四川的旅行社、体育彩票处于相对快速增长态势(正的结构偏离分量抵消了负的竞争力偏离分量)。说明两地的休闲产业部门发展相对协调、发展空间相对较大。具体地讲,近年来重庆在文化业发展上采取措施取得了一些成绩,比如组建重庆演艺集团,建设博物馆、图书馆、文化馆、大剧院、影剧院等文化设施;旅游业方面,重庆的旅行社、饭店、旅游景区等向规模化、品质化方向迈进;体育业方面,重庆在汽车文化、赛车旅游、极限运动等健身休闲业方面拥有优势。而四川在文化业方面,不断推进公共文化服务的完善,文化产业园区的建设和项目的投入;旅游业方面,四川不断推动旅游业自身结构的调整和优化,通过搭建投融资平台、调动市场资源在不同产业之间的聚合增益效应,带动了旅游业的大幅度增长。

18. 贵州

贵州的休闲产业各部门中艺术表演场馆和旅游景区的总偏离分量小于零,是负的竞争力偏离分量抵消了正的结构偏离分量,说明这两个部门的发展相对缓慢。其余 10 个产业部门的总偏离分量大于零,其中图书馆、博物馆、文化馆、旅行社、饭店、歌舞娱乐场所、游艺娱乐场所、限额以上餐饮业等 8 个部门的结构偏离分量和竞争力偏离分量都大于零,表明这 8 个部门是休闲产业发展的主导行业,一定程度上反映出贵州的文化设施、旅游部门、娱乐场所、餐饮业的发展相对较好。艺术表演团体和体育彩票的结构偏离分量大于零,竞争力偏离分量小于零,说明这两个部门的竞争优势稍弱。总体而言,贵州的休闲产业整体发展优势明显,这与贵州多彩的文化资源、旅游资源都有密切的关系,但其资源优势并未真正转化为产业优势,比如招商引资项目资金到位率比较低、旅游景区建设与管理的重要性意识不强导致服务质量较差等。

19. 云南

整体看,云南休闲产业的总偏离分量都大于零,说明休闲产业发展高于全国平均增速。其中主导部门是文化馆、饭店、旅游景区、歌舞娱乐场所和体育彩票,它们的结构偏离分量和竞争力偏离分量都大于零,其余8个部门的结构偏离分量为正,竞争力偏离分量为负,发展相对快速。云南发展休闲产业的资源优势明显,包括特色民族文化、历史文化、地域文化和自然资源等,这为文化业、旅游业、娱乐业的发展提供了重要条件;同时云南的气候优势、特殊的高原地理环境,使得户外运动、健身运动的发展具有明显的比较优势,比如云南历年来持续推出的高原运动训练基地建设、环滇池高原自行车邀请赛、高原汽车摩托车越野运动等等,无不凸显出云南的自然生态优势。

20. 陕西、甘肃、青海、宁夏和新疆

陕西、甘肃、青海、宁夏和新疆统称为西北5省(区)。其中陕西和宁夏的休闲产业部门存在总偏离分量小于零的行业,其余3省(区)的休闲产业各部门总偏离分量都大于零,表明其发展增速高于全国平均。值得注意的是,第一,虽然西北5省(区)的地理位置并不优越,经济总量排名稍显靠后,但休闲产业的增长势头较强,尤其是青海。青海休闲产业部门中除了艺术表演团体外,其余产业部门的结构偏离分量和竞争力偏离分量都大于零,反映其增长势头旺盛。青海的文化呈现多元性特征,包括昆仑文化、宗教文化、农耕文化、节庆文化等,这为文化与旅游、体育、商贸、金融等产业的融合发展提供了基础性条件,休闲产业体系基本建立。第二,西北5省(区)中陕西是经济规模较好的省份,但其休闲产业整体的增速并不优于其他省(区),主要是其娱乐业的发展稍显缓慢所致,这可能与陕西厚重的历史文化、思想观念保守等有关系。第三,宁夏是5省(区)中休闲产业发展相对较弱的地区,它的艺术表演场馆、游艺娱乐场所的总偏离分量小于零(负的竞争力偏离分量抵消了正的结构偏离分量),说明这两个部门的发展比较滞后。同时宁夏的艺术表演团体、歌舞娱乐场所、限额以上餐饮业的结构偏离分量为正,竞争力偏离分量为负,反映这三个部门的竞争优势较弱。这一特征表明宁夏的艺术、娱乐、餐饮业的发展相对较慢。宁夏拥有资源优势,但这种资源储量并未转化为发展优势,这主要是其休闲产业发展理念相对落后,人力资本缺乏,还处在粗放式发展阶段。以餐饮业为例,宁夏的餐饮业以清真餐饮为主,它的特点是起点低,产品以粗加工和低层次为主,其精细化程度和多样化程度都有待提升;同时餐饮品牌建设不足,存在资金、人才匮乏等问题,未能形成规模效应,餐饮的市场竞争力较弱。

二、休闲产业结构动态偏离—份额分析

根据动态偏离—份额模型思想,在静态偏离—份额分析基础上,将研究期分为 2000—2007 年和 2007—2014 年两个时间段,对各阶段 30 个省(区、市)休闲产业结构进行偏离份额分析,来呈现一些变化的特征。

2000—2007 年增长量高于全国平均份额分量的省市包括广东、北京、上海、江苏、浙江、山东、辽宁,均位于东部地区,其中广东位居全国首位。增长量低于全国平均份额分量的省(区、市)包括福建、四川等在内的 21 个地区,增长量最低的青海低于全国平均份额分量 98.3 个百分点。30 个省(区、市)的休闲产业结构偏离分量都为正,表明各地休闲产业结构优势明显,对休闲产业增长起到了正向作用。竞争力偏离分量为负的省(市)包括天津、辽宁、吉林、黑龙江、上海、福建、广东、广西、海南等 9 个地区,包括 6 个东部地区,2 个中部地区和 1 个西部地区,其中广东的竞争劣势损失最大,说明这些地区的休闲产业增长势头低全国平均水平。

2007—2014 年增长量高于全国平均份额分量的省市依然是广东、北京、上海、江苏、浙江、山东、辽宁 7 地,广东的增长量增速仍然最高。增长量低于全国平均份额分量的省(区、市)中青海依然是最低,较之全国平均份额分量低了 98.1 个百分点。30 个省(区、市)休闲产业的结构偏离分量仍然为正,说明各地休闲产业的结构优势没有改变,但竞争优势开始发生变化。北京、河北、山西、辽宁、吉林、黑龙江、江苏、浙江、安徽、山东、河南、广东、广西、新疆等 14 个地区的休闲产业竞争地位处于下降趋势,值得注意的是,第一,在两个时段中,除了辽宁、吉林、黑龙江、广东、广西 5 地的休闲产业竞争劣势依然存在外,2000—2007 年时段内的天津、上海、福建、海南等 4 地的竞争地位,在 2007—2014 年时段内已处于上升趋势;而北京、河北、山西、江苏、浙江、安徽、山东、河南、新疆等 9 个地区的竞争分量,由 2000—2007 年内的优势转变为 2007—2014 年内的劣势。第二,2000—2007 年时段内竞争劣势最大的省份是广东,2007—2014 年辽宁则成为竞争劣势最大的地区。第三,2000—2007 年时段内总偏离分量为负的唯一地区是广东,2007—2014 年时间段内广东转变为正,广西则由正转负,说明广东休闲产业的竞争劣势不足以抵消结构优势带来的效益,增速高于全国平均,总体发展较好;而广西休闲产业的竞争劣势损失高于结构效益,导致总偏离分量小于零,反映该地休闲产业发展缓慢(见表 6-3)。

表6-3 我国30个省(区、市)休闲产业结构动态偏离—份额分析

	2000—2007年					2007—2014年				
	G	N	P	D	PD	G	N	P	D	PD
北京	3 966 258.427	1 281 773.922	2 605 987.599	78 496.906	2 684 492.418	7 070 927.416	2 853 240.327	5 059 987.22	−842 300.130 8	4 217 687.09
天津	289 005.876	184 176.263	568 172.844	−463 343.231	104 825.591	1 294 847.072	405 224.661 8	862 573.274 3	27 049.135 94	889 622.410 2
河北	1 152 325.005	120 343.844	304 316.730	727 664.431	1 031 982.131	1 023 911.423	284 106.899 2	851 626.362 8	−111 821.838 9	739 804.523 9
山西	769 812.371	80 288.158	164 119.995	525 404.218	689 529.262	591 151.189 4	311 327.636 9	623 999.592 1	−344 176.039 5	279 823.552 5
内蒙古	388 198.374	51 135.576	72 926.394	264 136.405	337 064.442	818 584.789 5	207 675.523 9	525 818.641 7	85 090.623 9	610 909.265 6
辽宁	852 026.091	367 235.704	555 131.990	−70 341.603	484 787.842	1 307 228.754	748 550.197 4	1 717 562.381	−1 158 883.824	558 678.556 7
吉林	245 554.483	88 816.989	377 859.699	−221 122.205	156 737.630	362 454.259 7	174 394.586 4	620 576.236 1	−432 516.562 8	188 059.673 3
黑龙江	326 361.034	115 843.826	262 932.818	−52 415.611	210 515.541	720 361.274 1	242 457.834 6	740 644.312 3	−262 740.872 8	477 903.439 5
上海	2 942 281.838	1 177 516.972	4 124 036.312	−2 359 271.445	1 764 755.700	7 509 956.094	2 499 843.678	4 279 062.227	731 050.189 5	5 010 112.417
江苏	2 815 604.892	677 657.728	1 714 629.046	423 318.118	2 137 949.685	4 826 767.698	1 675 652.324	3 838 908.358	−687 792.984 9	3 151 115.373
浙江	2 580 900.358	641 496.208	1 153 792.807	785 611.344	1 939 410.788	3 906 945.282	1 497 567.316	3 459 689.709	−1 050 311.743	2 409 377.966
安徽	1 781 571.498	83 695.292	263 957.788	1 433 918.417	1 697 873.793	868 749.78	289 018.767 1	620 318.848 7	−40 587.835 82	579 731.012 9
福建	576 084.535	307 628.800	734 384.844	−465 929.110	268 453.275	3 104 883.582	627 713.612 3	1 681 212.117	795 957.852 7	2 477 169.969
江西	576 411.704	72 620.968	215 936.465	287 854.272	503 790.607	1 079 821.01	230 396.389 8	593 682.368 7	255 742.251 9	849 424.620 6
山东	2 467 572.531	412 793.835	607 981.886	1 446 796.810	2 054 773.837	4 099 025.312	1 460 850.829	2 774 240.197	−136 065.713 6	2 638 174.483

续　表

	2000—2007 年					2007—2014 年				
	G	N	P	D	PD	G	N	P	D	PD
河　南	1 137 660.044	130 350.934	223 254.886	784 054.224	1 007 313.024	1 789 976.313	554 204.844 6	1 272 790.516	−37 019.048 51	1 235 771.468
湖　北	756 275.387	209 985.142	457 390.685	88 899.560	546 307.723	3 128 965.095	515 761.323 9	1 325 181.67	1 288 022.102	2 613 203.771
湖　南	820 337.072	174 412.154	366 757.635	279 167.284	645 930.955	2 638 744.12	501 844.804 9	1 086 764.895	1 050 134.42	2 136 899.315
广　东	1 449 466.331	2 127 318.834	3 762 085.166	−4 439 937.669	−677 870.251	7 947 287.151	3 083 556.464	5 731 512.809	−867 782.121 8	4 863 730.687
广　西	495 797.830	218 209.470	565 393.894	−287 805.534	277 592.632	225 765.542 8	250 951.305 5	448 053.183 9	−473 238.946 6	−25 185.762 68
海　南	224 935.183	122 819.879	295 297.898	−193 182.594	102 114.292	628 021.19	154 112.090 4	286 011.376 3	187 897.723 3	473 909.099 6
重　庆	579 585.939	148 930.159	220 281.876	210 373.904	430 655.033	2 595 145.137	400 876.663 2	743 785.024 3	1 450 483.449	2 194 268.474
四　川	1 568 329.579	283 250.795	1 020 996.502	264 082.282	1 285 088.380	1 826 051.732	540 414.907 6	1 168 211.2	117 425.623 9	1 285 636.824
贵　州	299 048.375	53 387.261	208 330.547	37 330.566	245 659.396	430 602.441 5	94 210.044 8	263 421.300 8	72 971.095 92	336 392.396 7
云　南	916 320.837	209 129.284	515 345.940	191 845.614	707 189.131	1 676 043.28	448 514.843 2	1 130 298.011	97 230.426 46	1 227 528.437
陕　西	717 899.970	140 463.541	294 227.939	283 208.490	577 474.665	1 629 870.439	452 304.208 5	949 655.516	227 910.714 9	1 177 566.231
甘　肃	211 861.524	51 789.240	121 499.589	38 572.695	160 072.762	620 397.993 6	108 246.429 9	306 908.396 3	205 243.167 4	512 151.563 7
青　海	112 391.981	5 476.065	12 817.399	94 098.518	106 915.552	160 198.106 4	36 795.800 57	89 511.931 22	33 890.374 6	123 402.305 8
宁　夏	126 882.341	17 529.246	32 748.599	76 604.497	109 352.632	280 081.893 2	59 943.840 97	162 878.453 8	57 259.598 46	220 138.052 2
新　疆	481 819.956	96 446.703	186 482.695	198 890.557	385 371.857	395 063.658 1	172 914.560 6	488 921.001 7	−266 771.904 2	222 149.097 5

第七章　休闲产业效率分析

各地区休闲产业在发展过程中,由于要素禀赋的不同、市场规模的不同,所处环境的不同,不同地区的休闲企业之间必然地存在一定的差异性,这会导致产业效率的差异。本书第六章的产业结构是从不同行业部门间资源配置的视角讨论休闲产业内部结构的优劣性特征,这种结果其实受资源配置的效率影响,实际上,休闲产业增长的重要构成是休闲产业效率水平的提高。通过评价和分析产业效率水平及变化特征,可以有效地审视我国休闲产业发展状况,促进休闲产业从规模性增长转向质量型发展,这对加快推动我国迈入"质量时代"具有十分重大的意义。因此,本章结合产业效率内涵,建立休闲产业效率评价指标体系,运用 DEA(数据包络分析法)方法,一方面从整体、区域、各省区市三个角度定量分析 15 年来我国各省域休闲产业的效率演变特征,另一方面从产业部门视角探讨 15 年来休闲产业各主要部门效率变化特点。

第一节　数据来源与研究方法

一、指标选取及数据来源

测量效率的方法主要有参数分析法和非参数分析法,其中参数分析法包括自由分析方法(DFA)、随机前沿分析法(SFA)和后前沿分析法(TFA),非参数分析法包括无界分析(FDH)和数据包络分析(DEA)。五种方法比较中,DEA 方法不仅有效回避了参数法中生产函数形式的设定及误差分布形式的假定,同时也不需要对指标进行无量纲处理或指标权重确定等问题,因而具有一定的优势和应用的广泛性。本小节即采用 DEA 方法来客观有效地评价休闲产业的发展效率。DEA 是根据多项投入指标和多项产出指标,利用线性规划方法,对具有可比性的同类型单位进行相对有效性评价的一种数量分析方法。在这个过程中,投入产出指标的选取合理与否对最终结果的准确与否至关重要。根据前文休闲产业范围分析的内容,并依据数据可获得性原则,本章尝试构建了休闲产业效率评价指标体系,包括 8 个一级指标,32 个二级指标（见表 7 - 1）。

表 7 - 1 休闲产业效率评价指标体系

一级指标	二级指标			
	投入指标			产出指标
艺术表演团体	机构数(个)	从业人员(人)	固定资产原值(千元)	演出收入(万元)
艺术表演场馆	机构数(个)	从业人员(人)	固定资产原值(千元)	演出收入(万元)
图书馆	机构数(个)	从业人员(人)	固定资产原值(千元)	收入(千元)
文化馆	机构数(个)	从业人员(人)	固定资产原值(千元)	收入(千元)
博物馆	机构数(个)	从业人员(人)	固定资产原值(千元)	收入(千元)
旅游企业	企业数(个)	从业人员(人)	固定资产原值(千元)	营业收入(万元)
娱乐场所	机构数(个)	从业人员(人)	固定资产原值(千元)	营业收入(千元)
限额以上餐饮业	企业数(个)	从业人员(人)	固定资产原值(亿元)	营业收入(亿元)

注:数据来源于《中国文化文物统计年鉴》(2001—2015),《中国旅游统计年鉴》(2001—2015)、《中国统计年鉴》(2002—2015)。

需要说明的是,第一,本部分只选取了图书馆、文化馆等在内的 8 个休闲产业主要门类,而未将体育、园林绿化、批发零售等部门考虑进去,主要原因,一是数据的完整性和连续性不够,比如体育、园林绿化等部门数据;二是有些产业部门是休闲产业发展的重要支撑,但其投入产出数据并不能完全反映在休闲产业门类中,比如批发零售、信息、金融、房地产等,因此本部分效率分析,仅选取了与休闲产业发展密切相关的部门,一定程度上是能够反映休闲产业发展的效率状况。第二,机构/企业数、从业人员一定程度上反映休闲产业各部门发展的程度,固定资产原值反映企业在固定资产方面的投资和企业的生产规模、装备水平等,是体现休闲产业投入的重要指标;收入指标是休闲产业产出的主要表征。

二、研究方法

DEA 方法利用线性规划构建有效率的凸性生产前沿,通过与此前沿相比较来识别效率的相对高低,即一定规模生产要素的投入水平下,产出水平高则效率高,反之则效率低。根据规模报酬是否可变的假设,DEA 模型可分为固定规模报酬的 CCR 模型和可变规模报酬的 BCC 模型[①]。BCC 模型是在 CCR 模型得

---

① 袁海,吴振荣.中国省域文化产业效率测算及影响因素实证分析[J].软科学,2012,26(3):72 - 77.

出的综合技术效率基础上,推导出纯技术效率和规模效率,即综合技术效率=纯技术效率×规模效率。综合技术效率(crste)是决策单元(DMU)在一定投入要素的生产效率,它是对决策单元的资源配置能力、资源使用效率等多方面能力的综合衡量与评价。纯技术效率(vrste)是制度和管理水平带来的效率,是企业由于管理和技术等因素影响的生产效率,若纯技术效率=1,则说明在目前的技术水平上,企业投入资源的使用是有效率的。规模效率(scale)是指在制度和管理水平一定的前提下,现有规模和最优规模之间的差异,它反映的是由于企业规模因素影响的生产效率。

假设要测评的 DEA 模型有 q 个 DMU,每个 DMU 有 p 种输入和 o 种输出。对于第 j 个决策单元,x_j 和 y_j 分别为投入和产出列向量,X 和 Y 分别为 $(p \times q)$ 的投入矩阵和 $(o \times q)$ 的产出矩阵。e 为 DMU 的效率值,满足 $0 \leqslant e \leqslant 1$。$w_j$ 为相对于 DMU 重新构造一个有效 DMU 组合中第 j 个决策单元 DMU 的组合比例。第 h 个 DMU 的技术效率 e 值可以从以下线性规划中获得:

$$\min e \, o.t. \, - y_h + \sum_{j=1}^{q} w_j y_j \geqslant 0$$

$$e x_h - \sum_{j=1}^{q} w_j y_j \geqslant 0$$

式中,$w_j \geqslant 0$,$j = 1, 2, \cdots, q$。

为解释可变规模报酬情形,通过给生产前沿添加 $\sum\limits_{j=1}^{q} w_j = 1$ 的凸性约束条件。

当某个 DMU 存在最优解 $e = 1$ 时,效率有效;$e < 1$ 时,DMU 为效率无效,越接近 1,表明 DMU 的效率越接近有效。

第二节　休闲产业效率测度分析

一、全国及分区域休闲产业效率变化特征

根据产业效率测度指标和研究方法,获得了 2000—2014 年我国 30 个省域休闲产业整体上的综合效率平均值、纯技术效率平均值和规模效率平均值,并依据各省区市效率值计算得到东、中、西部三大区域的休闲产业效率均值(见图 7-1 至图 7-3)。

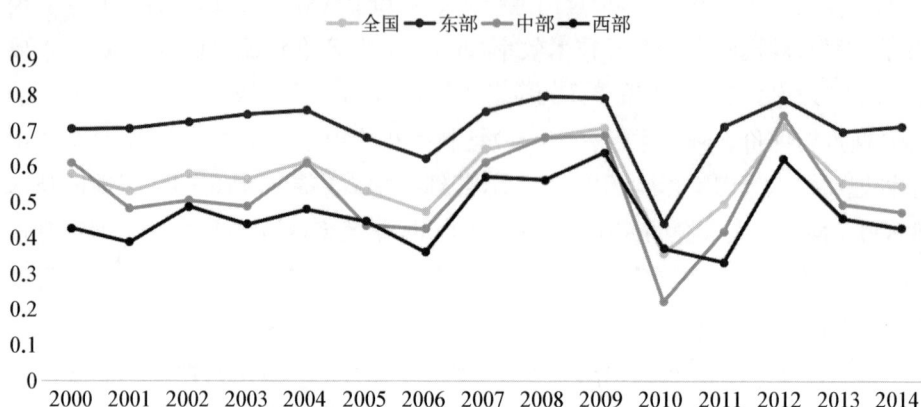

图 7-1   全国及三大区域休闲产业综合效率均值变化趋势

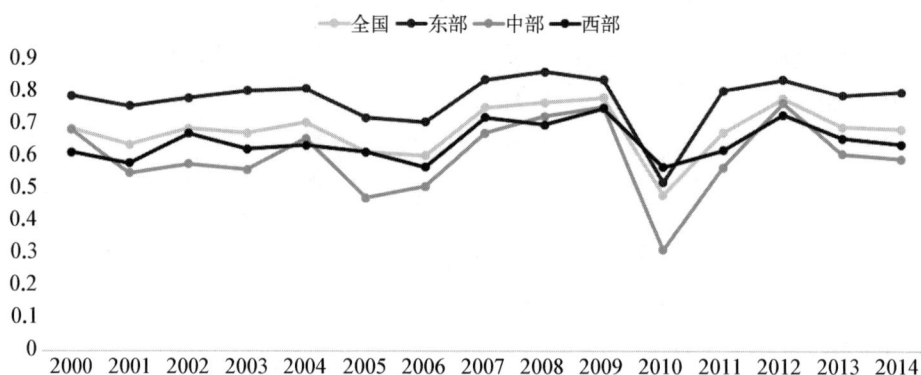

图 7-2   全国及三大区域休闲产业纯技术效率均值变化趋势

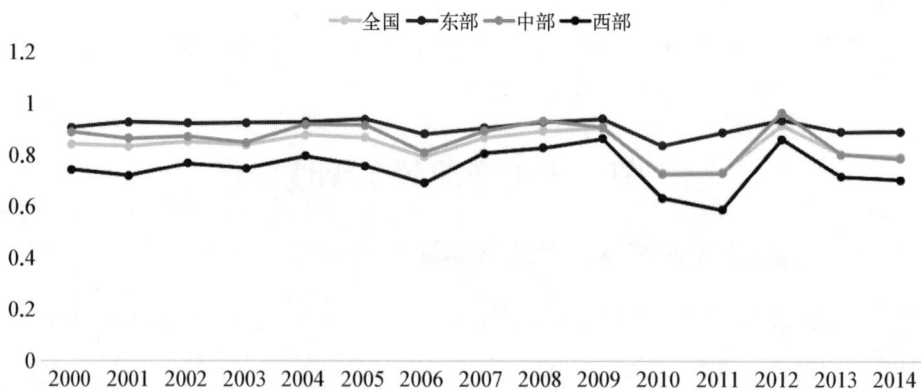

图 7-3   全国及三大区域休闲产业规模效率均值变化趋势

(一)全国休闲产业效率演变特点

首先,从整体看,我国省域休闲产业综合效率值总体偏低,缺乏效率。我国休闲产业整体上的综合效率均值在 2000—2004 年期间处于上升阶段,在 2005—2006 年间进入下降阶段,并在 2006 年的拐点之后又开始上升,这种态势持续到 2009 年后,在 2010 年进入效率波谷(0.356),随后继续上升,于 2012 年综合效率值达到了 15 年间的最高水平(0.713),最高值与最低值相差 0.357;然后效率均值又开始下滑。总之,15 年间我国休闲产业整体上的综合效率平均值都小于 1,处于相对无效率状态,说明在给定休闲资源投入水平下,所得到的产出水平与最优状态尚存在一定的距离。需要说明的是,2000—2004 年间我国休闲产业效率值上升的可能解释是,随着 1999 年国家实行"黄金周"制度,人们休闲时间增多,与休闲相关的旅游、文化等行业部门迅速发展,因而这一时期的休闲产业效率值持续上升。2005 年后,我国休闲产业效率值开始下降,主要原因可能是,2003 年我国加入 WTO 后,发达国家制造业向我国加速转移,带来的结果是消费对经济的贡献度持续下滑[1],这种宏观经济形势对于休闲产业的规模化发展产生了消极影响。同时这一时期,与休闲相关的公共服务体系建设相对滞后,总量不足,投入机制不合理,休闲产业发展也受到抑制。2006 年后,休闲产业进入在宏观经济、产业政策、市场规范、技术进步等多方面利好的发展机遇期,从而引发了新一轮的效率上升期。至 2010 年,在宏观经济发展良好背景下,人们的消费理念开始有所转变,对消费品的质量尤为重视,而休闲产业的规模化发展带来的"有效供给"不足问题开始显现,产业质量满足不了人们的现代化消费需求,导致产业效率低下。2011 年我国发布了促进文化、体育等产业发展的相关政策,2012 年民间资本以投资基金形式开始进入文娱产业领域,资本的注入虽然使得休闲相关产业出现"高增长"态势,但背后呈现的资本泡沫问题比较严重,这在一定程度上抑制了休闲类企业的成长性和持续增长性,因而其效率呈现下降趋势。

其次,整体上休闲产业纯技术效率均值和规模效率均值历年走向与综合效率相似,并且纯技术效率均值和规模效率均值都小于 1。这说明,我国休闲产业的管理水平和规模效应都尚未达到最优。需要说明的是,全国休闲产业的规模效率均值要大于纯技术效率均值,即规模效率均值徘徊在 0.7~0.9 之间,纯技

---

① 中国网.从突破走向规范:中国文化产业发展的新阶段[EB/OL]. http://www.china.com.cn/zhuanti2005/txt/2006-02/13/content_6120848.htm,2006-02-13.

效率均值范围在 0.4～0.8 之间,反映出我国休闲产业的现有规模超出了技术水平约束下的最优规模,长期会造成资源、设施等的浪费,最终拉低休闲产业规模效率。因此,当前我国休闲产业发展应当把握"质量时代"机遇,积极推行企业的制度变革,引进先进的管理模式,从而全面提高休闲产业的运营质量。

(二)三大区域休闲产业效率演变特点

从三大区域看,第一,15 年来东部地区休闲产业综合效率均值、纯技术效率均值和规模效率均值都要高于中西部,说明经济发展水平相对较好的地区,更能够为休闲产业发展提供有利的环境条件,比如相对完善的市场机制、相对先进的技术水平、相对成熟的休闲理念等等,从而有助于休闲产业的创新发展和规模扩大。

第二,西部地区的效率均值最低,尤其是其综合技术效率均值普遍处于0.3～0.6 左右,休闲产业效率总体水平不高,说明西部地区休闲产业发展过程中同时存在着一定程度的纯技术无效率和规模无效率。

第三,对比综合效率均值、纯技术效率均值和规模效率均值,三大区域中的规模效率均值普遍较高,说明目前三大区域休闲产业综合效率的提升主要是规模扩大的结果,其资源利用效率和管理水平相对较低,长期看,规模效率和纯技术效率之间的不协调状态,会给休闲产业的健康发展带来负面影响。因此,在现有规模下努力提高休闲企业的制度和管理水平,是未来休闲产业发展的关键途径。

二、我国各省(区、市)休闲产业效率演变特征

(一)综合效率

根据 2000—2014 年的投入产出要素数据,利用 DEA 的规模收益不变(CCR)模型,对我国 30 个省(区、市)的休闲产业综合效率进行测度。结果显示:2000 年,30 个省(区、市)中,综合效率有效的省(区、市)有 3 个,占省(区、市)总数的 10%,其他 27 个省(区、市)综合效率无效,占总数的 90%,也就是说大部分省(区、市)的休闲产业综合效率处于无效状态。这种状态持续到 2002 年,2003年综合效率有效省(区、市)个数达到 4 个,2004 年为 5 个,是 15 年中综合效率有效省(区、市)个数最多的年份。2005—2007 年,综合效率有效省(区、市)数量下降到 3 个,2008 年和 2009 年达到 4 个,之后年份有效省(区、市)数量都保持在 2 个。总体而言,15 年间我国休闲产业整体效率比较低,说明各省(区、市)休闲产业所获取的实际产出和理想产出之间仍有较大的差距(见表 7-2)。

表7-2 2000—2014年我国各省(区、市)休闲产业综合效率结果

	2000	2001	2002	2003	2004	2005	2006	2007	2008	2009	2010	2011	2012	2013	2014
北 京	1.000	1.000	1.000	1.000	1.000	1.000	1.000	1.000	1.000	1.000	1.000	1.000	1.000	1.000	1.000
天 津	0.843	0.869	0.898	0.734	1.000	0.963	0.794	0.880	1.000	1.000	0.478	0.751	0.931	0.792	0.845
河 北	0.645	0.346	0.375	0.265	0.391	0.387	0.339	0.660	0.555	0.504	0.120	0.367	0.439	0.355	0.293
山 西	0.813	0.451	0.596	0.438	0.684	0.557	0.401	0.733	0.676	0.724	0.198	0.378	0.621	0.505	0.346
内蒙古	0.377	0.289	0.376	0.360	0.368	0.271	0.284	0.426	0.426	0.577	0.149	0.276	0.415	0.388	0.346
辽 宁	0.408	0.472	0.466	1.000	0.418	0.471	0.430	0.537	0.583	0.620	0.389	1.000	0.620	0.583	0.587
吉 林	0.445	1.000	0.303	0.252	0.363	0.329	0.295	0.351	0.435	0.511	0.211	0.289	0.608	0.364	0.344
黑龙江	0.514	0.494	0.419	0.360	0.408	0.416	0.326	0.421	0.557	0.475	0.150	0.252	0.765	0.383	0.374
上 海	1.000	0.953	1.000	0.979	1.000	1.000	1.000	1.000	1.000	1.000	0.742	0.873	0.952	1.000	1.000
江 苏	0.635	0.678	0.747	0.675	0.827	0.726	0.620	0.776	0.813	0.789	0.244	0.490	0.643	0.600	0.553
浙 江	0.605	0.668	0.725	0.538	0.755	0.481	0.620	0.754	0.813	0.788	0.445	0.989	0.694	0.574	0.578
安 徽	0.914	0.340	0.612	0.460	0.673	0.431	0.351	1.000	0.498	0.562	0.227	0.450	0.606	0.391	0.356
福 建	0.600	0.512	0.597	0.730	0.692	0.504	0.463	0.693	0.673	0.722	0.295	0.563	0.869	0.747	0.957
江 西	0.462	0.359	0.542	0.480	0.611	0.415	0.331	0.509	0.971	0.923	0.315	0.518	1.000	0.433	0.416
山 东	0.596	0.709	0.689	0.618	0.675	0.502	0.409	0.656	0.771	0.725	0.342	0.597	0.718	0.529	0.507

续 表

	2000	2001	2002	2003	2004	2005	2006	2007	2008	2009	2010	2011	2012	2013	2014
河南	0.656	0.361	0.460	1.000	1.000	0.448	1.000	0.652	0.704	0.850	0.218	0.438	0.631	0.549	0.582
湖北	0.441	0.408	0.520	0.387	0.514	0.438	0.344	0.593	0.797	0.673	0.237	0.533	0.723	0.641	0.641
湖南	0.625	0.438	0.576	0.518	0.608	0.441	0.342	0.629	0.800	0.765	0.224	0.475	0.969	0.666	0.709
广东	1.000	1.000	1.000	1.000	1.000	0.960	0.754	0.857	0.954	0.904	0.473	0.736	0.929	0.715	0.836
广西	0.282	0.376	0.529	0.411	0.654	0.405	0.353	0.647	0.532	0.587	0.152	0.293	0.493	0.454	0.519
海南	0.407	0.537	0.451	0.647	0.549	0.471	0.401	0.462	0.586	0.627	0.296	0.451	0.846	0.765	0.663
重庆	0.490	0.396	0.609	0.373	0.425	0.480	0.446	0.737	0.729	0.815	0.750	0.499	0.834	0.812	0.587
四川	0.485	0.374	0.530	0.395	0.541	0.442	0.445	0.697	0.634	0.796	1.000	0.402	0.707	0.519	0.484
贵州	0.594	0.614	0.636	0.854	0.656	1.000	0.466	0.725	1.000	1.000	0.167	0.310	0.598	0.366	0.317
云南	0.426	0.448	0.533	0.397	0.421	0.437	0.357	0.541	0.521	0.580	0.171	0.331	0.477	0.458	0.522
陕西	0.552	0.513	0.649	0.500	0.421	0.440	0.381	0.568	0.574	0.673	0.293	0.545	0.712	0.540	0.515
甘肃	0.382	0.324	0.423	0.347	0.345	0.325	0.264	0.383	0.413	0.396	0.185	0.270	0.525	0.341	0.281
青海	0.148	0.289	0.467	0.356	0.371	0.295	0.255	0.519	0.453	0.470	0.107	0.194	0.750	0.339	0.304
宁夏	0.636	0.289	0.197	0.474	0.627	0.342	0.342	0.532	0.497	0.521	0.818	0.232	0.636	0.374	0.471
新疆	0.306	0.340	0.389	0.343	0.432	0.464	0.357	0.482	0.396	0.597	0.276	0.298	0.670	0.392	0.345

　　值得注意的是,北京、上海、广东三个地区的休闲产业综合效率呈现明显的差异性。首先,15 年来北京休闲产业综合效率始终处于有效状态,表明其休闲产业发展过程中投入要素相对合理,能够产出高效稳固的规模收益,技术和规模效率的耦合协调性较好,使得北京的休闲产业发展达到了 DEA 有效。其次,15 年中上海休闲产业综合效率达到有效的年数有 10 年,其余 5 年中 2010 年的效率值最低(0.742),这种无效性主要根源是纯技术无效率,其综合效率的改进主要依赖于管理水平的提高。我们可以发现,2010 年上海世博会召开,"城市让生活更美好"的宗旨促进了上海城市休闲功能调整进入一个新时期,这为其休闲产业的发展提供了良好的机遇,相应地,休闲类企业的资源利用效率和管理水平不断提高,促进了上海休闲产业综合效率达到有效状态。最后,广东是三大地区中休闲产业发展比较特殊的区域,2000—2004 年广东休闲产业综合效率均为有效,2005 年后其效率值在波动中下降,2014 年达到 0.836。从综合效率值的分解值看,2005—2009 年间,广东休闲产业综合效率无效的主要根源是规模效率,2010、2011 年是纯技术规模效率,2012—2014 年是规模效率。这说明,广东休闲产业效率的提升主要考虑的问题是投入规模的扩大。广东作为岭南文化的代表,其休闲文化资源丰厚,但目前的休闲产业发展对本土资源的挖掘还不够,同时相应的产业规划和空间规划指导尚不足,这都制约了广东休闲产业的规模化发展[①]。

　　进一步从综合效率统计值来反映我国休闲产业综合效率水平差异格局和趋势。首先,从历年的标准差看,15 年间休闲产业综合效率标准差值始终在 0.2 左右,说明历年各省(区、市)综合效率值的离散程度比较稳定,一定程度上表明各地区休闲产业发展效率的差异格局已经基本形成。其次,从历年的最小值看,2010 年青海的综合效率值最低,仅有 0.107,是最高值北京(1.000)的 1/10 左右,说明我国不同地区休闲产业综合效率水平差异性较大。进一步从历年最小值集中的地区看,主要分布在青海、甘肃、宁夏、新疆、吉林、内蒙古等省(区),主要为西部地区,其中青海有 6 年的效率值为当年最小值,反映出西部地区休闲产业综合效率的低下(见表 7 - 3)。

(二)纯技术效率

　　根据 2000—2014 年的投入产出要素数据,利用 DEA 的规模收益可变(BCC)

---

　　① 傅蜜蜜.文化创意产业发展比较研究——以广州和英国城市为例[J].城市观察,2016(1):135 -146.

表 7-3 2000—2014 年我国各省(区、市)休闲产业综合效率统计值

	有效省区市个数	有效省区市比例(%)	最大值	最小值	平均值	标准差
2000	3	10	1	0.148	0.576	0.217
2001	3	10	1	0.289	0.528	0.229
2002	3	10	1	0.197	0.577	0.2
2003	4	13.333	1	0.252	0.563	0.242
2004	5	16.667	1	0.345	0.614	0.218
2005	3	10	1	0.271	0.528	0.224
2006	3	10	1	0.255	0.471	0.221
2007	3	10	1	0.351	0.647	0.179
2008	4	13.333	1	0.396	0.679	0.199
2009	4	13.333	1	0.396	0.706	0.177
2010	2	6.667	1	0.107	0.356	0.254
2011	2	6.667	1	0.194	0.493	0.234
2012	2	6.667	1	0.415	0.713	0.168
2013	2	6.667	1	0.339	0.553	0.189
2014	2	6.667	1	0.281	0.543	0.213

模型,对我国 30 个省(区、市)的休闲产业纯技术效率进行测度。结果显示,15年间,纯技术效率有效的省(区、市)数量在 4～8 之间,说明我国大部分地区休闲产业纯技术效率处于无效状态,一定程度上反映了我国各省(区、市)的休闲企业生产对技术的利用能力较弱(见表 7-4)。

值得注意的是,北京和青海两地的纯技术效率值始终处于有效状态。北京是我国的政治、文化、经济中心,休闲产业发展的外部环境良好,再加上自身的休闲资源规模大、等级高,因而其技术利用能力较强是比较容易理解的。青海也处于这一状态的主要原因是,青海的休闲产业规模总量不大,但有限的资源得到了较为充分的利用,比如其以玉树康巴风情为龙头的旅游业、民族歌舞为重点的艺术培训业、艺术团体和民营演出相结合的民族歌舞演艺业等等,都是青海休闲产业发展中的典型代表。

表 7 - 4 2000—2014 年我国各省(区、市)休闲产业纯技术效率结果

	2000	2001	2002	2003	2004	2005	2006	2007	2008	2009	2010	2011	2012	2013	2014
北 京	1.000	1.000	1.000	1.000	1.000	1.000	1.000	1.000	1.000	1.000	1.000	1.000	1.000	1.000	1.000
天 津	0.977	0.996	0.980	0.961	1.000	1.000	1.000	1.000	1.000	1.000	0.764	1.000	1.000	1.000	1.000
河 北	0.707	0.390	0.421	0.316	0.426	0.394	0.402	0.698	0.557	0.520	0.211	0.472	0.474	0.434	0.378
山 西	0.921	0.531	0.691	0.512	0.751	0.562	0.498	0.779	0.678	0.746	0.286	0.531	0.645	0.613	0.441
内蒙古	0.531	0.466	0.486	0.514	0.543	0.402	0.430	0.530	0.494	0.606	0.280	0.442	0.454	0.492	0.481
辽 宁	0.424	0.492	0.485	1.000	0.437	0.479	0.467	0.552	0.592	0.657	0.417	1.000	0.623	0.639	0.670
吉 林	0.511	1.000	0.373	0.361	0.426	0.427	0.447	0.485	0.557	0.630	0.385	0.536	0.677	0.571	0.602
黑龙江	0.583	0.594	0.485	0.467	0.458	0.489	0.449	0.539	0.652	0.562	0.320	0.492	0.802	0.561	0.605
上 海	1.000	1.000	1.000	0.990	1.000	1.000	1.000	1.000	1.000	1.000	0.758	0.887	0.960	1.000	1.000
江 苏	0.646	0.719	0.753	0.680	0.902	0.751	0.623	0.810	0.914	0.841	0.259	0.500	0.763	0.609	0.563
浙 江	0.616	0.701	0.733	0.548	0.833	0.487	0.622	0.773	0.850	0.820	0.462	1.000	0.746	0.584	0.592
安 徽	0.978	0.379	0.705	0.540	0.722	0.448	0.448	1.000	0.504	0.583	0.276	0.543	0.608	0.450	0.418
福 建	0.624	0.530	0.634	0.762	0.692	0.513	0.530	0.726	0.674	0.731	0.344	0.631	0.875	0.799	0.993
江 西	0.568	0.504	0.641	0.581	0.700	0.455	0.405	0.571	1.000	0.993	0.400	0.681	1.000	0.572	0.537
山 东	0.611	0.710	0.700	0.633	0.723	0.583	0.420	0.659	0.831	0.755	0.359	0.614	0.761	0.545	0.526

续　表

	2000	2001	2002	2003	2004	2005	2006	2007	2008	2009	2010	2011	2012	2013	2014
河南	0.721	0.446	0.511	1.000	1.000	0.461	1.000	0.682	0.720	0.932	0.265	0.549	0.640	0.630	0.655
湖北	0.469	0.437	0.550	0.423	0.515	0.471	0.388	0.623	0.812	0.698	0.277	0.620	0.731	0.691	0.681
湖南	0.667	0.469	0.627	0.559	0.637	0.445	0.400	0.658	0.823	0.829	0.263	0.553	0.971	0.733	0.766
广东	1.000	1.000	1.000	1.000	1.000	1.000	1.000	1.000	1.000	1.000	0.480	0.744	1.000	1.000	1.000
广西	0.343	0.409	0.574	0.458	0.704	0.413	0.418	0.694	0.540	0.591	0.256	0.464	0.560	0.591	0.633
海南	1.000	0.715	0.811	0.877	0.835	0.662	0.646	0.936	1.000	0.820	0.631	0.933	0.950	1.000	1.000
重庆	0.552	0.457	0.675	0.444	0.467	0.550	0.543	0.782	0.723	0.852	0.803	0.618	0.840	0.900	0.649
四川	0.507	0.385	0.559	0.416	0.561	0.555	0.467	0.739	0.726	0.867	1.000	0.445	0.796	0.554	0.518
贵州	0.739	0.834	0.774	0.991	0.832	1.000	0.672	0.870	1.000	1.000	0.463	0.645	0.694	0.563	0.482
云南	0.462	0.506	0.575	0.445	0.435	0.466	0.410	0.570	0.539	0.589	0.238	0.434	0.518	0.522	0.593
陕西	0.609	0.584	0.703	0.588	0.439	0.489	0.463	0.625	0.590	0.681	0.384	0.653	0.733	0.629	0.580
甘肃	0.519	0.499	0.533	0.502	0.474	0.480	0.449	0.544	0.566	0.497	0.383	0.591	0.651	0.519	0.469
青海	1.000	1.000	1.000	1.000	1.000	1.000	1.000	1.000	1.000	1.000	1.000	1.000	1.000	1.000	1.000
宁夏	1.000	0.749	0.975	1.000	1.000	0.763	0.859	0.921	0.955	0.813	1.000	0.969	1.000	0.854	1.000
新疆	0.439	0.446	0.476	0.445	0.479	0.578	0.477	0.582	0.481	0.676	0.391	0.507	0.707	0.539	0.550

进一步从纯技术效率统计值来反映我国休闲产业纯技术效率水平的格局和特征。首先,从历年的最小值看,2010 年河北的纯技术效率值最低,为 0.211,是最高值(1.000)的 1/5 左右,反映出我国各省(区、市)的技术利用能力存在较大差异。其次,从历年最小值集中的地区看,主要分布在河北、内蒙古、吉林、安徽、湖北、广西、云南、甘肃、新疆等地,这些省(区、市)均位于我国中西部,其中河北省有 6 年的纯技术效率值在当年最小。河北地处中部,拥有较为丰富的历史文化资源,但因其特殊的地理位置,受制于北京和天津二市的行政压制,导致河北省资源外流严重,对现有技术水平的发展程度比较低。最后,从历年的标准差看,15 年中有 9 年的休闲产业纯技术效率标准差值保持在 0.2 左右,其余 6 年徘徊在 0.16～0.19 之间,说明我国各省(区、市)休闲产业纯技术效率值的波动大小并不稳定,一定程度上表明各地区休闲产业对技术水平的利用能力还有较大的提升空间。随着近年来国家对休闲相关产业发展的重视,以及在移动互联网、大数据、超级计算、传感网等新技术的驱动下,休闲相关内容的重塑和改造将会使休闲产品的呈现方式更加多元,从而带动休闲产业纯技术效率的不断提升,引发休闲产业革命浪潮(见表 7-5)。

表 7-5 2000—2014 年我国各省(区、市)休闲产业纯技术效率统计值

	有效省区市个数	有效省区市比例(%)	最大值	最小值	平均值	标准差
2000	6	20	1	0.343	0.691	0.215
2001	5	16.667	1	0.379	0.632	0.22
2002	4	13.333	1	0.373	0.681	0.19
2003	6	20	1	0.316	0.667	0.243
2004	7	23.333	1	0.426	0.7	0.218
2005	6	20	1	0.394	0.61	0.216
2006	6	20	1	0.388	0.598	0.228
2007	6	20	1	0.485	0.745	0.172
2008	8	26.667	1	0.481	0.76	0.191
2009	6	20	1	0.497	0.776	0.165
2010	4	13.333	1	0.211	0.479	0.26
2011	5	16.667	1	0.434	0.668	0.202
2012	6	20	1	0.454	0.773	0.172
2013	6	20	1	0.434	0.686	0.19
2014	7	23.333	1	0.378	0.679	0.212

表7-6 2000—2014年我国各省(区、市)休闲产业规模效率结果

	2000	2001	2002	2003	2004	2005	2006	2007	2008	2009	2010	2011	2012	2013	2014
北 京	1.000	1.000	1.000	1.000	1.000	1.000	1.000	1.000	1.000	1.000	1.000	1.000	1.000	1.000	1.000
天 津	0.862	0.873	0.916	0.763	1.000	0.963	0.794	0.880	1.000	1.000	0.626	0.751	0.931	0.792	0.845
河 北	0.913	0.887	0.892	0.840	0.920	0.980	0.843	0.946	0.998	0.970	0.567	0.777	0.928	0.817	0.776
山 西	0.882	0.850	0.863	0.855	0.911	0.992	0.805	0.942	0.998	0.970	0.692	0.713	0.963	0.824	0.785
内蒙古	0.709	0.621	0.774	0.701	0.678	0.674	0.660	0.804	0.862	0.952	0.533	0.624	0.915	0.789	0.718
辽 宁	0.963	0.959	0.960	1.000	0.957	0.982	0.921	0.973	0.984	0.944	0.934	1.000	0.995	0.912	0.877
吉 林	0.870	1.000	0.814	0.699	0.850	0.771	0.659	0.724	0.780	0.812	0.550	0.539	0.898	0.639	0.571
黑龙江	0.882	0.831	0.863	0.770	0.890	0.850	0.725	0.781	0.855	0.846	0.470	0.513	0.954	0.683	0.617
上 海	1.000	0.953	1.000	0.990	1.000	1.000	1.000	1.000	1.000	1.000	0.979	0.983	0.992	1.000	1.000
江 苏	0.983	0.943	0.993	0.993	0.917	0.966	0.995	0.958	0.890	0.938	0.942	0.980	0.843	0.985	0.981
浙 江	0.981	0.952	0.989	0.982	0.906	0.987	0.997	0.976	0.956	0.961	0.965	1.000	0.931	0.982	0.976
安 徽	0.935	0.897	0.869	0.851	0.932	0.962	0.784	1.000	0.987	0.965	0.821	0.829	0.997	0.868	0.851
福 建	0.961	0.966	0.941	0.959	1.000	0.984	0.874	0.955	0.998	0.988	0.859	0.893	0.993	0.935	0.964
江 西	0.813	0.713	0.845	0.825	0.873	0.913	0.815	0.892	0.971	0.929	0.788	0.761	1.000	0.758	0.774
山 东	0.975	0.998	0.984	0.976	0.934	0.861	0.974	0.997	0.928	0.959	0.954	0.973	0.943	0.970	0.963

续 表

	2000	2001	2002	2003	2004	2005	2006	2007	2008	2009	2010	2011	2012	2013	2014
河南	0.910	0.811	0.900	1.000	1.000	0.972	1.000	0.956	0.978	0.912	0.822	0.797	0.986	0.870	0.889
湖北	0.940	0.934	0.946	0.916	0.997	0.927	0.885	0.952	0.981	0.964	0.857	0.860	0.990	0.927	0.942
湖南	0.936	0.934	0.918	0.925	0.955	0.930	0.856	0.957	0.972	0.922	0.853	0.859	0.998	0.909	0.925
广东	1.000	1.000	1.000	1.000	1.000	0.992	0.754	0.857	0.954	0.904	0.986	0.990	0.929	0.715	0.836
广西	0.823	0.919	0.921	0.898	0.929	0.960	0.846	0.932	0.984	0.993	0.593	0.632	0.880	0.768	0.821
海南	0.407	0.750	0.556	0.738	0.658	0.723	0.620	0.493	0.586	0.764	0.469	0.484	0.891	0.765	0.663
重庆	0.886	0.867	0.902	0.840	0.911	0.872	0.821	0.942	0.997	0.956	0.934	0.809	0.992	0.902	0.905
四川	0.956	0.969	0.949	0.948	0.964	0.797	0.954	0.942	0.873	0.918	1.000	0.904	0.888	0.937	0.933
贵州	0.803	0.736	0.821	0.861	0.788	1.000	0.693	0.834	1.000	1.000	0.361	0.482	0.861	0.651	0.657
云南	0.921	0.886	0.926	0.891	0.967	0.938	0.871	0.949	0.968	0.985	0.717	0.762	0.921	0.878	0.880
陕西	0.907	0.878	0.923	0.850	0.959	0.901	0.823	0.908	0.972	0.988	0.763	0.835	0.971	0.859	0.887
甘肃	0.735	0.650	0.793	0.691	0.727	0.677	0.588	0.705	0.731	0.796	0.483	0.457	0.805	0.656	0.600
青海	0.148	0.289	0.467	0.356	0.371	0.295	0.255	0.519	0.453	0.470	0.107	0.194	0.750	0.339	0.304
宁夏	0.636	0.386	0.202	0.474	0.627	0.448	0.398	0.577	0.520	0.640	0.818	0.239	0.636	0.438	0.471
新疆	0.696	0.761	0.817	0.770	0.902	0.802	0.749	0.827	0.824	0.883	0.706	0.586	0.948	0.727	0.627

(三) 规模效率

根据 2000—2014 年的投入产出要素数据,利用 DEA 的规模收益可变(BCC)模型,对我国 30 个省(区、市)的休闲产业规模效率进行测度。结果表明,15 年间,我国休闲产业规模效率有效的省(区、市)数量在 2～6 之间,其中 2004 年规模效率有效省(区、市)有 6 个,2010—2014 年间均为 2 个,规模效率有效省(区、市)数量呈下降趋势,表明我国绝大部分地区的休闲产业发展在资源利用上一直没有达到最优状态(见表 7-6)。

进一步从规模效率统计值来说明我国休闲产业的规模效率水平格局和特征。首先,从历年的最小值看,青海有 12 年的规模效率值均为最小,说明青海的资源利用状况较差,规模不经济现象比较突出。其中 2010 年的规模效率值仅为 0.107,为历年最低,也就是说这一年青海休闲相关的资源投入仅发挥了 10.7% 的水平。从纯技术效率值看,青海对现有技术的应用能力比较强,而规模效率值的低下导致休闲产业综合效率水平一直处于较低状态。因此,青海要在对技术有效利用的优势下,充分提高自身资源要素的有效利用能力,实现规模经济效益。其次,从历年的标准差看,有 3 年的标准差值在 0.1～0.15 之间,有 9 年在 0.15～0.19 之间,有 2 年在 0.2 左右,有 1 年在 0.1 以下,说明各地区规模效率值的分布并不均匀,差异性波动较大,反映出各省(区、市)在资源利用能力方面的离散趋势(见表 7-7)。

表 7-7　2000—2014 年我国各省(区、市)休闲产业规模效率统计值

	有效省(区、市)个数	有效省(区、市)比例(%)	最大值	最小值	平均值	标准差
2000	3	10	1	0.148	0.848	0.185
2001	3	10	1	0.289	0.84	0.172
2002	3	10	1	0.202	0.858	0.172
2003	4	13.333	1	0.356	0.845	0.154
2004	6	20	1	0.371	0.884	0.169
2005	3	10	1	0.295	0.799	0.175
2006	3	10	1	0.255	0.873	0.141
2007	3	10	1	0.493	0.9	0.148
2008	4	13.333	1	0.453	0.911	0.117
2009	4	13.333	1	0.47	0.738	0.222

	有效省(区、市)个数	有效省(区、市)比例(%)	最大值	最小值	平均值	标准差
2010	2	6.667	1	0.107	0.741	0.222
2011	3	10	1	0.194	0.741	0.223
2012	2	6.667	1	0.636	0.924	0.083
2013	2	6.667	1	0.339	0.81	0.158
2014	2	6.667	1	0.304	0.801	0.172

三、分部门休闲产业效率特征分析

从各地域休闲产业效率的分析,可以发现我国休闲产业整体效率偏低,各地都存在一定程度的休闲产业纯技术无效率和规模无效率。产业效率的低下将会导致资本、政策等要素的浪费,长期下去,市场会缺乏有竞争力的休闲产品和服务,从而导致整个休闲产业的无法持续健康发展,进而影响人民追求美好生活目标的实现。在当前社会矛盾转化的背景下,休闲产业的健康发展已成为国民经济发展的重要引擎,因此,认识和把握休闲产业各部门的效率状况,不仅关系休闲产业自身的效益和产业竞争力的提升,而且关乎整个产业结构的优化和经济发展的方向,进而助推我国全面建成小康社会目标的实现。

根据 2000—2014 年的休闲产业主要部门的投入产出要素数据,利用 DEA 的规模收益可变(BCC)模型,对休闲产业各主要部门规模效率进行测度。结果显示,休闲产业各主要部门效率之间呈现较大的差异性(见表 7-8)。

(一) 限额以上餐饮企业的综合效率

2000—2014 年休闲产业各部门中限额以上餐饮企业的综合效率始终处于有效,这一结论说明:① 限额以上餐饮企业既不存在纯技术无效率,也不存在规模无效率,两者都实现了有效性;② 限额以上餐饮企业规模报酬不变,其发展过程中投入合理,获得了高效稳固的规模收益,投入和产出实现了耦合协调性,因而该产业部门达到 DEA 有效。

较之其他行业,餐饮业效率保持有效状态的原因有以下几点。

一是,餐饮业自身的市场化变革。我国餐饮业起步于改革开放初期,经过 20 世纪 90 年代的数量型扩张后,2000 年后餐饮业迎合市场需求,积极调整经营

表7-8 2000—2014年休闲产业各主要部门效率测度结果

	2011			2012			2013			2014		
	综合效率	纯技术效率	规模效率	综合效率	纯技术效率	规模效率	综合效率	纯技术效率	规模效率	综合效率	纯技术效率	规模效率
艺术表演团体	0.125	1.000	0.125	0.136	1.000	0.136	0.136	0.344	0.394	0.115	0.335	0.343
艺术表演场馆	0.117	1.000	0.117	0.133	1.000	0.133	0.101	1.000	0.101	0.090	1.000	0.090
图书馆	0.364	1.000	0.364	0.422	1.000	0.422	0.630	1.000	0.630	0.588	1.000	0.588
文化馆	0.317	0.884	0.359	0.294	1.000	0.294	0.415	0.689	0.603	0.373	0.718	0.519
博物馆	0.463	1.000	0.463	0.486	1.000	0.486	0.685	0.949	0.722	0.636	0.91	0.699
旅游企业	1.000	1.000	1.000	1.000	1.000	1.000	1.000	1.000	1.000	1.000	1.000	1.000
娱乐场所	0.341	0.435	0.783	0.339	0.450	0.754	0.377	0.409	0.920	0.387	0.429	0.902
限额以上餐饮企业	1.000	1.000	1.000	1.000	1.000	1.000	1.000	1.000	1.000	1.000	1.000	1.000

	2007			2008			2009			2010		
	综合效率	纯技术效率	规模效率	综合效率	纯技术效率	规模效率	综合效率	纯技术效率	规模效率	综合效率	纯技术效率	规模效率
艺术表演团体	0.099	0.885	0.111	0.143	1.000	0.143	0.122	1.000	0.092	0.092	1.000	0.092
艺术表演场馆	0.237	1.000	0.237	0.194	1.000	0.194	0.170	1.000	0.073	0.073	1.000	0.073
图书馆	0.535	0.806	0.664	0.607	0.954	0.636	0.650	1.000	0.312	0.312	1.000	0.312
文化馆	0.375	0.905	0.414	0.369	0.934	0.395	0.405	0.906	0.331	0.310	0.936	0.331

续表

	2007			2008			2009			2010		
	综合效率	纯技术效率	规模效率	综合效率	纯技术效率	规模效率	综合效率	纯技术效率	规模效率	综合效率	纯技术效率	规模效率
博物馆	0.712	1.000	0.712	0.709	1.000	0.709	0.712	1.000	0.712	0.422	1.000	0.422
旅游企业	1.000	1.000	1.000	1.000	1.000	1.000	1.000	1.000	1.000	1.000	1.000	1.000
娱乐场所	0.575	0.597	0.963	0.444	0.542	0.820	0.457	0.489	0.933	0.331	0.461	0.718
限额以上餐饮企业	1.000	1.000	1.000	1.000	1.000	1.000	1.000	1.000	1.000	1.000	1.000	1.000

	2003			2004			2005			2006		
	综合效率	纯技术效率	规模效率	综合效率	纯技术效率	规模效率	综合效率	纯技术效率	规模效率	综合效率	纯技术效率	规模效率
艺术表演团体	0.172	1.000	0.172	0.036	1.000	0.036	0.086	1.000	0.086	0.126	1.000	0.126
艺术表演场馆	0.041	0.808	0.051	0.041	1.000	0.041	0.163	1.000	0.163	0.170	1.000	0.170
图书馆	0.483	0.768	0.629	0.190	0.855	0.222	0.488	0.775	0.629	0.487	0.768	0.634
文化馆	0.341	0.730	0.467	0.093	0.642	0.144	0.302	0.706	0.428	0.339	0.862	0.394
博物馆	0.604	1.000	0.604	0.128	1.000	0.128	0.617	1.000	0.617	0.65	1.000	0.650
旅游企业	1.000	1.000	1.000	0.665	1.000	0.665	1.000	1.000	1.000	1.000	1.000	1.000
娱乐场所	0.438	0.452	0.969	0.218	0.300	0.727	0.561	0.662	0.848	0.891	0.991	0.900
限额以上餐饮企业	1.000	1.000	1.000	1.000	1.000	1.000	1.000	1.000	1.000	1.000	1.000	1.000

续 表

	2002			2001			2000		
	综合效率	纯技术效率	规模效率	综合效率	纯技术效率	规模效率	综合效率	纯技术效率	规模效率
艺术表演团体	0.151	1.000	0.151	0.169	1.000	0.169	0.211	1.000	0.211
艺术表演场馆	0.060	0.902	0.066	0.061	0.833	0.073	0.267	0.764	0.350
图书馆	0.391	0.693	0.563	0.349	0.698	0.501	0.358	0.678	0.528
文化馆	0.365	0.771	0.474	0.384	0.708	0.542	0.439	0.726	0.605
博物馆	0.635	1.000	0.635	0.602	1.000	0.602	0.549	1.000	0.549
旅游企业	1.000	1.000	1.000	1.000	1.000	1.000	1.000	1.000	1.000
娱乐场所	0.892	1.000	0.892	0.762	0.821	0.928	1.000	1.000	1.000
限额以上餐饮企业	1.000	1.000	1.000	1.000	1.000	1.000	1.000	1.000	1.000

方向,经营业态不断丰富,品牌创新和连锁经营能力也逐渐增强,餐饮市场的国有、民营和外资竞相发展的格局已经形成。与此同时,餐饮业的管理方式在互联网时代背景的促动下愈加信息化,专业餐饮网站的出现一方面便利了居民的餐饮消费,另一方面有利于对餐饮业数据的挖掘与分析,推动餐饮业的健康发展[①]。

二是,餐饮业自身的社交娱乐功能较强。一方面随着社会经济交往活动的增加,餐饮的商业功能得到强化,因而餐饮业发展步伐加快;另一方面餐饮经营氛围和环境的变化,使得人们更愿意通过餐饮活动来增加相互交流的时间和机会,因而"小而美"的餐饮店越来越受到消费者的欢迎,比如"凑凑",通过主打"火锅＋茶憩"产品,提升了餐饮店的社交情调。

三是,居民消费观念的改变。随着居民收入水平的提高,居民生活节奏的加快以及消费观念的更新,外出就餐已成为大众居民消费的常态选择,数据显示,2016年中国人外出就餐消费金额达到约5 070亿美元,大大超过了瑞典和挪威等数个发达国家的GDP[②]。

(二) 旅游企业的综合效率

历年中旅游企业的综合效率仅有2004年处于无效,主要是规模效率无效所致,而且规模报酬是递减的。说明这一年旅游企业投入规模不当,现有技术水平下旅游企业规模已经超过了最优规模。这一结果的可能解释是,经过2003年的"非典"事件,2004年各地域都在振兴旅游业发展,据相关数据统计,这一年我国旅游业发展的各项指标均大大超过了历史最高水平[③];同时旅游企业也加速集团化发展,如新的首都旅游集团、国旅集团、中旅集团的成立,以及上海锦江国际集团公司的成立;旅游投资加速进军景区建设,导致景区门票涨价严重,游客诟病不已,且景区开发与保护的利益协调问题不断,这些因素都导致了旅游企业规模效率无效,最终影响了旅游业的质量型发展。2005年后,旅游业进入正常化发展轨道,2006年中国旅游业发展"十一五"规划纲要出台,明确提出要把旅游业培育成为国民经济的重要产业。这一产业属性的明确,为旅游业的体系构建、功能发挥奠定了坚实基础,从而保障了旅游业的发展从数量走向质量、从粗放走

① 杨柳.中国餐饮业30年:发展历程、经验总结与改革趋势[A].何德旭.中国服务业30年:1978—2008[C].北京:社会科学文献出版社,2008:221-237.

② 界面.外媒称中国人的外出就餐市场超过了瑞典GDP[EB/OL].http://www.jiemian.com/article/1318209.html,2017-05-13.

③ 旅游学刊编辑部.2004—2005:回顾与前瞻——中国旅游业发展走向的十大事项[J].旅游学刊,20(1):7-13.

向集约的渐进过程。

（三）娱乐场所的综合效率

再次,15 年中娱乐场所的综合效率从 2000 年的有效状态(1.000)下降到 2014 年的无效状态(0.387),主要是纯技术效率值下降严重导致。这里的纯技术效率指的是决策主体以既定投入资源提供相应产出的能力,与决策主体的管理水平直接相关[①]。娱乐场所一般包括歌舞厅、卡拉 OK 场所等歌舞娱乐场所和以操作游戏、游艺设备进行娱乐的各类游艺娱乐场所,其效率值的下降与娱乐场所的管理、技术水平落后都有极大关系。以 KTV 为例,传统的 KTV 品牌曾经都很受国人欢迎,如钱柜、乐圣、麦乐迪等,但如今都面临关闭、收缩、没落的局面。究其缘由主要是 KTV 门店装修成本高、线下模式重、粉丝忠诚度不够所致,譬如钱柜早在 2008 年就选择了降薪、降成本、停止扩张等方式,不再新开茶餐厅、不再更新装修设备、不再更新歌曲库,最终导致服务体验下降导致钱柜失去了大量用户。与此同时,随着互联网浪潮的兴起,线上 KTV 模式的兴起更是冲击了传统 KTV 行业,因而现如今娱乐场所的效率低下是毋庸置疑。

（四）文博馆的综合效率

15 年中文博馆(图书馆、文化馆、博物馆)的综合效率变化特点有一定的相似性和差异性。

其一,2000—2014 年,博物馆的综合效率主要受规模效率影响,其中 2000—2012 年,博物馆纯技术效率值一直为 1,处于有效状态,2013—2014 年下降到0.9 左右,也接近于有效状态;而其规模效率值从 2000 年的 0.549 上升到 2009 年的 0.712 后,开始下降到 0.4 左右,这种状态持续到 2012 年后,又开始回升至 0.7 左右。这说明博物馆只有提高规模效率,才能改善其综合运营效率。博物馆在满足居民日常休闲娱乐活动中扮演着重要角色,据统计,发达国家平均 5 万人口左右就拥有一座博物馆,而我国 60 万人口才拥有一座博物馆[②],这意味着我国博物馆数量还相对较小,整体规模效应不强。

其二,与博物馆发展模式相似的是图书馆,15 年中图书馆的纯技术效率值一直处于上升状态,并于 2009 年达到有效(1.000),而其规模效率值经历了"M"型演变,至 2014 年达到 0.588,距离最优规模效率还有较大的差距。图书馆是非常重要的教育文化设施,它不仅可以弥补不同社会阶层教育资源的差距,更能大

---

① 袁群.数据包络分析法应用研究综述[J].经济研究导刊,2009(19):201-203.

② 网易财经.中国私立博物馆数量相对太少[EB/OL]. http://money.163.com/12/0905/01/8AJQ2PLN00253B0H.html,2012-09-05.

幅度提升知识传播的力度和速度,从而提升整个城市的文化软实力,因而在当下社会矛盾转化的背景下,大幅度建设图书馆是非常必要的。据统计,美国纽约每9.2万人就可共享一个公共图书馆,而且图书馆的所有资源都免费向公众开放,而我国代表性城市上海的公共图书馆拥有比例是每96.6万人才享有一个公共图书馆[①]。因此,对标国际城市,我国各地区图书馆建设要在数量和质量上进行规模化和集约型发展,保证人民享有公平公益的文化服务空间。

其三,文化馆主要指的是群众文化馆、文化站等设施和场所,与博物馆、图书馆相比,该机构的综合效率偏低,这与其较低的纯技术效率和规模效率都有关系,尽管2007—2012年间文化机构的纯技术效率值在0.9左右,并且2012年达到有效,但整体来看其纯技术效率值是下降的,规模效率同样如此。这可能与文化馆在建设过程中面临土地空间不足、机制体制支撑缺失、文艺人才骨干缺乏等问题有关。博物馆、图书馆、文化馆数量一定程度上体现着一座城市的文化底蕴,是满足人民过上美好生活的精神食粮,因此各地区必须加以重视,合理确定各类文化设施的种类、数量、规模以及布局,形成网络化的休闲文化服务空间。

(五)艺术表演团体和艺术表演馆的综合效率

2000—2014年艺术表演团体和艺术表演场馆的综合效率值都比较低,一直处于0.1~0.2之间,是休闲产业各主要部门中效率最无效的两个部门。虽然个别年份艺术表演团体和场馆的纯技术效率有效,但整体看,两者的纯技术效率和规模效率无效的双重作用,导致了综合效率无效。可能的解释如下。

一是经营管理体制的制约。我国的艺术表演团体和场馆的经营管理体制已不能完全适应竞争激烈的市场经济体制要求,其经营管理和服务水平不高,组织管理制度不完善,资源未能得到充分合理配置。

二是发展的不平衡。主要体现在地区发展的不平衡和内容形式的不平衡,我国的艺术表演场馆建设多集中在东部沿海经济发达地区,各省区市内部的场馆建设又多分布在省会城市,县市剧院建设匮乏;同时,表演团体方面,不同剧种的发展也不平衡,传统戏曲表演团体数量最多,重复建设严重,规模效率低下。

三是演出内容供给不足。我国各地表演场馆建设热潮不减,但剧目演出不足,场馆闲置状态严重,再加上场馆和团体分割,使本来是相互依存关系的剧场和院团资源无法整合,大量场馆设施没有充分发挥它应有的功能和作用。

---

① 上观新闻.对标2040全球卓越城市,上海公共图书馆需要增加到100家[EB/OL]. http://web.shobserver.com/news/detail? id=69664,2017-11-03.

四是专业的艺术人才缺乏。艺术表演场馆和团体都是实体机构,需要大量的剧场、院团管理人才,但数据显示,我国剧场管理人员拥有艺术专业、舞台技术专业与管理专业教育背景的只占管理人员总数的 30%[①],专业人才缺乏已成剧院行业发展的一大瓶颈。因此,要提升艺术表演场馆和团体的综合效率,需要从演出内容、经营管理、人才配备、资源整合等多方面盘活存量,提高利用效率。

---

① 光明日报.大剧院:建得多,还要用得好[EB/OL]. http://www.gscn.com.cn/culture/system/2017/07/27/011762282.shtml,2017 - 07 - 27.

第八章　休闲产业发展
影响因素分析

从休闲产业发展评价、结构、效率的分析看,各地区休闲产业发展差异是明显的,这一特征基本勾勒出了我国休闲产业发展的特征、格局与规律。如果把差异比作存在的现象的话,那么需要去探讨差异背后的原因,以此能够更好地理解差异的存在,而不是人为地把它当作是阻碍协调、和谐的负面因素。正如著名的哲学家赫拉克利特所言,"最好的和谐诞生于差异",并且"不和谐是全部生成的法则"[①]。就休闲产业发展而言,自然离不开各地方综合因素的影响,比如经济环境、消费环境、政策环境、气候环境、土地成本等等。为了尽可能地考虑影响我国休闲产业发展水平、结构、效率的因素,本章论述加入了多种因素变量进行分析。

第一节　理论分析和计量模型设定

一、理论分析

目前,学术界对休闲产业发展影响因素探讨程度尚不及服务业,不过休闲产业作为服务业的组成部分,有关服务业差异影响因素的内容可以作为重要的借鉴。申玉铭等(2007)指出中国服务业空间差异的影响因素包括经济发展水平(人均国内生产总值与服务业增加值比重)、城市发展程度(城市化水平与人均服务业增加值、城市化水平与服务业增加值比重)、市场发育程度(经济密度与人口密度)、交通通信水平(人均拥有道路面积、旅客周转量、邮电业务总量、电话普及率)、经济全球化水平(进出口商品总值与地区国民生产总值)和人力资源丰度(高等学校普通本专科学生数、研发人数、经费支出)等[②]。吉亚辉,杨应德

---

① ［美］戴维·哈维.正义、自然和差异地理学[M].胡大平,译.上海：上海人民出版社,2007：87.
② 申玉铭,邱灵,任旺兵,尚于力.中国服务业空间差异的影响因素与空间分异特征[J].地理研究,2007,26(6)：1255－1264.

(2012)通过信息化水平(移动电话年末用户数)、人力资本水平(每万人拥有的高等学校专任教师数量)、开放水平(当年实际使用货物运输量)、城市间的知识溢出(客运总量)、城市间的产业关联(货物运输量)来解释信息服务业发展的差异性[1]。Fourastie(1949)认为地区人均收入是推动服务业发展的关键点[2];同时城市发展可以推动服务消费量的上升,城市基础设施的完善、人口规模的增加都是促进服务业增长的重要因素(Signalman,1978)[3],并且总人口中城市居民数量越大,对服务业的占比影响也越大(Riddle,1986)[4]。服务业从业人员比例、人口密度、地方财政支出比重等因素均会对服务业增长有显著的本地促进作用和外地溢出效应,但地区的全社会固定资产投资对服务业的发展却有抑制作用(邱瑾,戚振江,2012)[5]。经济发展、城市化水平、居民消费水平以及人均可支配收入对服务业增长的正向作用已得到诸多学者的验证(李辉,2004[6];马虎兆,李春城,2009[7];李国柱,张兰君,张莹,2010[8])。就服务业的具体行业来说,一些学者文化产业为例研究发现,文化消费需求、文化产业投资、政府扶持、高人力资本均与文化产业发展呈正相关关系,信息、邮电行业对文化产业发展有显著拉动作用,但金融服务对文化产业的拉动作用不明显(林秀梅,张亚丽,2014[9];肖博华,李忠斌,2014[10];袁海,2010[11])。相似地,旅游业发展过程中,居民的人均可支配收入,交通信息等对旅游业发展有显著作用,而区位条件、政府的参与作用对旅游业的发展影响不显著(杨勇,2007)[12]。

① 吉亚辉,杨应德. 中国城市信息服务业发展影响因素研究——基于中国 191 个城市的空间横截面数据分析[J].人文地理,2012(6):71－75.

② Jean Fouratie. The great white hope of century [M]. PUF:Paris,1949.

③ Signalman J. From agriculture to services:the transformantion of industrial employment [M]. Beverly Hills:Sage publications,1978.

④ Riddle D. Service led growth:the role of the service sector in world sevenlopment [M]. New York:Praeger,1986.

⑤ 邱瑾,戚振江. 基于 MESS 模型的服务业影响因素及空间溢出效应分析——以浙江省 69 个市县为例[J].财经研究,2012,38(1):38－48.

⑥ 李辉.我国地区服务业发展影响因素研究[J].财贸经济,2004(7):16－19.

⑦ 马虎兆,李春成. 服务业发展影响因素的三维模型及实证分析[J].经济问题探索,2009(11):168－172.

⑧ 李国柱,张兰君,张莹.河北省服务业发展影响因素的实证分析[J].当代经济管理,2010(17):50－53.

⑨ 林秀梅,张亚丽.文化产业发展影响因素的区域差异研究——基于面板数据模型[J].当代经济研究,2014(5):42－46.

⑩ 肖博华,李忠斌.我国文化产业区域集聚度测算及影响因素研究[J].统计与决策,2014(18):94－97.

⑪ 袁海.中国省域文化产业集聚影响因素实证分析[J].经济经纬,2010(3):65－67.

⑫ 杨勇.中国省际旅游业竞争力分析——ARU 结构与影响因素[J].山西财经大学学报,2007,29(10):53－60.

综合以上服务业方面的影响因素内容，并结合休闲产业本身发展的特征，将影响休闲产业发展差异的因素归结为以下几种。

(一) 经济和产业发展

经济是休闲产业发展的先决条件。从历史角度看，20 世纪初期，西方一些发达国家已完成了工业革命，生产力的巨大飞跃导致了财富的迅速增长，但社会财富分配的不均等导致休闲机会的不平等问题比较严重，换句话说，享受休闲的主体主要聚焦在城市的有闲阶层。这一时期的休闲问题也引起了国际社会的普遍关注。1952 年世界休闲组织(WLO)的成立，旨在发现并创造良好的条件，促进休闲成为人类进步发展的动力。1970 年比利时召开的国际休闲会议，通过了著名的《休闲宪章》，提出所有人都有休闲的权利，即有权利自由使用公开的休闲设施、湖水、海洋、森林、山岳等自然地区及一般的开放空间。休闲的大众化问题日渐引起学者及城市管理者的关注。必须指出的是，20 世纪 60 年代后，随着一些发达国家人均GDP 进入 3 000～5 000 美元阶段，人们的收入和休闲时间显著增加，相应的休闲需求增长迅速，从而使得休闲成为一种常态化的生活方式，相应地，居民的生活方式、价值观念、消费取向等发生了改变。城市休闲功能的兴起使得城市在环境、产业、设施、空间等建设方面都要充分考虑到人们的休闲诉求，城市发展进入一个具有新的闲暇伦理观和娱乐道德观的时代。从中可以看出，当社会生产力水平提升，随之产生的居民休闲需求会引起城市管理者思考如何改善城市环境、完善城市设施，以便更好地满足居民的休闲需求，从而推动着休闲产业的发展。当然在经济水平提升的同时，产业结构也在向高级化、知识化演进。程大中(2008)基于服务业产业、就业、消费、贸易的统计分析表明，经济服务业已经被普遍看作是发展中经济体迈向发达经济或后工业化经济所要经历的一个自然过程[①]。

休闲产业边界的模糊性，也决定了其与其他产业的关联性。一般认为，随着城市规模扩大，服务业比重上升而制造业比重下降(Kolko，1999[②]；Henderson，1997[③])。但一些经济学者指出，制造业是服务业发展的前提和基础，后者的发展依赖于制造业(Fancois，1990)[④]，但二者之间存在着不对称的相互依赖关系，Cohen

---

① 程大中.中国经济正在趋向服务化吗？ ——基于服务业产出、就业、消费和贸易的统计分析[J].统计研究，2008，25(9)：36 - 43.

② Kolko J. Can I get some service here? Information technologies，service industries and the future of cities [R]. Working Paper.

③ Henderson J V. Medium size cities [J]. Regional Science and Urban Economics，1997，27(6)：583 - 612.

④ Fancois J F. Trade in producer services and returns due to specialization under monopolistic competition [J]. Canadian Journal of Economics，1999(23)：109 - 124.

(1987)[①],Park(1989)[②]认为,制造业对服务业的依赖小于服务业对制造业的依赖。从城市规模层面来说,在中小规模城市,服务业多样化发展将阻碍制造业集聚,服务业专业化发展将促进制造业集聚;在超大城市,制造业集聚度随服务业专业化水平提高而下降,但随服务业多样化水平提高而提高[③]。就休闲产业本身而言,Ozge(2017)的研究指出,制造业的就业人数对休闲产业就业人数有显著的负向关系[④]。

在这一因素中,选取人均国内生产总值、第三产业就业人数和制造业就业人数三个指标来反映经济与产业发展水平。国内生产总值是用来衡量一个国家的经济发达程度或者在比较各国经济发展水平时的一个指标,人均国内生产总值常作为发展经济学中衡量经济发展状况的指标,是衡量人民生活水平的一个标准。根据历史和国际经验,人均国内生产总值不同的阶段,社会呈现出不同的特征。在我国,改革开放的 20 世纪 80 年代,人均国内生产总值在 300 美元阶段,当时人们需要首先解决的是食和穿的问题,所以轻纺工业得到快速发展,外贸是那个时期的富裕行业;进入 20 世纪 90 年代,我国人均国内生产总值增速加快,从 90 年代初期的 400 美元过渡到 90 年代末期的 900 美元左右阶段,这个时期人们开始关注居住条件,所以家电行业得到快速发展。新千年以后,我国人居国内生产总值超过 1 000 美元,这一时期国家也迎来了重化工业发展阶段,百姓们也开始改善住和行,因而房地产和汽车行业得以快速发展;2008 年我国人均国内生产总值整体上超过 3 000 美元,同时人们的收入水平大幅度提升,人们开始思考养老、健康、娱乐、旅游等问题,未来的经济也将朝着服务型、创新型方向发展[⑤]。可见,休闲产业的兴起和发展与人均国内生产总值水平关系密切。在经济走向服务化阶段,第三产业的从业人员是一个重要的衡量指标,因为休闲服务产品消费的重要特点是供给和需求双方的即时交易,目前的技术水平还难以做到利用机器来开展休闲产品的大规模生产[⑥],因此第三产业从业人员是休闲产

---

① Cohen S Zyman. Manufacturing matters:The myth of the post-industrial economy [M]. New York:Basic Books,1987.

② Park S H, Chan K S. A cross country input-output analysis of intersectoral relationships between manufacturing and services and their employment implications [J]. World Development,1989,17(2):199-212.

③ 王佳,陈洁.城市规模、生产性服务业发展与制造业集聚——基于中国地级市面板数据的实证研究[J].中央财经大学学报,2016(11):84-94.

④ Ozge Oner & Johan Klaesson. Location of leisure:the new economic geography of leisure services [J]. Leisure Studies,2017,36(2):203-219.

⑤ 潘向东.真实繁荣[M].北京:社会科学文献出版社,2016:298-299.

⑥ 唐保庆,宣烨."三元"城镇化对服务业增长的影响——作用机理、测度与实证检验[J].数量经济技术经济研究,2016(6):59-76.

业发展的重要支撑。考虑到休闲产业的发展离不开制造业的支持,比如游艺器材及娱乐用品制造等等,将制造业就业人数作为控制变量加入计量模型中。

(二) 城市化水平

诸多研究表明,城市化对服务业发展有积极的促进作用(Daniels,1991[①];Harris,1995[②];Keeble,Nachum,2002[③]),并且城市化对服务业发展的促进作用较之服务业对城市化的促进作用要大(杨艳琳,张恒,2015)[④]。这一观点同样适用于隶属于服务业范畴的休闲产业,周少雄(2002)认为城市化进程改变了旅游业所依赖的社会存在、空间环境和客源基础,给旅游业发展带来了根本性变化[⑤],当然城市化对旅游业的推动作用要大于旅游业对城市化的贡献度(王永刚,2012)[⑥]。在旅游业发展过程中,城市化的影响主要体现在完善了旅游交通体系,提升了旅游的可进入性;带动了住宿餐饮业的发展,提高了旅游的接待能力。城市化最主要的标志是人口城市化,政府等机构会为新居民创造政策、价值观念、制度和空间等要素,这些要素会推动休闲服务需求的增长,进而刺激公共休闲服务供给的增长与完善。卿前龙(2006)的研究进一步印证了这一观点,提出休闲产业是在城市化进程中不断繁荣起来的,因为只有城市才能产生如此强大而持续的休闲消费聚集能力[⑦]。一项基于美国的研究也表明,随着美国城市化水平的不断提高,休闲产业占国民经济的比重会不断提高[⑧]。具体来看,城市化对休闲产业发展的积极影响主要体现在如下方面:第一,城市化为休闲产业发展提供了稳定的需求市场,因为是城市是依托人而存在,城市提供的休闲服务首要的是为满足本地居民的需求,其次是外来游客。本地居民和外来游客的需求是休闲产业发展的重要支撑;第二,城市化促进了休闲产业空间系统的形成。城市的发展要考虑到居民休闲的场所和空间问题,因此有了广场、步行街、绿道等休闲空间。近年来因广场舞盛行所带来的休闲空间配置失衡与不完善问题,

①　Daniels P W, O'conor K, Hutton T A. The planning response to urban service sector growth: an international comparison [J]. Growth and Change, 1991, 22(4): 3-26.

②　Harris N. Bombay in a global economy: structural adjustment and the role of cities [J]. Cities, 1995, 12(3): 175-184.

③　Keeble D, Nachum L. Why do business service firms' clusters? Small comsultancies, clustering and decentralization in London and Southern England [J]. Transactions of the Institute of British Geographers, 2002, 27(1): 67-90.

④　杨艳琳,张恒.全球视角下服务业与城市化互动关系研究——基于22个国家1960—2013年面板数据的实证分析[J].中国人口·资源与环境,2015,25(11):95-104.

⑤　周少雄.试论旅游发展与城市化进程的互动关系[J].商业经济与管理,2002,124(2):55-58.

⑥　王永刚.上海城市化进程与旅游业发展的动态计量研究[J].华东经济管理,2012,26(7):1-5.

⑦　卿前龙.城市化与休闲服务业的发展[J].自然辩证法研究,2006,22(6):89-92.

⑧　卿前龙.休闲服务的经济学分析[D].长沙:华南师范大学,2005.

也进一步推动着城市休闲供给的优化和空间的重构;第三,城市化推进了休闲产业所依托的设施的建设和完善。城市要发展休闲产业,设施是比较重要的载体,比如博物馆、体育场、主题公园等,这是人们开展休闲娱乐活动的去处,也是休闲产业规模化发展的载体。

目前学术界对城市化的测度方法主要有单一指标法和复合指标法。李长亮(2013)对不同测度方法实证检验后发现,单一指标法中的城镇人口指标法可以较准确地反映一个地区的城市化水平,非农业人口指标法和土地利用指标的评价结果较差,复合指标法能较为全面地反映一个地区的城市化水平[①]。可以发现,城镇人口比重是城市化测度方法中非常重要的一个评价指标,为了进行地区间城市化水平的比较和数据获取的统一性,选取人口城镇化率作为反映城市化水平的主要指标。

(三) 收入

人均可支配收入对休闲产业发展而言,发挥着关键性作用。马斯洛需求层次理论指出,人们在满足了低层次的基本需求后,才能产生社会、情感、尊重和自我实现等更高层次的需求。因此,人们的可支配收入水平在满足了低层次的需求后,才能投入到精神层面的消费领域。可见,居民的可支配收入水平是精神消费能力的重要支撑因素。近年来,随着我国经济的发展,居民可支配收入水平不断提升,居民用于教育文化娱乐消费的支出从 1995 年的 8.8% 增长到 2016 年的 11.2%,通信消费支出比例从 1995 年的 4.8% 上升到 2016 年的 13.7%[②]。可见,精神消费逐渐成为消费的主流,这主要是居民收入水平提高的结果。楼嘉军,徐爱萍(2009)指出,经济达到了一定的水平,人们的可支配收入使得人们的休闲活动更加多元化[③]。因而,选取人均可支配收入作为反映收入水平的主要指标。

(四) 消费多样性

Clark 在《经济进步的条件》一书中指出,服务业发展的主要原因是消费需求总量和需求构成发生变化,即随着收入水平的提高,人们的支出结构发生变化,当收入水平较高时,对服务需求比例就相对较高[④]。Fuchs 判断服务业增长的标准是该领域就业人口的增加,并且许多服务业部门的效率部分地依赖于消

---

① 李长亮.我国城市化水平测算方法的科学性研究[J].经济纵横,2013(2):65-70.

② 晏民春,杨桂元.近十年我国城镇居民消费结构研究[J].统计与信息论坛,2004,19(2):72-76.

③ 楼嘉军,徐爱萍.试论休闲时代发展阶段及特点[J].旅游科学,2009,23(1):61-66.

④ Clark C. The conditions of economic progress [M]. London: MacMillan, 1940.

费者的知识、经验和动机①。与 Fuchs 相似，社会学家 Bell 以就业人口的变化作为发展阶段分类的主要依据，发现美国战后劳动力就业人口向第三产业部门转移较快，由此判断美国已经进入后工业社会。该作者进一步指出第三产业发展起来的主要原因有收入水平提高、就业人口增加、满足人们对服务和舒适的需求，最后一个原因也成为 Bell 区分工业社会和后工业社会的标志，即工业社会是由标志着生活水平的商品数量来界定，后工业社会是由服务和舒适所计量的生活质量来界定，比如健康、教育、娱乐和艺术②。因而，服务业要发展，尤其是休闲相关产业的发展，能够满足消费者的精神和心理需求就成为重要的消费目的。可见，休闲消费对于休闲产业的繁荣具有重要意义，如果生产的休闲产品没有市场，那么休闲生产者就难以维持生活。而这里的消费又易受到群体特征的影响，比如家庭背景、阶层、地位、教育等。

Glaeser，Kolko，Saiz(2001)的研究指出，消费多样性的城市比消费稀缺的城市增长更快。同时，其住房价格水平往往要快于工资水平。他们还发现，在郊区工作的人越来越喜欢住在市中心③。因为靠近城市中心，人们才能享受到城市提供的个性化服务，比如更好的医疗服务、个性化的文艺演出，与国际接轨的教育，等等。休闲产品和服务的供给是由产业内部不同类型的休闲相关企业来提供的，这满足了人们对消费多样性的需求。因为消费者的品位是多样的，他们倾向于光顾可以提供更多种类的零售市场，满足他们一次性购买多种商品而不是一件商品的愿望(Arentze，Oppewal，Timmermans，2005④；Ghosh，Stimson，1984⑤；Ingene，Gliosh，1990⑥；Oner，Larsson，2014⑦)。这一观点可以用新经济地理学中的一个重要理论"love of variey"来解释，即消费者偏爱消费多样化，他们希望供选择的消费商品种类越多越好，那么厂商在规模报酬

---

①　Fuchs V R. The growing important of the service industries [J]. The Journal of Business, 1965, 4(38): 344.

②　Bell D. The coming of post-industrial society, A venture in social forecasting [M]. New York: Basic Books, 1976.

③　Glaeser E L, Kolko J, Saiz A. Consumer city [J]. Journal of Economic Geography, 2001, 1(1): 27 - 50.

④　Arentze T A, Oppewal H, Timmermans H J. A multipurpose shopping trip model to assess retail agglomeration effects [J]. Journal of Marketing Research, 2005, 1(42): 109 - 115.

⑤　Ghosh A, Stimson R J. Spatial behavior: a geographic perspective [M]. New York: The Guilford Press, 1967: 112.

⑥　Ingene C A, Ghosh A. Consumer and producer behavior in a multipurpose shopping environment [J]. Geographical Analysis, 1990, 22(1): 70 - 93.

⑦　Oner O, Larsson J P. Which retail services are co-located? [J]. International Journal of Retail & Distribution Management, 2014, 42(4): 281 - 297.

递增效应下获得更大的效率(Krugman,1991①;Fujita，Krugman，Venables，1999②;Fujita，Thisse，2002③)。

综上所述,为反映消费多样性水平,选取最终消费支出作为衡量指标。最终消费率是指在一定时期内(通常是一年)一个国家或地区的常住单位(包括居民或政府等)为满足物质、文化和精神生活的需要购买的各种商品和服务的总支出。一般把最终消费支出占国内生产总值的比重称作最终消费率,它反映了一定时期社会创造的总财富有多大比例是用于消费的。它既包括实物性的商品消费,也包括服务消费,如教育、交通和通信、医疗保健、文化艺术、娱乐服务等。社会消费品零售总额仅包括商品消费,不包括服务消费和虚拟消费。相对来说,最终消费率更能体现出居民的消费状况。

(五) 政府扶持与资助

从历史发展角度看,休闲作为一种社会政策工具贯穿于社会发展进程中。政府之所以在休闲产业发展过程中扮演重要角色,其原因在于休闲是人的权利或需要,政府的职责则是保护国民的权利,并确保国民的需要得到满足。一般来说,休闲业务的经营都会受到地方政府或国家政府的管制,比如经营娱乐表演、博彩业务、旅馆、餐馆等。在西方国家,各级政府每年都会花费大量款项用于提供休闲和旅游服务,以促进休闲产业的发展。20世纪六七十年代,英国传统制造业倒闭,服务业增长,主要增长领域是基于家庭的休闲服务业④。在政治和政策上,英国政府加大了对公共休闲服务的投入,这一时期出现的大量休闲设施和服务,都是地方政府资助的,并且大部分的休闲供给是在法律允许的框架内,以强制的方式要求为年轻人建设图书馆、康体娱乐设施,之后再进行拨款⑤。英国政府对休闲相关产业的政策扶持,大大推动了这些产业的发展,由此也产生了一批以艺术和娱乐业而闻名的城市,如伦敦、格拉斯哥、伯明翰等。在澳大利亚,政府为推动休闲产业的发展,不仅出台相应的政策框架,而且提供大力资助。2000—2001年澳大利亚对体育与休闲活动投资达到21.24亿美元⑥,推动了国民体育休闲的热潮。如今,澳大利亚居民已经形成了一种较为典型的体育生活

① Krugman P R. Geography and trade [M]. Cambridge, MA: MIT University Press, 1991.

② Fujita M, Krugman P R, Venables A J. The spatial economy: cities, regions and international trade [M]. The MIT Press: Cambridge MA and London, 1999.

③ Fujita M, Thisse J F. Economics of agglomeration [M]. Cambridge: Cambridge University Press, 2002.

④ 徐菊凤.旅游研究:理论与实践[M].北京:旅游教育出版社,2015:189.

⑤ [英] 亨利.休闲政策政治学[M].徐菊凤,陈愉秉,潘悦然,译.北京:中国旅游出版社,2010:19-20.

⑥ 李真真.澳大利亚体育与休闲政策的特征及其实[J].体育文化导刊,2014(3):40-42.

方式。在丹麦,为保障青年群体的休闲权利,政府成立青年委员会,颁布青年休闲政策、提供政府资助以试图满足青年群体的需要,促进其个性的发展。20世纪40年代,休闲性质的俱乐部就获得政府资助,1954年的首次立法使得休闲俱乐部和志愿工作的活动得到了经济支持。1968年,政府开始资助志愿性体育事业,1992年政府资助的团体总数超过130 000个。从政策效果看,76%的丹麦少年和85%的少女经常参加这些有组织的休闲活动[①]。当然,还有针对特殊群体的休闲政策,比如残疾人群体,英国政府颁布"反对残疾人歧视法案"为残疾人的休闲进入和其他权利制定了指南和规则;老年人群体,英国政府专门为老年旅游市场提供专业服务,目前许多英国的海岸城镇已经成为退休公民度假地。从国外休闲政策特征可看出,政府一般通过政策颁布、资本资助等形式,实现休闲产品、资源和机会的公平分配。

总的来说,政府的扶持力度对于一个国家或地区休闲产业的发展和繁荣的重要的意义体现在,第一,它可以刺激休闲生产者提供更多、更好的产品;第二,它可以扩大休闲文化消费,增加休闲产品的可接触性;第三,它可以促进休闲产业的增长,从而带来国内生产总值和就业人数的增加;第四,它可以保护休闲相关资源[②]。为考量政府的扶持与资助对休闲产业发展的影响,选取批发和零售业,住宿和餐饮业,文化、体育和娱乐业的固定资产投资额作为衡量指标。

(六) 金融和信息化水平

一个地方的金融发展程度,也会对休闲产业的发展产生重要的影响。因为休闲产业的运营与发展离不开资金的支持,充足的资金是休闲相关企业经营活动顺利进行和长远发展的重要保障,能否及时筹集到企业生产所需要的资金以及能否获得稳定的资金来源,对休闲企业的经营和发展至关重要。与此同时,休闲娱乐产业与多个行业都存在交集,它的投资回报短等特点也使得金融资本进驻该领域,以获取高收益。正如 Machael Szalay 所指出的,文化艺术产业似乎已成为金融资本的中心引擎[③]。与此同时,地方的信息化水平也成为休闲产业发展的重要支撑,如今人们的生活有线上和线下之分,线下的生活场景有家庭、工作或其他地点,线上生活场景多依赖于脸谱、Twitter、微信等社交网站,尤其是

---

① 〔丹麦〕卡尔斯滕•汉森.丹麦城市青年休闲政策[J].谈谷睁,译.当代青年研究,1996(2):15-18.
② 江小涓等著. 服务经济——理论演进与产业分析[M].北京:人民出版社,2013:321-322.
③ Michael Szalay, Joshua Clover.Culture, industry, finance. https://uchri.org/awardees/culture-industry-finance/

对于年轻的一代来说,上网是他们所拥有的生活,而不是他们要做的事[1]。随着信息网络水平的提高,人们休闲便利性不断增强,这推动着休闲产业的规模化发展。

基于上述分析,选取年末金融机构存贷款余额占 GDP 比重、邮电业务总量占全国比重来分别衡量地方的金融和信息化发展水平。

(七) 人口受教育程度

从全世界范围看,随着服务业所占的比重越来越高,经济活动和人口会持续不断地向大城市及其周围集聚(陆铭,向宽虎,2012[2])。人们涌向城市,不仅仅是城市提供的工作机会,更重要的是城市拥有大量可供人们休闲娱乐的资源、产品和机会,这一机会尤其吸引具有高知识背景的新精英阶层,因为他们十分重视生活质量。一项研究表明,受教育程度与休闲服务需求有很强的正相关性[3],这是年轻的大学毕业生倾向于选择歌剧院、电影院、博物馆、星巴克等休闲设施较多的地方的原因[4]。通过教育,一个人不仅可以获得休闲知识和休闲技能,而且可以激发其获取更大休闲空间的潜力,"更高的教育水准将提高休闲活动的全部的深度和广度"[5]。王宁(2014)从社会学角度进一步指出,高人力资本人员,往往会要求有向上的经济流动机会和向上的消费流动机会,而向上的消费流动机会则包括文化设施与服务、公共休闲、体育与娱乐设施与服务等[6]。因此,拥有较多高人力资本人才的城市,其休闲服务设施的配置会更完善,这让城市本身变成了一个消费型或休闲型城市,这种休闲型的氛围往往会促进城市经济的增长的产业结构的转型升级[7]。Jacobs(1969)认为,在知识经济背景下,城市发展的最根本动力在于城市人力资本的集中和地理临近产业的多样性。高质量的人力资本的集中带来的创造力,促进城市产业结构的调整,从而推动城市整体经济的

---

① White Hutchinson. How technology has changed entertainment experiences[EB/OL]. https://www.whitehutchinson.com/news/lenews/2013/august/article106.shtml, 2013 – 07 – 06.

② 陆铭,向宽虎.地理与服务业——内需是否会使城市体系分散化? [J].经济学(季刊),2012,11(3):1079 – 1096.

③ Rachel Dardis, Horacio Soberon-Ferrer, Dilip Patro. Analysis of leisure expenditure in the United States [J]. Journal of Leisure Research, 1994, 26(4):309 – 321.

④ Clark, Terry Nicholes. Urban amenities:lakes, opera and juice bars: do they dirve development? [A]. Terry Nicholes Clark. The city as an entertainment machine [C]. New York:Elsevier, 2004b:103 – 140.

⑤ 凯利.休闲导论[M].王昭正,译.台北:品度股份有限公司出版,2001:198.

⑥ 王宁.消费流动:人才流动的又一动因——"地理流动与社会流动"的理论探究之一[J].学术研究,2014,(10):29 – 37.

⑦ 王宁.舒适物、休闲城市与产业升级[A].中国休闲研究学术报告 2013[C].北京:旅游教育出版社,2014:20 – 28.

发展,进而带来就业的增加和人口的增长①。而人力资源集聚的重要原因在于城市提高了较高程度的生活便利性,导致了城市人口的增加。为反映一地人口的受教育水平,选取 6 岁以上人口中大专以上学历人口数量作为衡量指标。

(八) 户外游憩环境

休闲产业已经成为世界上许多国家经济发展的重要组成部分,它的活动形式是人们生命历程中一个重要的教育、身体和心理因素的反映。许多休闲活动的完成需要借助户外环境,比如滨海旅游、户外健身等,而且大量满足户外休闲娱乐需求的休闲设施或许会因气候的改变而造成严重的损失。同样地,受游客欢迎的自然保护区如森林、湿地、草原等也会受到气候的影响②,从而导致游客需求量的变化,因而休闲产业的发展与气候变化有一定的关系(Fred,2012)③。国外学者的研究已经表明,天气在户外娱乐活动中起着至关重要的作用,这里的天气因素包括温度、湿度、风速、降雨量等(Rose,2016)④。就旅游需求而言,温度、降水对旅游需求有明显影响,即温度对赴滨海旅游需求有正向作用,夏季降水也正作用于客流,但这种影响水平要显著低于经济因素⑤。同时,空气质量也是游客重点关注的信息,研究表明,游客会根据目的地的空气污染情况而做出改变出行计划的行为⑥。空气和水污染已经跃过全球气候变暖因素,成为影响人们做出户外休闲娱乐选择的重要考量变量(Dolesh,2012)⑦。不断增长的户外游憩需求,一方面源于人们日益增长的对环境主题的关注,另一方面源于人们有亲近自然、重新建立与生命起源联系的需求,研究显示,对城市绿色空间的体验已经成为居民的积极情绪的来源,它能够满足人类的非物质和非消费需求(Duggal,Chib, 2014)⑧。大面积的绿色空间可供人们进行野营、垂钓、打猎、划

① Jacobs Jane. The Economy of Cities [M]. New York: Random House,1969:4-8.

② Irland Lloyd C, Adams Darius, Alig Ralph, et al. Assessing socioeconomic impacts of climate change on US forests, wood product markets, and forest recreation[J]. Bioscience, 2001,9(51):753-763.

③ Fred Roots. Tourism, recreation and climate change: the role of protected areas and biosphere reserves [R/OL]. http://projects.upei.ca/climate/files/2012/10/Book-5_Paper-25.pdf, 2012.

④ Rose Irene Verbos. The influnces of weather on outdoor recreation: a research synithesis, a weather dependency framework (WDF), and outdoor recreationists' perceptions [D]. A dissertation submitted to the faculty of the University of Utah, 2016.

⑤ 吴普,葛全胜,齐晓波,等.气候因素对滨海旅游目的地旅游需求的影响——以海南岛为例[J].资源科学,2010,32(1):157-162.

⑥ 郭沛然.中国游客对于城市旅游的气候与空气质量偏好研究[D].北京:中国地质大学,2016.

⑦ Richard J. Dolesh. Should parks and recreation care about climate change? [J]. Parks & Recreation,2012,47(8):33.

⑧ Arpana Duggal, Anjana Chib. The role of urban green spaces for the sustainable city [J]. Indian Journal of Research, 2014, 6(3):92-94.

船、散步、背包徒步旅行等活动,目前美国的森林署部门已经开始大范围的推广户外游憩活动并提供这方面的条件和机会,以供更多的美国人享受休闲娱乐活动带来的乐趣(Robinson, Godbey, 1997)①。

基于上述分析,选取各地的年平均气温、绿地覆盖率两个指标来反映户外游憩环境水平。

(九)土地成本

一般来说,休闲产业发展水平较高的地区,对人才吸引的机会也高,这会反映在当地的住房价格上。人才往往聚集在有较好生活便利设施的周围,周其仁的研究指出,人口聚集并不会影响城市的宜居性。作者以东京六町目为例发现,在这块面积仅有 10 万平方米的土地上,建筑面积却高达 76 万平方米,而且主要以美术馆、图书馆、商学院、寺庙、演艺中心等商业和文化设施为主。每年都会有约 4 000 万人前来访问、参观、购物、看戏等,但它的疏密处理得很好,所以没有给人以压迫感②。当然,这样的土地成本是不菲的。人口集聚一定程度上是会提升当地的生活质量和生产率,人们宁愿忍受城市的拥挤和高房价来获取高质量的生活机会和高生产率带来的高收益(Glaeser, Jed, Albert, 2001③;Fujita, Thisse, 2002④;Compton, Pollak, 2004⑤)。因此,为反映土地成本是否会对休闲产业发展产生影响,选取各地商品房平均销售价格来反映土地成本水平。

二、计量模型设定

(一)变量分析和数据说明

在各个变量选取过程中,根据变量的代表性及变量之间的独立性原则,本研究尽量选取了不太相关的变量。为了减少各个因素变量单位不统一和取值大小不一可能带来的模型异方差问题,对人均国内生产总值、第三产业从业人数、政府对批发零售、住宿餐饮、文体娱行业的固定资产总额、6 岁及以上人口中大专以上学历人口、商品房平均销售价格、制造业从业人数等 6 个变量进行对数化处

① Robinson J, Godbey G. Time for life: the surprising way American spend their time [M]. University Park, PA: Pennsylvania State University Press, 1997.

② 新华网.周其仁:城市化下一城,以合理"加密",替代"摊大饼"[EB/OL]. http://news. xinhuanet. com/forum/2015－04/24/c_127730483.htm, 2015－04－24.

③ Glaeser Edward L, Kolko Jed, Saiz, Albert. Consumer City [J]. Journal of Economic Geography, 2001, 1(1): 27－50.

④ Fujita Masahisa, Thisse Jacques-Francois. Economics of Agglomeration—Cities, Industrial Location, and Regional Growth [M]. Cambridge University Press, 2002.

⑤ Compton Janice, Pollak Rober A. Why are power couples increasingly concentrated in large metropolitan areas? NBER Working Paper, vol. 10918. November.

理,其余变量保持原有形式。计量模型如下:

$$\text{leisure}_{it} = \beta_0 + \beta_1 \times \ln \text{pgdp}_{it} + \beta_2 \times \ln \text{ser\_emp}_{it} + \beta_3 \times \ln \text{urbanrate}_{it} + \beta_4 \times$$
$$\ln \text{invest}_{it} + \beta_5 \times \ln \text{income}_{it} + \beta_6 \times \text{consump}_{it} + \beta_7 \times \ln \text{edu}_{it} + \beta_8 \times$$
$$\text{finan}_{it} + \beta_9 \times \text{infor}_{it} + \beta_{10} \times \text{grelan}_{it} + \beta_{11} \times \text{temp}_{it} + \beta_{12} \times$$
$$\ln \text{houpric}_{it} + \beta_{13} \times \ln \text{manu\_emp}_{it} + \varepsilon_{it} \tag{8-1}$$

公式(8-1)中下标 i 表示省区市级行政区域,t 表示年份,ε 表示随机干扰项。其中核心解释变量包括 9 个:人均国内生产总值(pgdp),第三产业就业人数(ser_emp),人口城镇化率(urbanrate),政府对批发零售、住宿餐饮、文体娱固定资产投资(invest),人均可支配收入(income),最终消费率(consump),6 岁及以上人口中大专以上学历人口(edu),金融机构年末存贷款余额占 GDP 比重(finan)、邮电业务总量占全国总量比例(infor)。控制变量包括 4 个:绿地覆盖率(grelan),年平均气温(temp),商品房平均销售价格(houpric)和制造业从业人员(manu_emp)。各变量的数据来源见表 8-1。

表 8-1 影响因素分析的各个变量

因 素	变 量	单位	数 据 来 源
休闲产业发展水平	休闲产业理想解值	%	理想解法计算结果
休闲产业结构水平	休闲产业结构分量变化值	万元	偏离—份额法计算结果
休闲产业效率水平	休闲产业效率值	%	数据包络分析法计算结果
经济发展水平	人均国内生产总值	元	中国统计年鉴(2001—2015)
服务业发展水平	第三产业从业人数	万人	中国统计年鉴(2001—2015)
城市化水平	人口城镇化率	%	中国统计年鉴(2001—2015)
政府扶持与资助水平	批发和零售业、住宿餐饮业、文体娱固定资产投资	亿元	中国统计年鉴(2001—2015)
居民收入水平	人均可支配收入	元	中国统计年鉴(2001—2015)
消费多样性	最终消费率	%	中国统计年鉴(2001—2015)
居民受教育水平	6 岁及以上人口中大专以上学历人口	人	中国统计年鉴(2001—2015)
金融发展水平	金融机构年末存贷款余额占 GDP 比重	%	中国区域经济统计年鉴(2001—2015)
信息化水平	邮电业务总量占全国总量比重	%	中国统计年鉴(2001—2015)

因　　素	变　　量	单位	数 据 来 源
气候环境	年平均气温		中国统计年鉴(2001—2015)
绿化环境	绿地覆盖率	%	中国统计年鉴(2001—2015)
土地成本水平	商品房平均消费价格	元/平方米	中国统计年鉴(2001—2015)
制造业发展水平	制造业从业人员	万人	中国统计年鉴(2001—2015)

计量模型所用到的数据统计性描述如表8-2所示。

表8-2　各变量的描述性统计

变　　量	观察值	均值	标准差	最小值	最大值
	Obs	Mean	Std.Dev	Min	Max
休闲产业发展水平(leisure)	450	25.343 29	16.150 63	1.334 938	80.676 46
休闲产业结构水平(ls)	450	196 127.5	264 420.7	826.363 7	1 983 839
休闲产业效率水平(le)	450	0.569 9	0.228 0	0.107	1.000
人均国内生产总值(pgdp)	450	25 649.69	20 313.88	2 661.557	105 231
第三产业从业人员(ser_emp)	450	778.172 8	498.940 3	66.1	2 289.1
人口城镇化率(urbanrate)	450	48.127 58	15.040 73	20.35	89.6
批发零售、餐饮住宿、文体娱固定资产投资(invest)	450	303.392 1	424.158 7	4.719 7	3 251.6
人均可支配收入(income)	450	14 658.32	8 017.821	4 724.1	48 841.4
最终消费率(consump)	450	3 927.521	4 416.52	82.1	28 471.1
6 岁及以上人口中大专以上学历人口(edu)	450	2 712	1 891	17	8 852
金融机构年末存贷款余额占GDP 比重(finan)	450	0.997 241 3	0.428 703 4	0.000 121 1	3.287 678
邮电业务总量占全国总量比重(infor)	450	3.333 333	2.890 882	0.112 692 6	18.482 61
年平均气温(temp)	450	14.489 72	5.057 316	4.3	25.4
绿地覆盖率(grelan)	450	34.428 91	6.354 212	12.1	55.1
商品房平均消费价格(houpric)	450	3 748.918	2 959.57	949	18 833
制造业从业人员(manu_emp)	450	143.310 1	149.811 8	6.676 4	1 020.2

第二节　休闲产业水平影响因素分析

就休闲产业发展水平差异因素而言,本部分重点探讨的是规模意义上的休闲产业发展评价影响因素,规模差异和人均差异结果显示出规模差距是一种更为明显和客观的存在,人均差距的缩小是我们发展经济所要追求的福利结果,即追求人均意义上的增长和平衡,实现将地区之间的生活质量差距缩减到最小。从这个角度来说,我们最应该清楚地了解到总量差异背后的因素,才能在这些影响因素上有所作为,去实现休闲生活质量意义上的平衡目标。

一、全国整体实证结果分析

(一) 结果分析

首先对全国面板数据进行分析,第一步需要检验回归分析应该采用固定效应模型(Fixed Effects Model),还是随机效应模型(Random Effects Model)。固定效应模型又分为个体固定效应模型和时间固定效应模型,个体固定效应模型假定个体的回归方程拥有相同的斜率,但可以有不同的截距项,以此来捕捉异质性,它解决的是不随时间而变但随个体而异的遗漏变量问题;时间固定效应模型则可以解决不随个体而变但随时间而变的遗漏变量问题。本研究中每个省(区、市)的情况不同,同时是跨度 15 年的数据,可能存在个体效应和时间效应,为此在通过 Hausman 检验采取固定效应模型和随机效应模型之后,再通过 F 检验来选择是应用个体固定效应模型还是时间固定效应模型抑或是个体时间双固定效应模型,之后确定该采用固定效应模型还是随机效应模型。分别作 H 检验和 F 检验,得出结论为:① 相较于随机效应模型,固定效应模型更为适合;② 相较于个体固定效应和时间固定效用模型,个体和时间双固定效应模型更为适合。计量结果见表 8‐3。

表 8‐3　2000—2014 年我国各省(区、市)休闲产业发展
影响因素面板数据的回归结果

解 释 变 量	(1) 个体固定 效应模型	(2) 时间固定 效应模型	(3) 个体和时间双 固定效应模型	(4) 随机效 应模型
常数项	16.43*** (8.431)	−248.5*** (16.67)	−134.6*** (25.56)	−7.216 (8.408)
经济发展水平 (lnpgdp)	−0.034 1 (1.626)	9.265*** (2.001)	2.927*** (1.592)	1.016 (1.773)

续 表

解 释 变 量	(1) 个体固定 效应模型	(2) 时间固定 效应模型	(3) 个体和时间双 固定效应模型	(4) 随机效 应模型
服务业发展水平 (lnser_emp)	0.273 (1.156)	8.244*** (0.761)	2.430* (1.156)	6.266*** (0.862)
城市化水平 (urbanrate)	0.121* (0.066 7)	−0.286*** (0.043 7)	0.123* (0.063 6)	0.187*** (0.054 5)
居民收入水平 (lnincome)	−3.215 (2.077)	10.44*** (2.872)	7.712*** (2.805)	−6.006*** (2.141)
消费多样性 (consump)	0.053 0 (0.035 9)	0.148*** (0.047 1)	0.068 2* (0.035 8)	0.045 7 (0.039 7)
政府扶持与资助水平 (lninvest)	−0.972** (0.376)	−0.825*** (0.467)	−1.285*** (0.379)	−0.910*** (0.382)
居民受教育水平 (lnedu)	1.934*** (0.708)	0.803 (0.897)	1.667** (0.743)	1.678** (0.782)
金融发展水平 (finan)	−0.000 099 4 (0.368)	1.563*** (0.311)	−0.441 (0.368)	0.604 (0.383)
信息化水平 (infor)	0.531* (0.292)	2.937*** (0.096 9)	0.215 (0.278)	2.453*** (0.213)
气候环境 (temp)	0.589*** (0.208)	−0.097 1 (0.065 4)	0.360 (0.230)	0.384*** (0.123)
绿化环境 (grelan)	0.083 5** (0.038 0)	0.074 9 (0.046 5)	0.122*** (0.036 5)	0.054 6 (0.041 0)
土地成本水平 (lnhoupric)	1.650* (0.875)	2.980** (1.202)	4.259*** (1.040)	0.511 (0.938)
制造业发展水平 (lnmanu_emp)	0.867** (0.355)	0.201 (0.537)	1.181* (0.632)	1.732*** (0.372)
R^2	0.159	0.954	0.288	
F 值	34.83 Prob>F=0.00	12.12 Prob>F=0.00	26.22 Prob>F=0.00	
Hausman 检验(χ^2)				94.90 Prob>chi2 =0.00
观察值	450	450	450	450

注：所用软件为 Stata/SE 14.0；括号内为标准差，***、**、*分别表示在 1%、5%、10%水平上显著。

表 8 - 3 是用式(8 - 1)计量模型对休闲产业发展影响因素的计量结果。结果发现,第一,人均 GDP 的回归系数为 2.972 且在 1% 的水平上统计显著,这说明经济水平对休闲产业水平的影响效果明显。已有的实证表明,无论处于哪个发展阶段,人均 GDP 均与服务业就业比重正相关,而且随着跃入更高的发展阶段,二者的回归系数会更大且更显著,这里的政策含义是人均 GDP 能够促进服务业的迅速增长,同时带来国民经济效率的提高。我们也有理由相信,随着人均 GDP 的抬升,休闲产业也必将进入新的发展阶段,由此产生的经济效益更会更加明显。实践已经表明,目前美国人均 GDP 接近 6 万美元,仅户外休闲产业经济价值已达到 1 060 亿美元。户外产业协会预计,美国的户外休闲经济还将继续保持增长态势[①]。

第二,第三产业就业状况的估计参数显著为正,这意味着第三产业的发展水平也是休闲产业发展的主要驱动力,近年来我国十分重视第三产业发展,陆续出台了旅游产业、文化产业、体育产业等第三产业发展的政策措施,并已成为吸纳就业的主渠道。国际经验表明,第三产业快速发展反映了一个国家的工业化和城市化的发达程度,而休闲产业的发达程度是经济发展水平和社会文明程度的重要标志。

第三,人口城镇化率的回归系数为正且显著,表明城市化水平显然是影响休闲产业发展的主要因素。城市化是以人的城市化为核心,因此满足居民的休闲需求是城市建设和发展的必然要求,同时城市人口的规模效应也使得休闲服务的供给者投入的成本得以分摊。一些学者的研究也表明,城市化程度与休闲参与呈正相关,相比农村居民,城市居民参与的运动休闲活动多(Parks,Housemam,Brownson,2003)[②]。

第四,人均可支配收入和最终消费率的参数估计均显著为正,但人均可支配收入的参数估计系数和显著性水平均要大于最终消费率,表明相比消费水平,收入水平是推动休闲产业发展的主要动力。究其原因,一是,收入是休闲消费的基础,随着收入水平的不断提高,人们用于休闲消费的比重将会不断提升,从而休闲产业在国民经济中的比重也会不断提高;二是,最终消费率反映的是居民的消费水平和能力,也间接体现出一个地方的消费多样性水平,但这个消费的基础仍然是人们的收

---

① 微口网.2016 年美国户外休闲经济报告[EB/OL]. http://www.vccoo.com/v/p1jo56,2016 - 06 - 06.

② Parks S E, Housemann R A, Brownson R C. Differential correlates of physical activity in urban adults of various socioeconomic backgrounds in the United States [J]. Journal of Epidemiology and Community Health,2003,57(1):29 - 35.

入水平。不过,一个地方消费的多样性也的确使得人们的休闲生活丰富多彩,这也是大城市的休闲化水平更高的一个重要原因。因为大城市的规模经济使得休闲企业可以专业化,从而使得消费者能够获得服务消费的多样性。

第五,居民受教育水平对休闲产业发展水平也产生了正向显著,这是显而易见的,休闲资源和产品的分配本身就存在不平等问题,受教育程度高的群体更有机会接近休闲。White(1975)对2 969个家庭数据的研究显示,影响人们参与休闲活动的主要因素是收入和教育水平[1],Dardis, Soberon-Ferrer, Patro(1981)对家庭的消费调查数据的研究进一步印证了受教育水平与家庭休闲娱乐消费正相关[2]。

第六,绿化覆盖率、住房价格、制造业就业人数的估计系数均显著为正,意味着这三个因素均会对休闲产业发展产生积极作用。首先,研究表明,自然户外环境给生活在城市的人提供了对比,人们通过这种对比体验来满足自己通过新奇、多样化和不协调而获得最优唤起和不适的倾向[3]。同时诸多的户外游憩活动如野营、骑自行车、背包徒步旅行等都要依赖于绿化环境资源,比如公园、森林、水域等。在现代生活中,人们也越来越意识到久坐、紧张等状态对身心健康的负面影响,因而参与户外游憩活动成为人们促进身心健康的重要渠道。美国健康和社会服务部出版的《2010年健康人》(Health People 2010)认为,社区公园、绿化带、人行道、马道、自行车道等绿化环境都是促进个人健康的关键因素[4]。我国的《城市绿地分类标准》也明确指出绿地对城市生态、景观和居民休闲生活具有积极作用。其次,住房价格一定程度上反映出一个地方的土地成本价格。它对休闲产业水平产生正面影响,很可能是因为住房价格被认为是反映地方吸引力的一个重要因素,休闲设施丰富的地方更能吸引人们前来工作、生活,这一结果会反映到住房价格上。从我国现实情况看,北京、上海、广州等一线大城市的住房价格远高于其他城市,同时这些城市的休闲化水平位居前列[5],它们拥有的高水平休闲设施、场馆等是其他城市无法匹及的。通常来说,房屋越是靠近多样性的休闲舒适物,房屋的价格就越高(Tyrvainen,2000)[6]。人们为了享受某个城市

① White T. H. The relative importance of education and income as predictors in outdoor recreation participation [J]. Journal of Leisure Research, 1975, 7(3): 191 - 199.

② Dardis R, Soberon-Ferrer H, Patro D. Analysis of leisure expenditures in the United States [J]. Journal of Leisure Research, 1994, 26(4): 309 - 321.

③ [美]艾泽欧-阿荷拉.休闲社会心理学[M].谢彦君,译.北京:中国旅游出版社,2010:280.

④ [美]麦克林,赫德,罗杰斯.现代社会游憩与休闲[M].梁春媚,译.北京:中国旅游出版社,2010:13.

⑤ 楼嘉军,李丽梅,杨勇.我国城市休闲化质量测度的实证研究[J].旅游科学,2012,26(5):45 - 53.

⑥ Tyrvainen L, Miettinen A. Propery prices and urban forest amenities [J]. Journal of Environmental Economics and Management, 2000, 39: 205 - 223.

更高等级的舒适物系统,就愿意支付更高的住房价格而居住到这个城市(Glaeser,Gottlied,2006)[1]。最后,制造业就业人数是制造业发展水平的一个反映,休闲产业中的诸多休闲制品都依赖于制造业的发展,比如游乐设备、帐篷、房车、电子娱乐设备等等。

　　第七,固定资产投资的参数估计为负且显著,这可能是由于休闲产业的发展最根本的来源于人的休闲需求,这种休闲需求多是自发的,或是建立在一定的经济和时间基础上,我们不能认为人们利用了某种休闲机会就一定意味着他们喜欢这种休闲机会,或者某地建立了休闲运动场所,也并不意味着所有想使用该运动场所的人都拥有平等的使用机会[2]。所以对休闲产业的投资必须优先考虑群体的需求,即把人在身份和角色历程中的需求这些层面以及具体活动满足需求的潜力与资源机会和限制结合起来,更能使休闲做到人性化。否则,适得其反,投资反而对休闲产业发展不利。2017年万达大规模出售文旅项目或许印证出这一点。文化旅游产业发展的核心在于文化及旅游资源的差异性,独特性和唯一性是其灵魂,但万达在文旅项目投资上并没有重视这一点,导致其项目在各城市大同小异,毫无特色可言,结果难以达到盈利预期,最终出售。相反,上海引进和投资的迪士尼项目却实现了盈利,这与其创新不止,带给人们惊喜和欢乐的理念不无关系。

　　第八,金融、信息化水平、气候三者因素对休闲产业发展没有显著的影响。其原因在于,首先,金融对休闲产业的影响主要体现在资本的注入,并且主要聚集在电影、电视剧、网络文学、数字音乐、动漫、游戏、直播等泛娱乐行业,这些行业嫁接在互联网平台,核心是IP。但明显地,这些行业存在IP同质化、抄袭、炒作严重等一系列问题,加上金融资本往往太过于短期商业利益,结果效果不佳,备受诟病。比如我国的电影产业,近年来在资本狂欢的背后,收获的却是电影改编乱象丛生,优秀原创作品淹没,正所谓"资本在狂欢,电影想哭泣"。其次,信息化水平对休闲产业的影响主要体现在电子娱乐产品上,移动通信网络技术极大地改变了人们的生活方式,人们可以借助网络交流、娱乐、游戏,甚至足不出户游览天下。但这种休闲方式的消极性也非常明显,即缺乏连贯性,把注意力集中在作为满意感来源的享乐主义和感官刺激上,容易带来负面影响。正如《未来简

　　① Glseser E L, Gottlied J D. Urban resurgence and the consumer city [J]. Urban Studies, 2006, 43 (8): 1275 - 1299.
　　② 约翰·R.凯里.解读休闲:身份与交际[M].曹志建,李奉栖,译.重庆:重庆大学出版社,2011:180.

史》的作者在演讲中建议人们要尽量远离信息碎片,因为绝大多数没有任何意义①。而专业性的休闲活动如参加业余歌剧团体、戏剧组织、健身协会、创造性写作课程等都有利于增强个人与团体之间的归属感,从而引发休闲活动的持续性,最终引致休闲产业的规模化发展。最后,在我国天气温度对休闲产业水平影响并不明显,这可能与我国的人口政策、社会经济发展背景有关,一方面人们大多不会因天气原因而选择迁移,因为人们居住的地方承载了太多与生活本身有关的东西。即便气温过热或过冷,人们会选择暂时地逃离外出度假,而后再回来。很难做到像美国历史上人口大量地从东北部的"冷冻地带"向西部、南部的"阳光地带"迁移,当然阳光地带的崛起除了宏观政策外,服务和信息经济的发展也是重要原因,如今佛罗里达、加州南部、拉斯维加斯等地都高度集中地发展娱乐业,并因此带来了长期大量的人口增长。另一方面人们的休闲活动会明显地受到时间因素的影响,一项调查显示,70%的受访者表示日均休闲时间少于3小时,处于奔波劳累、闲暇缺乏之中②。与此同时,节假日期间各大景区又出现人满为患的景象。休闲时间的集中,以及休闲时间又刚好处于温度适宜的季节,可能是对休闲产业水平不构成影响的原因。

(二)稳健性检验

稳健性检验的目的是检验实证结果是否随着参数设定的改变而发生变化,如果改变参数设定以后,其符号和显著性并未发生明显改变,则说明模型是稳健的。已有的研究中,经济发展水平亦会用国内生产总值代替,服务业发展水平会以第三产业占国内生产总值比重代替,用来衡量居民消费水平的人均可支配收入也可通过平均工资水平来考量,反映户外游憩环境的绿地覆盖率通过自然保护区面积来代替衡量。在我国生态环境发展过程中,自然保护区发挥了重要作用,以此为基础形成的野外游憩环境已成为国外居民热衷参与的休闲空间。因此,本文以上述变量一一更替原来的对应变量,来检验模型的稳健性。

更换部分变量后,对比各方程的回归结果发现,解释变量的显著性和系数估计值并未发生明显变化,这表明设定的计量模型具有较好的稳健性,所取得的相关结论也具有较好的可靠性(见表8-4)。

---

① 中国青年网.手机,才是我们假装生活的地方[EB/OL]. http://news. youth. cn/kj/201708/
t20170801_10418971.htm,2017-08-01.

② 中国新闻网.调查称多数国人休闲时间缺乏,过于忙碌降低幸福感[EB/OL]. http://www.
chinanews.com/gn/2012/03-20/3756055.shtml,2012-03-20.

表 8-4　稳健性检验结果

解 释 变 量	方程(1)	方程(2)	方程(3)	方程(4)
常数项	−132.3*** (23.96)	−121.8*** (24.36)	−113.1*** (23.12)	−132.7*** (25.90)
经济发展水平 (lnpgdp)		2.154 (1.529)	3.179* (1.629)	4.494*** (1.541)
经济发展水平 (lngdp)	7.057*** (1.577)			
服务业发展水平 (lnser_emp)	1.999* (1.082)		2.320** (1.171)	2.656** (1.173)
服务业发展水平 (pro_serv)		0.073 7 (0.045 4)		
城市化水平 (urbanrate)	0.091 9 (0.062 3)	0.116* (0.063 6)	0.121* (0.064 0)	0.139** (0.064 6)
居民收入水平 (lnincome)	5.261* (2.750)	8.155*** (2.804)		6.381** (2.821)
收入水平 (lnsalary)			4.173** (2.395)	
消费多样性 (consump)	0.088 1*** (0.030 9)	0.046 1 (0.036 9)	0.080 4** (0.035 7)	0.088 0** (0.035 9)
政府扶持与资助水平 (lninvest)	−1.020*** (0.379)	−1.197*** (0.393)	−1.144*** (0.385)	−1.548*** (0.388)
居民受教育水平 (lnedu)	1.840** (0.728)	1.657** (0.744)	1.852** (0.763)	1.896** (0.749)
金融发展水平 (finan)	0.120 (0.386)	−0.479 (0.368)	−0.295 (0.368)	−0.218 (0.367)
信息化水平 (infor)	0.196 (0.268)	0.219 (0.279)	0.139 (0.283)	0.191 (0.283)
气候环境 (tempe)	0.317 (0.225)	0.454** (0.225)	0.364 (0.231)	0.347 (0.235)
绿化环境 (greenland)	0.099 8*** (0.035 4)	0.138*** (0.036 9)	0.110*** (0.036 2)	
绿化环境 (lnnature)				−0.449 (0.540)

解 释 变 量	方程(1)	方程(2)	方程(3)	方程(4)
土地成本水平 (lnhoupric)	3.535*** (1.035)	4.385*** (1.040)	4.074*** (1.079)	4.166*** (1.054)
制造业发展水平 (lnmanu_emp)	0.652 (0.629)	1.363** (0.638)	1.459** (0.695)	0.976 (0.658)
R^2	0.317	0.285	0.282	0.269
F 值	27.85	36.08	24.43	25.08
观察值	450	450	450	450

注：所用软件为 Stata/SE 14.0；括号内为标准误，***、**、*分别表示在 1%、5%、10%水平上显著。

二、分地区实证结果分析

(一) 东中西三大区域实证分析

不同地区在经济结构方面存在较大的差异，这对于休闲产业发展的影响可能不尽相同。

我国东中西部地区经济结构具有显著差异，休闲产业发展水平也不尽相同，这一点已经在本研究的评价结果分析中得到印证。可以预知，在三大区域之间，影响休闲产业发展的因素可能也存在差异。据一项东中西部城市(上海、武汉、成都)居民休闲方式影响因素的调研发现，休闲供给因素如休闲服务水平、休闲设施质量和休闲管理能力，是影响上海市民休闲活动选择的主要因素；社会客观条件和身体状况，如闲暇时间多少、休闲场所位置和身体健康状况，是影响武汉市民休闲活动选择的主要因素；经济收入水平和休闲花费在成都市民休闲活动选择中起着关键性作用。可以看出，上海市民比较关注地区休闲服务的能力和质量问题，武汉市民关注休闲参与的便利性和可能性，成都市民会比较在意参与休闲的经济能力①。这一发现也间接佐证了休闲产业发展影响因素的地区差异这一观点，同时也反映出对三大区域休闲产业影响因素进行比较分析的重要性。

将三大区域分开研究，本部分的数据结构就成为省区市较少、时间较长的长面板数据，这样的面板数据在进行计量分析时，随机误差项可能存在异方差和自

---

① 资料来源：华东师范大学经济与管理学部休闲研究中心课题组"城市休闲研究——上海、武汉和成都居民休闲方式及满意度比较"研究成果。

相关问题。因此,使用更为可行的最小二乘估计法(FGLS),将各截面个体的残差向量代入截面异方差的协方差矩阵,并利用 GLS 得到参数估计值。FGLS 估计方法能够修正由于截面数据造成的组间异方差、同期相关以及组内自相关等问题,提高了面板回归的一致性和有效性。估计结果见表 8－5。

表 8－5　2000—2014 年我国三大区域休闲产业
发展水平影响因素回归结果

变　　量	(1)东部地区	(2)中部地区	(3)西部地区
常数项	−178.9***	−32.30	6.889
	(27.99)	(42.49)	(10.32)
经济发展水平	7.856***	−2.203	−1.172
(lnpgdp)	(2.164)	(2.456)	(0.912)
服务业发展水平	5.960***	0.055 9	−0.116
(lnser_emp)	(1.669)	(1.418)	(0.337)
城市化水平	0.044 8	0.248***	0.102***
(urbanrate)	(0.076 1)	(0.079 1)	(0.039 5)
居民收入水平	4.505	7.881*	0.357
(lnincome)	(2.879)	(4.325)	(1.446)
消费多样性	0.392***	−0.159***	−0.030 1**
(consump)	(0.051 3)	(0.043 1)	(0.012 8)
政府扶持与资助水平	−0.287	−0.898**	0.420***
(lninvest)	(0.379)	(0.435)	(0.155)
居民受教育水平	1.574**	−0.634	1.361***
(lnedu)	(0.697)	(0.981)	(0.193)
金融发展水平	−0.253	4.509***	−0.081 8
(finan)	(0.293)	(0.634)	(0.175)
信息化水平	−0.006 22	−1.618**	1.507***
(infor)	(0.312)	(0.682)	(0.395)
气候环境	0.942***	0.259*	0.319***
(tempe)	(0.170)	(0.141)	(0.072 4)
绿化环境	0.068 4***	0.083 2	0.053 3***
(greenland)	(0.022 6)	(0.056 4)	(0.012 5)
土地成本水平	2.919***	0.352	0.198
(lnhous_pric)	(0.538)	(1.263)	(0.410)
制造业发展水平	0.244	0.501	1.298***
(lnmanu_emplo)	(0.417)	(0.510)	(0.226)

变　　量	(1)东部地区	(2)中部地区	(3)西部地区
时间趋势	是	是	是
省区市固定效应	是	是	是
年份固定效应	是	是	是
t	−2.166*** (0.344)	−1.041* (0.560)	−0.348*** (0.133)
R²			
观察值	165	120	165
分组数	11	8	11

注：1. 所用软件为Stata/SE 14.0；方程(1)～(3)括号内为面板校正标准误，***、**、*分别表示在1%、5%、10%水平上显著。2. 东部地区包括北京、天津、河北、山东、辽宁、上海、江苏、浙江、福建、广东、海南；中部地区包括山西、河南、安徽、江西、湖北、湖南、吉林、黑龙江；西部地区包括甘肃、广西、贵州、内蒙古、宁夏、青海、陕西、四川、重庆、新疆、云南。西部地区的西藏由于数据缺失严重，故不在此研究范围内。

我国三大区域休闲产业发展影响因素的差异在于，第一，人均国内生产总值、第三产业就业人数、住房价格这三项因素仅对东部休闲产业发展有显著影响，这可能是因为人均国内生产总值水平达到一定的程度才会对休闲产业发展产业影响，国际经验表明，人们关于休闲的"有效需求不仅仅是指欲望，而是以金钱为基础的欲望"①。人均国内生产总值水平高的区域，其经济发展水平必然要高，这对第三产业的增长是个有利信号，因而东部地区第三产业发展水平对休闲产业发展影响明显也是必然的。相对于中西部来说，东部地区的地缘优势对人才的吸引力要强，自然其土地价格要高于中西部，土地的收益价值也很明显，这也是大型的休闲产业项目会选址在较为发达的城市的原因之一。

第二，在三大区域，消费的多样性对休闲产业发展水平的影响均显著，但在东部为正，在中西部却为负。其原因可能在于，东部地区经济发展水平较高，人们的收入水平整体要强于中西部，相应的休闲消费能力和水平略胜一筹，从而逐渐形成消费多样性的气候，这无疑会进一步刺激休闲产业的增长。中西部地区的消费观念尚不及东部地区，已有的研究显示，城镇居民的消费信心从东到西依次减弱，东部地区城镇居民在交通通信、文化娱乐教育医疗等方面的支出水平要

---

① ［英］约翰·特莱伯著.休闲经济与案例分析［M］.李文峰，译.沈阳：辽宁科学技术出版社，2007：61.

远高于中西部[1]。这说明,目前中西部居民的消费状况一定程度上是会抑制休闲产业的增长态势。

第三,城市化水平对中西部休闲产业发展水平有显著影响,而对东部地区影响力不明显。这可能是因为东部地区的城市化水平已经达到了一定的程度,人口的规模和集聚效应已经显现,而中西部地区需要着力提升城市化水平,以进一步发挥其对休闲产业水平的有效作用。

第四,固定资产投资水平对中部地区休闲产业发展有显著的负向作用,但对于西部地区却有积极作用,这意味着国家对西部地区的投资效果是显现的,因西部大开发战略而引发的项目投资一定程度上对休闲产业发展有促动作用。随着国家"一带一路"倡议的实施,西部地区的休闲产业水平会更上一个台阶。第五,从国家整体角度看,金融发展水平和信息化水平对休闲产业发展水平的影响不明显,但它们分别对中部和西部休闲产业水平有正向作用。究其原因,首先,金融与经济呈现正相关关系,一般而言,金融的发展模式在东部成功试点后,才会由国家自上而下地强制推广。在这一背景下,中部的金融生态环境自然要弱于东部,但近年来随着中部经济总量的提升,中部地区的融资对银行贷款的依赖度明显提升,在利用金融推动实体经济方面,中部省(区、市)也取得了较快的发展,也自然地会对休闲产业水平产生一定的影响。西部地区的信息化水平对其休闲产业发展水平有积极影响,一方面说明目前西部地区的休闲方式和活动还比较传统,另一方面反映信息产业的发展可以提升休闲方式的多元化和丰富性,当然这更需要借助工业化的发展,通过工业化来带动服务业的发展,这也是西部地区制造业就业人数估计系数为正且显著的理由。

(二) 沿海与否和"胡焕庸线"两侧实证分析

柏拉图认为人类精神生活与海洋密切相关[2],正如黑格尔所说,"山隔离开人们,河与海使人们接近"[3];米奇尼柯夫所言,"大河、大海和大洋是决定社会生活和社会发展的主要力量"[4]。从 18 世纪工业化开始至今,世界上最重要的工业化中心始终在沿海城市转换,如英国伦敦、法国巴黎、美国纽约、日本东京等。由于服务业比制造业的规模效应强,沿海城市作为工业化中心城市的同时,也成

---

① 董兴芳.东中西部地区城镇居民消费行为比较[D].太原:山西财经大学,2008.
② 鲁西奇.人地关系理论与历史地理研究[J].史学理论研究,2001,(2):36-46.
③ 杨利川.地理环境与世界历史[M].北京:中国社会科学出版社,2010:68-69.
④ 杨利川.地理环境与世界历史[M].北京:中国社会科学出版社,2010:61.

为服务业聚集的首选之地,比如金融企业、网络服务企业、研发中心、教育培训基地等企业的聚集,不仅使沿海城市完成从制造业中心向服务中心的转换,同时也带动了城市周边服务业的发展①。这说明,沿海是服务业聚集的优势条件。陆铭、向宽虎(2012)的研究表明,向沿海和大城市周边的空间集聚对于服务业发展非常重要,服务业作为内需增长的源泉并不会使城市体系分散化②。作为服务业的重要组成部分,休闲产业的发展是否也受到这一地理因素的影响呢?已有的研究指出,自然环境比如气候和邻海条件是美国城市人口聚集的主要因素,舒适物丰富的城市比舒适物贫乏的城市增长更快(Glaeser,Kolko,Saiz,2001)③。这里的舒适物指的是能给人带来愉悦的事物,比如健康和教育设施、剧院、餐馆、儿童俱乐部等等,这些都是休闲产业发展的重要组成部分。美国和欧洲内部城市的差异主要是由消费性的舒适物差异导致的,实证研究表明,文化设施、建筑和历史设施等是决定人们区位选择的关键因素(Rappaport,2008④;Albouy,2012⑤)。Foued(2015)对突尼斯海岸城市吸引力和舒适物的关系研究发现,人口密度高的北部区域城市比南部区域城市更有吸引力,因为北部沿海城市拥有高水平的医院、儿童俱乐部、邮局等设施⑥。孙宏斌(2012)的研究进一步指出,世界上最具影响力的服务业城市主要集中于沿海区域,这里存在的逻辑是当工业发展到一定规模和程度,相应的生活服务业如医疗卫生、文化娱乐等服务业会发展加速,这也是为什么工业化中心巴黎会成为服务设计、文化之都,伦敦会成为创意设计中心的重要原因之一。沿海城市经济的多元性有利于相关服务业实现规模经济,商务服务业与餐饮、住宿、娱乐休闲服务等服务业相互支撑,进而会提升城市的吸引力,吸引更多的人前来工作、旅游或生活⑦。这样的规模经济效应,更有利于服务业的集聚与发展,从而导致更多人涌向这些城市,因为人们可以在这里获取规模经济带来的分享(sharing)、匹配(matching)、学习(learning)

---

① 孙宏斌.沿海地区服务业发展的国际经验与启示[J].经济问题,2012(5):50-55.

② 陆铭,向宽虎.地理与服务业——内需是否会使城市体系分散化?[J].经济学(季刊),2012,11(3):1079-1096.

③ Glaeser E L, Kolko J, Saiz A. Consumer city [J]. Journal of Economic Geography, 2001, 1(1):27-50.

④ Rappaport J. Consumption amenities and city population desntiy [J]. Working Paper, Harvard University, Center of International Development.

⑤ David Albouy. Are big cities bad places to live? estimating quality of life across metropolitan areas [R]. NBER Working paper.

⑥ Ben Said Foued. Tunisian coastal cities attractiveness and emanities [J]. Theoretical and Empirical Researches in Urban Management, 2015, 10(3):49-70.

⑦ 孙宏斌.沿海地区服务业发展的国际经验与启示[J].经济问题,2012(5):50-55.

效应[①]。

在我国,"胡焕庸线"是一条重要的人口地理分界线,这是 1935 年胡焕庸教授在其题为《中国人口之分布》的论文中指出的[②],经过半个多世纪的发展,虽然我国人口分布有了一定程度的变化,但这条人口地理分界线依然是我国人口分布差异的基线,也被称为是人口密度分界线。

人口密度是单位面积土地上居住的人口数,是表示各地人口的密集程度的指标,也是反映人口空间集聚状况的指标。彭旻等(2016)指出人口集聚是服务业发展的重要因素,因为人口在空间上的集中,才能方便餐饮、娱乐、金融等需要面对面提供服务的行业更好地发展。进一步的实证研究发现,人口密度对服务业发展水平具有强烈的正向促进效应,随着人口集聚程度的增强,餐饮、娱乐、购物等生活性消费服务水平进一步提高[③]。因为人口的集聚,必然会产生对商贸、餐饮、教育、文化、体育、娱乐、健康保健等服务消费的需求,这也是拥有大规模高素质劳动力和良好的环境条件的中心城市使得服务企业更倾向于在其中集聚的原因之一[④]。因此,为了考察人口密度差异对休闲产业发展的影响,本部分引入"胡焕庸线"虚拟变量。

Hausman 检验的结果表明,固定效应模型更适合本部分的研究。考虑到地理因素在短时间内不随时间而改变,采用最小二乘虚拟变量模型(LSDV),并在 LSDV 的基础上考虑时间效应,生成时间趋势变量,即"双向固定效应模型"来分析地理因素对休闲产业发展水平的影响。

$$
\begin{aligned}
\text{leisure}_{it} = & \beta_0 + \beta_1 \times \text{coast} + \beta_2 \times \text{huline} + \beta_3 \times \ln \text{gdp}_{it} + \beta_4 \times \ln \text{ser\_emp}_{it} + \beta_5 \times \\
& \text{urbanrate}_{it} + \beta_6 \times \ln \text{invest}_{it} + \beta_7 \times \ln \text{income}_{it} + \beta_8 \times \text{consump}_{it} + \beta_9 \times \\
& \ln \text{edu}_{it} + \beta_{10} \times \text{finan}_{it} + \beta_{11} \times \text{infor}_{it} + \beta_{12} \times \text{grelan}_{it} + \beta_{13} \times \text{temp}_{it} + \\
& \beta_{14} \times \ln \text{houpric}_{it} + \beta_{15} \times \ln \text{manu\_emp}_{it} + \mu_i + \gamma_t + \varepsilon_{it}
\end{aligned} \qquad (8-2)
$$

式中,设置两个虚拟变量,一为是否是沿海省(区、市),若是沿海省(区、市),设置为 1,若不是沿海省(区、市),设置为 0;二为是否处于胡焕庸线东南侧,若是处于胡焕庸线东南侧,设置为 1,若是处于胡焕庸线西北侧,设施为 0。东南侧和

①　陆铭.空间的力量:地理、政治与城市发展[M].上海:格致出版社,上海人民出版社,2013:7-8.

②　胡焕庸.中国人口之分布[J].地理学报,1935(2):33-74.

③　彭旻,周尹.城市人口集聚与服务业发展[J].财经问题研究,2016(12):35-40.

④　David Keeble, John Bryson, Peter Wood. Small firms, business services growth and regional development in the United Kingdom: some empirical findings [J]. Regional Studies, 1991, 25(5): 439-460.

西北侧的省(区、市)归入问题,本部分借鉴吴瑞君等(2016)的研究,将西藏、新疆、青海、甘肃、内蒙古、宁夏6个省(区)划入"胡焕庸线"西北侧地区,其余(不包括港澳台地区)划入"胡焕庸线"东南侧地区。胡焕庸线虚拟变量设置主要是为了考察人口密度对休闲产业发展的影响。估计结果见表8-6。

表8-6 2000—2014年我国各省(区、市)沿海与否和胡焕庸线两侧影响因素回归结果

变　　量	沿海和胡焕庸线	变　　量	沿海和胡焕庸线
常数项	-81.07^{***} (22.82)	金融发展水平 (finan)	0.034 1 (0.316)
沿海 (coast)	13.45^{***} (2.322)	信息化水平 (infor)	0.327 (0.372)
胡焕庸线 (huline)	5.150^{**} (2.338)	气候环境 (tempe)	0.621^{***} (0.213)
经济发展水平 (lnpgdp)	1.471 (1.191)	绿化环境 (greenland)	$0.093\ 8^{***}$ (0.031 4)
服务业发展水平 (lnser_emp)	1.763^{**} (0.890)	土地成本水平 (lnhous_pric)	1.762^{**} (0.887)
城市化水平 (urbanrate)	0.135^{*} (0.078 4)	制造业发展水平 (lnmanu_emplo)	0.721 (0.451)
居民收入水平 (lnincome)	4.625^{*} (2.687)	时间趋势	是
		省区市固定效应	是
消费多样性 (consump)	$0.089\ 6^{***}$ (0.022 8)	年份固定效应	是
政府扶持与资助水平 (lninvest)	-0.995^{***} (0.384)	t	-1.210^{***} (0.273)
		R^2	0.982
居民受教育水平 (lnedu)	2.549^{***} (0.668)	观察值	450
		分组数	

注:(1) 所用软件为Stata/SE 14.0;括号内为面板校正标准误,***、**、*分别表示在1%、5%、10%水平上显著。

首先,沿海地理因素和胡焕庸线人口密度因素对休闲产业发展水平的显著性是明显的,表明地理位置和人口集聚也是休闲休闲产业发展的重要因素。这与国外学者的研究结论有相似之处,Baumen(1999)等学者利用邮政编码来判定沿海城市和内部城市居民,调查结果发现沿海居民比内陆居民参加的体育活动

多 27％。该作者推测，沿海地区的环境属性，如邻近的休闲空间和有吸引力、免费的设施，可能会对运动休闲参与产生积极的影响①。在我国，沿海地区比内陆地区经济发展更快是一个共识，韦倩等（2014）的研究指出，市场化改革是促进我国沿海地区经济较快发展根本引擎，这里的市场因素包括非国有企业在工业总产值中的比重、外贸依存度等②。可见，沿海地区的市场化程度为休闲产业发展提供了重要力量，这可能也是政府的投资对整体的休闲产业发展产生负向作用的一个原因。市场化运营带来的是以非公有制经济为主体、股份制为主要实现形式的竞争有序、充满活力的发展格局，这为休闲产业的规模化发展提供了土壤和环境。

其次，人口密度对休闲产业水平产生积极影响的机理在于，第一，人口密度越高，信息越密集多样，人跟人的交流越频繁，从而使知识的溢出效应更加明显，尤其是当拥有创意的人能够将通过溢出的知识与自身专业知识结合以后，就能够增加产生创新的可能性，从而引领休闲产业向创新性、高级化方向发展。第二，人口密度大的地方，生活中人们的眼光更长远。人们会投入更多来提升自己的能力，追求高学历，对于下一代重视质不重量；为了延续发展，会更多地投资教育，人们倾向于与人建立长久的亲密关系，计划长远的未来③。这背后隐含着，生活在高密度地区的人们更重视生活质量，正如齐美尔在《大城市与精神生活》中所言，"小城市的生活基本上局限于自身的范围，由本身的范围所决定。而大城市的精神生活犹如荡漾开去的水波，涉及国家民族的或者国际的广泛范围，这对大城市来说是有决定性意义的。"④

三、分时间实证结果分析

（一）计量模型设定

产业作为国民经济的一个重要有机体，无论是单个产业还是产业总体，都有一个产生、成长和进化的过程，当然，这个过程不是一个完全或纯粹"自然"演化

---

① Bauman A, Smith B, Stoker L, et al. Geographical influences upon physical activity participation: evidence of a "coastal effect" [J]. The Australian and New Zealand Journal of Public Health, 1999, 23(3): 322–324.

② 韦倩,王安,王杰.中国沿海地区的崛起: 市场的力量[J].经济研究,2014(8): 170–183.

③ Oliver Sng, Steven L. Neuberg, Michael E. W. Varnum, Douglas T. Kenrick. The crowded life is a slow life: population density and life history strategy [J]. Journal of Personality & Social Psychology, 2017, 112(5): 736–754.

④ ［德］齐美尔.桥与门—齐美尔随笔集[M].周涯鸿,陆莎,沈宇青,刘玉声,译.上海: 上海三联书店,1991: 272.

的过程,产业生命的周期性、主导地位的次序性、产业之间的关联性等特点的存在,会使一国的产业在总体水平、合理化的程度以及竞争能力等方面处于落后或低效的状态,这些问题的存在就为国家干预产业发展提供了理论和实践的根据,进而催生了产业发展政策的产生、完善和体系化①。休闲产业的形成和发展自然也不例外,政策在其中发挥的影响力也是值得进一步考量的因素。

不同时期、不同阶段、不同国家乃至一个国家内部的人们,在从事休闲活动的过程中都可能存在较大的差异,而形成这种差异性的主要因素就是休闲条件,其中的两个基本条件是经济条件和时间条件。经济因素即生产力水平,时间条件即休假制度。有关经济因素,已在之前的篇幅中详细讨论过,这里仅对休假制度做一论述。休假制度是构成休闲产业得以发展的重要客观条件之一,纵观休闲业发展历史,工业时代的一个重要变化就是有了工作时间和自由时间的区分,但当时的工作组织方式常常让人们觉得单调乏味,休闲就成了补偿不能令人满意的工作体验的一种途径②,于是这个时代的人们一直在寻求增加用于休闲的可自由支配时间。1886 年 5 月 1 日美国芝加哥 20 万名劳工大罢工便是工人们争取休息权利的代表性事件,这也直接导致了各国纷纷作出休假制度的举措,从 20 世纪初期开始,美国、法国、英国等国家相继通过法律规定职工有带薪休假权利。1948 年 12 月,联合国大会通过的《世界人权宣言》认定,"任何人都有休息、休闲的权利,尤其是享有合理的工作时间和定期带薪休假的权利。"③至 20 世纪 60 年代,欧美发达国家普遍实行了 5 天工作制与带薪休假制,休假制度的调整和完善为居民休闲方式的多元化和自主化,提供了重要的制度保障。在我国,自改革开放以来,围绕工作和休闲的观点也在发生着相应变化。1994 年 3 月,我国试行了"隔周五天工作制",1995 年 5 月 1 日起正式实行 5 天工作制。在政府推行 5 天工作制之前,相关人员的实地调研发现,五天工作制使人们有更多的时间用于闲暇娱乐和消费,从而带动第三产业的发展,使经济结构更加合理和完善④。可见,政府的这一举措,一方面是为了保障居民的休闲权利,另一方面为了促进服务业的发展。在这一政策推动下,我国的国内旅游迅速发展起来。为

---

① 芮明杰.产业经济学[M].上海:上海财经大学出版社,2005:470.

② 克里斯多弗·R.埃廷顿,德波若·乔顿,多纳德·G.道格拉夫,苏珊·埃廷顿.休闲与生活满意度[M].杜永明,译.北京:中国经济出版社,2009:74.

③ 经济参考报.不妨给带薪休假来点掌声[EB/OL].http://news.xinhuanet.com/politics/2013-02/22/c_124373961.htm,2007-11-07.

④ 正北方网.我国五天工作制出台始末[EB/OL].http://www.northnews.cn/2016/0908/2263916.shtml,2016-09-08.

了进一步地刺激消费,拉动经济,1999 年 9 月,国务院发布《全国年节及纪念日放假办法》,形成了春节、"五一"和"十一"3 个连续 7 天的长假,黄金周就此诞生。这一休假制度的推行,直接带动了餐饮、汽车服务、休闲娱乐等领域的发展,正如廖凯等(2009)的实证研究所表明的,黄金周制度这一政策变量对国内旅游业发展有重大的促进作用,黄金周所带来的国民闲暇时间的增加与经济增长之间具有显著相关关系,尤其是在后工业社会,闲暇时间对经济的正向作用会更加明显(魏翔,2005)[1]。不过任何事情都有利弊两面,黄金周制度的实施也产生了一些负面影响比如交通拥堵等。2008 年为了进一步保障职工的带薪休假权,以及更好地解决黄金周期间所出现的问题,国务院出台《职工带薪年休假条例》并调整节假日安排,至此我国形成了"1+2+5+43"的休假时间模式[2]。值得注意的是,2008 年也恰好是我国人均 GDP 突破 3 000 美元的时间节点,而且这一年之后,我国相继颁布了有关休闲方面的系列政策,休闲产业发展也快速发展起来,这一内容在第三章已详细阐述过。

可见,在我国,2008 年这一年新休假制度的推行、人均 GDP 跃升 3 000 美金这两个因素是我国休闲产业开始规模化发展的"引擎"。我们需要进一步思考的是,新休假制度这一政策变量对我国休闲产业的发展的作用如何,它是在人均 GDP 的共同作用下对休闲产业产生的影响,还是其单独有影响,是需要分析的问题。为此,引入新休假制度这一政策变量,并以虚拟变量形式加入模型中,同时为了检验这一政策变量的影响是直接的还是与经济发展水平共同作用产生的影响,模型中引入新休假制度变量和人均 GDP 变量的交互项。为了控制省区市固定效应和年份固定效应的影响,采用最小二乘虚拟变量法(least squares with dummy variable,LSDV)估计,将省(区、市)和年份转换为一系列虚拟变量放入模型中。并且为了避免时间所引起的虚假回归,模型中加入了时间趋势。回归模型如下:

$$
\begin{aligned}
\text{leisure}_{it} = {} & \beta_0 + \beta_1 \times \text{policy} + \beta_2 \times pol * \ln\text{gdp} + \beta_3 \times \ln\text{gdp}_{it} + \beta_4 \times \ln\text{ser\_emp}_{it} + \\
& \beta_5 \times \text{urbanrate}_{it} + \beta_6 \times \ln\text{invest}_{it} + \beta_7 \times \ln\text{income}_{it} + \beta_8 \times \text{consump}_{it} + \\
& \beta_9 \times \ln\text{edu}_{it} + \beta_{10} \times \text{finan}_{it} + \beta_{11} \times \text{infor}_{it} + \beta_{12} \times \text{grelan}_{it} + \beta_{13} \times \\
& \text{temp}_{it} + \beta_{14} \times \ln\text{houpric}_{it} + \beta_{15} \times \ln\text{manu\_emp}_{it} + \mu_i + \gamma_t + \varepsilon_{it}
\end{aligned}
$$

$$(8-3)$$

---

[1]　魏翔.闲暇时间与经济增长——兼对中国数据的实证检验[J].财经研究,2005,31(10):95-107.
[2]　楼嘉军,徐爱萍.基于新休假制度的上海居民出游方式及特点研究[J].旅游科学,2008,22(4):37-42.

其中,policy 为政策虚拟变量,2008 年新休假制度出台前为 0,出台后为 1;pol * lnpgdp 为新休假制度与人均国内生产总值的交互项。这两个变量为核心解释变量,其余皆为控制变量。μ_i 是各省(区、市)不可观测的、不随时间变化的个体效应,γ_t 是各省(区、市)不变的时间效应,ε_{it} 是其他可能起作用但是没有被模型识别的因素。下标 i 表示 30 个省(区、市)级行政区域,t 表示从 2000—2014 年的 15 个年份。为了克服可能存在的异方差,回归模型都采用了面板校正标准误差(Panel-Corrected Standard Error,PCSE)。计量结果见表 8 - 7。

表 8 - 7　2000—2014 年我国各省(区、市)休闲产业发展影响因素的回归结果(加入新休假制度虚拟变量)

变 量	(1) 整体	(2) 东部地区	(3) 中部地区	(4) 西部地区
常数项	−86.17*** (22.84)	−226.3*** (42.12)	−106.6* (60.94)	20.13 (19.57)
新休假制度 (policy)	−15.03*** (4.821)	−19.83** (9.803)	−75.76*** (15.02)	−16.92*** (4.938)
新休假制度与人均 GDP 交互项 (pol * lnpgdp)	1.270*** (0.475)	1.649* (0.912)	7.375*** (1.543)	1.663*** (0.516)
经济发展水平 (lnpgdp)	2.237** (1.063)	12.45*** (3.146)	−14.27*** (4.203)	−0.978 (1.759)
服务业发展水平 (lnser_emp)	1.597* (0.878)	3.104 (2.768)	3.492** (1.750)	−0.674 (0.728)
城市化水平 (urbanrate)	0.116 (0.077 8)	−0.023 9 (0.133)	0.154 (0.136)	0.064 0 (0.101)
居民收入水平 (lnincome)	4.446* (2.586)	4.356 (4.329)	24.08*** (6.789)	−0.643 (2.762)
消费多样性 (consump)	0.063 2*** (0.020 9)	0.475*** (0.082 8)	−0.317*** (0.078 5)	−0.036 2 (0.027 0)
政府扶持与资助水平 (lninvest)	−0.951*** (0.366)	0.316 (0.733)	−0.292 (0.624)	0.129 (0.382)
居民受教育水平 (lnedu)	1.757*** (0.676)	2.663** (1.353)	−2.634* (1.442)	1.576*** (0.520)
金融发展水平 (finan)	0.032 4 (0.308)	−0.051 7 (0.368)	2.993*** (1.035)	−0.149 (0.550)

续　表

变　　量	（1） 整体	（2） 东部地区	（3） 中部地区	（4） 西部地区
信息化水平 （infor）	0.378 （0.363）	0.000 551 （0.400）	0.255 （1.200）	0.653 （0.977）
气候环境 （tempe）	0.462*** （0.179）	0.858** （0.350）	0.153 （0.320）	0.373*** （0.133）
绿化环境 （grelan）	0.117*** （0.032 3）	0.106** （0.052 0）	0.457*** （0.089 5）	0.045 5* （0.027 1）
土地成本水平 （lnhoupric）	3.525*** （0.837）	5.177*** （1.400）	3.567* （1.989）	0.272 （1.023）
制造业发展水平 （lnmanu_emp）	0.445 （0.338）	−0.725 （0.510）	−0.214 （0.579）	1.266*** （0.376）
时间趋势	是	是	是	是
省区市固定效应	是	是	是	是
年份固定效应	是	是	是	是
R^2	0.984	0.986	0.933	0.983
观察值	450	165	120	165
省区市数	30	11	8	11

注：所用软件为 Stata/SE 14.0；（1）～（3）括号内为面板校正标准误，（4）括号内为聚类稳健标准误***、**、*分别表示在1％、5％、10％水平上显著。

（二）结果分析

回归结果表明，新休假制度颁布前后，国民财富都显著正向作用于休闲产业的发展，这表明，从长远来看，国民财富的增长必然带来对休闲需求的增长，国民财富增加提高了居民的购买能力，这是休闲产业不断发展的持久动力之一。

以 2008 年为分界线的政策虚拟变量回归系数为负且显著，但与人均 GDP 的交互项估计系数为正且显著，这表明政策出台的效果必须建立在经济发展水平基础上，也就是说，当一个社会经济发展到一定程度时，适时地出台与经济发展水平相匹配的政策，其效果会显著。所以，我们可以理解 2008 年我国人均 GDP 跃升 3 000 美元阶段时，新的休假制度于这一年颁布的缘由。看似偶然或巧合的背后，其实暗含着这样的背景和逻辑，即人均 GDP 水平超过 3 000 美元，意味着这个国家或地区的城镇化、工业化的进程将出现加速发展，而产业结构、消费类型也将发生重大转变。为满足人们的精神消费需求，政府首先要保障人们的休闲时间权利。我们也可以从法国人均 GDP 超过 3 000 美元后,对休闲时间保障方面的政策印证这一逻辑。1971 年,法国人均 GDP 超过 3 000 美元,从表 8-8 可以看出,休闲时间方面的政策出台时间大多是在 70 年代后。

表 8-8　法国休闲政策的发展阶段

时　间	主　要　政　策
20 世纪初	1936 年,政府与工会签订《马提翁协议》,周工作时间缩短 40 小时,全国所有工人享受 12 天的带薪年休假
1945—1959 年战后重建时间	1946 年成立文化事务部;广泛建立"青年文化中心";政府大力发展儿童的假期露营活动;1046 年,正式立法,要求公司必须成立企业工作委员会,负责员工的度假、看戏和享有图书馆服务等;1958 年成立"青年与运动高级委员会",制定了政策资助组织青少年以及成人活动的各种协会;该政策为修建大量的运动与休闲设施提供了资金,尤其是提供资金成立大量"青年中心"
1959—1980 年中央集权计划和经济繁荣时期	1966—1979 年 4 次缩短周工作时间;成立了大量的"青年中心"和"文化中心";培养和训练专业人才,负责管理这些中心;1959 年成立文化事务部,其主要职责是使最大多数人能接触人类尤其是法国的杰出作品,以及促进文化艺术的创作
1981—1991 年经济不稳定时期	1981 年成立自由时间部,成立"自愿组织国家委员会";1982 年,立法规定有 5 个星期的带薪度假,同时,降低退休年龄
1999 年至 21 世纪初	1988 年,法国议会通过新的工作制法案,规定实行每周 35 小时工作制,即每周工作 4 天半;2008 年法国正式结束了每周 35 小时强制工作制;2008 年,法国在原来给 18 岁以下青年免费参观博物馆的基础上,试行给全民以及 26 岁以下的外国游客免费

资料来源:刘慧梅.法国休闲政策的发展及特点[A].刘德谦,高舜礼,宋瑞. 2011 年中国休闲发展报告[C].北京:社会科学文献出版社,2011:413-415.

第三节　休闲产业结构影响因素分析

为了分析休闲产业结构变化的影响因素,本部分进一步运用动态偏离—份额法计算得出 2000—2014 年各地区休闲产业各分行业及总体的偏离份额变化值。以变化值作为被解释变量,以影响因素作为解释变量建立回归模型。需要说明的是,偏离份额分析法中涉及三个重要的变量,即份额分量 N、结构偏离分量 P 和竞争力偏离分量 D,其中份额分量表示被考察区域的某个产业在大区该产业平均增长率增长时可以达到的增长值;结构偏离分量表示被考察区域按某个产业增长率计算的增长值与按大区整体经济规模增长率实现的增长值之差,表明的是各地区与大区经济规模增长速度差异是由结构因素导致;竞争力偏离分量是反映被考察区域某项产业的相对竞争能力。从三个变量的经济学意义来看,结构偏离分量更能反映产业的结构特征,因此选择休闲产业结构偏离分量变化值作为因变量,建立回归模型,从全国整体和东中西三大区域两个角度展开实证研究。

一、全国整体实证结果分析

与前文分析休闲产业发展评价影响因素相似,首先进行 Hausman 检验回归分析是采用固定效应模型还是随机效应模型,然后通过 F 检验来选择是用个体固定效应模型还是时间固定效应模型抑或是个体时间双固定效应模型。检验结果表明该回归分析应采用个体和时间双固定效应模型(见表 8-9)。

表 8-9 2000—2014 年我国各省(区、市)休闲产业
结构影响因素面板数据的回归结果

解 释 变 量	(1) 个体固定 效应模型	(2) 时间固定 效应模型	(3) 个体和时间双 固定效应模型	(4) 随机效应 模型
常数项	1.313 (1.309)	−4.319*** (1.377)	−1.611 (1.600)	−2.441 (1.206)
经济发展水平 (lnpgdp)	0.685** (0.261)	0.385 (0.262)	0.341* (0.194)	0.437** (0.205)
服务业发展水平 (lnser_emp)	0.670*** (0.106)	0.463*** (0.048 6)	0.479*** (0.092 6)	0.487*** (0.077 4)
城市化水平 (urbanrate)	0.008 62 (0.006 29)	−0.000 168 (0.005 55)	0.004 76 (0.004 89)	0.001 66 (0.004 41)
居民收入水平 (lnincome)	−0.300 (0.378)	0.486* (0.242)	0.180 (0.301)	0.262 (0.255)
消费多样性 (consump)	0.013 4** (0.005 99)	0.007 67 (0.005 60)	0.010 5** (0.004 56)	0.007 64 (0.004 86)
政府扶持与资助水平 (lninvest)	0.214** (0.065 7)	0.151*** (0.048 6)	0.179*** (0.042 5)	0.130*** (0.046 3)
居民受教育水平 (lnedu)	0.323** (0.148)	0.205** (0.089 4)	0.182** (0.091 6)	0.215** (0.092 4)
金融发展水平 (finan)	0.104** (0.050 1)	0.075 6** (0.026 4)	0.080 8** (0.032 3)	0.089 1*** (0.030 9)

续　表

解释变量	(1) 个体固定 效应模型	(2) 时间固定 效应模型	(3) 个体和时间双 固定效应模型	(4) 随机效应 模型
信息化水平 (infor)	0.068 8*** (0.013 2)	0.046 0*** (0.006 11)	0.049 4*** (0.007 63)	0.050 3*** (0.009 85)
气候环境 (temp)	0.046 4*** (0.008 94)	0.024 6*** (0.005 46)	0.028 6*** (0.006 98)	0.029 1*** (0.006 28)
绿化环境 (grelan)	−0.006 38 (0.007 45)	0.002 98 (0.003 58)	0.005 61 (0.005 82)	0.001 06 (0.004 73)
土地成本水平 (lnhoupric)	−0.183 (0.156)	0.176 (0.127)	0.185 (0.126)	0.120 (0.122)
制造业发展水平 (lnmanu_emp)	−0.064 0 (0.064 5)	0.158*** (0.045 6)	0.147** (0.059 1)	0.155*** (0.052 3)
R^2	0.832	0.887	0.929	
F 值	189.53 Prob>F=0.00	1 435.00 Prob>F=0.00	760.46 Prob>F=0.00	
Hausman 检验(χ^2)				40.31 Prob>chi2 =0.00
观察值	450	450	450	450

注：所用软件为 Stata/SE 14.0；(1)～(3)括号内为聚类稳健标准误，(4)括号内为标准差，***、**、*分别表示在 1%、5%、10% 水平上显著。

　　估计结果显示，经济发展水平、服务业发展水平、消费多样性、政府资助、居民受教育程度、金融发展水平、信息化水平、气候环境和制造业发展水平等 9 个要素对休闲产业结构变化具有正向促进作用。

　　经济和服务业发展水平对休闲产业结构优化产生正向影响，这一结果是显而易见的。从世界各国和地区的经济增长来看，经济增长过程中，必然伴随着产业结构的演进，经济发展实质上是产业结构不断调整、升级和优化的过程。休闲产业作为服务业的重要组成部分，其结构也必然会随着服务业整体水平的提升而优化升级。

　　消费多样性变量实质上反映的是居民的消费需求，它对休闲产业结构演进存在显著促进作用，其原因在于，第一，居民对精神消费需求的渴望，会促使企业在利润动机下调整生产策略、创新技术,进入到满足这一消费需求的生产领域,从而引起休闲产业结构的调整;第二,居民向精神娱乐消费需求的转向,会带来市场结构的变化,从而影响到休闲产业的整体发展,进而影响企业行为,比如开展资源、资金、人力等要素的配置或调整,最终导致休闲产业结构的变化;第三,居民消费理念的转变,会引起市场改变投资决策方向,从而促进整个社会投资结构变动,进而带来产业结构的调整和升级[①]。

政府资助有助于休闲产业结构优化,合理解释是政府资助能在一定程度上改善企业投入的绩效,进而使得企业加大资源、资金、技术等要素的投入,带来成果的转化。许多研究都表明,政府资助有助于企业创新,进而带来结构优化和产业效率提升(叶海景,2017)[②],这对于尚处于初步发展阶段的休闲产业来说,亦是如此。

居民受教育水平对休闲产业结构演变有显著促进作用,原因在于,居民受教育程度反映了人力资本水平,而人力资本能够持续有效地推动产业结构升级(张阳等,2016)[③],休闲产业结构的优化升级需要人力资本在数量、结构和类型上的匹配程度。休闲产品和服务主要满足人们的精神消费需求,其生产过程更需要高素质的人才,这样一方面能够提高企业的人力资源管理效能及产品和服务的绩效,另一方面推动休闲产业从劳动密集型产业向知识和资本密集型转变,从而带来休闲产业结构的优化升级。

金融发展水平促进休闲产业结构演变的机理在于,金融业通过改善休闲产业的融资模式和融资结构,对企业进行优胜劣汰的选择,推动休闲产业结构合理化和规模化发展。信息化水平有助于休闲产业结构演变的原因在于,信息技术能够促进休闲产品和服务的创作模式和生产方式创新,极大地拓展和丰富了休闲产品和服务的表现形式,从而带来结构的转型。气候环境促进休闲产业结构变化的主要原因是,一个地方的气候环境会影响到户内外休闲运动产品的改良升级,进而引发产业结构和布局的调整与转变,比如雾霾天气,本不适合人们参与运动活动,但应对天气而产生的运动口罩、空气净化器、装配有新风系统的健身房、气模场馆等产品,却让人们更加积极地参与和享受体育,这一结果是体育产业得到了优化发展。制造业发展水平促进休闲产业结构演变的原因在于,制

　　①　田姝:促进消费结构升级,推动产业结构调整[EB/OL]. http://www. chinareform. org. cn/Economy/industry/Practice/201107/t20110728_117593.htm,2011 - 07 - 28.
　　②　叶海景.政府R&D资助对企业创新效率的影响——基于温州规上工业企业面板数据的随机前沿分析[J].中共浙江省委党校学报,2017,(6):116 - 122.
　　③　张阳,姜学民.人力资本对产业结构优化升级的影响——基于空间面板数据模型的研究[J].财经问题研究,2016(2):106 - 113.

造业的发展水平有助于生产性服务业的优化发展,而休闲产业边界的模糊性也导致其与其他产业之间存在千丝万缕的关系,所以,因制造业水平提升而带来的生产的专业化程和社会化程度的提高,必然会衍生出对休闲产业更多的中间需求,进而带来产业结构的演化。

二、分地区实证结果分析

本部分重点分析我国东中西三大区域休闲产业结构影响因素的差异。所用估计方法与前文分析思路相似,考虑到分区域后形成的是长面板数据结构,同时,本研究中由于时间 T 并不比样本数 n 大很多,则约束每个面板的自回归系数均相等更加合适,因为时间维度 T 可能无法提供足够的信息来分别估计每个面板的自回归系数,故采用广义最小二乘法(FGLS)。计量结果见表 8-10。

表 8-10　2000—2014 年我国分地区休闲产业结构影响因素回归结果

变　　量	(1)东部地区	(2)中部地区	(3)西部地区
常数项	4.870 (3.426)	13.82*** (4.894)	4.111 (3.409)
经济发展水平 (lnpgdp)	0.865 (0.537)	0.617 (0.916)	1.726** (0.682)
服务业发展水平 (lnser_emp)	0.753 (0.530)	0.109 (0.364)	0.813*** (0.239)
城市化水平 (urbanrate)	0.019 2 (0.020 1)	0.020 3 (0.024 3)	−0.013 9 (0.028 0)
居民收入水平 (lnincome)	−0.533 (0.574)	−0.381 (1.021)	−0.421 (0.842)
消费多样性 (consump)	0.038 1** (0.018 2)	−0.017 7 (0.012 7)	0.010 6 (0.008 01)
政府扶持与资助水平 (lninvest)	0.351* (0.181)	0.369* (0.206)	−0.032 1 (0.125)
居民受教育水平 (lnedu)	−0.074 0 (0.255)	0.618** (0.297)	0.780*** (0.228)
金融发展水平 (finan)	−0.045 1 (0.123)	−0.065 2 (0.233)	−0.123 (0.115)
信息化水平 (infor)	0.056 0 (0.045 0)	0.080 4 (0.136)	−0.286 (0.205)

续　表

变　　量	(1)东部地区	(2)中部地区	(3)西部地区
气候环境 （tempe）	−0.079 8 （0.117）	−0.037 9 （0.072 5）	−0.071 7 （0.051 4）
绿化环境 （greenland）	0.012 2 （0.011 9）	0.018 8 （0.013 1）	−0.004 57 （0.009 33）
土地成本水平 （lnhous_pric）	−0.446 （0.446）	−0.905 （0.601）	−1.008** （0.462）
制造业发展水平 （lnmanu_emplo）	−0.237 （0.228）	−0.279 （0.207）	−0.252 （0.210）
R^2	0.887	0.911	0.949
rho	−0.117 9	−0.189 7	−0.241 2
Wald chi(23)	20 864.86	548.23	3 832.58
Prob > chi2	0.000	0.000	0.000
观察值	165	120	165
分组数	11	8	11

注：所用软件为 Stata/SE 14.0；方程(1)～(3)括号内为面板校正标准误，***、**、*分别表示在 1%、5%、10%水平上显著。

　　第一，东部地区消费多样性和政府扶持与资助两个变量通过了显著性检验，且估计系数都为正，说明对休闲产业结构演进有显著正向影响。东部地区经济发展水平相对较高，居民的休闲消费整体情况要好于中西部地区，据《2017 中国文化消费指数》报告显示，相比中西部地区，东部地区居民收入、消费水平相对较高，更加注重生活质量和精神享受[①]，这一消费状况无疑对休闲产业结构优化有显著促进作用。居民对休闲消费需求的高涨，必然要求休闲产业规模化、质量化发展，在这一需求端，更需要政府在供给端发力，共同促进休闲产业从初级发展阶段迈向中高端。

　　第二，中部地区政府扶持与资助、居民受教育水平两个变量通过了 10%的显著性检验，说明这两个因素对休闲产业结构优化有显著影响。从回归系数看，系数均为正，表明这两个因素对休闲产业结构优化有显著促进作用。中部地区

　　① 中国城市开发网.2017 年度中国文化消费指数发布！我国文化消费综合指数持续增长[EB/OL]. https://www.sogou.com/link？url＝DSOYnZeCC_qplbqUKswVeKeJVRj−bzgZD1ucyJkLU7y45h4zka FfEGdyla1HVW2lqS1SSCY7fkv3eB699JTw1g，2018−01−19.

虽然经济不如东部地区发达,但拥有多样的旅游、文化等休闲资源,更需要政府主动作为,做大做强休闲产业,因此通过政府扶持与资助,将休闲资源转变为休闲财富,能够促进休闲产业的优化升级,从而为人民创造出美好生活。当然,休闲产业结构优化发展更需要高素质人才的介入,这样能够更好地促进休闲产业资源的优化配置,提升休闲产业技术效率,从而创新产业发展,优化产业结构。因而,当前继续提升居民受教育程度,发挥人力资本的利用效率,有利于中部休闲产业结构优化升级。

第三,西部地区经济发展水平、服务业发展水平、居民受教育程度和土地成本水平四个变量通过了 10% 的显著性检验,表明这个四个因素对休闲产业结构优化有显著影响。从估计系数看,除了土地成本水平,其余三个变量的系数均为正,均是影响休闲产业结构优化的主要因素,对休闲产业结构有显著的促进作用。显然,西部地区整体经济发展水平要落后于东中部,休闲产业发展自然要滞后于东中部。同时休闲产业发展是建立在经济发展水平基础上,因而当前西部地区大力推进经济建设,促进服务业的发展,是十分有利于休闲产业发展的。除了经济发展、资源禀赋等要素外,休闲产业发展更是与人的休闲消费需求关系密切,休闲消费首先需要消费者有钱有闲,而消费者的受教育程度一定程度上会影响其消费选择。因此,通过教育来提高消费者的消费意识,不仅能够优化消费结构,提升消费水平,更能够为休闲产业发展储备人力资本,从来带来结构的优化和升级。西部地区土地成本水平对休闲产业结构有显著的负向影响,其可能的解释是,目前我国土地的供应政策倾向于西部,这使得西部地区的土地成本相对较低,这样的土地政策带来的后果是,西部地区的土地利用效率明显更低[①],这显然会抑制产业结构的优化。

第四节　休闲产业效率影响因素分析

一、面板 Tobit 模型设定

为了测度不同因素对各地区休闲产业效率的影响程度,本部分将前面运用数据包络分析法(DEA)分析得出的休闲产业效率值作为被解释变量,以影响因素作为解释变量建立回归模型。由于 DEA 效率值介于 0 和 1 之间,若直接使用最小二乘法,会导致估计存在偏差,故采用 Tobit 回归模型。Tobit 回归模型是

---

① 陆铭.空间的力量:地理、政治与城市发展[M].上海:格致出版社,上海人民出版社,2013:103.

经济学家 James Tobit 于 1958 年提出的,适用于受限被解释变量模型。另外,考虑到本部分面板数据的非线性回归,普通的固定效应 Tobit 模型,由于找不到个体异质性 u_i 的充分统计量,所以无法像固定效应的 Logit 或计数模型那样进行条件最大似然估计。如果直接在混合 Tobit 回归中加入面板单位的虚拟变量,所得到的固定效应估计量也是不一致的。因此,本部分采用随机效应的 Tobit 模型。

面板 Tobit 模型定义如下:

$$y_{it}^* = f(x_{it}, \beta) + \varepsilon_{it}$$

$$y_{it} = y_{it}^*, 0 < y_{it}^* \leqslant 1$$

$$y_{it} = 0, y_{it}^* \leqslant 0$$

$$y_{it} = 1, y_{it}^* > 1$$

其中, y_{it} 是第 i 个省(区、市)第 t 年的休闲产业效率值, y_{it}^* 是与 y_{it} 相对应的潜变量; x_{it} 是由各个影响因素构成的向量; β 是参数向量; ε_{it} 是复合误差项。

根据前文选择的变量,采用下面的随机效应面板 Tobit 模型进行回归:

$$\begin{aligned} LE_{it} = {} & \beta_0 + \beta_1 \times \ln \mathrm{pgdp}_{it} + \beta_2 \times \ln \mathrm{ser\_emp}_{it} + \beta_3 \times \ln \mathrm{urbanrate}_{it} + \beta_4 \times \\ & \ln \mathrm{invest}_{it} + \beta_5 \times \ln \mathrm{income}_{it} + \beta_6 \times \mathrm{consump}_{it} + \beta_7 \times \ln \mathrm{edu}_{it} + \beta_8 \times \\ & \mathrm{finan}_{it} + \beta_9 \times \mathrm{infor}_{it} + \beta_{10} \times \mathrm{grelan}_{it} + \beta_{11} \times \mathrm{temp}_{it} + \beta_{12} \times \ln \mathrm{hou\_pric}_{it} + \\ & \beta_{13} \times \ln \mathrm{manu\_emp}_{it} + u_i + e_{it} \end{aligned} \qquad (8-4)$$

公式(8-4)中 u_i 表示不随时间而改变的个体效应, e_{it} 为随时间和个体而改变的扰动项, β_0 为截距项, $\beta_1 \sim \beta_{13}$ 为待估参数。

二、估计结果和分析

利用 Stata/SE14.1 软件,对模型中的各参数进行估计。从估计结果可以看出以下两个方面。

(1)综合效率和规模效率方面,服务业发展水平、城市化水平、金融发展水平和气候环境等要素的估计系数通过了 10% 的显著性检验,表明这些因素对休闲产业综合效率有显著的影响。从回归系数看,这四个变量的系数均为正,都是影响休闲产业综合效率和规模效率的主要因素,对提高休闲产业综合效率和规模效率有显著的促进作用。

（2）纯技术效率方面，服务业发展水平、居民受教育程度、信息化水平和土地成本水平等要素的估计系数通过了10%的显著性检验，表明这些因素对休闲产业技术效率有显著影响。从回归系数看，这四个变量中服务业发展水平和居民受教育程度的系数均为负，其余两个变量为正，说明服务业和居民受教育程度对休闲产业技术效率的影响是反向的，而信息化水平和土地成本水平会促进休闲产业技术效率的提高。结果见表8-11。

表 8-11　2000—2014 年我国各省(区、市)休闲
产业效率影响因素的回归分析

解 释 变 量	综合效率	纯技术效率	规模效率
常数项	−0.256 (0.516)	0.423 (0.570)	0.428 (0.331)
经济发展水平 (lnpgdp)	0.087 9 (0.115)	0.061 7 (0.118)	0.043 3 (0.071 2)
服务业发展水平 (lnser_emp)	0.078 4* (0.040 5)	−0.109** (0.048 5)	0.172*** (0.027 9)
城市化水平 (urbanrate)	0.007 44*** (0.002 73)	0.004 38 (0.003 20)	0.005 50*** (0.081 7)
居民收入水平 (lnincome)	−0.137 (0.051 6)	−0.061 2 (0.138)	−0.127 (2.805)
消费多样性 (consump)	0.001 24 (0.002 54)	0.000 865 (0.002 59)	0.000 030 0 (0.001 55)
政府扶持与资助水平 (lninvest)	−0.036 5 (0.024 6)	−0.023 5 (0.025 9)	−0.011 9 (0.015 2)
居民受教育水平 (lnedu)	−0.073 2 (0.051 6)	−0.101** (0.050 1)	−0.045 1 (0.030 9)
金融发展水平 (finan)	0.063 0*** (0.023 8)	0.029 1 (0.028 4)	0.031 8* (0.016 5)
信息化水平 (infor)	0.007 8 (0.007 78)	0.023 4*** (0.011 8)	−0.004 76 (0.006 31)
气候环境 (temp)	0.009 88** (0.004 16)	0.004 32 (0.005 83)	0.006 64** (0.003 00)
绿化环境 (grelan)	0.000 156 (0.002 61)	0.000 387 (0.002 71)	0.000 08 (0.001 62)

解　释　变　量	综合效率	纯技术效率	规模效率
土地成本水平 （lnhoupric）	0.053 4 （0.062 2）	0.116* （0.063 7）	−0.019 5 （0.038 3）
制造业发展水平 （lnmanu_emp）	−0.019 7 （0.023 2）	−0.032 3 （0.023 6）	−0.008 45 （0.014 5）
sigma_u	0.071 5*** （0.015 8）	0.133*** （0.024 1）	0.060 9*** （0.011 9）
sigma_e	0.173*** （0.006 44）	0.163*** （0.006 43）	0.102** （0.003 83）
rho	0.146 0 （0.056 9）	0.402 4 （0.089 7）	0.262 5 （0.078 9）
Wald chi(13)	115.20	42.28	135.38
Prob＞chi2	0.000	0.000	0.000
Log likelihood	82.290	58.277 5	290.89
观察值	450	450	450

注：1. 综合效率：Likelihood - ratio test of sigma_u＝0，chibar2(01)＝20.14，Prob＞＝chibar2＝0.000；纯技术效率：Likelihood - ratio test of sigma_u＝0，chibar2(01)＝98.18，Prob＞＝chibar2＝0.000；规模效率：Likelihood - ratio test of sigma_u＝0，chibar2(01)＝46.35，Prob＞＝chibar2＝0.000。2. sigma_u 表示个体效应的标准差，sigma_e 表示干扰项的标准差，rho 表示个体效应波动占整体波动的比例。

（一）服务业发展水平

服务业发展水平有助于休闲产业综合效率和规模效率的提高，原因在于休闲产业的发展水平一定程度上取决于社会经济发展的阶段。在低收入的经济环境下，资源主要满足人们的吃、穿、住等基本需求，而不是休闲需求；在高收入的经济环境下，人们对精神需求的满足感比较强烈，休闲产品的生产和销售就成为一种非常重要的经济活动，这一环境下的服务业逐渐成为经济增长的主要来源。休闲产业隶属于服务业范畴，服务业相对发达的地区，人们休闲的消费量会相对较高，自然地，休闲产品和服务的运作效率会比较快。

（二）城市化水平

城市化水平促进了休闲产业综合效率和规模效率的提高，原因在于城市是提供人们生活和消费的需求得以满足的重要场所，在这里，人们可以享有更多、更先进的休闲文化娱乐设施，从而促进休闲企业生产率的提高。同时，人口大量涌入城市，城市的人口密度会增加，而人口密度是有利于提高服务业的劳动生产率(陆铭,2013)①。因此,城市化进程的推进有利于提高休闲产业效率。

(三) 金融发展水平

金融发展水平促进休闲产业综合效率和规模效率提高的主要原因是,金融资源的有效配置可以推动休闲产业内部企业融资模式和融资结构的优化,实现休闲产业的集聚效应和规模优势,在这个过程中,休闲相关企业通过优胜劣汰,生产效率会得到进一步提升。气候环境因素对休闲产业综合效率有显著促进作用,可能的解释是气候与人们的劳动生产率有一定的关系,马歇尔认为,暖热的气候有损于人的活力,对人的体力劳动和脑力劳动的效率都有负面影响;而寒冷的气候把人们关在密不透风的房间,人们精神容易萎靡,从而导致生产效率降低。温和凉爽的气候是比较适宜人居生活和工作的②。从这个观点来看,一地的年平均气温可能会影响人们对居住地和工作地的选择,从而影响产业发展效率。

(四) 服务业和居民受教育程度

服务业和居民受教育程度负向影响休闲产业技术效率的可能解释是,目前我国休闲产业的发展规模还不够庞大,集聚效应和规模优势都尚未得到真正体现。服务业发展对休闲产业虽有促进作用,但由于休闲产业边界模糊性特点,导致服务业对休闲产业的渗透性和影响力不够强,因此不利于休闲产业的研发创新和技术吸收。恰是因为如此,尽管我国居民受教育程度已大幅度提升,但休闲产业内部的高端创意、技术人才还比较缺乏,从事休闲产业的人员整体素质还有待提升,这一状况显然不利于产业技术进步和创新发展,从而影响了休闲产业技术效率的提升。

(五) 信息化水平

信息化水平促进休闲产业技术效率提升的主要原因是,信息技术有利于休闲产业资源优化配置,一方面扩大了休闲产业的生产可能性边界,另一方面能够降低休闲企业的投入成本增加产出,使其不断趋向生产可能性边界,从而提高技术效率。同时信息技术的提高,缩短了休闲产业更新周期,提高了生产效率,在良性互动、循环发展中又促进了技术效率提升。土地成本水平是企业生产成本的一种体现,这会刺激企业加快研发,提高技术效率,从而获得效益以降低土地成本对生产运营的影响。

---

① 陆铭.空间的力量:地理、政治与城市发展[M].上海:格致出版社,上海人民出版社,2013:100.
② 李金鹏.马歇尔论影响生产效率的因素[J].河北理工学院学报(社会科学版),2005,5(2):57-59.

第九章 结论与展望

第一节 结 论

　　休闲产业作为经济现代化和城市化过程中相伴产生和发展的新兴产业,是第三产业的重要组成部分。近年来,在居民消费、供给侧改革、资本投资等因素推动下,休闲产业在产业结构的调整中占据着越来越突出的地位,已逐步成为推动国民经济发展的重要产业。但值得注意的是,与如火如荼的发展实践相比,休闲产业理论研究还相对滞后,对产业发展的实践指导作用还较弱,这就需要去加强休闲产业理论体系研究,以更好地解决休闲产业发展过程中存在的问题。因此,在充分吸引和借鉴国内外相关研究成果基础上,综合运用定性和定量分析法,对如下内容进行了阐述与分析:① 界定休闲产业概念;② 划分休闲产业类型;③ 梳理我国休闲产业发展现状;④ 构建休闲产业发展评价指标体系;⑤ 评价我国休闲产业发展水平;⑥ 探究我国休闲产业结构和效率特征;⑦ 剖析影响休闲产业发展的因素等。本书的主要结论包含以下几个方面。

一、我国休闲产业类型划分

　　目前我国休闲产业类型划分为 3 个层次和 13 个门类。具体来说,休闲产业划分为核心层、外围层和相关层,核心层包括文化业、旅游业、体育业、娱乐业、餐饮业 5 个门类;外围层包括会展业、批发零售业、园林绿化业、交通运输业、信息通信业 5 个门类;相关层包括金融业、房地产业和环保业 3 个门类。

二、我国休闲产业的发展历程

　　我国休闲产业发展经历了三个阶段。首先是 20 世纪 90 年代晚期,休闲产业的"零星式"的发展状态;其次是 21 世纪初期,休闲产业的区域性集中性发展态势,主要集中在京津冀、长三角、珠三角三大区域;最后是,2008 年我国人均GDP 整体突破 3 000 美元后,休闲产业整体发展的局面开启,国家也相继推出了与休闲产业发展相关的政策措施,推动了休闲产业的快速发展。在这个过程中,我国休闲发展的管理模式逐步从国家主导、政策性推动走向市场化主导,产业地位也随之提升,效益快速增长。管理体制的变革,也引起了休闲企业投融资渠道发生变化,该领域的上市企业数量开始增多。

三、我国休闲产业发展地域差异与特征

休闲产业发展差异格局、类型特征呈固化态势。

(1)空间分布上,东部沿海带、京广沿线带和长江流域沿线带形成休闲产业规模水平较强区域,西北丝绸之路经济带区域水平较弱。

(2)相似性上,休闲产业发展规模水平越高的省区市,其与其他省区市的平均相似度越低,这一方面说明我国休闲产业发展的非均衡性特征,另一方面表明我国各省区市休闲产业发展的两极分化现象。

(3)空间聚类上,我国休闲产业发展空间聚类变化较为明显,2014年各省区市休闲产业发展规模水平聚为8类。

(4)发展趋势上,我国西部地区与东中部的休闲产业发展规模水平差异有拉大趋向,东中部区域内部的休闲产业发展规模水平差异变大,西部区域内部休闲产业发展规模水平差异变小。

(5)发展类型上,我国休闲产业发展的规模和人均水平可分为四种类型,即"高规模—高人均""高规模—低人均""低规模—高人均""低规模—低人均"。

四、休闲产业结构

休闲产业结构优势明显,地区结构差异特征显著。

(1)东部地区休闲产业结构优势普遍高于中西部;中西部地区休闲产业增长速度较快,竞争能力较强,但东部地区休闲产业增长趋势低于全国平均水平,竞争优势不明显;

(2)各省区市休闲产业增长类型划分为竞争优势、结构优势、结构优势但竞争地位下降3种。

(3)发展趋势上,我国休闲产业结构优势明显,但竞争优势有下降趋向。

(4)产业结构内部,具有明显特征的省区市体现在:安徽艺术表演团体部门结构贡献度较大,增长势头大,具有很强的竞争能力;青海、新疆、内蒙古、山西、陕西和北京6省区市的艺术表演场馆结构效益较优,同时具有很强的竞争地位;海南、宁夏、四川三地的图书馆竞争优势明显;贵州、新疆、内蒙古、安徽、甘肃

和湖南的博物馆部门竞争地位很强；贵州和云南两地文化馆部门竞争地位很强；宁夏、江西、重庆、湖北的旅行社竞争地位显著，尤以湖北见长；青海、宁夏、吉林、甘肃、贵州、内蒙古、江西、河南、海南、重庆、山西、陕西、安徽、云南、河北、湖南、四川和福建等 18 个地区的饭店部门竞争力很强，结构效益较优；黑龙江、宁夏、内蒙古、陕西、重庆、新疆、河南、云南、浙江、湖南、安徽、湖北、四川、山东、江苏、广东、福建、河北、青海、海南等 20 个省区市的旅游景区部门结构效益较好，竞争地位很强；内蒙古、贵州、北京、甘肃、新疆、福建 6 地区的歌舞娱乐场所竞争优势明显，结构效益较好。12 省区市（海南、青海、贵州、河南、山东、安徽、北京、湖南、四川、江苏、上海、湖北）的游艺娱乐场所部门结构效益较好，竞争地位很强，尤其是上海的竞争优势最为明显；广西、青海、宁夏、山西、甘肃、内蒙古、新疆、重庆、吉林、陕西、辽宁、安徽、湖南、云南、江西、湖南、山东等 17 个地区 的体育彩票结构效益较好，竞争地位很强；安徽、河南和湖北三省的餐饮业结构效益较好，竞争地位很强。

五、休闲产业效率

休闲产业效率整体偏低，各地区和部门效率差异明显。

（1）东部地区休闲产业综合效率均值高于中西部，西部最低。

（2）三大区域中的规模效率均值普遍较高，说明目前三大区域休闲产业综合效率的提升主要是规模扩大的结果。

（3）各省区市休闲产业综合效率偏低、且差异较大，大部分省区市休闲产业规模效率和纯技术效率处于无效状态，说明休闲产业对资源的利用能力和技术利用能力等都较弱。

（4）各部门休闲产业效率差异明显。餐饮业的综合效率始终处于有效状态；旅游业的综合效率仅 2004 年处于无效；娱乐场所的综合效率由有效状态转为无效；博物馆、图书馆、文化馆的综合效率始终无效，其中博物馆和图书馆的综合效率主要受规模效率影响，而文化馆的综合效率较博物馆和图书馆偏低，与较低的纯技术效率和规模效率都有关系；艺术表演场团体和艺术表演场馆是休闲产业各主要部门中效率最无效的两个部门。

六、休闲产业发展影响因素

休闲产业发展影响因素作用程度和机理不同。

（1）休闲产业发展水平影响因素的分析从全国整体、分地区、分时间三个维度展开。首先,全国整体分析结果发现,休闲产业发展影响因素显著为正的包括:人均国内生产总值、第三产业就业人数、人口城镇化率、人均可支配收入、消费的多样性、固定资产投资、人口受教育程度、绿化环境、住房价格、制造业从业人员。其次,三大区域看,人均国内生产总值、第三产业就业人数、住房价格仅对东部地区休闲产业发展影响显著为正;消费多样性因素对东部显著为正,对中西部显著为负;城市化水平对中西部休闲产业发展影响显著为正,对东部影响不明显。再次,沿海与否与"胡焕庸线"两侧角度看,沿海地理因素和胡焕庸线人口密度因素对休闲产业发展影响是明显为正的。最后,分时间分析结果表明,2008年新休假制度的颁布对休闲产业发展影响显著为负,但与人均国内生产总值的交互相估计系数显著为正,表明政策出台的效果必须建立在经济发展水平基础上。

(2) 休闲产业结构影响因素的分析主要从全国整体和分地区两个角度展开。结果发现,首先,整体看,经济发展水平、服务业发展水平、消费多样性、政府资助、居民受教育程度、金融发展水平、信息化水平、气候环境和制造业发展水平等 9 个要素对休闲产业结构变化具有正向促进作用。其次,三大区域看,东部地区消费多样性和政府扶持与资助两个变量对休闲产业结构演进有显著正向影响;中部地区政府扶持与资助、居民受教育水平两个因素对休闲产业结构优化有显著正向作用;西部地区经济发展水平、服务业发展水平、居民受教育程度和土地成本水平四个因素对休闲产业结构优化有显著促进影响。

(3) 休闲产业效率影响因素分析发现,服务业发展水平、城市化水平、金融发展水平和气候环境等要素对综合效率和规模效率有显著正向作用。纯技术效率方面,服务业发展水平、居民受教育程度、信息化水平和土地成本水平等因素对休闲产业技术效率有显著影响。这四个因素中服务业发展水平和居民受教育程度的系数均为负,其余两个变量为正,说明服务业和居民受教育程度对休闲产业技术效率的影响是反向的,而信息化水平和土地成本水平会促进休闲产业技术效率的提高。

第二节 建 议

本书从休闲产业的概念、内涵与分类,到休闲产业发展评价、休闲产业内部的结构与效率分析,再到休闲产业发展差异影响因素探讨,基本厘清了目前我国休闲产业的发展体系、发展程度和发展规律。发展程度研究体现出,我国休闲产业发展应该追求规模背后的人均产业水平增长;产业结构研究显示出,结构对产业增长的正向作用,但相对的竞争优势还有待加强;休闲产业效率研究反映出,我国休闲产业需要加强管理、提高技术利用效率,做大产业规模。

从社会现实看,人民对美好生活的向往,必然要有休闲产业的成分,休闲产业发展已经成为时代要求。从本书研究结果看,目前休闲产业发展确实还存在"不平衡不充分"问题。因此,为了充分把握休闲产业发展的历史机遇,满足人民对美好生活需要、实现经济结构的优化升级,提出如下对策建议。

一、政府有效作为,发挥首要推动力的作用

正如前文所述,我国休闲产业的发展需要政府的一些政策措施来有意识地推进,比如休假制度的颁布、产业改革发展的意见等。在休闲产业发展影响因素章节分析中,我们也看到 2008 年新休假制度这一政策的确显著正向影响了休闲产业的发展。因此,在推动休闲产业发展过程中,仍然需要政府有效作为,采取经济有效措施,促进休闲产业市场化的发展。国际经验也表明,政府的支持政策很大程度上推动着休闲产业的完备性、专业化和组织化。比如二战后的英国,通过成立官方休闲机构、出台乡村休闲法案、建设休闲娱乐设施等措施,推动休闲供给形成规模化的产业群。

研究与实践已经表明,我国休闲产业整体发展水平还较低,与迅速发展的经济不相适应,更与大众日益强烈的休闲娱乐需求不相匹配,这很大从程度上是与体制性障碍有关的。休闲产业的发展尤其需要改革创新,因此加快管理体制机制创新,最大限度地解放和发展休闲生产力,是推动休闲产业市场化发展的必然要求。具体地讲,第一,政府要充分发挥其领导力、协调力和推动力,统筹休闲产业各方面的工作;第二,政府要转变职能,实现政企分开、政事分开、管办分离。履行好推动公共型休闲服务发展的职能;第三,政府要优化服务环境,创新服务手段,简化休闲企业发展的流程手续等,提高其生产效率。总之,在当前社会矛盾转化背景下,政府要将休闲产业发展放到突出位置,采取有效手段,优化政策环境,推进休闲产业的规模化、质量化发展。

二、客观正视差异,追寻人均意义上的休闲产业增长

受制于资源禀赋、市场规模、政策环境等条件,休闲产业的地区差异是客观存在的,本书的研究也证实了这一观点。如何缩小差距,协调地区间休闲产业的平衡发展,需要的是追求人均意义上的休闲产业增长,这是各地区生活质量平衡的重要体现。陆铭(2013)指出,对于不断提高生活水平的目标来说,人均意义上

的经济增长比总量意义上的经济增长更为重要①。因此,就休闲产业发展来说,从两个维度来考虑地区间的平衡问题。一是产业供给层面,释放产业的规模经济效应。在后工业化时代,服务业的比重提升,加大对服务业的投入成为社会经济变革的重要趋势。休闲产业作为服务业的组成部分,是让人民群众过上美好生活的重要产业,因此大规模地推动休闲产业发展,增加人均资源占有量,是休闲福利化、公平化、均衡化的重要体现。实现这一要求,一方面需要各地区正确认识各自的市场规模,将不同人群的休闲需求纳入产业规划体系;另一方面需要提高社会资本的介入度,实施休闲产业部门金融扶持计划,鼓励企业家投资休闲产业,整合休闲资源,做大做强休闲产业。二是居民需求层面,充分考虑居民需求,保持休闲产业的多样性。休闲产业的发展是为人服务的,而一个地区的休闲产业首要的是满足本地居民需求,因此发展休闲产业要站在本地居民而不是游客的角度为出发点,围绕"吃喝玩乐",做到文化、旅游、体育、娱乐、餐饮等产业业态的全方位发展,满足居民消费的多样性需求。这一点可以借鉴上海城市实践经验,从休闲文化设施的配备,到产业园区的打造,再到郊野公园的再造、滨江生活岸线的贯通,上海休闲产业的发展始终围绕城市居民需求,优化休闲环境,提供休闲服务,这也正是上海城市高吸引力的重要原因之一,不仅仅有多种的工作机会,更有多样的休闲机会。

三、完善产业结构,提升休闲产业内部发展的均衡性

亚里士多德说,"休闲是一切事务环绕的中心"。任何活动,只要是自由选择,并为个人在进行这一活动的过程中能谋得自由这样一种感受的都属于休闲范围。根据这一观点,甚至工作都能够带有娱乐的性质②。这一阐述再次表征了休闲产业边界的模糊性。本书概括了休闲产业的范围和类型,从研究结果看,各地的休闲产业结构明显存在内部发展的不均衡性问题,譬如上海的艺术、餐饮等行业结构优势和竞争优势显现,但文化行业的竞争力稍弱。如何实现产业结构的合理与协调性,使其从不平衡走向平衡,需要注意以下几点:第一,各地要注重休闲功能的作用,将休闲产业发展融合到地方经济发展战略规划中去,如此才能有效明确休闲产业发展的重点、突破方向和主要任务,从而协调内部结构,加快休闲产业的增长。第二,各地要营造休闲产业发展的政策和体制环境,比如

---

① 陆铭.空间的力量:地理、政治与城市发展[M].上海:格致出版社,上海人民出版社,2013:1.
② [法]罗歇苏.休闲[M].姜依群,译.北京:商务印书馆,1996:3.

引入竞争机制,实现休闲产业供给方式的多元化;完善休闲产业标准体系,规范化休闲产业业态市场的管理制度,从而促进休闲产业发展提速、比重提高、水平提升。第三,休闲产业的发展离不开其他行业的支撑,在与其他行业的互动下,也加速了产业之间的跨界融合,而产业融合有利于产业结构的优化升级①。因此,各地要进一步开放市场,包括银行和保险等现代金融服务业,推进金融资本与休闲产业的链接融合,解决休闲产业发展的资金难题,从而助推休闲产业结构体系的完善性。

四、建立集聚区,围绕体系布局休闲产业密集区

发展休闲产业,建立产业集聚区是必需的手段,集聚效应能够大幅度降低生产成本,这有助于发挥休闲产业的规模经济效应。同时,大多数休闲产业必须在面对面的情况下同时完成生产和消费,所以对集聚的要求更高。本书的研究也发现,人口密度是有利于休闲产业发展的,这一结论说明休闲产业的发展更需要人口集聚和知识、信息的交流。因此,休闲产业集聚区要以大城市为依托,特别是在区域性的城市圈内部,借助高劳动生产率派生出来的需求,获取发展的相对优势②。这一点可以进一步从伦敦创意产业集聚区建设案例中得到印证,伦敦目前形成了全国40%的艺术基础设施,2/3的电影制作岗位、70%的电视制作公司、3/4的广告业岗位,其西区已经成为表演艺术集聚区,霍克斯成为数字企业集聚区③。伦敦已成为世界著名的文化创意都市,这极大地激发了城市活力,提升了城市的创意能力和文化品牌,从而深深吸引着高技能人才的迁入。

要建设休闲产业集聚区,第一,像上海一类的大城市在城市规划布局中,要形成若干高度集聚的休闲产业密集区,成为具有示范性和辐射性的休闲产业核心节点。第二,各地中心城市在建设休闲产业集聚区时,要寻找比较优势,形成各具特色、错位竞争的休闲产业分工格局。第三,经济发展较为落后的地区,在实施城镇化战略时,要引导休闲产业集聚化发展,做到城市四大功能的平衡发展,使其成为提升城市能级和竞争力的重要手段。

---

① 陶长琪,周璇.产业融合下的产业结构优化升级效应分析——基于信息产业与制造业耦联的实证研究[J].产业经济研究,2015(3):21-31.
② 陆铭.空间的力量—地理、政治与空间发展[M].上海:格致出版社,上海人民出版社,2013:101.
③ 光明网.伦敦创意产业的六大国家化战略[EB/OL].http://theory.gmw.cn/2015-10/23/content_17462424.htm,2015-10-23.

五、加强技术创新，提高休闲产业发展的竞争优势

根据现代经济增长理论，要实现人均意义上的持续增长，技术进步和经济资源的有效利用是关键。因此，要实现休闲产业的规模化和质量化发展，技术创新是重要途径。同时，休闲产业是与人们的精神消费领域密切相关的产业，因而技术的应用和创新显得更关键。本书的研究也进一步指出，目前我国休闲产业发展效率还比较低下，这对技术的引入和应用提出了更高的要求。从国外发展实践看，较强的技术创新能力带来的是休闲产业的高度发展。英国文化创意产业通过与信息技术的融合，已经成为英国最具经济价值的产业，2014 年博物馆、艺廊、图书馆、音乐、表演及视觉艺术产业为英国整体经济贡献了约 54 亿英镑[①]。美国户外休闲业在科技的推动下，大大促进了户外用品市场的发展，2016 年美国消费者在户外休闲方面的支出达到 8 870 亿美元，这一产业创造了 592 亿美元的价值[②]。因此，我国休闲产业的发展应加强技术研发，促使高新技术不断在休闲产业领域进行创新和突破，以加快休闲产业的发展，提升休闲产业的竞争优势。

党的十八大提出科技创新是提高社会生产力和综合国力的战略支撑，必须摆在国家发展全局的核心位置。这一创新驱动发展战略为休闲产业的发展提供了发展路径，第一，利用互联网平台，以及信息通信技术，建立休闲产业技术信息数据库，运用可量化的精确市场定位技术，实现对休闲业态市场的精准分析，带来休闲产品和服务的市场交易。第二，利用现代科技，创意发展休闲产品和服务，促进其表现力提升、传播力增强，从而提高休闲产品和服务的市场占有率，拓展国际市场，提升影响力。

六、开发人力资本，形成休闲产业发展的关键力量

"妨碍穷国赶上富国的主要原因是人力资本的缺乏，而不是有形资本的缺乏。"[③]毫无疑问，经济增长最重要的长期驱动力是人力资本，特别是教育。休闲产业与人力资本之间的内在联系可总结为两点：一方面，休闲产业是人才密集

---

① 文创资讯.英国 2016 文化白皮书与文化发展方向[EB/OL].[2016 - 09 - 18]. http://news. vsochina.com/policy/3520.html.

② 东方网.户外产业协会：2016 年美国户外休闲经济报告[EB/OL].[2017 - 06 - 05]. https://mini. eastday.com/a/170605011532883.html.

③ ［加］赫伯特·G.格鲁伯，迈克尔 A 沃克.服务业的增长：原因与影响[M].陈彪如，译.上海：三联书店,1993：225.

型产业,尤其是在创新驱动发展战略背景下,它对创新型人才的要求更高。另一方面,休闲产业的需求层面,更受高素质人才的欢迎。本书的研究也印证了这一观点,受教育程度正向影响休闲产业发展水平。相关的研究也表明,城市休闲产业业态的多样性,是吸引知识精英、创意阶层等具有高人力资本的关键所在①。因此,加强人力资本的投资和开发,是推动休闲产业发展的关键手段。

具体地讲,第一,各地重视人才培养,为休闲产业提供持久动力。在休闲相关产业领域,政府及相关机构要制定长期、系统的人才培养规划,为休闲产业的长期发展提供充足动力。这一点可借鉴英国创意产业发展过程有关人才的培养措施,英国每个阶段的教育过程中,都设置创新课程,强化学生的创新意识;教学过程中十分注重学生自主的创意作品制作,老师则定期回创新产业实践领域,更新知识,创意思想贯穿整个教育历程。第二,各地要注重人才的引进,高人力资本的持有者更渴望有向上的消费流动机会②,具体指的是多样丰富的休闲相关消费产品和服务等。为了吸引更多的高端人才流入,一个地方必然要提供更多更好的休闲消费设施、环境、服务等。近年来,成都能够成为人才吸引的高地,与其优良的生态、文化、科技、教育、餐饮等环境不无关系。因此,一个地方要吸引高素质人才,就要创造环境留人,同时又能服务于产业发展。

第三节　展　望

休闲产业在欧美发达国家已经发展成为较为成熟的产业,对经济的贡献值逐年增加;在我国,虽然其发展历程还较短,但在我国社会矛盾转化的时代背景下,休闲产业发展的重要性愈加明显。因此,加强休闲产业研究,已成为时代所需。笔者尝试从产业经济学角度展开休闲产业研究,这既有利于拓展产业经济学研究范围,充实休闲产业经济理论内容,更有利于指导和推进休闲产业的进一步发展。

可以说,从产业经济学理论出发研究休闲产业问题,是笔者所做的一个尝试,但是,由于自身研究能力以及其他客观条件的限制,本书的研究有一些不足之处,希望在今后的研究过程中进一步探索。

一、研究方法的完善性

本书的休闲产业研究时间跨度 15 年,所构建的指标体系内容充分考虑了数

---

① ［美］理查德佛罗里达.创意阶层的崛起［M］.司徒爱勤,译.北京:中信出版社,2010.
② 王宁.消费流动:人才流动的又一动因:"地理流动与社会流动"的理论探究之一［J］.学术研究,2014(10):29-37.

据的可获得性和一致性,但由于休闲产业范围宽泛,国家和地方统计数据并未能与现实的休闲产业发展状况相统一,比如如火如荼的手游行业,电影产业等,它们的从业人员、收益等无法从权威统计数据中获得,因此未能纳入指标体系中,在后续的研究中可以通过个案研究、调研等其他方法补充完善。

二、研究对象的聚焦性

本书的休闲产业研究对象包含 30 个省区市,是省域视角的研究,这一方面是考虑到省域的数据比城市的数据相对完整和统一,另一方面省域层面研究可以大致梳理和勾勒出我国休闲产业发展的全局面貌、特征和规律。但是,省域内部城市经济发展水平不一,其休闲产业发展水平并不能反映出内部城市的发展状况,同时休闲产业发展是密切关乎城市功能转型、城市居民生活的幸福感与获得感的。因此,未来研究中会聚焦于某一大城市或大城市及周边区域城市,开展城市休闲产业方面的研究议题,如休闲产业与城市更新、休闲产业与城市居民美好生活等,为其他城市或区域性的城市休闲产业发展提供经验借鉴。

参考文献

[1] Abell E L. Leisure-Time activities for teachers [J]. Teachers' College Journal, 1944, 16(1): 6 - 7.

[2] Alexandris K, Tsorbatzoudis C. Perceived constraints on recreational sport participation: Investigating their relationship with intrinsic motivation, extrinsic motivation and amotivation [J]. Journal of Leisure Research, 2002, 34(3): 233 - 252.

[3] Allen W. The use of leisure-II [N]. The Spectator, 1938 - 05 - 20.

[4] Amar O, Nabil C, Asma Al-Zaidi. Performance Evaluation of the Hotel Industry in an Emerging Tourism Destination: The Case of Oman [J]. Journal of Hospitality and Tourism Management, 2016, 29: 60 - 68.

[5] Arentze T A, Oppewal H, Timmermans H J. A multipurpose shopping trip model to assess retail agglomeration effects [J]. Journal of Marketing Research, 2005, 1(42): 109 - 115.

[6] Arpana D, Anjana C. The role of urban green spaces for the sustainable city [J]. Indian Journal of Research, 2014, 6(3): 92 - 94.

[7] Audrone B, Manuela T. Perception of Competitiveness in the Context of Sustainable Development: Facets of "Sustainable Competitiveness" [J]. Journal of Business Economics and Manegement, 2010, 11(2): 341 - 365.

[8] Banks M, Lovatt A, O'Connor J, et al. Risk and Trust in the Cultural Industries [J]. Geoforum, 2000, 31(4): 453 - 464.

[9] Barbosa L, Oliveira C, Rezende C. Competitiveness of Tourist Destinations: the Study of 65 Key Destinations for the Development of Regional Tourism [J]. Revista de Administracao Publica-RAP, 2010, 44(5): 1067 - 1095.

[10] Barros C P. Measuring Efficiency in the Hotel Sector [J]. Annals of Tourism Research, 2005, 32(2): 456 - 477.

[11] Bauman A, Smith B, Stoker L, Bellew B, Booth M. Geographical influences upon physical activity participation: evidence of a "coastal effect" [J]. The Australian and New Zealand Journal of Public Health, 1999, 23(3): 322 - 324.

[12] Bell D. The coming of post-industrial society, A venture in social forecasting [M]. New York, Basic Books, 1976.

[13] Berry B J L. Geography of Market Centers and Retail Distribution [M]. Englewood Cliffs: Prentice-Hall, 1967.

[14] Betsy W, Stephen W. Identity and the Commodification of Leisure [J]. Leisure Studies, 1992, 11(1): 3 – 18.

[15] Bollinger C R, Ihlanfeldt K R. The Impact of Rapid Rail Transit on Economic Development: The Case of Atlanta's MARTA [J]. Journal of Urban Economics, 1997, 42(2): 179 – 204.

[16] Borrett N. Leisure Services UK: An Introduction to Leisure, Entertainment and Tourism Services [M]. Macmillan Education LTD, 1991.

[17] Buhalis D. Marketing the Competitive destination of the future [J]. Tourism Tribune, 2000, 21(1): 97 – 116.

[18] Button K, Taylor S. International Air Transportation and Economic Development [J]. Air Transp. Manag., 2000, 6(4): 209 – 222.

[19] Byers J. The privatization of downtown public space: the emerging Grade-Separated city in North American [J]. Journal of Planning Education and Research, 1998, 17(3): 189 – 205.

[20] Camagni R. On the Concept of Territorial Competitiveness: Sound or Misleading? [J]. Urban Studies, 2002, 39(13): 2395 – 2411.

[21] Chiesura A. The role of urban parks for the sustainable city [J]. Landscape and urban planning, 2004, 68: 129 – 138.

[22] Chiuru M C. Individual decision and household demand for consumption and leisure [J]. Research in Economics, 2000, 54(1): 277 – 324.

[23] Cho D S, Moon H C. From Adam Smith to Michael Porter: Evolution of Competitiveness Theory [M]. Korea: Asia-Pacific Business Series, 2000: 223.

[24] Cho D S. From National Competitiveness to Bloc and Global Competitiveness [J]. Competitiveness Review, 1998, 8(1): 11 – 23.

[25] Chubb M, Chubb H. One Third of Our Time [M]. New York: Wiley, 1981.

[26] Clark C. The conditions of economic progress [M]. London, MacMillan, 1940.

[27] Clark T N. Urban amenities: lakes, opera, and juice bars: do they drive development? [A]. Terry Nicholes Clark. The city as an entertainment machine [C]. New York: Elsevier, 2004b: 103 – 140.

[28] Cohen S. Zyman. Manufacturing matters: The myth of the post-industrial economy [M]. New York: Basic Books, 1987.

[29] Coley R L, Sullivan, W C, Kuo F E. Where does community grow? [J]. Environment and Behavior, 1997, 29(4): 468 – 494.

[30] Cooke A. The economics of leisure and sport [M]. Boston: International Thomson Business Press, 1994.

[31] Craven E. Bluewater: Retail Tourism in the South East [J]. Insights, 2000: 37 – 46.

[32] Crawford D W, Godbey G. Reconceptualizing barriers to family leisure [J]. Leisure Sciences, 1987, 9(2): 119 – 127.

[33] Crawford D W, Jackson E L, Godbey, G. A hierarchical model of leisure constraints [J]. Leisure Sciences, 1991, 13(4): 309 – 320.

[34] Crossley J C, Jamieson L M. Introduction to Commercial and Entrepreneurial Recreation. 2ed [M]. Champaign, IL: Sagamore, 1993.

[35] Crouch G I, Richie J R B. Tourism, Competitiveness, and societal Prosperity [J]. Journal of Business Research, 1999, 44(3): 137 – 152.

[36] Cuckovic N, Jurlin K, Vuckovic V. Measuring Regional Competitiveness: the Case of Croatia [J]. Southeast European and Black Sea Studies, 2013, 13(4): 503 – 523.

[37] D'Hauteserre A. Lessons in managed destination competitiveness: the case of Foxwoods Casino Resort: The Case of Foxwoods Casino Resort [J]. Tourism Management, 2000, 21(1): 23 – 32.

[38] Daniels P W, O'conor K, Hutton T A. The planning response to urban service sector growth: an international comparison [J]. Growth and Change, 1991, 22(4): 3 – 26.

[39] Dardis R H. Soberon-Ferrer D. Analysis of leisure expenditures in the United States [J]. Journal of Leisure Research, 1994, 26(4): 309 – 321.

[40] Dardis, Rachel, Soberon-Ferrer, Horacio, Patro, Dilip. Analysis of leisure expenditure in the United States [J]. Journal of Leisure Research, 1994, 26(4): 309 – 321.

[41] David K, John B, Peter W. Small firms, business services growth and regional development in the United Kingdom: some empirical findings [J]. Regional Studies, 1991, 25(5): 439 – 460.

[42] Sebastian, De Grazia. Of Time, Work and Leisure [M]. New York: Doubleday and Company, 1962: 19.

[43] DeLeire T, Kalil A. Does consumption buy happiness? evidence from the United States [J]. International Review of Economics, 2010, 57(2): 163 – 176.

[44] Dias C, Victor de Andrade Melo. Leisure and urbanisation in Brazil from the 1950s to the 1970s [J]. Leisure Studies, 2011, 30(3): 333 – 343.

[45] Dwyer L, Forsyth P, Rao P. The Price Competitiveness of Travel and Tourism: A Comparison of 19 Destinations [J]. Tourism Management, 2000, 21(1): 9 – 22.

[46] Dwyer L, Kim C. Destination Competitiveness: Determinants and Indicators [J]. Current Issues in Tourism, 2003, 6(5): 369 - 414.

[47] Emily D C. A Survey of Public Recreation in Fresno [D]. Los Angeles: A Thesis Presented to the Faculty of the School of Education University of Southern California, 1936.

[48] Fancois J F. Trade in producer services and returns due to specialization under monopolistic competition [J]. Canadian Journal of Economics, 1999, (23): 109 - 124.

[49] Felshaw D D. Leisure Time Activities of Crippled Children [D]. Los Angeles: A Thesis Presented to the Faculty of the School of Education University of Southern California, 1942.

[50] Fischer J H, Harrington Jr J E. Product Variety and Firm Agglomeration [J]. The RAND Journal of Economics, 1996, 27(2): 281 - 309.

[51] Francken D, Van R M. Satisfaction with leisure time activities [J]. Journal of Leisure Research, 1981, 13(4): 337 - 352.

[52] Fuchs. The growing important of the service industries [J]. The Journal of Business, 1965, 4(38): 344.

[53] Fujita M, Krugman P R, Venables A J. The spatial economy: cities, regions and international trade [M]. The MIT Press: Cambridge MA and London, 1999.

[54] Fujita M, Thisse J F. Economics of agglomeration [M]. Cambridge: Cambridge University Press, 2002.

[55] Fujita, Masahisa, Thisse, Jacques-Francois. Economics of Agglomeration—Cities, Industrial Location, and Regional Growth [M]. Cambridge University Press, 2002.

[56] Garcia M I, Fernandez Y, Zofio J L. The economic dimension of the culture and leisure industry in Spain: natonal, sectoral and regional analysis [J]. Journal of Cultural Economics, 2003, 27(1): 9 - 30.

[57] Gardiner B., Martin R L, Tyler P. Competitiveness, Productivity and Economic Growth across the European Regions [J]. Regional Studies, 2004, 38(9): 1045 - 1067.

[58] Gase L N, Barragan N C, Simon P A, et al. Public awareness of and support for infrastructure changes designed to increase walking and biking in Los Angeles country [J]. Preventive Medicine, 2015, 72(3): 70 - 75.

[59] George R. Enchanting a disenchanted world: revolutionizing the means of consumption [M]. Thousand Oaks: Pine Forge Press, 1999: 2.

[60] Ghalayini A, Noble J. The Changing Basis of Performance Measurement [J]. International Journal of Operations and Production Management, 1996, 16(8): 63 - 80.

[61] Ghosh A, Stimson R J. Spatial behavior: a geographic perspective [M]. New York NY:

Guilford.

[62] Glaeser E L, Kolko J, Saiz A. Consumer city [J]. Journal of Economic Geography, 2001, 1(1): 27-50.

[63] Glaeser E L, Kolko, Jed, Saiz, Albert. Consumer City [J]. Journal of Economic Geography, 2001, 1(1): 27-50.

[64] Glorieux I, Laurijssen I, Minnen J, et al. In search of the harried leisure class in contemporary society: Time-use survey and patterns of leisure time consumption [J]. Consume Policy, 2010, 33(1): 163-181.

[65] Glseser E L, Gottlied J D. Urban resurgence and the consumer city [J]. Urban Studies, 2006, 43(8): 1275-1299.

[66] Go F M, Govers R. The Asian Perspective: Which International Conference Destination in Asia are the Most Competitive? [J]. Journal of Conference & Exhibition Management, 1999, 1(4): 37-50.

[67] Godbey G. Leisure and Leisure Services in the 21st Century: Toward midcentury [M]. Pennsylvania, State College: Venture Publishing, 1997: 34-35.

[68] Graham T T. Molitor. The next 1,000 years: the "Big Five" engines of economics growth [J]. The Futurist, 1999, (9): 13-18.

[69] Gratton C, Taylor P. Sport and Recreation: An Economic Analysis [M]. New York: E and FN Spon Publishers Ltd, 1985: 261.

[70] Harris N. Bombay in a global economy: structural adjustment and the role of cities [J]. Cities, 1995, 12(3): 175-184.

[71] Hartig T, Evans G W, Jamner L D, et al. Tracking restoration in nature and urban field settings [J]. Journal of Environmental Psychology, 2003, 23(2): 109-123.

[72] Hartman S E. A Study of Leisure-time Habits of Young Men and Young Women in Los Angeles [D]. Los Angeles: A Thesis Presented to the Faculty of the School of Education University of Southern California, 1942.

[73] Hassan S. Determinants of Market Competitiveness in an Environmentally Sustainable Tourism Industry [J]. Journal of Travel Research, 2000, 38(3): 239-245.

[74] Hatzichronoglou, T. Globalization and Competitiveness: Relevant Indicators [J]. OECD Science, Technology and Industry Working Papers, 1996, 5: 62.

[75] Heath E. Towards a Model to Enhance Africa's Sustainable Tourism Competitiveness [J]. Journal of Public Administration, 2002, (1): 327-353.

[76] Henderson J V. Medium size cities [J]. Regional Science and Urban Economics, 1997, 27(6): 583-612.

[77] Henderson K A, Bialeschki M D, Hemingway J, et al. Introduction to Recreation and

Leisure Service [M]. State College, PA: Venture Publishing, 2001.

[78] Hultsman W. Recognizing patterns of leisure constraints: An extension of the exploration [J]. Journal of Leisure Research, 1995, 27(3): 228 - 244.

[79] Hwang S N, Chang T Y. Using Data Envelopment Analysis to Measure Hotel Managerial Efficiency Change in Taiwan [J]. Tourism Management, 2003, 24 (4): 357 - 369.

[80] Ingene C A, Ghosh A. Consumer and producer behavior in a multipurpose shopping environment [J]. Geographical Analysis, 1990, 22(1): 70 - 93.

[81] Irland L C, Adams D, Alig R, Betz C J, et al. Assessing socioeconomic impacts of climate change on US forests, wood product markets, and forest recreation [J]. Bioscience, 2001, 9(51): 753 - 763.

[82] Jackson E L, Crawford D W, Godbey G. Negotiation of leisure constraints [J]. Leisure Sciences, 1993, 15(1): 1 - 111.

[83] Jacobs J. The Economy of Cities [M]. New York: Random House, 1969: 4 - 8.

[84] Jean F. The great white hope of century [M]. PUF, Paris, 1949.

[85] Jenkins J M, Young T. Urban development and the leisure dilemma: A case study of leisure and recreation in urban residential estates in the Lower Hunter, New South Wales [J]. Annals of Leisure Research, 2008, 11(1): 77 - 100.

[86] Jim C Y, Wendy Y. Chen. Leisure Participation Pattern of Residents in a New Chinese City [J]. Annals of the Association of American Geographers, 2009, 99(4): 657 - 673.

[87] John H. From the Consciousness Industry to Creative Industries: Consumer-created content, social network markets and the growth of knowledge [A]. Jennifer Holt and Alisa Perren. Media Industries: History, Theory and Methods [C]. Oxford: Blackwell, 2008: 1 - 26.

[88] John N. To Leisure: An Introduction [M]. Allyn & Bacon, 1981: 17 - 33.

[89] John W N. A survey of recreation in Glendale California [D]. Los Angeles: A Thesis Presented to the Faculty of the School of Education University of Southern California, 1934.

[90] Johnson A J. "It's more than a shopping trip": Leisure and consumption in a farmers' market [J]. Annals of Leisure Research, 2013, 16(4): 315 - 331.

[91] Jones S G. The leisure industry in Britain, 1918 - 39 [J]. The Service Industries Journal, 1985, 5(1): 90 - 106.

[92] Jones S G. Trends in the leisure industry since the second World War [J]. The Service Industries Journal, 1986, 6(3): 330 - 348.

[93] Kayar C H, Kozak N. Measuring Destination Competitiveness: An Application of the

Travel and Tourism Competitiveness Index（2007）[J]. Journal of Hospitality Marketing & Management, 2010, 19(3): 203 - 216.

[94] Keeble D, Nachum L. Why do business service firms' clusters? Small comsultancies, clustering and decentralization in London and Southern England [J]. Transactions of the Institute of British Geographers, 2002, 27(1): 67 - 90.

[95] Kelly J. Leisure. 3d ed [M]. Boston: Allyn & Bacon, 1996.

[96] Kienast P. Extended leisure for blue collar workers: A look at the steelworker's extended vacation program [J]. Labor Law Journal, 1969, 20(10): 641 - 648.

[97] Koksal C D, Aksu A A. Efficiency Evaluation of A-group Travel Agencies with Data Envelopment Analysis: A Case Study in the Antalya Region, Turkey [J]. Tourism Management, 2007, 28: 830 - 834.

[98] Kozak M, Rimmington M. Measuring Tourist Destination Competitiveness: Conceptual Considerations and Empirical Findings [J]. Hospitality Manegement, 1999, 18(3): 273 - 283.

[99] Kraus R. Recreation and Leisure in Modern Society [M]. Bnrlington Massaohusetts: Jones & Bartlett Learning, 1971: 47.

[100] Krugman P R. Geography and trade [M]. Cambridge, MA: MIT University Press, 1991.

[101] Kwan Wai Ko, Kin Wai Patrick Mok. Clustering of Cultural Industries in Chinese Cities: A Spatial Panel Approach [J]. Economics of Transition, 2014, 22(2): 365 - 395.

[102] Lashley C, Darren Lee-Ross. Organization Behaviour for Leisure Services, 1st Edition [M]. Butterworth-Heinemann, 2003: 17.

[103] Lei Xianliang, Yu Hongying. The quantitative analysis on the individual characteristics of urban residents and their sport consumption motivation [J]. Physics Procedia, 2012, 33: 2055 - 2063.

[104] Leo C. Leisure-Time adjustment of the aged: II. activities and interests and some factors influencing choice [J]. The Journal of Genetic Psychology, 1956, 88(1): 261 - 276.

[105] Leslie B, Amer K. Conceptual Framework for Regional Competitiveness [J]. Regional Studies, 2004, 38(9): 1015 - 1028.

[106] Lindsay D D. The use of leisure-III [N]. The Spectator, 1938 - 05 - 27.

[107] LIoyd K M, Auld C J. Leisure, public space and quality of life in the urban environment [J]. Urban Policy and Research, 2003, 21(4): 339 - 356.

[108] Lloyd K M, Auld C J. The role of leisure in determining quality of life: Issues of

content and measurement [J]. Social Indicators Research, 2002, 57(1): 43 - 71.

[109] Lorenzen M, Andersen K V. Centrality and creativity: Does Richard Florida's creative class offer new insights into urban hierarchy [J]. Economic Geography, 2009, 85(4): 363 - 390.

[110] Lucas R E. On the mechanics of economic development [J]. Journal of Monetary Economics, 1988, 22(1): 3 - 42.

[111] Lynch K, Hack G. Site Planning (3rd Edition) [M]. London: The MIT Press, 1984: 330.

[112] Madeleine Y D. Republican Beijing: the City and Its Histories [M]. Berkeley: University of California Press, 2003.

[113] Maheras C. Leisure Time Activities of Junior High School Students [D]. Los Angeles: A Thesis Presented to the Faculty of the School of Education University of Southern California, 1943.

[114] Marjorie N D, Robert J H. The meaning of leisure [J]. Social Forces, 1958, 37(1): 335 - 360.

[115] Martin B, Mason S. The Role of Tourism in Urban Regeneration [J]. Leisure Studies, 1988, 7(1): 75 - 80.

[116] McGuire F A. A factor analytic study of leisure constraints in advanced adulthood [J]. Leisure Sciences, 1984, 6(3): 313 - 326.

[117] Mirva P. Cultural Industries: Product-Market Characteristics, Management Challenges and Industry Dynamics [J]. International Journal of Management Reviews, 2015, 17 (1): 41 - 68.

[118] Nava M. Modernity's Disavowal: Women, the City and the Department Store in Falk, P. and Campbell C. (eds). The Shopping Experience [M]. London: Sage, 1997: 56 - 91.

[119] Newall J E. The Challenge of Competitiveness [J]. Business Quarterly, 1992, 56(4): 94 - 100.

[120] Nicholas S. The Optimal Size of Market Areas [J]. Journal of Economic Theory, 1972, 4(2): 154 - 173.

[121] Noe F P. A Pre-Industrial examination of adolescent in a cross-cultural setting [J]. Adolescence, 1971, 23(6): 349 - 368.

[122] Oliver S, Steven L. Neuberg, Michael E W. Varnum, Douglas T. Kenrick. The crowded life is a slow life: population density and life history strategy [J]. Journal of Personality & Social Psychology, 2017, 112(5): 736 - 754.

[123] Olkusnik. Countryside holiday as a cultural and social phenomenon in warsaw at the

end of the nineteenth century [J]. Kwartalnik History Kultury Material, 2001, 49(5): 367 - 386.

[124] Oner O, Larsson J P. Which retail services are co-located? [J]. International Journal of Retail & Distribution Management, 2014, 42(4): 281 - 297.

[125] Ozge O, Johan K. Location of leisure: the new economic geography of leisure services [J]. Leisure Studies, 2017, 36(2): 203 - 219.

[126] Park S H, Chan K S. A cross country input-output analysis of intersectoral relationships between manufacturing and services and their employment implications [J]. World Development, 1989, 17(2): 199 - 212.

[127] Parks S E, Housemann R A, Brownson R C. Differential correlates of physical activity in urban adults of various socioeconomic backgrounds in the United States [J]. Journal of Epidemiology and Community Health, 2003, 57(1): 29 - 35.

[128] Patrik S, Evelina W. Regional and Firm Competitiveness in the Service-Based Economy: Combining Economic Geography and International Business Theory [J]. Tijdschrift voor economische en sociale geografie, 2010, 101(3): 287 - 304.

[129] Philippa H J. Changing family structures and childhood socialization: A study of leisure consumption [J]. Journal of Marketing Management, 2014, 30(15): 1533 - 1553.

[130] Poon A. Tourism, Technology, and Competitive Strategy [M]. Wallingford: CAB International, 1993.

[131] Power D. "Cultural Industries" in Sweden: An Assessment of Their Place in the Swedish Economy [J]. Economic Geography, 2002, 78(2): 103 - 127.

[132] Ribeiro R M. Urban planning, leisure and tourism: The public parks of Curitiba-PR [J]. Turismo-Visao aAcao, 2006, 8(2): 309 - 321.

[133] Ricardo Sellers-Rubio, Juan L. Nicolau-Gonzalbez. Assessing Performance in Services: The Travel Agency Industry [J]. The Service Industries Journal, 2009, 29 (5): 653 - 667.

[134] Richard J D. Should parks and recreation care about climate change? [J]. Parks & Recreation, 2012, 47(8): 33.

[135] Riddle D. Service led growth: the role of the service sector in world sevenlopment [M]. Praeger. New York, 1986.

[136] Ritchie J R B. Crouch G I. A Model of Destination Competitiveness/Sustainability: Brazilian Perspectives [J]. Revista de Administracao Publica, 2010, 44 (5): 1049 - 1066.

[137] Robert P. Is Culture an Industry [J]. The Kenyon Review, 1999, 21(3/4): 135 - 146.

[138] Roberto San, Ortega C, Cuenca M. Leisure, making innovation a tradition-the role of

leisure in a city's transformation: The case of Bilbao [J]. World Leisure Journal, 2014, 56(1): 6 - 26.

[139] Roberts K. The leisure industries [M]. London: Palgrave Macmillan, 2004.

[140] Rose I V. The influnces of weather on outdoor recreation: a research synithesis, a weather dependency framework(WDF), and outdoor recreationists' perceptions [D]. A dissertation submitted to the faculty of the University of Utah, 2016.

[141] Rossman J R. Recreation Programming: Designing Leisure Experiences, 2d ed. [M]. Champaign, IL: Sagamore, 1995.

[142] Schuetz J. Do Rail Transit Stations Encourage Neighborhood Retail Activity? [J]. Urban Studies, 2015, 52(14): 2699 - 2723.

[143] Scott A J. On Hollywood: the Place, the Industry [M]. New York: Princeton University Press, 2004b.

[144] Scott A J. The Cultural Economy of Cities [M]. London: Sage Publications, 2000.

[145] Seeland K, Dubendorfer S, Hansmann R. Making friends in Zurich's urban forests and parks: the role of public green for social inclusion of youths from different cultures [J]. Forest Policy and Economics, 2009, 11(1): 10 - 17.

[146] Signalman J. From agriculture to services: the transformantion of industrial employment [M]. Beverly Hills Sage, 1978.

[147] Snieska V, Zykiene I. The role of infrastructure in the future city: Theoretical perspective [J]. Procedia-Social and Behavioral Sciences, 2014, 156(26): 247 - 251.

[148] Spence A M, Hazard H A. International Competitiveness [M]. Cambridge, MA: Ballinger, 1988.

[149] St Leger L. Health and nature-new challenges for health promotion [J]. Health Promotion International, 2003, 18(10): 173 - 175.

[150] Standlee L S, Popham W J. Participation in leisure time activities as related to selected vocational and social variables [J]. The Journal of Psychology, 1958, 45 (1): 149 - 154.

[151] Storper M. The Regional World [M]. New York: Guilford Press, 1997.

[152] Taylor A F, Kuo F E, Sullivan W C. Coping with add-the surprising connection to green paly settings [J]. Environment and Behavior, 2001, 33(1): 54 - 77.

[153] Thornton M E. An Investigation of Leisure-time Activities and Interests of Senior High School Students [D]. Los Angeles: A Thesis Presented to the Faculty of the School of Education University of Southern California, 1941.

[154] Tsaur S H. The Operating Efficiency of International Tourist Hotels in Taiwan [J]. Asia Pacific Journal of Tourism Research, 2000, 6(1): 29 - 37.

[155] Tyrvainen L, Miettinen A. Propery prices and urban forest amenities [J]. Journal of Environmental Economics and Management, 2000, 39: 205 - 223.

[156] Tyrvainen L, Vaananen H. The economics value of urban forest Amenities: an application of the contingent valuation method [J]. Landscape and Urban Planning, 1998, 43(1): 105 - 118.

[157] Tzoulas K, James P. Peoples' use of, and concerns about, green space networks: A case study of Birchwood, Warrington New Town, UK [J]. Urban Forestry & Urban Greening, 2010, 9(2): 121 - 128.

[158] Van den Berg A E, Maas J, Verheij R A, Groenewegen P P. Green space as a buffer between stressful life events and health [J]. Social Science and Medicine, 2010, 70(8): 1203 - 1210.

[159] Vandermeulen V, Verspecht A, Vermeire B, et al. The use of economic valuation to creation public support for green infrastructure investments in urban areas [J]. Landscape and Urban Planning, 2011, 103(2): 198 - 206.

[160] Victoria A A, Rafael S, Esperanza V. The leisure experience [J]. The Journal of Socio-Economics, 2008, 37(1): 64 - 78.

[161] Wha-In Lee. A Model for Evaluating International Competitiveness of the Convention Industry: A Comparative Analysis of Korea and Its Asian Competitors [J]. International Journal of Tourism Sciences, 2003, 3(2): 41 - 59.

[162] White R A. An Index of the Leisure-time Activities and Interests of School Children [D]. Los Angeles: A Thesis Presented to the Faculty of the School of Education University of Southern California, 1949.

[163] White T H. The relative importance of education and income as predictors in outdoor recreation participation [J]. Journal of Leisure Research, 1975, 7(3): 191 - 199.

[164] William B. Cultural and Recreational Industries in the United States [J]. The Service Industries Journal [J]. 2008, 28(3): 375 - 391.

[165] Williams D R, Patterson M E, Roggenbuck J W. Beyond the Commodity Metaphor: Examining Emotional and Symbolic Attachment to Place [J]. Leisure Sciences, 1992, 14(1): 29 - 46.

[166] Williams S. Recreation and the Urban Environment [M]. London: Routledge, 1995: 53.

[167] Williams S. Tourism Geography [M]. London: Routledge, 1998: 54.

[168] Wilson I. The economics of leisure [M]. Oxford: Heinemann Educational Publisher, 2003: 104.

[169] Wray R C. An Investigation of Leisure-time Practices of Teachers in Summer School at

University of Southern California [D]. Los Angeles: A Thesis Presented to the Faculty of the School of Education University of Southern California, 1940.

[170] Yong J A. Global competition: the new reality [J]. California Management Review, 1985, 27(3): 11 - 25.

[171] Zheng S, Kahn M E. Does Government Investment in Local Public Goods Spur Gentrification? Evidence from Beijing [J]. Real Estate Economics, 2013, 41 (1): 1 - 28.

[172] 艾泽欧-阿荷拉.休闲社会心理学[M].谢彦君,译.北京:中国旅游出版社,2010:280.

[173] 安宇,田广增,沈山.国外文化产业:概念界定与产业政策[J].世界经济与政治论坛,2004,(6):6 - 9.

[174] 奥萨利文,等.休闲与游憩:一个多层级的供递系统[M].张梦,译.北京:中国旅游出版社,2010:59 - 223.

[175] 保继刚,楚义芳.旅游地理学[M].北京:高等教育出版社,1999:98 - 124.

[176] 曹芳东,黄震方,吴江,徐敏.转型期城市旅游业绩效评价及空间格局演化机理[J].自然资源学报,2013,28(1):149 - 160.

[177] 陈超,周彬,陈楠.休闲产业发展潜力评价及实证研究[J].莆田学院学报,2016,23(1):49 - 62.

[178] 陈美云.台湾休闲产业的发展—试与西方发达国家相比较[J].山东农业大学学报(社会科学版),2005(3):71 - 74.

[179] 陈世斌.城市休闲产业合理规模评价研究[J].生产力研究,2006(7):206 - 208.

[180] 陈喜乐,高明亮.信息化与休闲产业[J].未来与发展,2005(3):32 - 35.

[181] 陈宇,赖小琼.产业结构变迁对经济增长的影响研究——以福建省为例[J].福建师范大学学报(哲学社会科学版),2013,(1):20 - 27.

[182] 程大中.中国经济正在趋向服务化吗? ——基于服务业产出、就业、消费和贸易的统计分析[J].统计研究,2008,25(9):36 - 43.

[183] 程立.公司治理、多元化与企业绩效[M].上海:复旦大学出版社,2008:10 - 11.

[184] 程遂营.家用汽车与美国国民休闲:对中国的启示[J].旅游研究,2012,4(4):1 - 6.

[185] 程霞珍.安徽文化产业集群发展的政府支持研究[D].合肥:安徽大学,2014.

[186] 戴维·哈维著.正义、自然和差异地理学[M].胡大平,译.上海:上海人民出版社,2007:87.

[187] 丹尼尔·贝尔著.后工业社会的来临——对社会预测的一项探索[M].高銛,王安周,魏章玲,译.北京:新华出版社,1997:20 - 191.

[188] 董兴芳.东中西部地区城镇居民消费行为比较[D].太原:山西财经大学,2008.

[189] 范合君主编.产业组织理论[M].经济管理出版社,2010:88.

[190] 范正宇.Culture Industry:从批判性术语到新经济符号的概念演变[J].湖北大学学报

（哲学社会科学版），2010,37(6)：98－103.

[191] 方远平,毛晔.我国省域休闲产业竞争力时空动态演变研究——基于 ESDA-GWR[J]. 湖北大学学报(哲学社会科学版),2016,43(3)：137－143.

[192] 冯学钢,杨勇,于秋阳.中国旅游产业潜力和竞争力研究[M].上海：上海交通大学出版 社,2012：185.

[193] 付达院.关于休闲产业体系及其构成的探究[J].商业经济,2015,(8)：70－73.

[194] 高畅.芝加哥千禧公园——开启芝加哥城市转型的新篇章[J].城市环境设计,2016(4)： 438－441.

[195] 葛军,刘家明.广东省国际旅游产业结构与竞争力的份额偏离分析[J].地理科学进展, 2011,30(6)：760－765.

[196] 葛霞.公共图书馆资源配置的地区差异比较与分析——以浙江、湖北、青海三省为例 [J].情报理论与实践,2009,32(7)：104－107.

[197] 弓志刚,高川.基于产业整合的城乡休闲产业协调发展路径研究[J].城市发展研究, 2012,19(12)：118－122.

[198] 顾乃华,夏杰长.我国主要城市文化产业竞争力比较研究[J].商业经济与管理,2007, 194(12)：52－68.

[199] 关丽萍,王哲,金海龙.中国休闲产业发展的趋势及对策[J].新疆师范大学学报(自然科 学版), 2004, 23(2)：64－68.

[200] 郭国峰,郑召锋.我国中部六省文化产业发展绩效评价与研究[J].中国工业经济,2009, (12)：76－85.

[201] 郭沛然.中国游客对于城市旅游的气候与空气质量偏好研究[D].北京：中国地质大 学,2016.

[202] 哈罗德·L·沃格尔.娱乐产业经济学[M].支庭荣,陈致中,译.北京：中国人民大学出 版社,2013：1－2.

[203] 韩布伟.泛娱乐战略[M].长春：北方妇女儿童出版社,2016：1.

[204] 杭斌,修磊.住房攀比与居民消费[J].统计研究,2015,32(12)：54－61.

[205] 杭斌.住房需求与城镇居民消费[J].统计研究,2014,31(9)：31－36.

[206] 郝寿义.区域经济学原理[M].上海：格致出版社,上海三联书店,上海人民出版社, 2016：229－231.

[207] 何建民.城市休闲产业与产品的发展导向研究——基于休闲需求结构与行为的分析 [J].旅游学刊,2008,23(7)：13－17.

[208] 何静.休闲产业与假日经济的可持续发展[J].商业经济与管理,2002,(8)：52－55.

[209] 亨利.休闲政策政治学[M].徐菊凤,陈愉秉,潘悦然,译.北京：中国旅游出版社,2010： 19－20.

[210] 胡焕庸.中国人口之分布[J].地理学报,1935,(2)：33－74.

[211] 胡惠林.文化产业发展与国家文化安全——全球化背景下中国文化产业发展问题思考[A].上海市哲学社会科学规划办公室编.文化产业的发展和管理[C].上海：学林出版社,2001.

[212] 黄文馨.培育休闲产业推进经济增长[J].自然辩证法研究,2001,17(10)：55-58.

[213] 黄志锋.我国休闲产业发展问题研究[J].经济地理,2010,30(9)：1497-1501.

[214] 吉生保,席艳玲,李凡.中国餐饮旅游行业的经营绩效及收敛趋势——基于上市公司面板数据的 SORM-BCC 超效率模型[J].山西财经大学学报,2011,33(11)：63-72.

[215] 吉亚辉,杨应德.中国城市信息服务业发展影响因素研究——基于中国 191 个城市的空间横截面数据分析[J].人文地理,2012(6)：71-75.

[216] 江小涓等著.服务经济——理论演进与产业分析[M].北京：人民出版社,2014：16-27.

[217] 姜同仁,刘娜,侯晋龙.发达国家体育产业演进的趋势与启示[J].武汉体育学院学报,2012,46(9)：42-49.

[218] 蒋政音.休闲产业与转变经济发展方式[J].改革与开放,2013(4)：5-6.

[219] 杰弗瑞·戈比著.张春波等译.21 世纪的休闲与休闲服务[M].昆明：云南人民出版社,2000：207.

[220] 杰里米·里夫金著.张体伟,孙豫宁译.第三次工业革命：新经济模式如何改变世界[M].北京：中信出版社,2012：283.

[221] 卡尔斯滕·汉森.谈谷睁译.丹麦城市青年休闲政策[J].当代青年研究,1996(2)：15-18.

[222] 卡拉·亨德森.休闲的延伸观点：可能性与挑战[J].浙江大学学报(人文社会科学版),2008,38(11)：112-121.

[223] 凯利.休闲导论[M].王昭正,译.台北：品度股份有限公司出版,2001：198.

[224] 克劳斯·韦尔梅尔,克里斯廷·马西斯.旅游和休闲业：塑造未来[M].宋瑞,马聪玲,蒋艳,译.上海：格致出版社,上海人民出版社,2012：49.

[225] 克里斯多弗·R 埃廷顿,德波若·乔顿,多纳德·G 道格拉夫,等.休闲与生活满意度[M].杜永明,译.北京：中国经济出版社,2009：328-460.

[226] 克里斯托弗·埃金顿,苏珊·赫德森,罗德尼·戴森,等.休闲项目策划——以服务为中心的利益方法[M].李昕,译.重庆：重庆大学出版社,2010：24.

[227] 肯·罗伯茨著.休闲产业[M].李昕,译.重庆：重庆大学出版社,2008：2-6.

[228] 李国柱,张兰君,张莹.河北省服务业发展影响因素的实证分析[J].当代经济管理,2010(17)：50-53.

[229] 李辉.我国地区服务业发展影响因素研究[J].财贸经济,2004(7)：16-19.

[230] 李江帆.文化产业：范围、前景与互动效应[J].经济理论与经济管理,2003(4)：26-30.

[231] 李金鹏.马歇尔论影响生产效率的因素[J].河北理工学院学报(社会科学版),2005,5

(2)：57－59.

[232] 李世忠.文化创意产业相关概念辨析[J].兰州学刊,2008,(8)：162－164.

[233] 李勇坚.从产品经济到服务经济[M].北京：中国社会科学出版社,2016：33.

[234] 李真真.澳大利亚体育与休闲政策的特征及其其实[J].体育文化导刊,2014,(3)：40－42.

[235] 理查德·佛罗里达.创意阶层的崛起[M].司徒爱勤,译.北京：中信出版社,2010：11.

[236] 厉无畏,王慧敏.创意产业新论[M].上海：东方出版中心,2009：1.

[237] 梁瑞霞.山西休闲产业发展研究[D].太原：山西财经大学,2009.

[238] 林秀梅,张亚丽.文化产业发展影响因素的区域差异研究——基于面板数据模型[J].当代经济研究,2014(5)：42－46.

[239] 林毅夫.新结构经济学：反思经济发展与政策的理论框架[M].苏剑,译.北京：北京大学出版社,2014：10.

[240] 刘锋,周洁.中国休闲产业发展及政府作用初探[J].杭州师范学院学报(社会科学版),2003(2)：48－50.

[241] 刘刚.上海批发零售商业结构演进、发展及效应研究[D].上海：复旦大学,2008.

[242] 刘红.日本的余暇文化[M].上海：上海文化出版社,1996：21.

[243] 刘易斯·芒福德.城市文化[M].宋俊岭,李翔宁,周鸣浩,译.北京：中国建筑工业出版社,2013：130－136.

[244] 楼嘉军,李丽梅,杨勇.我国城市休闲化质量测度的实证研究[J].旅游科学,2012,26(5)：45－53.

[245] 楼嘉军,徐爱萍.试论休闲时代发展阶段及特点[J].旅游科学,2009,23(2)：61－66.

[246] 楼嘉军.论休闲与休闲时代[M].上海：上海交通大学出版社,2013：128－130.

[247] 楼嘉军.休闲产业初探[J].旅游科学,2003(2)：13－16.

[248] 楼嘉军.娱乐旅游概论[M].福州：福建人民出版社,2000：31－32.

[249] 鲁西奇.人地关系理论与历史地理研究[J].史学理论研究,2001(2)：36－46.

[250] 陆铭,向宽虎.地理与服务业——内需是否会使城市体系分散化?[J].经济学(季刊),2012,11(3)：1079－1096.

[251] 陆铭.大国大城：当代中国的统一、发展与平衡[M].上海：上海人民出版社,2016：38－39.

[252] 陆铭.空间的力量：地理、政治与城市发展[M].上海：格致出版社,上海人民出版社,2013：103.

[253] 罗歇·苏.休闲[M].北京：商务印书馆,1996：1.

[254] 马虎兆,李春成.服务业发展影响因素的三维模型及实证分析[J].经济问题探索2009,(11)：168－172.

[255] 马惠娣.21世纪与休闲经济、休闲产业、休闲文化[J].自然辩证法,2001,17(1)：

48 - 52.

[256] 马凌.城市舒适物视角下的城市发展：一个新的研究范式和政策框架[J].山东社会科学,2015(2)：13 - 20.

[257] 马小宁.休闲产业与现代城市发展—兼论中国城市休闲产业发展对策[J].经济研究导刊,2009(27)：138 - 140.

[258] 迈克尔·波特著.国家竞争优势[M].李明轩,邱如美,译.北京：中信出版社,2012：5 - 6.

[259] 麦克林,赫德,罗杰斯.现代社会游憩与休闲[M].梁春媚,译.北京：中国旅游出版社,2010：190 - 191.

[260] 米切尔·J·沃尔夫.娱乐经济：传媒力量优化生活[M].黄光伟,邓盛华,译.北京：光明日报出版社,2001：14.

[261] 尼尔·波兹曼.娱乐至死[M].章艳,译.桂林：广西师范大学出版社,2011：87.

[262] 潘向东.真实繁荣[M].北京：社会科学文献出版社,2016：298 - 299.

[263] 彭晶晶.中国体育产业市场研究——基于 SCP 范式[D].武汉：武汉大学,2012.

[264] 彭旻,周尹.城市人口集聚与服务业发展[J].财经问题研究,2016(12)：35 - 40.

[265] 齐美尔著.桥与门——齐美尔随笔集[M].周涯鸿,陆莎,沈宇青,刘玉声,译.上海：上海三联书店,1991：272.

[266] 齐羽,徐进,胡卫中.发展休闲产业的经济社会影响与若干政策建议[J].现代城市,2008,3(2)：29 - 33.

[267] 乔治·托克尔岑著.田里,董建新,曾萍等译.休闲与游憩管理[M].重庆：重庆大学出版社,2010：253.

[268] 卿前龙,胡跃红.休闲产业：国内研究述评[J].经济学家,2006(4)：40 - 46.

[269] 卿前龙,刘祚祥.国民经济"闲化"趋势与休闲产业"软化"趋势[J].哈尔滨工业大学学报(社会科学版),2007,9(5)：81 - 86.

[270] 卿前龙.休闲产业：概念、范围与统计问题[J].旅游学刊,2007,22(8)：82 - 85.

[271] 卿前龙.休闲服务的经济学分析[D].广州：华南师范大学,2005.

[272] 邱瑾,戚振江.基于 MESS 模型的服务业影响因素及空间溢出效应分析——以浙江省69 个市县为例[J].财经研究,2012,38(1)：38 - 48.

[273] 芮明杰.产业经济学[M].上海：上海财经大学出版社,2005：171.

[274] 三浦展著.第 4 消费时代[M].马奈,译.上海：东方出版社,2014：15.

[275] 尚宇晨.20 世纪 70 年代美国城市水污染与联邦政府的治理[D].上海：华东师范大学,2007.

[276] 申玉铭,邱灵,任旺兵,尚于力.中国服务业空间差异的影响因素与空间分异特征[J].地理研究,2007,26(6)：1255 - 1264.

[277] 石强.深圳休闲产业发展对策[J].经济地理,2006,26(2)：349 - 352.

[278] 史蒂芬·威廉姆斯著.旅游休闲[M].杜靖川,曾萍,译.昆明:云南大学出版社,2006:101.

[279] 宋国琴,郑胜华.基于增长极理论的休闲产业战略地位分析[J].浙江工业大学学报(社会科学版),2006,5(1):15-20.

[280] 苏珊·霍纳,约翰·斯瓦布鲁克著.罗兹柏主译.全球视角下的休闲市场营销[M].重庆:重庆大学出版社,2012:16.

[281] 孙安民.文化产业理论与实践[M].北京:北京出版社,2005:10.

[282] 孙林叶.休闲产业的结构分析和发展对策——以山西为例[J].生产力研究,2007,(14):102-104.

[283] 孙西辉.基于"钻石理论"的山东省休闲产业竞争力分析[J].理论学刊,2012(10):114-117.

[284] 孙晓春,雷鸣,蔡晶.黑龙江省文化创意产业发展研究[J].兰州学刊,2013(3):182-186.

[285] 孙晓霞.休闲产业—城市发展的动力[J].华东经济管理,2007,21(3):48-50.

[286] 孙晓霞.休闲产业发展与城市经济结构调整[J].理论探索,2007(5):95-97.

[287] 孙妍.浅析休闲产业对经济发展的影响[J].西北民族大学学报(哲学社会科学版),2010(5):107-113.

[288] 唐保庆,宣烨."三元"城镇化对服务业增长的影响——作用机理、测度与实证检验[J].数量经济技术经济研究,2016(6):59-76.

[289] 唐湘辉.我国休闲产业结构特征及其影响因素分析[J].求索,2006(12):42-44.

[290] 唐瑜.重庆市居民消费增长缓慢的原因分析及对策研究[D].重庆:重庆大学,2010.

[291] 陶萍,黄清.发展休闲产业与金融支持问题研究[J].哈尔滨商业大学学报(社会科学版),2006(3):44-46.

[292] 万年庆,李红忠,史本林.基于偏离—份额法的我国农民收入结构演进的省际比较[J].地理研究,2012,31(4):672-686.

[293] 王国新.我国休闲产业与社会条件支持系统[J].自然辩证法研究,2001,17(12):59-61.

[294] 王佳,陈洁.城市规模、生产性服务业发展与制造业集聚——基于中国地级市面板数据的实证研究[J].中央财经大学学报,2016(11):84-94.

[295] 王健.论成都休闲产业的发展[J].中共成都市委党校学报,2005,13(5):64-66.

[296] 王景全.休闲产业:城市经济发展的文化路径[J].城市观察,2012,(4):94-104.

[297] 王宁.略论休闲经济[J].中山大学学报(社会科学版),2000,40(3):13-16.

[298] 王宁.舒适物、休闲城市与产业升级[A].中国休闲研究学术报告2013[C].北京:旅游教育出版社,2014:20-28.

[299] 王宁.消费流动:人才流动的又一动因——"地理流动与社会流动"的理论探究之一

[J].学术研究，2014(10)：29-37.

[300] 王宁.消费社会学[M].社会科学文献出版社,2011：211.

[301] 王琪延.关于休闲产业统计分类的思考[J].统计与决策,2015(2)：33-36.

[302] 王少瑾,孙志毅.休闲产业对城市化建设的拉动作用[J].商业研究,2009(12)：122-124.

[303] 王文英,花建,叶中强.北京、上海、广州、深圳文化产业可持续发展比较研究[J].广东艺术,2001,(5)：13-21.

[304] 王永刚.上海城市化进程与旅游业发展的动态计量研究[J].华东经济管理,2012,26(7)：1-5.

[305] 韦倩,王安,王杰.中国沿海地区的崛起：市场的力量[J].经济研究,2014(8)：170-183.

[306] 魏翔.闲暇时间与经济增长——兼对中国数据的实证检验[J].财经研究,2005,31(10)：95-107.

[307] 魏小安.发展休闲产业论纲[J].浙江大学学报(人文社会科学版),2006,36(5)：107-113.

[308] 文硕.首席娱乐官[M].大连：东北财经大学出版社,2005：167-191.

[309] 吴军,夏建中,特里·克拉克.场景理论与城市发展——芝加哥学派城市研究新理论范式[J].中国名城,2013(12)：8-14.

[310] 吴军.大城市发展的新行动战略：消费城市[J].学术界,2014(2)：82-90.

[311] 吴普,葛全胜,齐晓波,等.气候因素对滨海旅游目的地旅游需求的影响——以海南岛为例[J].资源科学,2010,32(1)：157-162.

[312] 吴旗韬,张虹鸥,叶玉瑶,陈伟莲,陈静.广东省交通优势度及空间差异[J].热带地理,2012,32(6)：633-638.

[313] 吴章文,刁东良,凌访.湖南长沙休闲产业现状分析[J].旅游学刊,2007,22(7)：82-86.

[314] 武俊奎.城市规模、结构与碳排放[D].上海：复旦大学博士,2012.

[315] 肖博华,李忠斌.我国文化产业区域集聚度测算及影响因素研究[J].统计与决策,2014(18)：94-97.

[316] 谢伦灿.中国娱乐产业集群发展及竞争力评价研究[D].长沙：中南大学,2008.

[317] 徐传谌,谢地.产业经济学[M].北京：科学出版社,2007：286.

[318] 徐峰.国外休闲产业的发展现状与加快我国休闲产业发展的对策[J].商业经济与管理,2002(9)：56-58.

[319] 徐菊凤.旅游研究：理论与实践[M].北京：旅游教育出版社,2015：189.

[320] 徐杨菲,郑思齐,王江浩.城市活力：本地化消费机会的需求与供给[J].新建筑,2016(1)：26-31.

[321] 许峰.休闲产业发展初步探析[J].中国软科学,2001(6)：112-115.

[322] 亚里士多德.政治学[M].吴寿彭,译.北京：商务印书馆,1964：53-58.

[323] 晏民春,杨桂元.近十年我国城镇居民消费结构研究[J].统计与信息论坛,2004,19(2)：72-76.

[324] 杨利川.地理环境与世界历史[M].北京：中国社会科学出版社,2010：68-69.

[325] 杨艳琳,张恒.全球视角下服务业与城市化互动关系研究——基于22个国家1960—2013年面板数据的实证分析[J].中国人口·资源与环境,2015,25(11)：95-104.

[326] 杨勇.我国旅游产业综合竞争力：理论分析、测度体系与实证评价[J].旅游科学,2012,26(6)：42-53.

[327] 杨勇.中国省际旅游业竞争力分析——ARU结构与影响因素[J].山西财经大学学报,2007,29(10)：53-60.

[328] 叶海景.政府R&D资助对企业创新效率的影响——基于温州规上工业企业面板数据的随机前沿分析[J].中共浙江省委党校学报,2017(6)：116-122.

[329] 袁海,吴振荣.中国省域文化产业效率测算及影响因素实证分析[J].软科学,2012,26(3)：72-77.

[330] 袁群.数据包络分析法应用研究综述[J].经济研究导刊,2009,(19)：201-203.

[331] 约翰·特莱伯.休闲经济与案例分析[M].李文峰,译.沈阳：辽宁科学技术出版社,2007：12.

[332] 约翰·R.凯里.解读休闲：身份与交际[M].曹志建,李奉栖,译.重庆：重庆大学出版社,2011：180.

[333] 臧旭恒,徐向艺,杨蕙馨.产业经济学[M].北京：经济科学出版社,2005：221-224.

[334] 张波."创意产业"概念的界定及启示——基于政治、经济、社会、美学、艺术的梳理[J].浙江工商大学学报,2013(3)：3-13.

[335] 张传勇,王丰龙.住房财富与旅游消费——兼论高房价背景下提升新兴消费可行吗?[J].财贸经济,2017,38(3)：83-98.

[336] 张春敏,王义高.长株潭休闲产业发展的国际经验和对策[J].求索,2011(6)：93-94.

[337] 张洁.中国文化创意产业的空间分布和地区绩效分析[J].商业经济与管理,2011,232(2)：64-70.

[338] 张磊,吕润.发展休闲产业带动中国城市化进程[J].商业研究,2003(1)：137-138.

[339] 张雯强.1998-2007年京沪入境游客消费行为变迁及对比研究[D].北京：北京第二外国语学院,2009.

[340] 张亚丽.我国文化产业发展及其路径选择研究[D].长春：吉林大学,2014.

[341] 张阳,姜学民.人力资本对产业结构优化升级的影响——基于空间面板数据模型的研究[J].财经问题研究,2016(2)：106-113.

[342] 张悦.信息通信业发展特征及趋势分析[D].北京：北京邮电大学,2009.

[343] 郑胜华.我国发展休闲产业的可行性研究[J].桂林旅游高等专科学校学报,2001,

12(2)：44 - 47.

［344］周少雄.试论旅游发展与城市化进程的互动关系［J］.商业经济与管理,2002,124(2)：55 - 58.

［345］周瑶.诚品书店的消费文化研究［D］.长春：吉林大学,2016.

索　引

读博期间发表论文情况

1. 李丽梅,楼嘉军.国外城市休闲化研究述评及启示,旅游学刊,2016.12(CSSCI)

2. 李丽梅,楼嘉军.二战后西方体育休闲研究的回顾与启示,上海体育学院学报,2014.5(CSSCI)

3. 马凌,李丽梅,朱竑.城市舒适物评价指标体系构建与实证研究:基于中国大城市的数据分析,地理学报,2018.4(CSSCI)

4. 楼嘉军,李丽梅.成都城市休闲化演变过程及其影响因素,旅游科学,2017.2(CSSCI)

5. 楼嘉军,李丽梅.基于要素贡献视角的城市休闲化水平驱动因子研究,旅游科学,2015.8(CSSCI)

6. 楼嘉军,李丽梅.上海城市休闲化协调发展研究,华东师范大学学报,2015.5(CSSCI)

7. 李丽梅,楼嘉军.苏南地区城市休闲化差异研究,世界地理研究,2014.12(CSSCI扩展版)

8. 李丽梅,楼嘉军.我国城市休闲化水平综合测度与区域差异研究,当代经济管理,2016.4(CSSCI扩展版)

9. 李丽梅,楼嘉军.经济发展与休闲设施建设关系研究——以上海为例,当代经济管理,2017.1(CSSCI扩展版)

10. 李丽梅,楼嘉军.城市休闲舒适物与城市发展的协调研究——以成都为例,首都经济贸易大学学报,2018.1(CSSCI扩展版)

11. 楼嘉军,李丽梅.休闲化指数折射城市发展新趋势,中国旅游报,2015.4

12. 楼嘉军,李丽梅.城市休闲化是实现和谐宜居的重要途径,中国旅游报,2016.2

13. 李丽梅,楼嘉军.中国省域休闲产业竞争力指标体系构建与实证研究:基于2000—2014年的数据,华东师范大学学报,已录用

后　记

　　时间是让人猝不及防的东西，岁月是一场有去无回的旅行。落笔写后记那一刻，内心五味杂陈，眼眶也不禁湿润。读博四年，于我，着实不易。

　　当你启程，前往伊萨卡岛，但愿你的道路漫长，充满奇迹，充满发现。当我2014年重回母校读博时，我是充满了这样的期待，但同时内心焦虑满满，我焦虑新专业的压力，时间的紧迫，论文的发表等等。刚启程，我就给自己内心注满了紧张，导致脸上冒痘不断，持续至今。好在这种紧张给予我的是积极前行，而不是懈怠与不知所措，当然，这要感谢我的导师楼嘉军老师。2014年开始读博时，正值导师国家社科课题开题，这四年我有幸参与了整个课题的开始与结束过程，使得我围绕这个课题延伸和收获了很多。一开始对课题充满了很多疑问，我会跟导师以及其他老师交流彼此的想法，并围绕课题内容阅读了大量文献和书籍，这种交流和阅读一方面拓展了我的思维，另一方面延展出了课题之外的很多思考，这些积累都为我开展博士论文研究奠定了基础。要感谢导师每周都要开展的学术交流会，让我们彼此分享一些问题的疑惑与思考，虽然有观点冲突与争论，但确实一步步地推进了课题内容的研究以及我们学生每人一块田的研究。更可贵的是，这种交流不仅加深了我们楼门子弟的情谊，也更缓解了我们在学术上的那份孤独与无感。学术研究的确是孤独的，交流甚欢后，还是要自己守着那一亩田，独自地思考、写作、再思再写。记得一位学者曾说过，论文写作前的构思过程是漫长的，它清晰了后，反而写起来是很快的。的确如此，思考一个问题时，吃饭、走路、睡觉都在想着它，它攥在你心里挥之不去，突然间地就有思路了，或者与他人交流一下就豁然开朗。这个过程是孤独的，是浸入式的，没人能取代你去做这样的思考。感谢导师总是耐心地、不厌其烦地与我们交流，当我有什么问题要与导师沟通时，他会告诉我他的想法、判断与建议，然后让我按照一定的路径去找到解答这些问题的钥匙。导师给予我们的都是他日积月累下的方法论，他毫无保留地都倾予我们，要深深感谢导师，他的一言一行诠释了如何做好一个好导师的角色，为师之道谨记在心。

　　整个论文写作历时一年半左右,从博二下学期确定休闲产业研究方向后,便开始准备开题工作,阅读文献、梳理思路、定制框架……虽然有了一定的研究线索,但彼时的想法还是不够深入。所以要感谢开题时杨勇老师、李巍老师提出的建议,让我明白博士论文写作要能够深入研究一个学术问题,而不仅仅是停留在现象层面的研究。当然,这种"深入"并不是一蹴而就、立马就能想到该如何做的。它需要你在写作过程中不断地思索,并跳出现有的思路去思考要研究的内容间的逻辑关系、内容的延展性和高度。我所做的休闲产业研究立足于产业经济学理论,导师一直向我强调要勤看产业经济学教材,熟悉它的理论,思考这些理论该如何与要研究的主题结合起来,这对我这个博士期间才开始学习产业经济学专业的新生而言,唯能做的是不能低头,啃着向前。一年半下来,庞大的数据搜集、整理与分析,理论的借鉴与应用,计量经济学方法的学习与运用,于我,着实是个挑战,但也因此训练了自己,收获不少。这一路程,要谢谢导师的指引与鼓励,感恩导师在我整个的研究生(硕士和博士)求学生涯中,对我学习、工作、生活方面的诸多指导和帮助;要谢谢杨勇老师、李巍老师在我论文开题、写作、预答辩、修改、定稿等整个过程中提供的各种建议与想法,以及关心与问候;要谢谢师弟刘震的数据处理等帮助,师弟唐睿的计量方法指点,师弟刘峻峰的框架题目建议。当然还要谢谢导师门下的刘松、徐爱萍、马红涛、刘润、李婷、马芮、黄佳丽等兄弟姐妹给予我的学习与生活上的关心、帮助与鼓励! 这个大家庭中每个人的喜与乐、哀与愁,都镌刻在了彼此的生命中,想起,都是一种温暖的小确幸。

　　要感谢的人还有很多,比如孙晓东老师,他经常为我们答疑解惑,倾听我们读博的苦与痛,鼓励我们勇敢前行。再有,马凌老师,她在广州,我在上海,我们不曾见过,只因我被她一篇论文吸引萌生请教之念,一封邮件牵起了我们彼此。之后的一通电话便开始了交流与论文合作。这个过程中,我们仅通过邮件、电话沟通联系,花费了一年半时间,论文最终发表。与她合作,我更加认识到论文写作的严谨性,并且极大拓展了我开展休闲研究的思路。还有,陆铭老师,他的两本著作《空间的力量》和《大国大城》成为我博士论文写作的重要支撑,如果说跟马凌老师的合作延伸了我论文写作的思路,那么陆铭老师的观点更是丰厚了我论文写作的底蕴,这两位老师的研究让我深刻认识到休闲研究的价值和意义所在。还要感谢我论文开题和写作过程中帮助过我的王宁老师、卿前龙老师、朱立新老师、魏翔老师、董二为老师、赵宏杰老师、万绪才老师、黄郁成老师、胡金星老师、贾利军老师、张帆老师、张琰老师、吴杨老师、党宁老师、罗佳琪老师、邱扶东老师、吴文智老师、辜应康老师、宋长海老师、赵磊老师、尹卫华老师、马银坡同学、卢德彬同学，等等。他们的无私帮助使得我的论文能够顺利进展。除了这些学术上的良师益友，我更要感谢我的父母和公婆，他们在我生活上的鼓励与照顾，让我能够在学术之累外喘口气，尤其是我的婆婆，不远千里来帮忙分担家务，我内心感激不尽。

四年来，除了学术上的一些挑战与收获，我也遭遇了一些生活上的挫折。这一经历，曾让我极度地悲痛，我俨然是跌入了生活的谷底。一位老先生曾说，人生中的曲曲折折，等有一天你会发现这很有趣，它对你有帮助的。而后，我渐渐地明白，人在任何不幸的境遇中，最不能放弃的就是自己。我的心境开始有了一些变化，平静而坚韧，能够相对坦然地接受和面对，不再是从前的焦虑重重。所以我也感谢这一场经历，让我成长了许多，在我内心重新生长出来的东西，让我更有力量地前行。感谢自己，读博经历了学术的历练，也收获了心灵的丰盈。

从2008年进入华师大读硕士，而今2018年博士毕业，10年中即便硕士毕业工作了3年，从事的也是与学术有关的工作，可以说10年基本是在清冷的学术殿堂度过。读书读了这么多年，眼看着周围人"起高楼、宴宾客"，那种荣华与名利也让我的内心浮浮沉沉过；耳闻着"学历不值钱，学区值钱"的现实，那种无奈与惶恐也让我怀疑过人生。钱当然很重要，这我不是不知道；我有一天何尝不为钱而受煎熬！可是，我又觉得，人活这一辈子，还应该有些另外的什么才对……是的，我读书这么多年，不是为了读而读，读书要和我的人生目标、人生选择结合起来，我这么做的出发点是什么，我现在处于什么样的位置，我以后该会有怎样的生活。我需要去思考、发现和定位自己，你和别人都不同，你不能按照别人的人生去活，更不能按照父母设定的人生而活，你得有自己的追求。人的一生都是在不断地内寻自己，每个人生阶段都会有收获和相伴随的迷惘，所以要学会思考和复盘自己，才能走向成熟，敢于直面人生。借用李开复先生的话说，用勇气改变可改变的事，用胸怀接受不能改变的事情。

当生命想让你成长时，它会给你送来一个刺激物。读博四年，不仅仅是一场学术磨炼，更是一场心灵的磨砺与成长。这一阶段的结束是另一个阶段的开始，我相信下一个它仍会有泥泞，就带着梦想、带着期待、带着勇敢、带着信念……继续上路吧！